魅力历史课堂的理论与实践

MEILI LISHI KETANG
DE LILUN YU
SHIJIAN

邓继民／著

北京师范大学出版集团
BEIJING NORMAL UNIVERSITY PUBLISHING GROUP
北京师范大学出版社

图书在版编目（CIP）数据

魅力历史课堂的理论与实践/邓继民著. —北京：北京师范大学出版社，2016.8（2017.7重印）
ISBN 978-7-303-19918-1

Ⅰ.①魅… Ⅱ.①邓… Ⅲ.①中学历史课－课堂教学－教学研究 Ⅳ.①G633.512

中国版本图书馆CIP数据核字（2015）第298122号

营销中心电话 010-58802181 58802123
北师大出版社高等教育教材网 http://gaojiao.bnup.com
电子信箱 gaojiao@bnupg.com

出版发行：北京师范大学出版社 www.bnupg.com
北京市海淀区新街口外大街19号
邮政编码：100875
印　　刷：保定市中画美凯印刷有限公司
经　　销：全国新华书店
开　　本：787 mm×1092 mm 1/16
印　　张：21.5
字　　数：360千字
版　　次：2016年8月第1版
印　　次：2017年7月第2次印刷
定　　价：32.00元

策划编辑：刘松弢　　责任编辑：唐正才　刘松弢
美术编辑：焦　丽　　装帧设计：焦　丽
责任校对：陈　民　　责任印制：陈　涛

前　言

课程改革十多年来，山东省济宁市历史教学先后经历了“五环节”教学模式、自主学习合作探究教学模式、学案导学教学模式、板块式教学模式和思维导图教学模式，在基础教育历史课程改革的可持续推进过程中，我们越来越深刻地感受到，改革愈深入，难度就愈大。众所周知，新课程改革成败的关键在于课堂。随着新课程改革的深入，作为专业术语的“魅力历史课堂”开始受到一线教师的热切关注，而且在理论研究与实践研究方面有显著的突破性创举，这自然对历史教学质量和教师专业素质的提升产生了积极的作用。

但是，我们也必须承认，就这一话题而言，无论是理论认识还是实践研究方面，都存在着诸多问题。当前的新课程改革似乎走到了“拐点”：一部分历史课堂在爬上坡，在无目的中费力地攀登；一部分历史课堂在走下坡，在无方向中撞得头破血流。站在新课程改革的浪尖上，有人犹豫，有人徘徊，有人观望，都不是明智之举。再不能回到昨日的那个始点，又不知明天的路如何走才更稳当之时，我认为最需要的是依旧沿着新课程改革之路走下去，抓住历史课堂这一核心，对取得的成绩进行思考和分析，对方向进行考量，然后全力坚守进取。

基于此，我为《魅力历史课堂的理论与实践》确立了一个基调，即不打算在历史教学理论的旋涡中过于纠缠，而是选择了基于案例研究的教学模式设计取向。我搜集整理了在教学教研中老师们的部分教学设计、说课和课后反思，对老师们创建魅力历史课堂的探索和思考汇集于《魅力历史课堂的理论与实践》，想以此引领广大教师进行有效地探索和尝试。

《魅力历史课堂的理论与实践》一书，旨在从多个侧面展示新课程改革以来历史课堂教学的成就与问题，以关注教师的需求为出发点。我有一个最单纯而朴素的愿望，就是为一线教师站稳课堂助一把力，提升教师的课堂智慧与教学智慧。在本书里，有众多县市区教研员带领老师创新教学模式，打造高效课堂的做法和经验；有老师们反复探索、反复实践之后总结出的经验与提出的困惑；也有老师们研磨凝练出的教学案例和魅力课堂实录。从字里行间，我真切地感受到了老师们为了教育事业而奉献的真诚，深深地体会到了老师们为了追求魅力历史课堂而努力的艰辛。

希望这一本书是良师益友，能促进教师专业成长。我真诚地期待教师们掌握魅力历史课堂的研究方法，通过积极主动的研究，提升自我教育教学、教育生命的质量。

正如老师们说的一样：我们在课堂改革之路上磕磕碰碰地走来，一路上充满了艰辛，充满了崎岖，但崎岖的道路更能磨炼人的意志，更能焕发人的活力。“阳光总在风雨后，请相信有彩虹……”只要我们努力，总有破茧成蝶的那一天！

由于时间仓促和水平有限，书中难免有不足之处，恳请广大读者批评指正。

目　录

第一章　魅力历史课堂的内涵和标准

第一节　历史教育教学的任务和功能

一、历史教育教学的任务

素质教育的实施是一项系统工程，它需要通过多种渠道、多种途径综合完成。历史学科是其中不可或缺、最具优势的学科之一，在素质教育中有着其他学科不能替代的特殊地位和作用。

《义务教育历史课程标准（2011 年版）》（以下简称《课程标准（2011 年版）》）明确指出了初中历史教学的基本任务。课程目标规定，初中生在 7～9 年级应在知识与能力、过程与方法、情感态度与价值观方面有所发展。

1. 知识的教学

历史知识纷繁复杂，涵盖背景、形势、时间、地点、人物、事件、图文等。诸多历史知识都是通过学生自主学习、合作学习、教师点拨等教学法，以及各种记忆法获取的。当然，学生获取历史知识的渠道，还可以通过作业练测、课外阅读、搜集史料、摘录卡片、制作图表、查阅文献等途径。知识的教学是历史教育教学中最基本的任务。没有它的奠基，完成教学中其他的任务就会成为无源之水，无本之木。

2. 智能的培养

智能的培养是指学生在掌握历史知识的基础上，放飞自己的思维，提升自己的能力。正确培养学生分析思考同一时期、同一性质的历史事件的差异性，不同历史事件的共同点，若干历史事件之间的因果关系，每一事件在其历史时期的作用、意义或影响等能力，同时培养理解、综合、归纳、概括、对比、鉴赏、评价等能力，都能使历史知识条理化、连贯性，系统化、完整性。例如，在评价历史人物的功过，历史事件的积极性、局限性、消极性甚至反动性等方面，学生能通过积极的思维发散，得出正确的结论，揭示历史发展的规律。实践证明，任何创新成果无一不是智能培养的结晶。

3. 情感的教育

情感教育包括国情教育、爱国主义教育、革命传统教育、道德情操教育、国际形势教育、人生观教育、价值观教育等，它可从历史人物身上、从历史事件中、从文物古迹中、从名言文献中拓展情怀教育的渠道。通过这些教育，可让学生学习历史人物的优秀品质，感受历史的变迁，感悟人生的哲理，提升思想的境界，放眼世界的未来。在教学中，教师应充分利用这一平台，使学生达到明理悟道、知识升华、如何做人的境地。

总之，历史教育教学的任务是以知识教学为基础，智能培养为核心，情感教育为灵魂。

二、历史教育教学的功能

历史学科是人文社会科学中的一门基础课程。就历史学科的功能而言，既具有知古鉴今、继往开来的社会功能，又具有传承文化、教化青年的教育功能。《课程标准（2011 年版）》在课程基本理念上强调："充分体现育人为本的教育理念，发挥历史学科的教育功能，以培养和提高学生的历史素养为宗旨，引导学生正确地考察人类历史的发展进程，逐步学会全面、客观地认识历史问题。"①

1. 揭示人类历史发展的规律和人类社会发展的趋势

历史作为一门科学，它不仅仅只是记载和解释一系列人类活动进程的历史事件的一门学科，更具有自身的学科体系和广泛的包容性。其宗旨在于"经世致用""彰往察来"。时间上纵贯古今，空间上囊括中外，过去是现在的前身，现在是未来的蓝本。今日之中国是昨日中国的发展，今日之世界是昨日世界的演变。可见，历史是反思之学，是明智之学。不学历史，不懂历史，就难以揭示社会规律，预示未来发展。唐太宗曾说："以古为鉴，可知兴替；以人为鉴，

---

① 中华人民共和国教育部：《义务教育历史课程标准（2011 年版）》，2 页，北京，北京师范大学出版社，2012。

可明得失。”[①] 清末启蒙思想家龚自珍有一句名言：“欲知大道，必先为史”，“灭人之国，必先去其史；隳人之枋，败人之纲纪，必先去其史；绝人之材，湮塞人之教，必先去其史；夷人之祖宗，必先去其史。”[②] 这就阐明了历史教育的最高层次和社会功能，即历史有揭示社会发展的奥秘，预示社会前进方向的独特之处，又可见历史乃治国之学，兴国之学。学习历史可以立足现实，把握未来，高瞻远瞩，深谋远虑。我们应从历史中总结经验，汲取营养，接受教训，获得启迪，以前人为鉴，避免重蹈其覆辙，以前事为师，努力获取警示和权益，并以辩证唯物主义和历史唯物主义的理念来培养青少年，帮助他们形成科学的世界观、人生观、价值观和正确的历史感。

2. 历史教育教学的巨大育人功能是爱国主义教育

实现祖国伟大复兴的梦想需要爱国精神。梁启超曾说：“史学者……国民之明镜也，爱国心之源泉也。”[③] 爱国主义正是千百年来固定下来的对祖国的一种最深厚的感情，它是民族精神最集中的体现。它，有着巨大的凝聚力和向心力。在国家繁荣、民族复兴的进程中，在全球竞争日趋激烈和国际环境严峻复杂的形势下，我们迫切需要以爱国主义精神为支柱，来增强青少年一代的民族自尊心、自信心、自豪感和使命感，自强不息的精神和坚定的社会主义信念，为祖国的强盛而努力奋进。因此，我们要充分利用历史这一爱国主义的生动教材，充分发挥历史教育得天独厚的优势，帮助学生正确认识祖国的过去和现实，世界的历史和今天，使之以充分的信心、坚强的毅力、历史的智慧，投身于祖国的现代化建设事业中，并在其中保持清醒的头脑，能够趋利避害，择善而从，使自己的祖国矗立于世界民族之林。如果我们削弱甚至抛弃历史教育，如果我们培养的青少年一代不懂历史，这不仅是教育的不幸，更是国家和民族的悲哀。

3. 历史教育教学担负着人文教育的使命

历史教育教学对提高整个国民的综合素质，影响社会主义精神文明都起着重大作用。这是历史教育本身的独特优势所决定的。现代社会呼唤人文精神，历史教育则是人文思想的源头活水。在我国改革开放、走向现代化的今天，在现代社会进入

---

① 欧阳修、宋祁撰：《新唐书·魏徵》卷97（列传第22），第12册，3880页，北京，中华书局，1975。

② 龚自珍：《定庵文集·古史勾沈论二》，22、81页，上海，上海人民出版社，1975。

③ 梁启超：《新史学》，见《饮冰室合集》（1），《饮冰室文集》（9），1～4页，北京，中华书局，1989。

信息时代，创新时代、竞争时代的时候，人文精神必然成为时代的呼唤。历史以它无可替代的时空内涵和认知维度，给人以心智的陶冶、思维的启迪、能力的训练和情操的熏陶，能使人获得一种深厚的人文素养。人的发展渴求人文关怀，良好的人文素养能提高人的个性修养和生存质量，它可优化人的认知结构，开阔人的思维视野，增强人的气质魅力，丰富人的文化内涵。由于在市场经济的负面影响下，教育出现了重应试、轻素质，重理轻文等实用主义的短视倾向，从而造成了青少年的畸形发展，人文知识“营养不良”。这就迫切要求我们以学生终身发展为本，培养出既具有缜密严谨、求异创新的科学素质，又具有高尚道德情操、正确价值观念、积极的人生态度、良好的文化气质的人文素养的人才。历史作为一门人文学科，以追问历史对于人的意义、价值和存在为己任。将人类积累的智慧精神、心性精粹和阅历经验传授给下一代，以期使他们洞察生活、完善心智、净化灵魂，理解人生的意义，找到正确的人生之路，塑造具有现代人文精神的理想人格。青少年学生只有从史学中领悟到真实深刻的人生，在对历史的探寻中引发出自己的泪水和笑声，只有通过史学拨动自己的心弦，把个体有限的生涯化进无限的永恒中，才能领略到历史的风采。当史学成为人对生命的领悟和意义的阐释时，当史学对人心灵的恒久呵护产生魅力时，知识就会与热烈的人生相结合，就会带来极高的求知热情。

人类天生就有一种历史情结，如浪迹天涯的游子难以忘却自己的故土。历史消失的是时间，永不消失的是后人对千秋功业的缅怀。虽然历史已化作飞烟，变成泥土，但是其文化精神的智慧言行，运筹帷幄的大智大勇，传承百代的玉想琼思，释疑醒世的妙喻珠联，给予了人类一份明智、巧思和良知。历史教育教学的价值就存在于学生的心目中，凝聚在学生成长的道路上。史学是石，敲击出希望之火；史学是火，点燃了生命之灯；史学是灯，照亮了人类之路；史学是路，引领我们走向灿烂的明天。

第二节　魅力历史课堂的内涵

一、魅力定义

对于什么是魅力，《现代汉语词典（第6版）》解释为“很能吸引人的力量”。比如，我们常说，某个人很有魅力，就是指这个人身上有吸引人的地方，让人欣赏或迷恋。我们也可以把“魅力”理解为“特定事物”对人有强烈的吸引力。这里的“特定事物”可以是人，也可以是其他事物，比如，某位老师的课很有魅力。

二、魅力历史课堂的定义

什么才是魅力历史课堂呢？简而言之，就是能吸引学生、让其轻松愉快地投入学习活动中的课堂。具体来说，就是形式上关注学生体验，评价上激励学生进取，语言上调动活跃气氛。以学生为主体，以实践为核心，创造性地设计教学结构，以培养学生的学习兴趣为出发点，充分挖掘其内在的潜力，使学习成为一种自主自愿的活动。

三、魅力历史课堂的内涵

（一）魅力历史课堂要素

1. 语言

一节课一般都是从教师的开口说话开始的，并且贯穿始终。语言是交流的工具，是思想的载体，一节好的历史课绝对不能离开有魅力的语言。不仅是历史课堂，实际上任何课堂教学中，语言都是最基本和最重要的教学手段。

古人云：“一人之辩，重于九鼎之宝；三寸之舌，强于百万之师。”① 由此可见，语言有多么重要。虽然我们很难成为一位语言大师，但可以向语言大师学习。比如，那些相声评书大师的语言都有一个共性，那就是有魅力，能吸引人。具体来说，就是发音标准，吐字清晰，用词准确，语气生动。如果教师能时不时地来点幽默，那就更完美了。

2. 设计

有人用“凤头、猪肚和虎尾”来比喻一篇好文章。其实，一堂好课也需要这样的设计，课的开头要像凤凰的头一样引人注目，吸引学生；教学过程中的教学内容要像猪肚一样丰富多彩；课的结尾要像老虎尾巴一样强劲有力，色彩斑斓而回味无穷。历史课堂的教学设计千变万化，没有固定的模式，但是要想打造有魅力的历史课堂，必须在教学设计上下功夫。设计要突出整体和连贯，

---

① 刘勰：《文心雕龙·论说第十八》。

突出学生活动，最好能有创新或亮点。

以新课导入为例。俗话说："万事开头难"，"良好的开端是成功的一半"。好的导语能使学生一开始便受到强烈的感染，诱发学习兴趣，产生对新知的学习欲望，并积极主动地学习。导入的方法有很多，如插图导入法、设疑导入法、影视情节导入法、诗词导入法、时事导入法，还可用音乐导入法、联想对比导入法、名人名言导入法、史论结合导入法、新旧知识联系导入法等。总之，要围绕如何让学生尽快集中注意力、提高学习兴趣为宗旨，真正起到吸引学生投入到学习中的作用。所以在教学实践中，要做到导入方法切合教材内容实际，导入语具有趣味性或启迪性，且时间不能太长，要简洁而有实效。

3. 学生

魅力历史课堂必须要突出学生的主体地位。新的课程标准要求教师必须转变观念，教师的角色要转变，即由教师的"教"向强调学生自主学习、合作学习、探究学习的学习方式的转变。教师"满堂灌"的课堂肯定不是有魅力的历史课堂，因为历史课不是"百家讲坛"。我们面对的是求知欲旺盛但心智还不成熟的孩子，我们的目的是让他们在自主学习、合作学习中学到知识，培养能力，体会快乐，最终健康成长。怎样突出体现学生的主体地位，培养其创造性思维，是课堂教学必须破解的难题，是课堂教学的出发点和归宿，更是培养其能力的关键和核心。

张熊飞在《诱思探究教学导论》中说："主体地位能否发挥的根本标志，在于学生能否独立地进行观察、思考、运用、评价、反思、调整等。"① 注重学生的个性发展，尊重学生的独立性，营造一种宽松民主的教学环境和教学气氛，是打破学生心智枷锁、促进学生情感体验和思维独立发展的重要条件。课堂是谁的，谁应该是主角？答案肯定是"学生"。学生只有成为学习的主人，才会在语言表达、思维能力、探索积极性和知识的融会贯通上得到全面的培养。因此，教师要善于创设教学情境，把课堂教学气氛有意识地"紧张"起来，创造一种激烈的"教学冲突"，让学生在"矛盾冲突"中根据已有知识，独立思考、各抒己见，培养独立解决问题的能力。

4. 效果

魅力历史课堂一定是高效的历史课堂。课堂教学的高效性是指在常态的课

---

① 张熊飞：《诱思探究教学导论》，84 页，西安，陕西人民教育出版社，1993。

堂教学中，通过教师的引导和学生的自学，在一节课内高效率、高质量地完成教学任务，促进学生获得全面发展。高效课堂，既是达成高效率的课堂，又是教育教学形式的重大变革。课堂教学的高效性就是通过课堂教学活动，使学生在学业上有巨大收获，在能力上快速提高。特别是较好地完成历史课独有的情感态度与价值观的教育，如理性的爱国主义、人文主义情怀、求真求实的科学态度和为人正直的品格等。

（二）魅力历史课堂的基础

1. 魅力历史课堂建立在高效学习的基础上

我们无法脱离现实、空谈教学的魅力。一切教育改革的重心都在于提高课堂的效率上。真正有魅力的教学就是师生用最短的时间获得最大的效率。魅力历史课堂应达到以下目标：教学目标明确、具体、全面，符合课标、教材和学生实际；重点难点的提出与处理得当，所教知识准确；贴近社会，以史为鉴等。

2. 魅力历史课堂建立在学生发展的基础上

判断一堂课是否有“魅力”，不是看教师的设计有多么精巧，课件有多么精美，而是看学生在课堂上有没有收获，收获了多少。学生的发展是课堂教学的最大价值，有魅力的课堂才是学生得到发展的课堂。当然，魅力课堂不是一味地灌输、包办和代替，而是要把学习的主动权交给学生。课堂为学生而设，使学生在课上提升兴趣，得到知识，获得能力，这是魅力课堂的又一个层次。

3. 魅力历史课堂建立在教师成长的基础上

课堂是学生发展的地方，也是教师成长的场所。魅力课堂之所以有魅力，是因为教学相长，教师通过课堂教学，在专业上得到了发展，体验到了幸福，这也是魅力课堂的另一种诠释。课堂是教师的立身之地，越是钻研课堂，越是觉得有滋味，越是感到要读的书还有很多，要研究的问题一个接着一个，这就是魅力课堂馈赠给教师的礼物。

教师的成长是多方面的，对教师的要求也是多方面的。综合起来主要体现在以下三个方面。

首先，教师要有崇高的专业精神、丰富的专业学识和灵动的教育智慧。

在教师的成长过程中，专业精神占很重要的地位。专业精神主要包括：一是关心学生，热爱学生。这是教师专业精神中最关键、最核心的地方。二是平等对待和尊重每一位学生。平等对待与尊重学生，既是学生的权利和成长需要，也是教学中一种重要的榜样和教育，要容忍和尊重学生的差异。三是责任意识。教师要有高度的教育责任感和社会责任感，努力支持和帮助学生的学习和成长，为每一个学生的长远发展奠定良好的基础。

教师还应该具备科学的、全面的专业知识，主要包括系统的学科专业知识、广博的文化知识、丰富的课堂情景知识和科学的教育理论知识。

教育智慧主要表现在课堂教学机智以及对自我完善的不懈追求等方面。强烈的问题意识和发现问题的能力，也是教师教育智慧形成的一个重要标志。

其次，教师要关注学生的情感体验。

新课程下的课堂教学过程应成为学生一种愉悦的情绪生活和积极的情感体验。也就是说，教师在传授知识的同时，应关注每一位学生在课堂上的表现，如兴高采烈或冷漠呆滞、其乐融融或愁眉苦脸等情绪的体验。因此，教学中不断优化教学活动，注重增强学生的情感体验，是上好优质历史课的关键。

最后，教师要善于运用教学语言和肢体语言。

目前的中学生存在着活泼好动、注意力不集中的现象，因此，课堂上要想让孩子高效率地认真听课实属不易。这就需要教师不仅要有自身的魅力，包括丰富的口头语言、形象的肢体语言等，还要让课堂富有感染力，这样的课堂才能让学生对你所讲的知识感兴趣。因为学生对具体形象的东西特别感兴趣，教师在课堂上如能适当而又形象地应用肢体语言，就可以使课堂教学更为生动活泼，印象深刻。

兴趣是最好的老师，只有让学生产生了兴趣，才会积极探索，成为学习的主人。肢体语言的恰当运用，能使学生对所学知识更感兴趣。肢体语言包含的内容很丰富，包括动作、手势、眼神、表情、讲话语气等。一方面，活泼的肢体语言可以赢得学生的心，如老师说话的语气响亮、富有朝气，学生也会受到感染。另一方面，当学生有好的表现时，可以握手、拥抱孩子，让学生感受到成功的喜悦；或者一个赏识的眼神、一个爱抚的动作都会为学生带去温暖，使其在快乐的学习中健康成长。因此，教师在教学中如能根据课堂中的不同情况，准确适当地运用鼓励性眼神、表扬性动作，就可能将问题由难化易，有效调节课堂气氛，激发学生兴趣，提高教学效率。

此外，还要加强对学生主体意识的研究和培养等，在此不再赘述。

（三）实现魅力历史课堂的途径

魅力课堂首先是通过教师的人格魅力和学识魅力去影响学生、感染学生，使课堂充满着活力、内聚力和爆发力。因此，要打造魅力课堂，首先要使自己成为有魅力的老师。

1. 教师必须学会研究

著名教育家苏霍姆林斯基说过："如果你想让教师的劳动能够给教师带来一种乐趣，使天天上课不致变成一种单调乏味的义务，那你就应当引导每一位教师走上从事一些研究的这条幸福的道路上来。"[①] 教师要带着研究上课堂，但研究不是灌输的移植，不是照本宣科的传授，而是教师对每一堂课所需传授的课程引导学生从问题入手，探索解决问题的方法与途径，达到解决问题、得出结论的目的。

2. 教师必须"放权"给学生

魅力课堂绝不是一味地灌输、包办和代替，而是把学习的主动权还给学生，让学生在自主探索中享受成功的喜悦，教师要做的是想方设法解除学生学习的包袱，使他们敢想、敢说、敢做，只有这样才能实现"主动参与、乐于研究、勤于动手"的培养目标。教学有了吸引力，学生有了学习的兴趣，才能激励学生产生自信心和学习动力，同时也能树立教师在学生心目中的形象，成为教师独有的魅力。传统的教学都是以教师教、学生学为主，没有真正把学生的主体性体现出来。教师如果能多给学生一些自我思考的时间，让其主动参与到教学实践中并提出问题，那么他们的创新思维以及学习能力就会得到很大的提高。因为有了学生的灵气，这样的课堂才会充满活力，也更具有"魅力"。

3. 教师必须学会恰当的"夸"学生

俗话说"好孩子是夸出来的"，此话有一定道理。人性中最本质的需求就是渴望得到尊重和欣赏。打造魅力课堂，不能把学生做简单的定性划分，教师要善于发现每一个学生的优点和长处并适时鼓励，同时还要不断抑制个别学生的骄傲和放纵。当然，在"夸"的过程中要实事求是，还要讲究点艺术，让孩子在"夸"的过程中得到激励，体验成功的喜悦，充满信心。对每一个学生在教学活动中的成与败，要用欣赏的眼光去注视他们，善于发现他们身上的闪光点，并包容每一个孩子的错误或缺点，想方设法帮助他们改正错误，弥补不足。

---

① ［苏］瓦·阿·苏霍姆林斯基：《给教师的建议》，杜殿坤编译，507页，北京，教育科学出版社，1984。

4. 教师必须修炼自己的人格魅力

教师的人格魅力应该是集渊博的学识、高超的教学水平、融洽和谐的师生关系、高尚的职业道德与个人品德于一身的一种体现。在教育教学中，教师是否认可自己的工作和对教育、对学生、对责任心的认识；对教育是否充满热情和对学生是否具有爱心；是否平易近人、乐观豁达、充满朝气；是否严于律己、以身作则，做事积极认真并宽以待人；是否对学生严格要求、公平对待、一视同仁，等等，这些都是教师人格魅力的具体要求和体现。

教师的人格魅力，需要教师具有良好的思想素质，具有上进心、进取心，为人正派，作风优良，可为楷模表率。教师对学生的影响，在于教师用人格的力量去感染学生，去触动学生的心灵。在点点滴滴和潜移默化的过程中使学生受到教育，得到心灵的洗礼，并把这样的行为持之以恒，转化为个体自觉的行为。教师的人格力量、人格感召力不是做出来的，而是学生感知出来的，从内心深处认可的。教师个人的人格影响力是独有的，表现在教育上，则是展示人性和人格上的完善。因此，成功的教育是要让学生在人格上完美，在人性上得到升华，即让教育回归它本来的价值。通过教育达到人性的完美、价值的体现、人格的完善，这就是教师的人格魅力。

当然，“魅力课堂”的打造是有一个过程的，它应该包括了很多方面，单就上面所说的这几点还不足以成就“魅力教师”“魅力课堂”。很多细节问题还要注意，包括认真备课，精心设计教案；精神饱满地面对学生；教学民主，讲授精简；挖掘教材，适当拓展；寓教于乐，等等。课堂不仅仅是实现教育目标的主要途径、教学的具体形式，更是传播知识和技能的场所，更是培育学生智慧和才干的主要途径。只有在这样的课堂环境中，师生才能思想与情感交融，问题与观点碰撞，包容与互鉴同彰，收获与成长同步。

（四）魅力历史课堂的原则

1. 必须是知识准确无误，观点科学全面

主要包括两个方面的要求：一是传播的知识准确无误；二是传播的观点全面客观。

2. 必须是教师角色定位准确，学生积极参与学习

新课程改革要求，教师在教学中扮演的应是学生学习的组织者和引导者，学生闪光点的发现者，以及向学生学习的学习者的角色，这是新课程倡导的全方位的角色定位。在课堂教学中，上述任何方面的角色都不可缺失。

在实际课堂教学中，虽然师生的人格地位平等，但是两者的水平不同。教师的引导不能仅停留在重复和赞赏学生的见解上，还要根据学生在互动交流中呈现的认知水平，选择适当的时机，力求做到该夯实的夯实，该纠正的纠正，该点拨的点拨，该提升的提升。特别是对于学生在互动中暴露出来的错误，绝不能听之任之，一定要及时澄清，否则就会后患无穷。

值得特别注意的是，教师的适度点拨和讲解与倡导学生自主、合作、探究的学习是不矛盾的。总体来看，学生的学习方式大致可以分为接受性学习和探究性学习两种。这两种学习方式不是对立的，而是相辅相成的。由于在传统教学中过于重视前者，忽略了后者，影响了学生学习能力的提高，所以新课程旗帜鲜明地提出要注重采用探究性学习方式的要求。但是，倡导探究性学习方式，并不意味着淘汰接受性学习方式，因为这两种学习方式都有存在的价值，两者是不能互相替代的。为了培养学生的学习能力，提高课堂教学效率，可交替综合采用上述两种学习方式，引导学生明理践行。只有这样，互动才能展开，教学才能深化。

3. 必须是预设与生成融为一体

预设一般指的是课前精心地进行教学设计。比如，确定教学目标、梳理整合教材、设计教学环节、设计情景问题、设计教学方法、考虑学生学法、选择所需课件等，都属于预设范畴。一般而言，备好课是上好课的前提。只有进行精心预设，才能实现教学目标。

预设固然重要，但预设并不是牵着学生的鼻子走，并不是教师预先设计好了教案让学生就范。教学活动是各种教学资源互相配合、互相影响的动态活动，预设必须与生成有机结合。生成一般指的是在互动交流过程中呈现出的闪光点，包括宽于教材的鲜活知识、学生独特而有价值的见解、体现学生内心世界的情感等。每节课都应生成特色各异、大小不同的闪光点。否则，互动就流于形式，失去意义。

需要指出的是，在预设过程中，设计的情景和问题应该有益于生成，为生成做铺垫。实践证明，预设与生成融为一体的课，才是有魅力、有活力的课，才是能促进学生不断成长的课。

4. 必须既重视结果，又重视过程

传统的教学重点关注学习结果，让学生死记硬背一些历史知识和结论，而忽视了学习的过程，忽视了学习能力的培养，这样不利于学生的健康发展，因此需要彻底改革。但在课程改革过程中，不能从一个极端走向另一个极端，不能只注重学习过程而忽视学习结果。因为夯实基础、形成观点、提升情感也是三维目标的有机组成部分，不可偏废。

5. 必须恰当使用多媒体技术，让信息技术与学科教学有机结合

课件是课程资源的重要组成部分，非常形象直观，对于激发学生的学习兴趣、营造活跃的学习氛围、实现教学目标都具有重要作用。然而，课件的使用数量和次数并非越多越好，或者每节课都从头到尾地利用课件进行教学。如果过量和频繁使用课件，会导致教师将主要精力放在课件的演示上，忽视关注学生；学生将主要精力放在课件的视听上，忽视自己的思考和感悟，从而对教学效果产生负面影响。

日常教学实践和成功的优质课例启示我们，使用课件等音像教学资料应该符合必要性、实效性和创新性三个要求，只有这样，才能获得较好的教学效果。

6. 必须实现师生互动交流，实现师生共同成长

学生和教师的共同成长，应该包括知识量的增加、视野的拓展、能力的提升、情感的升华、责任感的增强、身体的健康等多个方面。

师生互动不仅仅是知识上的互动，还包括思维的互动和心灵的互动，这是更高层次的互动。在教学过程中，通过师生互动交流，学生从教师身上受益，促进了自身的成长。而教师更要注重从学生中吸取营养，发展自己，做到教学相长。

从一定程度上说，学生的成长速度快于教师。在这种背景下，教师更应该发扬“不需扬鞭自奋蹄”的精神，虚心地向自己的教育对象学生学习。只有努力学习，锐意变革，我们才能胜任教师这个无比重要的岗位，从而为教育事业做出更多更大的贡献。

第三节　魅力历史课堂教学评价标准

课堂教学评价是课程的重要组成部分，科学的课堂评价体系是实现三维目标的重要保障。通过科学的评价，不仅可以使学生在学习过程中不断体验成功，认识自我，建立自信，得到全面的发展，而且可以促进教师不断提高教育教学水平，进而促进课程的不断发展和完善。

魅力历史课堂教学评价必须遵循一定的评价原则。课堂教学评价主要以“以学生为中心”“以课堂为中心”的理念为指导，必须对上课的每一个环节都有十分严密的评价细则，对教学目标、教学内容、教学方法、课堂氛围、学生活动、教学效果等都有具体的量化要求。依据的具体原则，主要有客观性、系统性、导向性和可行性。

一、魅力历史课堂的评价标准

用什么标准评价魅力历史课堂教学呢？一般而言，应该依据以下几个标准。

1. 教学目标要有弹性，不可拘泥于教材

长期以来，在历史教师的心目中，课本是教学的“规矩”，以此来决定“方圆”似乎已成为定势。因此，在传统的历史课堂教学观念中，“教本”是神圣的，不可随便突破。在大力推进素质教育的今天，强调面向全体，就是面向各类学校的全体学生。面向全体就是要承认差异，允许不同学校选用不同的教材，不同的教师对教材有主动的处理权。教学目标制定的主要依据，一是学生的具体“学情”，二是课程标准的原则精神，而教材则是可以变通的参照性依据，即教师在制定教学目标时有一定的自由度，不能强求与教材一致。应鼓励教师从育人这个大目标出发，创造性地制订自己的教学日标。

2. 重视学生在课堂教学中的主动参与

在现实教育生活中，“以教师为中心”“以讲为主”的历史课堂教学仍大行其道。大部分教育家都赞同“发展性教学”的主张，认为站在学生的立场才是课堂教学的出发点，教学应鼓励学生进行自主探索、观察和发现事物。因此，在中学历史课堂教学中推进素质教育，确立学生的主体地位，用评价手段来作导向非常有必要。

3. 教学方法要灵活多样

教学方法是指师生为达到一定的教学目的和任务而采取的教与学的方式和手段的总称。课程改革的主要目标之一就是培养学生的创造能力，而多样灵活的教学方法不仅能体现教师的教学技巧，还能发散学生的思维，有利于培养学生的创造力。课堂上，中学生注意力集中的时间是有限的，过分强制性的限定他们长时间地集中注意力，会引起学生的思维疲劳和厌烦心理。因此，我们应采取多种多样的教学方法，提高学生的学习兴趣。

再好的教材，再好的学生，如果不采取好的教学方法和技巧，很难达成教学的目的。俗话说："要给学生一杯水，教师就得有一桶水。"这就是说，教师必须具有足够的知识储备。当然，一个优秀的教师不仅要有广博的专业学识，还必须熟练地、恰当地掌握和运用教学方法和教学技巧，如讲授法、发现法、谈话法、讨论法、演示法等。

以讲授法为例。讲授法是教师通过口头语言系统地向学生传授知识、发展智力的方法，也是教学中应用时间最长、应用范围最广的一种最基本的教学方法。其他的教学方法在运用时，大多数只有与讲授法相配合，才能顺利地发挥应有的功能。讲授法的优点是能充分发挥教师的主导作用，有利于节省时间、提高教学效率，让学生掌握系统的知识。其不足是，课堂上学生的活动少，容易产生依赖思想，形成教师"满堂灌"的局面。

总之，教学方法必须根据教学实际情况灵活地设定，并且贴近学生的实际，这样的课才是好课，也才有魅力，并能达成好的教学效果。

4. 评价策略要具有开放性

课堂教学是一种师生、生生的多项丰富的信息联系和反馈交流的过程。由于主体的创造力特别大，这就决定了课堂教学中诸多具体表现是难以预测的，用一个统一的标准来给教学行为做"框架"肯定是不恰当的。因此，课堂教学评价标准要留有一定的余地。

二、课堂教学评价的基本要素

1. 教学目标

根据新课程标准，确定每节课具体的教学目标。目标的制定应符合学生发展的需要，不能脱离学生的生活经验和知识结构。

2. 教学过程

要符合学生知识和能力的生成过程，关注学生群体的参与度及创新意识，关注全体学生在多大程度上实现有效性学习。

3. 学习氛围

在师生交往与活动之中，积极的教学环境应和谐、活跃、民主、平等，让每一个参与者身处其中感到亲切，有归属感。

4. 学生参与度

关注学生参与学习活动的人数，以及学生行为参与、思维参与、情感参与的机会和条件；学生自主学习的意识、能力、方法的运用发掘；学生历史学习技能、能力实践、体验过程的程度。

5. 教学的创造性

这是教师在教学指导活动中表现出来的个性特征、创新精神和探究意识，能体现教师们的教学风格。

6. 教学效果

教学效果的衡量有以下三项指标：一是设置问题解决的程度，教学目标是否实现；二是解决问题的代价如何，即投入和产出比是否恰当；三是看能否让不同层次的学生都能学有所得，能否引发所有学生继续学习的愿望，能否促进发展。

三、魅力历史课堂教学评价的主要方法

魅力历史课堂教学评价的方法主要包括以下三个方面。

1. 观察法

观察法是指研究者根据一定的研究目的、研究提纲或观察表，用自己的感官和辅助工具去直接观察被研究对象，从而获得资料的一种方法。就教学活动而言，观察法就是进行听课活动，包括对学生学习和教师教学的观察。对学生学习的观察有五个维度：参与状态、交往状态、思维状态、情绪状态和生成状态。对教师的课堂教学行为的观察也有五个维度：组织能力、注意中心、教学机智、教学态度、教学境界。

2. 检测法

根据课程目标和教学实际，拟出一定的题目，在一定的范围内对课堂教学效果进行检测，了解不同层次学生学习所得及新教师教学的效果。

3. 调查法

依据课堂教学的基本要素设计问卷，了解各教学要素的实施情况及达到程度。针对学生的问卷调查要尽量简明，具有可操作性。

四、魅力历史课堂教学评价的实践

根据上述要求，要建立适合自己实际、客观公正、科学合理、简便易行的评价制度和体系，从而让历史教学真正实现“有魅力”。为此，我们特地制定了下面的评价表格。

表 1-1 魅力历史课堂教学评价表

评价项目	评价指标	评价标准
教学设计能力	教学目标	①全面：体现“三维”目标要求 ②准确：符合课程标准要求 ③适度：符合学生认知水平
	教学内容	①结构完整：主题统领，知能并重，情感教育恰当 ②重点突出：知识、能力、情感诸方面取舍合理 ③适当拓展：联系生活，联系实际，注重创新精神与实践能力的培养 ④学法指导：理念先进，归类总结，举一反三 ⑤科学准确：学科知识扎实，观点正确，史实无误，难易深浅适度
	教学环节	①环节符合课型要求，完整明晰，设计角度灵活多样 ②各环节任务、内容明确，有相应的活动、措施作保障 ③时间分配合理，多少适度
教学实施能力	教学表达	①语言规范 ②板书条理 ③教态自然大方
	教学情感	①情感丰富，富有激情、热情与爱心 ②情感投入自然恰当，与教学内容基调吻合
	教学方法	①教为主导，学为主体 ②教师要指导学生有效地开展探究体验、展示交流 ③方法须灵活、求实；有突破重点、难点的科学措施
	教学技术	①技术先进 ②利用技术充分，恰当 ③操作规范、熟练
	教学过程	①灵活机智，调控有方 ②顺畅有序，节奏分明 ③多元评价，激励性强 ④重点突出，高效准时
教学效果（学习水平）	学习氛围	①民主和谐，严肃紧张，张弛有度 ②主体意识强，自主学习时间较为充足 ③思维活跃，有提出问题的机会
	学习态度	①积极主动 ②热情参与
	学习方式	①自主、合作、探究 ②倾听、接受、消化
	认知水平	①知识掌握准确、牢固，学习习惯良好 ②能够运用所学知识、方法灵活解决相关问题

总之，历史课堂教学是师生互动交流、共同发展的过程，课堂教学评价体系只是提供了观察这种发展的参照系，对某节具体课的评价不必刻意求全，重要的是我们必须把握历史课堂教学的灵魂，审视其成功与不足，探究其原因，有针对性地提出改进教学过程、提高教学效率的切实可行的办法或建议。进行评价最重要的不是为了证明，而是为了提高。课程改革要求我们必须建立科学的历史教学评价体系，只有真正实现了对教师课堂教学的科学评价才能为实现魅力历史课堂打好坚实的基础。

第二章　历史课堂方法研究

第一节　赛课研究法

一、概念阐释

（一）赛课的定义

赛课是对各类各级教育教学研究部门或者学校教学管理部门进行的课堂教学比赛的俗称，也称为优质课比赛、课堂教学大比武、教学能手评比等。通过赛课，选拔学科教学骨干，提高课堂教学效率，促进课堂教学改革。

赛课是一项重要的教研活动，是提高教育教学质量的一种研讨方式。通过赛课，可以为教师查缺补漏，扬长避短，提升业务素质。此外，通过透明的公开课，可以深入课堂，直接面对学生，了解课堂环节和学生的学习过程，同时为学校或者检验部门改进教研活动提供第一手材料。赛课不仅有督促作用，而且可以测评听课教师的教学水平，因为赛课是青年教师交流教学经验、切磋教学技艺、展示教学风采、比试教学水平的重要机会，是他们专业成长的擂台。

（二）赛课的特点

1. 示范观摩性

赛课具有很好的示范性，是促进教师能力全面提高、探索教研教改、提高课堂效率的一种有效形式。首先，赛课是一种竞赛性质的课堂教学，参加赛课的教师都是同行之中的佼佼者，他们拿出的是看家本领，每节课的教案都经过了精心的准备，包括对课程标准的深刻理解，对教学目标、重点、难点、教学设计等经过了反复的研讨和修改。其次，赛课展示的是不同的教学模式，不同风格的课堂，可以开阔教师的教学视野。最后，赛课不仅可以传达最新的教学理念，引领历史教学方向，尤其是赛课后专家的点评，更会引领其后一段时间历史教学的方向。因此，赛课的组织者往往会组织本学校或本地区的教师前来观摩听课，这不仅有利于参赛教师提高教学水平，也能利用标杆作用带动整个教师队伍素质的提高。

2. 创造性

创造性是指教师在教学中形成并体现出来的教学技巧和教学作风富有成效的结合和表现。创造性在优质课教学中的具体表现在以下三个方面。

（1）教学内容处理的创造性

对于整个教学内容，从导入新课、讲解答疑到巩固练习、检查评定，都必须注意创造性的处理。

例如，在2012年全省初中历史优质课比赛中，姚坦老师讲授的《汉通西域和丝绸之路》一课。她在地图中设计西域的位置时，一改过去让学生简单地解读教科书上西域的地理方位的做法，结合现代化教学技术手段，用移动点和线的形式，展现西域的地理区域，既突出了阳关、玉门关的“点”，又突出了西域辽阔地域的“面”，同时又引用“春风不度玉门关”和“西出阳关无故人”的古诗，多维度呈现了西域的地理概念，让学生记忆深刻，兴趣盎然，为广大教师处理类似问题提供了范例。

（2）教学方法运用的创造性

因教学对象的复杂性，教学内容的多样性，教师个体的特殊性，决定了教学方法的多样性。“教无定法，贵在得法”。这就要求教师对教学过程进行动态处理，充分运用“变式”教学法，对同一问题或同一事物善于从不同的角度、用不同的方法进行全方位的思考和提示，去克服学生思维过程中的定式思维。例如，我们在课堂上，经常为引发学生积极思考，设计很多问题，让学生独立思考、讨论研究。但是，设计的问题如何更趋于科学合理，一般情况下，主要从以下几个方面来思考：一是围绕教学重点提出问题；二是问题要明确而具体，便于学生理解；三是提出的问题能够引起学生的兴趣，促使学生进行探究；四是问题有一定的思维度，能够调动、引发学生积极思考；五是问题设计适合学生的“最近发展区”，学生经过探讨是可以回答的。

例如，在2012年全省优质课比赛中，有一位老师在设计《南北战争》一课时，针对战争爆发的原因，没有采用常规的简单介绍的方式，而是选用了五幅图片分别展示战争爆发前南北方经济的不同及经济发展柱状图，形象直观地展现了不同经济制度下的发展，并让学生阅读教材及课件材料，（课件材料出示了五幅图片，图一是“大量使用自由劳动力的大机器生产的工厂”；图二是“强迫在种植园农场里劳动的黑人奴隶”；图三是“南方贩卖黑人奴隶的市场”；图四是“北方资本主义工业经济发展柱状图”；图五是“南方种植园奴隶制经济发展的柱状图”）尝试用自己的语言简要介绍独立战争后美国南北经济的发展状况。学生在掌握了这些基本史实后，自然而然地得出了南北战争爆发的根本原因就是两种制度的尖锐对立。这样的设计，独特新颖，具有教师个人的创造性，体现了历史学科“论从史出”的特点，也培养了学生从大历史观的角度来学习、思考历史现象。

3. 先进性

教学思想是教学行为的灵魂，是教学实践和教学价值的体现。教学思想的优劣，不仅决定着教学行为的方向，还影响着教学效果的好坏。所以一堂历史优质课必须体现教师教学思想的先进性。

（1）科学性、知识性与思想性是否统一

《义务教育历史课程标准（2011 年版）》在课程性质中明确指出：“历史课程是人文社会科学中的一门基础课程，对学生的全面发展和终身发展有着重要的意义。”“坚持用唯物史观阐释历史的发展与变化，使学生认同中华民族的优秀文化传统，增强爱国主义情感，坚定社会主义信念，拓展国际视野，逐步树立正确的世界观和人生观。”在历史教学中，还要“根据学生的心理特征和认知水平，以普及历史常识为主，引领学生掌握基本的、重要的历史知识和技能，逐步形成正确的历史意识，为学生进一步的学习与发展打下基础。”

依据课程标准及历史学科的特点，历史教学中更应注重科学性、知识性、思想性的统一。以唯物史观为指导，对人类历史的发展进行科学、正确地阐释，坚持论从史出、史论结合的原则，力求科学性、思想性和生动性的统一。

坚持正确的价值引领，帮助学生逐步形成正确的世界观、人生观和价值观；注重拓展历史课程的情感教育功能，充分发掘课程内容的思想情感教育内涵，潜移默化地对学生进行情感态度与价值观方面的熏陶。

（2）教师的主导作用和学生的主体作用是否协调

这是赛课成败的关键。新课程改革理论将教学本质定位于交往，把教学过程理解为师生共同参与、共同发展的互助过程。而交往不仅是一种调动学生积极性的教学手段，更是一种尊重学生的教育思想；不仅是一种激活课堂的教学技巧，更是一种走进心灵的教育境界。教师在课堂上不再是高高在上的知识传授者，更不是话语权威，而是课程的组织者、引导者，是和学生一样的课程参与者。

例如，肖桂勋老师在参加2011年11月山东省教学能手评选时所授新课《匈奴的兴起及与汉朝的和战》，始终遵循了“导而弗牵”“活而有序”的教学原则。他以史实为基础，以问题为载体，以情境为主线，以多元互动（师生对话、生生对话、对话生活）为手段，以自主、导学、合作、交流、练测为形式，让学生在生动活泼中主动地获取历史知识，汲取历史智慧，在学习中感悟历史，在熏陶中受到教育。特别是在安排学生自主学习环节中，真正做到了教师主导和学生主体的协调一致。在学生自主学习第一目“匈奴经济的发展”前，教师首先介绍了历史学习的重要方法之一——“标注法”。“标注法”就是要把知识序号化、要点化，并以“畜牧业”为例讲解，随后让学生标出第二点和第三点，教师巡视指导。当学生学完之后，教师用投影展示学生标注的内容，并对照标注的要点进行简要点评。这种教学方式的处理，学生不仅基本掌握了“标注法”，通过标注重要历史知识的实践，使知识构建水到渠成，而且自然地成为课堂的主人。

4. 彰显个人扎实的基本功

所谓教学基本功，简而言之，是指教师从事教学实践活动必备的知识和技能。在赛课过程中，授课教师的基本功应该表现在以下几个方面。

（1）授课行为技能

授课行为技能主要是指课堂提问的技巧，处理学生回答问题的技巧、激发动机的技巧、提示信息的技巧、引出见解的技巧、教学过程中生成性和即时性评价、做出结论的技巧等。孔子在《学记》中讲的“道而弗牵，强而弗抑，开而弗达”，正是强调在启发性引导和做出解答上要把握“时机”、讲究授课行为技能。可以说，教师的授课行为技能在很大程度上左右着教学成果。

（2）渊博的知识

一节课看似知识储备不多，但是却能通过流动的课堂，判断出教师自身的基本知识、基本理论掌握的情况，是否善于适当拓宽学生的知识面，善于补充教材之外的知识等。常言道：“给人一碗水，自己应备一桶水。”这“一桶水”所折射的道理显而易见。拥有渊博的知识和较高的人文素养的教师，其课堂必定别具一番神韵，别有一番风采。

（3）要能说一口流利标准的普通话，要会写一手漂亮的字

流利的普通话和漂亮的好字是教师的门面和形象。语言流畅、态度和蔼、

精美漂亮的板书，能够营造和谐、轻松的教学氛围。而民主和谐的师生关系，是教育教学活动中学生生动活泼、积极主动发展的基础，也是培育创新精神不可或缺的氛围。在教学中，只有建立民主和谐的师生关系，才能使师生双方以对话、包容、平等的关系相处，积极主动配合，达到和谐、融洽、一致，学生才会感到心情舒畅，思维就能活跃，学生个体才能敢想、敢问、敢说，学生群体才有跃跃欲试的热烈气氛。

(4) 要自如运用现代信息技术

参赛教师要根据教学内容和教学需要，充分发挥信息技术在教育教学中的作用，制作精美实用的教学课件，使教学内容的呈现图文并茂，立体多彩。充分利用课件的直观性，不仅可以使教学形式多样化，使学生能真正地参与到教学中来，而且针对理解难度比较大的知识点，通过课件展示再现历史情境，能缩短时空的距离，将抽象的内容具体形象化，使学生在学习中如见其人、如闻其声、如触其物。这样的课堂环境，学生更能集中注意力，调动全部情感，激发学习历史的兴趣，教学目标也能得到极大的优化，课堂的教学效率也能得到更大的提高。

(三) 赛课的目的

课堂教学技能竞赛，能有效促进教师特别是青年教师的专业成长。赛课不仅可以提高教师的综合素质，打造研究型团队，而且可以增强教师的竞争意识，更能推动教研活动向纵深发展。

1. 提高赛课教师的综合素质，打造研究型团队

一般情况下，教师对赛课都要进行精心准备、反复打磨。很多时候，教师展现的不仅仅是自己的教学技能，还包括一个教研组的集体智慧。赛课活动不是孤立存在的，而是包括了赛前的备课、试教，赛中的交流、评议，赛后的总结、反思。这是一个自我发现和相互发现的过程。发现的内容，包括文本解读能力、课堂设计能力、教学实施能力等。赛前研磨、赛中观察、赛后评议对于促进教师的专业发展非常重要。一个教研组的成员会从很多方面帮助赛课教师：赛课前的出谋划策、赛课时的发现问题、赛课后的客观点评。通过赛课，教师在教研组浓厚的研讨气氛的影响下，自然也会不断研究、不断前进。

2. 增强竞争意识

没有竞争就没有突破。赛课不仅可以增强教师的竞争意识，更是一个提高的平台，能促使他们在合作中竞争，在竞争中合作，提高教学技能。在赛课活动中，参赛选手之间是竞争者，但每位参赛选手都会在比赛中，将自己独特的教学风格、教学能力展示出来。如有的老师具有极强的驾驭语言文字的能力，较高的文学修养、宽广的知识面；有的老师上课风趣幽默，有极强的感染力，能抓住学生的心，充分调动学生学习的兴趣和积极性。同时，参赛教师在竞赛过程中通过观摩比较其他选手的课堂，寻找自我差距。

3. 赛课推动教研活动向纵深发展

赛课是教研活动的一种形态，其策划、组织、实施都应该有“研”的成分。赛课聚焦了学科热点、难点问题，引导一线教师开展专题研讨活动，攻坚克难，以赛促研，促进教师对问题的纵深性思考，帮助他们获得专业成长。赛课结束后，专家评委一般都要对参赛的课堂及选手进行点评，专家的点评既高屋建瓴，又客观、深刻、前沿，能从教育理念、教材处理、课堂设计等方面进行深入的剖析。参与备课听课的其他教师也要明确课堂观察点，进行有针对性的观察，宏观把握、微观探讨。通过专家的引领、教研组的交流，赛课教师和听课教师要对自己的课堂或者是自己参与备课的课堂进行客观、清晰、全面地自我评价。赛课活动，重点应该放在通过竞赛展示来总结课堂教学的成功经验，找出课堂教学中存在的普遍性、根本性的问题与不足，让更多的教师得到启示，促进课堂教学的整体改进和高效课堂的大面积建设。

二、操作方略

（一）课前准备

俗话说“磨刀不误砍柴工”，讲的就是准备工作的重要性。一件事情只要准备工作做好了，就等于成功了一半。就一节课的课前准备工作而言，从开始准备到正式上讲台讲课，包括分析个人优势和不足、查找备课资料、教案设计、多媒体课件和具体细节等多个方面的准备。

1. 备自己

课堂竞赛首先是人的比赛。所以，参赛教师首先要了解自己的优势和不足。例如，自己的业务素质是否全面、厚实，基本功如何；独立备课、驾驭课堂的能力怎么样；教学特色是热情活泼、激情四射型，还是似小河流水、静悄悄地引领学生学习型，等等。由于每个人性格、学识等因素的不同，所以要看清自己的优点，全面分析自己的特长，在备课过程中扬长避短，彰显个人的特色。

2. 备课资料的准备

查找备课资料的途径主要有三种：一是利用手头现有资料，主要有教师用书及专业书籍、各种版本的教案及教辅资料；二是上网查找，但网上资料的真实性要注意认真地甄别和筛选；三是到学校图书馆查找专业类杂志。

资料收集好后，要进行必要的整理，一般要分为两大类：一是这节课的教案、课件以及教学实录。这类资料是别人用过的，虽然比较实用，但往往创新不够，即使是有创新，但在使用时也要慎之又慎，避免抄袭和模仿。二是与这节课相关的背景资料和研究论文。这类资料通常比较零散，需要从里面提炼出新颖的观点为我所用。

在这个环节中，要处理好备课资料的多与少的关系。这要根据时间和个人的习惯来确定。时间充分，可多多益善；时间少，要宁缺毋滥。

3. 教案设计的准备

一是自己看的教案。这种教案不拘泥于形式，可以是详案，也可以是简案，自己能看懂就行。最好是准备两份。详案能使你有效地掌控课堂，甚至可以精确到10秒钟要做的事情的规划，但它的弊端是使你无法检测某个细节可能会出现的突发状况。简案能让你有更多临场发挥的空间，对课堂可能出现的各种情况能做到心中有数。

二是给同伴（教研组）看的教案。这种教案的目的是让别人了解你的设计意图，对你的教案提出修改意见。因此，这样的教案必须具备两个特点：一是它必须是详案，最好是一份教学实录；二是必须写出你的设计思路，最好写出你对这种设计的看法。

三是给评委和其他听课教师看的教案。一般情况下是简案，一定要有看点，要有新奇之处，要留白。

4. 多媒体课件的准备

（1）教学资源的选择

首先，多媒体只是教学的工具和辅助手段，实用性是它最大的准则。其次，要收集课件素材，并在收集过程中进行取舍，选择适合自己使用并且能够真正起到辅助教学的资源。最后，做好制作软件的选择。一般情况下使用PowerPoint，它是一种简便易学的幻灯片制作工具，适用于制作静态图片和文字的“讲义性”课件。其优点是操作简单，修改方便，易于保存，且具有方便的链接功能，是使用最为普遍的软件。

Flash是一种绘画和动画功能都极强的软件，它可以满足我们对复杂画面绘制的需求，也可以制作高质量的动画。

（2）界面的优化

界面的优化包括构图、颜色、视频声音、文字等方面。

构图：演示区范围要尽可能大，一般使用全屏，画面要简洁，主次关系明确。

颜色：包括深色与浅色、冷色与暖色的对比。一般画面的底色要使用比较柔和的颜色、素材最好使用深色，以形成鲜明对比。界面色彩构成不能单调乏味，要以明快、庄重、新鲜为主。

视频声音：视频要清晰，背景音乐要烘托环境、渲染气氛，且声音要轻，要注意防止不必要的声音干扰教学。

文字：一是色彩搭配协调，二是所有同一类型的文字要统一、规范。

总之，一个优秀的课件，只有精心地策划、细心地制作和恰到好处地使用，才能收到良好的课堂使用效果。

5. 磨课

“磨”课首先要“磨教材”。要细读课程标准和教材文本，这是设计课的基础，这样教学时才会重点突出，举重若轻。其次，要“磨教法”。教学方法的选择源于对文本的细致解读，检测其优劣的唯一标准就是学生真实的课堂生成。所以在磨课过程中，要进行试讲，试讲的遍数不要太多，多了会使你失去激情而对这项任务感到厌倦。在试讲过程中，要有目的、有针对地试讲，同样的教学方法可能在不同的班级会收到截然相反的效果，要以最坏的感觉作为自己的参照。“磨”课还要“磨细节”。用“细节决定命运”来形容赛课尤其适用。参加比赛，大家水平都差不多，关键就看细节的处理。如果每个细节都能完美处理，就会产生较完美的课堂效果。虽然说课堂教学是有遗憾的艺术，但在比赛中，遗憾一定要降到最小。

6. 心态与情绪

首先要保持正确的心态，坚定自己的信念。适当的紧张是必要的，完全不紧张是不正常的。在准备的过程中，要虚心听取别人的意见和建议，并结合自己的实际情况，突出参赛课的重点和特色。

（二）上课

1. 善于用思想引领课堂

不管是传统还是非传统的，每一节课都要体现一定的思想高度。如果十八般武艺轮番上阵，这种课堂表面上看确实热热闹闹，但喧哗过后教学重点没有突出，教学难点没有突破，其结果只能使课堂主题杂乱无章而变成什么都不是的大杂烩。怎样才能让我们的思想引领课堂呢？这就要求教师要突出“以问题为中心的学习”的教学模式，通过设置开放式问题的情境，引导学生参与研究、思考和解决问题。教师用自己的思想点燃学生内在的学习热情，激发高涨的学习情绪，产生思想的冲动和交流的欲望，只有这样，教师才能真正与学生交流，用思想来塑造思想，最终促成学生知识的有效内化。

2. 注重课堂的高效率

所谓高效率并不是倡导“课”上得多么热闹，多么花哨。每一节课除了要有一定的密度和容量外，还应该做到使学生的知识得到丰富与更新，各方面的能力得到提高与扩展，情感态度与价值观得到巩固与提升。因此，高效的课堂在于教师精心设计的课堂提问，而且一定是要有利于启迪学生的思维，能引导学生从知识、思维、情感等方面积极参与教学活动，以有利于展开课堂教学的互动，提升教学的效果。

3. 预设与生成要融为一体

预设通常指的是课前精心地进行教学设计，诸如确定教学目标、梳理整合教材、设计教学环节、设计情境问题、设计教学方法、考虑学生学法、选择所需课件、思考明理导行等，都属于广义的预设范畴。备好课是上好课的重要前提。因此，只有精心进行预设，才能实现教学目标。从 2012 年山东省历史优质课的参评、展示情况看，预设要注意以下三个问题：一是要解读好教材的特色，即教材是侧重政治制度、经济发展、民族关系、科学文化，还是侧重军事战争、外交关系等，情况不同，设计的风格各异。二是教学思路要清晰，要富有内在逻辑，这样才会增强教学的实效性。三是选择的历史资料要适时、适用，要贴近学生，还要遵循论从史出的原则。

预设固然重要，但预设并不是牵着学生的鼻子走，更不是教师预先设计好了教案让学生就范。教学活动是各种教学资源互相配合、互相影响的动态活动，预设必须与生成有机结合。生成通常指的是在互动交流过程中呈现出的闪光点，包括宽于教材的鲜活知识、学生独特有价值的见解、体现学生内心世界的情感等。预设与生成是一个辩证的对立统一体，两者就像是课堂教学的两只羽翼，相互依存，缺一不可。因此，每节课都应生成特色各异、大小不同的闪光点，否则互动就流于形式，就失去了意义。

4. 既重视学习过程，又重视学习结果

赛课往往会带给我们一个误区，似乎我们过多地关注了学生学习的过程，关注对学生能力的培养，而忽视学习结果。如在2012年11月山东省历史优质课比赛中，在学生学完《昌盛的秦汉文化（一）》一课之后，专家评委组对某位教师执教后做了如下的考查：

考查人数：6人

考查内容："蔡侯纸"　张衡　华佗　"麻沸散"　"五禽戏"

张仲景　《伤寒杂病论》

考查结果：七个知识点全对（1人）

"蔡侯纸"（4人写错）　　张　衡（2人写错）

华　佗（2人写错）　　"麻沸散"（4人写错）

"五禽戏"（3人写错）　　张仲景（2人写错）

由此可见，在历史课堂教学中，我们不仅要关注历史的"趣"和"活"，还要注重历史课堂的"实"，尤其是要让学生掌握最基础的历史知识。没有坚实的历史基础知识，何谈历史能力？没有坚实的历史基础知识，怎样构建知识大厦？

（三）应当注意的问题

赛课应是促进教师能力全面提高、探索教研教改、提高课堂效率的一种有效形式，而不应成为评职称、评优秀、评先进等荣誉的硬性条件之一。纵观现今的各种赛课评比，其评价功能越来越弱，功利性却越来越强。许多教师为了一课成名而优而仕，不惜花大量的财力、物力请专业人士制作多媒体课件，请专家帮忙精心设计教学方案，再反复进行排练。这样的课早已不能代表参赛者个人的水平，而是集体智慧的结晶，失去了评价该教师真实能力的作用。少数教师甚至在一课成名之后不思进取，对平时的教学教研懒于钻研、学习，对琐碎、繁重而无名利的日常工作不屑一顾，只对公开课、优质课感兴趣，只重名利而淡忘本职工作。这固然是教师自身素质不高所造成的，但不可否认赛课的功利化也起了一定的推波助澜的作用。

反思在赛课过程中存在的问题，提醒我们各级组织赛课的教研部门，要建立合理的评价体系，淡化赛课的功利性，评价体系应从教师和学生两个方面去综合评价。既应关注学生知识的掌握情况、学习能力的提高及其终身影响，也应关注能否准确评价教师的能力、促进教师的全面发展。用一节课的表现来对某个教师的教学质量下定论，容易造成评优活动的导向发生偏差。因此，赛课活动除了听一节课之外，还应对教师教学工作的方方面面做一个全面的评估。只有这样，我们的课堂才能去形式化、表演化，才能使学生真正有所收获，才能使课堂具有教师的个性化色彩。只有建立合理的评价体系，淡化赛课的功利性，教师提高自身的素质，做到淡泊名利，才能在课堂上自由地展现自己独特的教学个性和教学风格：或情感丰富、以情动人；或博古通今，为学生打开广阔视野；或治学严谨，教学生做人；或语言精辟幽默，充满智慧，给人启迪。教学有法，教无定法，我们呼唤充满个性化色彩、异彩纷呈的历史课堂！

三、案例实录及点评

《昌盛的秦汉文化（一）》课堂实录	点评
一、导入新课 师：今天很高兴来到美丽的海滨城市烟台和大家共同学习。请欣赏一段视频： **★幻灯片 1：奥运会开幕式（录像）** 一幅画卷徐徐打开，一张白纸慢慢呈现……大家刚才观看的是2008 年北京奥运会的开幕式。为什么在如此宏伟壮观的场合率先展现一张白纸呢？它能折射出中国五千年璀璨的文明吗？今天，让我们共同学习第 17 课《昌盛的秦汉文化（一）》①。 **★幻灯片 2：课题** **二、课堂教学实录** 师：请同学们迅速浏览绿色标题，我们分四大板块学习本课内容。 **★幻灯片 3：板块目录** 探寻古老的造纸技术 走进奇妙的数学王国 演示首创的地震仪器 领略高超的仁心医术② **★幻灯片 4：纸的发明** 师：让我们首先走进历史，探寻古老的造纸技术。 请同学们速读课文第 96 页第一自然段，思考问题：目前，世界上已知最早的纸出现在什么时期？用什么材料做的？ 生：中国西汉时期，麻。 **幻灯片 4－1：麻纸** 师：这是西汉墓中出土的一张麻纸，这张纸又软又薄，纸面平整光滑，是目前世界上已知的最早的纸，还是世界上最早的一幅纸绘地图。	①巧妙地导入，不仅能够扣住学生心弦，产生“未成曲调先有情”的效应，而且能够促进学生知识、能力、情感态度与价值观的发展，产生“润物细无声”的美妙效果。 ②板块名称的拟定科学、精确、文雅、含蓄、对仗，凸显课堂知识体系。

续表

《昌盛的秦汉文化（一）》课堂实录	点评
学法指导：作标注是我们学习历史的一种重要方法，一定要学会在教材中找出关键词句并标注下来。这一段哪些是关键词句啊？ 生："西汉早期""目前世界上最早的纸"。 师：大家把"西汉早期""目前世界上最早的纸"标画出来。后面的学习也希望大家这样做好标记。 **★幻灯片 5：纸的改进** （过渡）：然而，随着文化的发展，人们对纸的数量和质量需求越来越高。什么时间、谁又改进了造纸术？改进后的纸有什么优点？请大家带着问题大声朗读第二自然段，找出答案并画出来。 （投影展示学生的圈点标注） （提问）：什么时间、谁改进造纸术？ 生：东汉，蔡伦。③ **★幻灯片 5－1：蔡伦图** 师：出示蔡伦人物图片。（同学在笔记本上写一写"蔡伦"。写完字后点击出现文字介绍。） 我们从下面几个方面掌握人物：蔡伦（姓名），东汉人（朝代），发明家（称谓），中国古代四大发明中造纸术的重大改进者（贡献）。 作为掌管制造宫廷使用器物的宦官，蔡伦很有才学，每当假日，往往闭门不接宾客，或亲历田野考察。他监制的秘剑及各种器械，"都精工坚密，为后世法"。蔡伦是怎样的一个人？ 生：很认真、善于钻研的人。 师：他在造纸技术的革新方面肯定也进行了一番研究。 **★幻灯片 5－2：蔡伦改进造纸术的过程（图片）** 师：当年蔡伦改进的造纸术是怎样的一种工序？请看大屏幕，请一位同学充当一位造纸工，给大家介绍一下这一古老的造纸工艺吧！（点击鼠标）切碎洗涤、草木灰水漂白、蒸煮捣碎、搅拌成浆、抄纸晾纸、码放整齐。蔡伦曾被封为"龙亭侯"。为了纪念蔡伦的功绩，这种纸被称为"蔡侯纸"。 **★幻灯片 5－3：蔡伦改进造纸术的优点（图片）** 师：改进后的这种纸和以前的书写材料相比，有什么优点？④ 生 1：原料易找，造价低廉。蔡伦造纸利用破布、麻头、旧渔网、树皮，这些东西都容易找到。 生 2：易于书写。龟甲、兽骨和石壁上很难刻字。 生 3：便于携带。蔡侯纸体积小，轻便。 师：导入框说东方朔给汉武帝写奏章用了 3000 片竹简，需要两个人抬。如果一根竹简能写十个字，那么，东方朔给汉武帝的那封信大约	③引导学生自主学习，并展示圈点标注，教师在课堂一开始就肯定学生的学习成果，帮助学生树立学习的信心，调动学习积极性。 ④不仅关注学生学到了多少知识，记住了多少内容，而且要更多地关注学生学习能力的培养及参与的过程，培养自主学习和合作探究能力，逐渐形成历史思维，学历史，懂历史，用历史解决问题。我们可以多设计一些环节让学生自主探索、合作交流与实践。

续表

《昌盛的秦汉文化（一）》课堂实录	点评
有多少字？ 生 1：30000 字。 如果用历史课本那么大的纸来写，每页按 1500 字计算，大约只需要多少页？ 生 1：20 页。 教师随即比划一下 20 页的厚度。 师：还需要两人抬吗？ 生：不要，只要放进口袋就可以了。 师：我们使用的历史书有 17 万字，如果用竹简大约要多少根？ 生：17000 多根。 师：你自己书包里所有的书，如果用竹简书写，大约需要多少根？ 生：一百万根。 师：那你还能每天轻轻松松地来上学吗？ 生：不能，还是用纸写字方便。 **★幻灯片 6：造纸术的传播（图）** 师（过渡）：正是由于这些优点，中国的造纸术在世界范围内很快传播开来。⑤ 投影展示从 4 世纪至 19 世纪，造纸术传播的情况。 （边展示边解说）：（点击鼠标）造纸术首先东传朝鲜、日本，又向西传入西亚地区，代替厚重的泥板。12 世纪传到欧洲，取代了贵重的羊皮。传到北非前，文明古国埃及的莎草纸早已失传。印度在中国造纸术传到前把文字写在树叶上。到 19 世纪，中国的造纸术已传遍世界各地。 **★幻灯片 7：造纸术的影响（史料文字）** 师：造纸术的发明改进和传播给各地人民带来了怎样的变化？对世界文化的发展又产生了怎样的影响？我们结合材料，来分析一下。请同学们看两组材料，谁能给大家读一读材料？（找两位学生读材料），请同学们小组之间先讨论一下（约 2 分钟）：（2～3 人回答） 材料一：战国时思想家惠施外出讲学，带的书简就装了五车，所以有“学富五车”的典故。在欧洲，制作一本《圣经》需要 300 多张羊皮。 （点拨）：竹简、羊皮纸已经退出历史舞台，让位于纸张。那么，造纸术的发明改进和传播对文化教育有什么意义？ 生：促进了文化教育的普及。 材料 2：麦克·哈特的《影响人类历史进程的 100 名人排行榜》中，蔡伦排名第六，上榜理由是什么？	⑤既起到了承上启下的过渡，又做到了论从史出，符合历史教学的特点。

续表

《昌盛的秦汉文化（一）》课堂实录	点评
师（点拨）：书中大家所熟知的达尔文、爱因斯坦、爱迪生（2000余项发明，被誉为“世界发明大王”）等排名都在蔡伦之后，如果举办一个“新书推介会”，你向读者解释这样排名的理由是什么？ 生甲：蔡伦是促进了文明繁荣和推动了历史进程的人物。 生乙：中国的造纸术推动了世界文化的传播和交流，它是中华民族对世界文化的伟大贡献。（让学生齐读一遍“造纸术的发明促进了文化教育的普及，推动了世界文化的传播与发展。这是我国人民对世界文化的巨大贡献。”并在第三自然段中画出相关语句。）⑥ 师：这，就是2008年北京奥运会开幕式上率先展现一张纸的原因。造纸术是中国五千年文化的一个缩影！⑦ （过渡语）：从甲骨文到青铜刻字，从麻纸的发明到造纸术的改进，无不体现着中国古代劳动人民的勤劳与智慧。汉朝的造纸技术造福世界，数学成就也举世瞩目！《九章算术》即是这一时期数学领域的硕果。我们现在就走进奇妙的数学王国。 **★幻灯片8：《九章算术》** 师：《九章算术》收有246个与生产、生活实践有联系的应用问题，共分九章。右边图片展示的是第一章“方田”中的两道题，我们选取其中的一道题看看。（学生读“今有田广十五步，从（音纵zong）十六步。问为田几何？”“答曰：一亩。”）这里的“广”就是宽，“从”即纵，指其长，这道题是计算田亩面积的。由此，我们可知，《九章算术》主要解决的是当时生产生活中的实际问题（提问：成书于东汉时期，总结了春秋战国以来的数学成就），它是我国现存最早的一部数学专著。其中某些内容在当时处于世界先进水平。例如，我们学习的负数，它的提出领先西方达数百年之久。隋唐时期，它传入朝鲜、日本，长期作为教科书，在世界数学发展史上有着重要的地位。⑧ （过渡）：古往今来，有的科学家致力于生产技术的变革，有的科学家从事理论方面的研究，还有的科学家注重对未知世界的探索。东汉时期有一位科学家就用一台仪器，打破“地震是神灵主宰”的迷信说法，化解了人们内心的恐慌。他是谁？ 生：东汉时期著名科学家张衡。⑨ 师：他发明了什么仪器打破了这种错误观念？ 生：张衡发明了地动仪。 师：要想了解张衡制造的地动仪是如何工作的，让我们共同观看一下演示吧。希望同学们仔细观察，了解它的工作原理。 **★幻灯片9：地动仪工作原理（动画）** 师：（根据录像，教师进行适当的点拨讲解：地动仪用铜制成，外	⑥运用齐读，让所有学生都参与，体现了教师教法与学生学法的多样性，学生更好地掌握了本课的知识点。 ⑦通过史论或史实体现出来造纸术的巨大影响，做到论从史出。在此教师巧妙解题，与导入前后呼应。 ⑧注重历史学科与其他学科知识的整合。 ⑨过渡自然，使两个板块的教学内容浑然天成。

续表

<table>
<tr><th>《昌盛的秦汉文化（一）》课堂实录</th><th>点评</th></tr>
<tr><td>
面铸有八条龙，分别朝着八个方向。内部竖着一根铜柱，周围有八组杠杆连接外面。龙的口中各衔一枚小铜球。哪个方向发生地震，铜柱就倒向哪个方向，触动杠杆，使那个方向的龙口张开，吐出铜球，落入下面的铜铸蛤蟆口中，并发出响声。这样就能知道哪个方向发生了地震。）通过演示，大家看出来地动仪是预报地震的呢还是地震发生后测定地震方向的呢？
生：测定地震方向。
师：地动仪测定的地震方向到底准不准呢？
生：准确（举例陇西地震）。
师：这个例子很有说服力。想一想：地动仪的发明有什么意义？
生：它的发明，有利于测定地震方位、减少损失，也有利于破除迷信。[10]
师：张衡发明的地动仪，既打破了封建迷信，解开人们心中的疑惑，还能测定地震方位，比欧洲第一台地动仪要早 1700 多年，是我国古代的一项重大科技创新，也是世界公认最早的地震仪器。（在书中画出此句话）有兴趣的同学想了解更多相关的知识，可课下查阅书籍或上网浏览。
★幻灯片 10：张衡、张仲景的名言
（过渡）：张衡作为一位科学家，不仅功勋卓著，而且品格高洁，他曾写道：“不患位之不尊，而患德之不崇；不耻禄之不伙，而耻智之不博。”张衡不在乎自己的地位和财富，追求的是自己的品德和智慧。像张衡这样的注重品德修养的大家在汉代历史上不乏其人，大医学家张仲景就是其中的一位。他发出了这样的呼声：“进则救世，退则救民；不能为良相，亦当为良医。——张仲景”（让学生齐读）张仲景不计较个人得失，救世救民，兼济天下。他的医学成就有哪些，现在我们进入第四板块，去“领略高超的仁心医术”。
★幻灯片 11：医学成就（表格）
师：教师引导学生自主学习课文第 98 页第二段正文部分，并填充下表。
<table>
<tr><td>医学家</td><td>时期</td><td>主要成就</td><td>称号</td></tr>
<tr><td>张仲景</td><td></td><td></td><td></td></tr>
</table>
生（回答）：东汉　《伤寒杂病论》。
师：所谓“伤寒”，外感热病，类似今天的感冒、传染病；杂病，妇科、内科病症等。张仲景为什么写《伤寒杂病论》？阅读史籍，是学习中国古代史的有效方法之一，我们就从《〈伤寒杂病论〉序言》中寻
</td><td>
⑩运用直观的视频演示，让抽象的道理浅显易懂。
</td></tr>
</table>

找答案："建安纪年以来，犹未十稔（rèn，年），其死亡者，三分有二，伤寒十居其七。——《伤寒杂病论》序"。（学生翻译大体意思） 生：东汉末年，战乱频繁，传染病流行，人们死亡很多。正是在这种情况下，张仲景为因为疾病得不到救治死亡的人感到悲伤。于是，他写成《伤寒杂病论》这部医学名著。 师：张仲景"勤求古训，博采众方"，勤奋地学习古人的经验，广泛地采用民间的药方，花费多年心血终于写成《伤寒杂病论》这部医学名著，总结的很多药方至今仍在中医上使用。例如，小柴胡汤仍是今天治疗伤寒的良药。此书奠定了中医治疗学的基础，至今仍是中医学必读的基本名著。你读了这段序言，能感受到张仲景的什么优秀品质？[11] 生：感受到张仲景强烈的社会责任感和求真务实的态度。 师：所以张仲景被称为什么？ 生（继续回答表格）："医圣"。 师：张仲景被称为"医圣"，他有哪些感人的事迹，你来讲讲和大家分享？ 学法提示：讲述故事语言简明扼要。 **★幻灯片 12：张仲景、《伤寒杂病论》书影和饺子图等**[12] 生甲：张仲景与饺子（"祛寒娇耳汤"）的故事。张仲景在长沙做官的那年冬天，看到许多贫穷的乡亲们，有好些人的耳朵都冻烂了，心里很难受。张仲景叫他的弟子用羊肉、辣椒和一些祛寒药材放在锅里煮熬，等煮好后，把羊肉药物捞出来切碎，用面皮包成耳朵形的"娇耳"下锅。然后分给来讨药的人们，每人给一大碗汤，两只娇耳。人们吃下娇耳，喝了祛寒汤，只觉浑身发暖，两耳生热。 师（点评）：今天，我们不再用饺子来治冻烂的耳朵了。但张仲景那种忧国忧民、济世救人的情怀至今令人难忘。 生戊：我国有很多中药店都叫"堂"，如同仁堂、养生堂、同济堂等。这是为什么呢？其实啊，这"堂"字和"医圣"张仲景有关。汉献帝建安中期，张仲景在长沙当太守。当地瘟疫流行，死人很多。为了拯救黎民百姓，他在公务繁忙的情况下，仍孜孜不倦地钻研祖国医学，为民治病。尤其可贵的是，他公然打破官府的清规戒律，坐在办公的大堂上行医，为病人诊脉开方，办公行医两不误。他还常在自己的名字前冠以"坐堂医生"四个字，以表示自己藐视功名，为民治病的决心。后来，人民为了怀念张仲景，便把坐在药店内治病的医生通称为"坐堂医"。这些医生也把自己开设的药店取名为"××堂药店"，这就是中医药店称"堂"的来历。 师：张仲景为官一任，造福一方。 张仲景刻苦钻研、敏而好学的精神，尊重事实、开拓创新的精神，	⑪教师善于捕捉身边的历史信息，运用古今结合的方式学习历史，及时对学生渗透思想教育。 ⑫运用图片讲故事，关键时刻教师及时引导，善于激发学生学习历史的兴趣，既学到了知识，又陶冶了情操。

续表

《昌盛的秦汉文化（一）》课堂实录	点评
注重临床、理论联系实际的精神永远被人称道和赞誉，无愧“医圣”的称号。我们学习了张仲景的医学成就，讲述了张仲景的感人故事，懂得了要做一个高尚的人。 **★幻灯片13：华佗（图配文）** 师（过渡）：秦汉时期，良医辈出，和张仲景同时期的医学家还有一位。请同学们仔细阅读课文第98页第一段正文部分，为这幅人物图片配上一段文字说明。 学法指导：先在书中画出人物姓名、朝代、称谓、贡献、地位等知识，再描述成一段话。 前面我们已经学习了蔡伦，还记得老师是怎样给蔡伦配的文字说明吗？ 生：（投影个别学生的作业，点评）华佗，东汉著名的医学家，他制成的“麻沸散”，是世界医学史上的创举，编出了医学体操“五禽戏”。（被尊称为“神医”）⑬ 师：华佗被尊称为“神医”，他研制的“麻沸散”制造了怎样的医学神话？ 生：把麻醉药剂“麻沸散”给病人和酒服下，失去知觉再给病人做开刀等外科手术，减轻了患者的痛苦，为病人带来福音。 **★幻灯片14：五禽戏（视频）** 师：华佗还编制出一套医学体操——“五禽戏”，模仿了哪五种动物的动作，起什么作用？ 生：虎鹿熊猿鸟，强身健体。 师：我们一起来模仿飞鸟的动作做一做。感受如何？ 生：舒服、轻松。⑭ 师：他的弟子吴普练“五禽戏”耳不聋，眼不花，牙齿完好，活了九十多岁，可见锻炼身体的重要。冬天来了，希望同学们不要光躲在教室里学习，还要走到室外加强体育锻炼，有了强健的体魄，才能更好地为国家和社会服务。 （小结）：华佗医术精湛，张仲景医德高尚，他们都是流芳百世的医学家。今天我们还享受着他们的医疗成果，沐浴在他们的医术恩惠之中。 我看见同学们收集了很多资料，看来咱班有良好的预习习惯。请同学们下课后把资料交给历史课代表，装订成册，放在图书角，或办一期墙报张贴出来，供更多的同学学习、阅读。⑮	⑬基础知识落实较好，采用不同的教学手段来体现两位医学家的高超技术和高尚医德，达到历史的教育功用，体现历史课的“历史味”。 ⑭模仿飞鸟动作，既让学生学到了知识，又缓解了疲劳心理，活跃了课堂气氛。 ⑮进行必要的情感渗透，达到“春风化雨，润物细无声”的教育功用。

续表

《昌盛的秦汉文化（一）》课堂实录	点评

★幻灯片 15：学有所得

科技领域	代表人物	时期	主要成就
造纸术		西汉	制造成最早的纸
	蔡伦	东汉	改进造纸术
数学		东汉	《九章算术》
地理	张衡	东汉	地动仪
医学	华佗	东汉	“麻沸散”“五禽戏”
	张仲景	东汉	《伤寒杂病论》

三、教师总结

师：在本节课中，我们学了秦汉时期哪些科技成就，让我们用表格梳理总结一下吧。列表是一种行之有效的学习方法，恰当运用会达到良好效果。(学生讨论归纳)

(提问)：秦汉科技涉及几个领域？(造纸术、数学、地理、医学)

出现了哪些人物？找一位同学到黑板上写一写。(蔡伦、张衡、华佗、张仲景）其他同学在本子上写一写。

他们生活在哪些时代？(东汉)

四个领域各有哪些贡献？找一位同学到黑板上写一写。

其中哪些属于领先世界的科技成就？

生（代表)：(1) 西汉早期我国已出现麻纸，东汉蔡伦改进造纸术，我国是世界上最早发明纸的国家。

(2)《九章算术》的某些内容在当时具有世界先进水平。

(3) 张衡发明的地动仪，是世界上公认的最早的地震仪。

(4) 华佗制成的全身麻醉药剂“麻沸散”，是世界医学史上的创举。

师：(结合上表，对比，指出张仲景《伤寒杂病论》在中国医学史上占有重要席位。)

(过渡)：除了科学家的个人努力外，这一时期我国疆域更加辽阔，经济更加繁荣，民族间的联系越来越密切，中外交流越来越频繁，这些都为秦汉时期文化的昌盛奠定了基础。(这时期秦汉帝国已经建立，政治相对稳定，经济发展，和少数民族间的关系趋于融洽，丝绸之路打开东西方文明的友谊之路，都为文化的昌盛奠定了坚实的基础。)[16]

★幻灯片 16：练测园地（机动处理视时间而定）

(过渡)：学习需要及时巩固，让我们进入《学习园地》检测一下吧。

【点评】⑯除了让学生学习本课知识外，教师引导学生从经济发展、民族关系、中外交流等方面对学生进行情感升华教育，激发学生的爱国热情。

续表

《昌盛的秦汉文化（一）》课堂实录	点评
一、请你选择（抢答）  1. 发明右图仪器的科学家是（ A ）。 A. 张衡　B. 蔡伦　C. 华佗　D. 张仲景 2. 在总结春秋战国以来的数学成就的基础上，出现的我国现存最早的数学名著是（ C ）。 A.《周髀算经》　B.《黄帝内经》 C.《九章算术》　D.《方圆阐幽》 3. 收集民间药方，撰写《伤寒杂病论》一书，奠定了我国中医治疗学基础，被后世尊称为“医圣”的医学家是（ C ）。 A. 扁鹊　B. 华佗　C. 张仲景　D. 李时珍 **二、大家评论** 师：学完本课后，小明制作了关于华佗的“历史名片”。这段文字发表在他的微博“小明读史”中。你如果参与评论，该如何指正这段文字呢？ 西汉（改：东汉）时期，我国医学成就十分显著。“神医”华佗是杰出代表。他擅长外科手术，发明了麻醉药剂“麻醉散”（改“麻沸散”）；关注人们身体健康，编排了医学体操“四诊法”（改：“五禽戏”）。 **三、探究天地** 阅读下列材料，回答问题。 盖纸，旧亦有之，特蔡伦善造尔，非创也。 ——北宋 陈槱《负暄（xuān）野录》 **【译文】**纸（东汉）以前就有了，只是蔡伦善于制造（改进）罢了，不是他首先发明的。 师：(1) 你同意材料中的看法吗？蔡伦最大的贡献是什么？ 生：同意，改进了造纸术，促进了文化的传播。 师：(2) 中国同时期还出现了哪些伟大的科学家或医学家？ 生：张衡、华佗、张仲景等。 (3) 选择其中你最敬佩的一位人物，谈谈你的理由。 生 1：我敬佩蔡伦，我从他身上学习到了善于观察学习、勇于探究的精神。 生 2：我敬佩张衡，我从他身上学习到了持之以恒、勇于探索、勤于思考、不断创新的品质。 生 3：我敬佩华佗，我从他身上学习到了钻研创新的进取风范，辨证施治、救死扶伤的精神。 生 4：我敬佩张仲景，我从他身上学习到了因病施治、敢于实践、坚持不懈的精神。	

续表

《昌盛的秦汉文化（一）》课堂实录	点评
★幻灯片 17：老师寄语（配乐） 投影展示秦汉时期和社会主义建设新时期的科技成就，提出殷切希望。 师：昌盛的秦汉文化在世界文化史上留下浓墨重彩的一笔，给中华民族带来无上的荣耀，大大提升了民族的生命力与凝聚力。同学们，我们努力学习中国传统文化的同时，更要学习古代科学家们心系百姓、兴利除害，尊重实践、学以致用，虚心学习、精益求精，艰苦奋斗、百折不回的精神品质，真正成为一位对国家和社会有用的人。 这节课就到此结束，同学们，再见！	

【总评】

该课题是鲁教版《中国历史》六年级上册第 17 课，这是于颜东老师在 2012 年 12 月参加省优质课评选时准备的参评课并获奖。于颜东，1995 年毕业于济宁师范专科学校，现为济宁市第十三中学历史老师。于老师这节课的精彩之处主要体现在以下几个方面。

一、教学目标更加明确

教学目标是教学的出发点和归宿，它的正确制订和达成，是衡量一节课好坏的主要尺度。有人把课堂教学比作一个等边三角形，而知识与技能、过程与方法、情感态度与价值观恰好是这个三角形的三个顶点，任何的一个顶点得不到重视，这个三角形就不平衡。这无疑是一个很恰当的比喻，形象地说明了这三个目标相互依赖的关系，即这三个目标的不可分割性，缺少了任何一个目标的达成，一节课也就不完整了。多数情况下，老师在教学过程中往往只重视基础知识落实，却忽视学习能力培养，忽略情感态度与价值观的教育。而情感态度与价值观的教育是随着课堂教学的进度循序渐进的，是润物细无声的、能够沉淀到学生意志品质和生命中的教育。如果只是一味地追求拔高，带给学生的只能是假、大、空的感觉。于老师在我的指导下通过调整情感态度与价值观目标，进行了恰当的情感渗透，保留了历史课的“历史味”，体现了新课程以学生发展为本的价值追求。

二、教材处理更加合理

评价一节课上得好与坏，不仅要看教学目标的制定和落实，还要看执教者对教材的组织和处理；既要看教师知识教授的准确科学，更要注意分析教师教材处理和教法选择上是否突出了重点，突破了难点，抓住了关键。于老师在完成第一个重点“造纸术”时，运用了图片对比法、史料分析法、讲解法等各种教学手段，真正突出了重点；处理“华佗和张仲景”知识点时则用了故事讲述法，或突出医技高超，或强调医德高尚，既突出了第二个教学重点，又无平均用力之感。至于难点“地动仪”涉及科技名词和物理学原理，而初一学生没有学过物理，对于利用物体惯性来拾取地震波进行远距离测量的原理，学生难于理解，因此于老师运用视频演示法来突破难点，并发动学生课下在网上查询更多内容，极大地调动了学生的积极性。

三、教学程序更加科学

1. 教学思路设计

于老师的教学思路设计符合教学内容实际，也符合初一学生学情；设计有一定的独创性，板块式教学超凡脱俗，既科学又文雅，指导性强，给学生以新鲜的感受；教学思路的层次、脉络清晰；在课堂上教学思路实际运作效果明显。在实施教学措施时，能注意到对编排组合、衔接过渡、详略处理、讲练结合等细节的处理，因而课堂效率较高。

2. 课堂结构安排

于老师详细讲解第一板块“探寻古老的造纸技术”和第四板块“沐泽高超的仁心医术”，简略讲述第二板块“走进奇妙的数学王国”，精确讲述第三板块“演示精确的地震仪器”，结构严谨，环环相扣，过渡自然，时间分配合理，密度适中，效率较高。课堂教学不再是就教材教教材，而是在适当的时候进行拓展延伸，提高了学生学习历史知识的兴趣。

四、教学方法和手段更加多样

1. 教学方法量体裁衣

教学有法，但无定法，贵在得法。于老师根据自身素质特点和学生接受能力而量体裁衣，灵活运用教学方法，特别是采用板块式教学，既整合教材，又指导学法，优选活用。

2. 教学方法的多样化

教法是学法的示范，学法是教法的回归。教学活动的复杂性决定了教学方法的多样性。于老师史料分析法、故事法、演示法、图表法等多种方法的运用，使课堂教学超凡脱俗，富有艺术性。

3. 教学方法的改革与创新

充分利用现代信息技术，是教学发展的时代要求，因为信息技术为教师提供了更广阔的知识空间。于老师适时、适当用了投影仪、计算机、电视、电影等现代化教学手段，它为历史教学注入了新的活力。

五、教师教学基本功提高

1. 表格式板书设计科学合理，言简意赅，条理性强

于老师的表格式板书设计，分类恰当、科学，易于比较，省却了其他文字的表达，且清晰条理。

2. 教态明朗、快活、庄重，富有感染力

仪表端庄，举止从容，态度热情，热爱学生，师生情感交融。

3. 课堂语言，准确清楚

首先，于老师的普通话标准，精当简练，生动形象且有启发性。其次，语调高低适宜，快慢适度，抑扬顿挫，富于变化。

4. 熟练使用教学用具

运用教具，操作投影仪、计算机等动作纯熟，对于偶发事件的处理机智灵活。当她在视频演示造纸工艺的过程中突然出现停电现象时，能及时引导学生阅读课本上的插图复述，心理素质强，处变不惊。

六、教学效果良好

在本堂课的教学中，于教师有效利用40分钟，面向全体学生，因材施教，使学生参与度高，投入深，因而思维活跃，气氛热烈，不同程度的学生在原有基础上都有进步。知识、能力、思想情操等教学目标得到了完美呈现。课堂结束时，得到了师生的一致好评。

当然，于老师的课还有一些不足。希望通过这次锻炼，更快成长，为我市打造魅力历史课堂多做贡献。

第二节　说课研究法

说课是一种重要的教研形式，包括说课的内容、模式、技巧等，主要考察说课者的教育理论素养、教材整合能力、问题设计能力、语言表达能力、板书设计能力以及多媒体应用能力等。当今，说课作为一项重要的考核手段，已然成为教师选拔考试、教学竞赛的重要内容。

一、概念阐释

（一）说课的含义

说课就是教师依据课程标准、先进理念、具体学情等条件，以具体课题为支撑，在充分备课的基础上，面对同行或专家对课程标准、教材、教法、学法、教学过程、板书设计等进行口头讲述，并阐释其依据的教学研究形式。

从说课者个人而言，说课不仅要说明教学内容、教学目的、教学手段等，还要说清楚其理论依据，能够全面展示说课者的教学理念、教学水平、教学特点和教学智慧。因此，说课能推动说课者主动学习先进的教育教学理论，用理论指导实践，并用实践提升理论。例如，在准备说课教案时，不但要注意说清楚教什么，而且要说清楚怎样教以及为什么这样教。否则，一旦离开了理论的支撑，说课就会成为“无源之水，无本之木”。这就迫使说课者对自己的教学行为进行深入的思考，对先进的教育教学理论进行广泛的涉猎，提高学习的主动性与积极性。

从集体教研而言，说课具有教学研究的性质，是课堂教学的延伸和拓展，是教师交流教学经验、探讨教学困惑、提升教学理念的有效手段和渠道。此外，说课后进行的评课，也有助于互相交流，取长补短。因此说，说课是一种有目的、有计划、有组织、有准备的备课研究活动。例如，在集体教研活动过程中，主讲人采用说课的形式向其他教师介绍自己的教学设计及其理论根据，然后由听课者集体教研、共同研讨。“他山之石，可以攻玉。”通过说课研讨，达到互相交流、深入研究、共同提高的目的。

（二）说课与备课的异同

备课，是教师“上课前的教学准备”，是上好课的前提，它体现了教学工作的计划性和针对性，有利于教师充分发挥主导作用，激发学生的学习兴趣，提升教学实效。

备课是说课的基础与前提，说课是备课的展现与提升，二者相辅相成，都有利于提升课堂教学实效。尤其是说课之后的二次备课，是教师间思维碰撞的成果，是教育教学理念的升华，是备课水平的极大提升。

1. 相同点

（1）前提相同

说课与备课的前提都是教师的辛勤付出，二者都需要教师研究课程标准、吃透教材、剖析学情、精选教法、设计教学过程等。

（2）载体相同

说课与备课的载体都是具体的课题，都要根据具体课题分析教材和学情，确定教法和学法，设计教学过程和板书等。

（3）目标相同

说课与备课都属于课堂教学之前的准备工作，研究具体课题如何开展教学，都为课堂教学服务，都以课堂教学的有效、高效为目标。

（4）命运相同

“实践是检验真理的唯一标准。”说课与备课都属于备课教研活动，其成果都要接受课堂教学活动的检验。可以说，课堂教学是说课与备课是否成功的“试金石”。

2. 不同点

（1）本质不同

说课的本质是教学研究，以更新教学理念、提升教学水平为宗旨；备课的本质是教学活动，以培养学生能力、达成教学目标为宗旨。

（2）次序不同

备课要先于说课而出现，说课需要建立在备课的基础之上，“备课在前，说课在后”，备好课是说好课的前提。

（3）目的不同

说课是为了交流教学理念、优化教学过程、提高教学水平等，服务于“教师”；备课是为了进行教学实践，服务于“学生”。

（4）对象不同

说课的对象是同行、是专家，要说清楚为什么这样备课；备课的对象是学生，一切备课活动都以学生为中心。

（5）定位不同

说课要对教学设计的依据进行解释说明，备课则不同。备课着重研究解决课堂中的“教什么”“怎么教”等具体实施环节，而说课则还要研究“怎样教”和“为什么这样教”的教学理论等问题。

（三）说课的原则

1. 理论升华原则

说课是说课者展示教学设计、展现教学理念的过程，这不是一种教学行为，而是一种研究行为。在说课过程中，每一个教学设计背后涉及的教学理念、教育理论都要说清楚。这不仅是贯彻新课改、新课标的要求，理论与实践的有机结合，也是教育教学理论与具体教学实践的完美呈现。

2. 创新性原则

说课是一种智慧的交流与碰撞，是一种全方位、深层次、交互式的教研活动，是教师将自己的教学设计进行教学实践之前的预演。一方面，通过说课可以完美地展现说课者的教育教学功底，如教学语言、教学风格；另一方面，也对说课者提出了近乎苛刻的要求，那就是力求创新，让教学设计、教学理论走在最前沿，展现最实用、最科学的教育教学理念，引领教育科研的不断前行。

3. 详略得当原则

说课的时间有限，但说课的内容可以无限。如何在有限的说课时间内，把自己的教学设计、教育理念说清楚，就要做到详略得当，围绕重难点问题的教学设计、凸显教育智慧的教学设计、体现新的教学理念的教学设计、高效小组合作的教学设计等，合理规划说课行为，科学利用说课时间，力争在有限的时间内打动听课者的心，实现心灵共鸣。

4. “实”“活”结合原则

说课活动是“采点给分”的，每一个环节都缺一不可，同时要求教师根据实际需要进行灵活调整。

（四）说课的意义

说课是一种教研活动，同时也是一种考查教师教学基本功的有效方法，并不断地应用于教师招聘考试、教学技能比赛等活动中。说课不仅成为考核教师业务能力的重要手段，而且也是促进教师专业发展的重要途径，以及推动课堂教学改革和研究的重要举措。

说课主要有以下几个方面的意义：

1. 有利于提高教学实效

说课是对教师业务素质的评价，有助于教师提高处理教材的能力和课堂教学的水平。通过说课，引导教师主动涉猎先进的教育教学理念，思考有效的教学策略与方法，有利于理清教学思路，明确教学的重难点及其解决办法，进而提高课堂教学实效。

2. 有利于提高教研实效

通过说课，展现教学设计并解释设计意图，介绍教学方法并解释处理技巧，强调教学重点并解释突破策略，有利于听课教师明白设计初衷，并结合教学活动进行比较，能起到启迪教育智慧的效果，从而提高教研活动的实效。

3. 有利于提高专业水平

说课强调教师要说清楚设计的理论依据和初衷，有利于促进教师更新教育理念、反思教学行为，促进教师进行角色的转变，由“知其然”到“知其所以然”。通过教师的主动学习，提升专业素质，使教学更加理性化。因此，说课是教师主动学习教育教学先进理论、接受先进理念的“助推剂”，有利于促进教师专业成长。

4. 有利于提高综合素质

说课，能展示教师的教学理念、教学语言、教学动作、应急应变等方面的能力，既反映了教师的教学理念和教学风格，又充分展现了教师的教学水平和教育智慧。对教师而言，参加说课活动是全方位的提升。

（五）新课程标准对说课的基本要求

1. 说清教学内容在教材中的地位和作用

每一课题的教学内容在教材中的地位和作用都是不同的，有引领式的，有总括式的，有承上启下式的。可以说，说课者对教材进行全方位的立体式的把握，对如何指导学生进行学习至关重要。

2. 说清教学重、难点及处理方法

在说课过程中，必须明确和突出教学重、难点，并巧妙、科学、合理地加以处理，有利于起到提纲挈领的效果，便于学生掌握重难点。

3. 说清教学目标与所需课时

围绕“知识与能力、过程与方法、情感态度与价值观”三维目标进行说课，每一个教学环节要有相应的时间要求，整节课要在有限的课时内说清楚教学目标。

4. 说清教学方法与具体操作办法

“教无定法，贵在得法。”说课者根据具体的学情与教学目标，制定适合的教学方法来开展教学，无论是自主学习，还是合作互动、教师精讲，高效课堂都离不开有效教学方法的支撑。

5. 说清对教学实效的预测

说课者要对说课内容及过程进行科学、合理的预测，包括在教学过程中可能出现的问题、学生容易出现的错误、时间把握上的不足、小组合作上的不充分，以及合适的补救措施。

二、操作方略

（一）说课的基本内容

新课程理念强调："改变课程实施过于强调接受学习、死记硬背的现状""学生是学习的主体。"一般来说，说课分为说教材、说学情、说教法、说学法、说教学过程、说板书设计、说教学实效七个环节，教师可根据实际需要进行顺序上的调整。

1. 说教材

说课，首先要说明自己对教材的理解，因为对教材的充分理解是开展有效教学的前提，也是说课的前提。说教材包括："说教材的地位或作用""说教学目标""说教学重点、难点"三个方面的内容。

（1）说教材的地位或作用

从内容、结构、教育意义等方面论述具体课题在教材中的地位或作用，直接反映出说课者对教材的把握程度，并影响到教学目标的确定。一般需要注意以下两点：一是前后知识间的纵横联系及依据；二是通过学习会对学生产生的作用和影响。

（2）说教学目标

教学目标是指教学活动的主体在具体教学活动中所要达到的预期效果，是教育目的和培养目标在教学层面上的具体化。教学目标的确立需要注意两个问题：一是确立依据，如新课标的要求、教育教学先进理论依据等；二是细化教学目标。

根据新课标的要求、学生年龄结构、已有学习能力、认知问题层次、学生发展需要等方面制定出三维学习目标，教学目标应力图体现"知识与技能""过程与方法""情感态度与价值观"三维课程目标，要借助课程标准为自己的教学设计寻找到有力的理论依据，并通过实践经验、充分备课将三维目标有机融合起来。

说教学目标时，要遵循由易到难、由低到高的原则，还要做到条理清晰，逻辑严密，目标准确。

（3）说教学重、难点

以熟读教师教学用书为前提，从教学内容、新课标要求、学生实际、教师理解等方面确定教学的重难点并说出确立依据。

教学重点一般指有共性、有重要价值的内容；教学难点一般指学生难于理解和掌握的内容，而教学难点的解决有助于学生更好地掌握教学重点。

如何确定教学难点，一般说来，主要有以下几个方面：

①学生欠缺相应的知识基础；

②学生借助已有经验进行学习存在难度；

③需要纵横对比得出认识；

④综合性强。

2. 说学情

分析教学对象的共性与差异性是开展教学的基本前提。说学情，包括说学生学习本学科、本教材、本课题的基本情况。囿于学生的知识积淀有限、知识水平不高这一现状，在进行说课稿的设计时，要对学生已有的知识储备、学习能力、地区现状及班情进行充分的预设和分析。一般来说，应重点关注以下两点：

（1）学生已有的知识水平与学习能力

学生已有的知识与经验是学习新知识的基础和前提，这将有助于实现学生由“旧知”向“新知”的演变。因此，分析和把握学生已有的学习能力，如自学能力、思维能力、合作能力等，是把握学情的核心。

（2）学生的年龄结构和心理特点

不同年龄段的学生在学习时的心理特点不同，不同校情、班情的准确把握是把握学情的必备条件。

3. 说教法

教学方法，简称教法，是教师引导学生掌握知识技能、获得身心发展而共同活动的方法。

说教法，就是要说出将采用的教学方法、手段及依据，重点突出有一定特色的做法，尤其重视对教学方法的创新，以及在培养学生合作意识、创新精神、学习能力方面的具体做法。一般而言，包括讲授法、小组合作法、同桌互助法、情境体验法、辩论竞赛法等。

4. 说学法

叶圣陶先生有一句名言：“教是为了不教。”在教学过程中，从学情出发，渗透学习方法的指导，不但要让学生学会，而且要让学生会学。当前课程改革的热点问题是“教会学生如何学习”，即要说出教给学生的学习方法，以及调动其积极性、培养兴趣、合作意识等的具体措施，体现出教师角色的转变，使学生由“学会”到“会学”。由此可见，说学法是说课的重要环节之一。

学习方法是多种多样的，例如，在夯实历史事实的基础上，逐步培养学会发现问题、提出问题的能力；通过搜集史料、整合史料和独立思考，逐步培养对历史事物进行分析和评价的能力；通过小组合作、同伴互助，逐步培养掌握一定的学习方法，包括关键字词法、图形标注法、目录回忆法、提纲梳理法等。

5. 说教学过程

这是说课的主体部分，也是说课的重点，它反映的是教师的教学理念与教学风格。

一般来说，教学过程要说清楚五个问题。

（1）教学思路与环节

说课者要结合教学实际把自己对教材的理解、处理，以及使用的教学手段说清楚。如教学课题、导入设计、过渡衔接、师生互动、生生互动、作业布置、板书设计等。在这几个过程中，要特别注意把教学设计的依据说清楚，说清楚“教什么”“怎样教”以及“为什么这样教”。

（2）教与学的双边活动安排

素质教育强调学生的主动发展。因此，无论是复习旧知还是学习新知，都离不开学生的参与，师生互动是有效教学的前提，双边活动能充分体现教师的主导作用和学生的主体地位的和谐统一，包括教法与学法、知识传授与能力培养、德育与智育等的和谐统一。

（3）重点与难点的处理

说出在教学过程中，如何突出重点和解决难点，以及运用什么方法。

（4）教学方法及达成目标

为达成教学目标，如何处理教材、使用那些教学方法及将要达成的预期效果。

（5）多媒体的应用

《基础教育课程改革纲要（试行）》指出：“促进信息技术与学科课程的整合，逐步实现教学内容的呈现方式、学生的学习方式、教师的教学方式和师生互动方式的变革”，“充分发挥信息技术的优势，为学生的学习和发展提供丰富多彩的教育环境和有力的学习工具。”说课过程中，要说出在教学中所使用的多媒体及发挥的教学效果。

6. 说板书设计

板书是教学中应用的一种主要的教学媒体，是教学艺术的重要组成部分，其内容的构成直接影响教学效果。在对板书进行设计时，应遵循科学、精致、清晰等原则，根据具体课题的教学内容、教师的设计水平和学生的接受程度进行设计。

板书一般可分为主板书和副板书两部分。一般来说，板书设计要配合说课过程进行适时展示，使说课过程更加直观、形象。当然，也可以在说课活动结束后，补充板书设计进行展示、介绍。

一般来说，板书设计应注意以下几个问题：

（1）体现教学重难点

板书是学生把握教学重点、学习教学内容的载体，是整体感知教学内容的依据。因此，设计板书时应遵循教材的逻辑顺序，紧紧把握教学内容的重难点。

（2）针对具体学情

了解学生的知识水平和接受能力，是设计板书的重要条件。

（3）主、副板书相结合

主板书与副板书应紧密结合：主板书是板书的主体，副板书是主板书的辅助，二者相辅相成。

（4）内容凝练、条理清晰

所有的板书设计最终要形成一个整体，有助于知识再现、加深理解、强化记忆。

（5）注重创新性与艺术性

苏霍姆林斯基曾对教师提出建议："首先应当考虑的是：我们将要去做的那一切，将如何在我们所教育的人们的心灵里折射和反映出来。"① 板书设计作为教师的基本功之一，是一门艺术，是教师传授知识和学生运用知识的一种重要教学手段和形式。板书是教学艺术的组成部分，加强板书的创新性与艺术性，是为了在教学中更好地运用这一教学手段。作为教师，除了掌握必要专业知识外，还必须具备一定的教学基本功。因此，平时要加强文字、书法、板画等教学基本功的训练，在教学中大胆实践，不断总结板书的理论和实践经验，

---

① ［苏］瓦·阿·苏霍姆林斯基：《给教师的建议》，杜殿坤编译，483页，北京，教育科学出版社，1984。

使板书作为一门教学艺术而得到进一步地完善。

（6）注重实用性与审美性

意大利著名的哲学家、历史学家克罗齐在《美学原理》中认为，美感最大的特征是“愉悦性”。板书不仅要有“实用价值”，还要有“审美价值”。让学生“喜闻乐见”“回味悠长”“记忆深刻”的板书是具有审美价值的板书。

7. 说教学实效

《基础教育课程改革纲要（试行）》强调，教师要对自己教学实践行为进行分析与反思，以促使教师形成自我反思的意识和自我监控的能力。任何一堂课都不是十全十美的，需要不断改进，臻于完善。说出教学对学生的思想教育、能力培养、情意发展等方面的达成效果，需要注意以下几点：

（1）总结整节课的教学情况，尤其是在贯彻新课程理念、体现全新学生观、突出学生主体地位上；

（2）突出教学方法、学法指导上的创新和突破；

（3）不足之处及改进措施。

（二）说课的应试策略

1. 知识准备

扎实的学科知识是说课的基础，尤其是新课程标准、新教育理念、教材的相关知识。这就需要做到两点：

（1）熟悉新课程标准。

课程标准，是国家颁布的有关学科教学的纲领性文件，是教材编写、教学实施、教学评价的基本依据。熟悉新课程标准中的教学目标、内容标准、实施建议等，是说课准备工作的重要一环。

（2）学习教育教学理论

掌握教育学、教育心理学的相关知识，明确学生的年龄构成、心理特点，掌握相关的教学原则与方法、要求，离不开平时的积累。

（3）全方位把握教材

从多角度、多层次把握教材，重视历史知识间的纵横联系，是说课的重要步骤。

2. 心理准备

说课者的心理压力太大，很容易在说课中发挥不正常，以至于影响考试成绩。说课的最佳结果是，听课者全面而准确地觉知到说课者的优势所在。这就需要在说课之前挖掘自己潜在的力量，用积极的心态来消除负面心理的影响，满怀信心地在说课中一展自己的风采。

一要杜绝完美主义心理。

请听一个故事。一个工匠要造一把弓，弓造好后，无人不交口称赞。但工匠并不满意："这是一把粗糙的丑东西，我要的是一张完美的弓。"于是，他不断地在弓背上雕饰。终于有一天，工匠由衷地满足了。但是，这张弓因为雕饰过度，轻轻一拉就断了。完美主义者就像这张一拉就断的弓。因此，说课前不必为自己不可逆转的缺点做不必要的苦恼，应多想想自己的优点和长处，也不要怕暴露自己的缺点而动摇信心。

二要注意心理调节，有效措施主要有：

（1）积极的自我暗示

对自己进行积极的暗示，能使说课者充满自信，心境悠然，注意力集中，思维敏捷，从而积极地表现自我。当然，积极的自我暗示并不是盲目乐观，以空幻美妙的想象来替代现实，而是客观、理性地看待自己，并对自己有积极的期待。如果说课者学会通过适度的、积极的暗示接纳自我，那么，说课前的焦虑必定会得到释放而减轻。

（2）利用系统脱敏法，消除过度焦虑

"系统脱敏法"，即通过一系列的步骤，逐渐训练个体的心理平衡能力，增强心理适应能力，从而消除敏感反应，保持平常的心态。

说课焦虑的系统脱敏可以这样进行：第一步，认真反思自己的情况，依程度轻重将引起说课焦虑的情境排序，如说课准备期间、说课前一天、说课等待时间、进入说课场、和听课者打招呼、说课中的尴尬局面等。第二步，运用想象进行"脱敏"训练。首先从能引起你最轻度焦虑的情境开始想象。要尽量逼真地想象出当时的各种情境、听课者的表情和自己的内心体验，一旦有身体的紧张反应或内心的焦虑状态出现，便用言语暗示"沉着""冷静""停止""紧张"，同时进行有规律的深呼吸，尽量放松肌肉，以减弱身体的紧张状态，直至镇定自若。然后依排定好的顺序想象出第二个情境，依次进行训练，最后则达到想象最紧张的说课情境时也能够轻松自如。需要指出的是，系统脱敏的最后完成需要一定的时间，只要坚持下去，就一定能取得良好的效果。

（3）充分的自我认识和对说课过程的详尽了解

说课者能充分地熟悉说课的要求、基本内容等，做到心中有数，同时又能正确地评价自己，既相信自己的能力，又实事求是，不作自高自大或自轻自贱的错误期待，说课前的焦虑自然会减轻。

3. 形象准备

（1）仪表仪态

装饰门面，包装自己，不仅仅是说课前才要做的事，作为教师，更需要始终注意自己的形象。

①发型

发型能直接地反映出一个人的精神面貌，体现出一个人的品位和对细节的关注程度。凌乱不堪的发型是无法给考官留下好印象的。说课者头发的长度、颜色都是有讲究的，教师作为培养人才的园丁，形象应该端庄朴素，大方得体。所以，作为准教师的说课者，头发颜色不能太多、太亮，与众不同，过分出挑。

男性教师的发型发式，一般要求干净利落，整洁自然，不宜过长，基本的要求是“前发不覆额，侧发不掩耳，后发不过领”。女性教师发型总体要求是清爽利落，美观大方，不要披头散发，发饰过多。女性教师可以烫发，但要给人稳重感，不要太前卫或轻浮。

②面容

面容的总体要求是端正庄重、整洁干净、简约朴实、得体自然。男性教师应养成每天修面的好习惯，保持干净整洁，不蓄胡须，鼻毛不外现，口无异味。女性教师在说课场合应以淡妆为宜，保持清新、自然、柔和、淡雅，建议说课时不要使用香水。

③指甲

说课者在说课时应保持手部清洁，不蓄长指甲，不使用醒目的甲彩。

④服装

说课着装的总体要求是端庄得体、干练精明、朴素大方、温文尔雅。由于教师的职业特性的要求，说课者在穿着方面应表现出稳重、大方、干练、富有涵养的教师形象。

说课者的服饰一方面应以其朴素大方取胜，另一方面则应要求文明得体。具体来说，主要应注意避免以下五忌：一忌过分炫耀；二忌过分透明；三忌过分紧身；四忌过分短小；五忌过分裸露，即不露胸、不露肩、不露背、不露腰、不露腿。

说课者的服饰应保持整洁，具体而言，应注意：忌残破；忌折皱；忌乱穿；忌肮脏。

男性教师着装：西装颜色搭配坚持“三色原则”，即全身颜色不得多于三种。西装、衬衫、领带三样中必须有两样是素色的。

女性教师着装：建议穿正装，如衬衫长裤、西服套装或套裙等，性感、暴露、艳丽、怪异的服装绝对不能出现在说课场合。

⑤鞋袜

在说课场合，建议说课者不要选择尼龙袜和白色袜子。男性教师应注意鞋袜与西服的搭配，皮鞋要清洁（黑色为首选），袜子应与裤子、皮鞋的颜色相同或其他较深颜色，而不能是浅色或者白色。女性教师穿套裙时宜穿皮鞋，根据套裙颜色配肉色或深色长筒袜或连裤袜，不能穿黑色或镂花的丝袜；在说课场合更不能穿凉鞋、凉拖等前露脚趾后露脚跟的鞋。

⑥配饰

饰物与配件的佩戴最重要的是要与服装构成一个有机的整体。在说课中，女性教师可以佩戴大方得体的饰品，如手链、项链或胸针等，但应注意同时佩戴的两种以上的首饰应同质同色，尽量不要佩戴过分华丽、炫目的饰品。男性教师在说课场合最好杜绝饰品。手表、婚戒等基本饰物是可以佩戴的，但尽量不要轻易佩戴其他饰物，以免使自己的形象过于随意化，对考官做出评判产生不利影响。

⑦表情

在考场上，说课者的面部表情应从容、镇定、自信，体现出应有的气度与风貌。答题时要做到表情自然，切忌僵硬死板、面无表情。

笑是面部表情的一种，它是说课者在说课考场除口头表达外的另一种语言。说课者从进入说课考场那一刻起，要懂得适时微笑。

⑧目光

说课者在答题时，应注意与考官的眼神交流，这一点非常重要。说课者不能只关注一个考官，而“不闻不问”其他考官。用眼神与每位考官进行沟通是十分必要的，可以为高分打下基础。

（2）行为举止

“行如风，站如松，坐如钟”是对人体姿态审美标准的最好概括。

①行姿

行姿的基本要求是“安静、稳定、合礼”。人走路时的形态能反映出一个人的个性、情绪及修养等，是形象礼仪的一部分。说课者要想塑造良好的形象，就不得不注意走姿。

正常的行走姿势，应当是身体挺立、昂首挺胸、收腹直腰，两腿有节奏地向前迈步；两眼直视前方，目光自然平静，不要左顾右盼、东张西望。具体而言，男性教师应步伐雄健有力，走平行线，显示潇洒豪迈；女性教师应步履轻捷，步伐略小，走直线，应显轻捷。

②站姿

站姿的基本要求包括站立端正、不应持物、双腿稍分、双腿安稳、避免散漫五个方面。

站姿所禁忌的是歪脖、斜腰、挺腹、屈腿、翘臀等。切忌双手叉腰、放进裤袋或抱在胸前；不要东倒西歪、左摇右晃、耸肩勾背；不要弯腰驼背或挺肚后仰，这样会显得拘谨、缺乏自信和经验，更重要的是有失形象的庄重。

③手势

说课者的手势应当规范，尽量少用，不可滥用。说课时，说课者的手势不宜多，动作不易过大。说课时，不得用手抓挠身体的任何部位，避免出现拉衣袖、抓头发、抓耳挠腮、玩饰物、揉眼睛等手势动作。

4. 说课动作与流程

说课动作主要包括敲门、关门、问好、致谢、板书、鞠躬、离场等。在说课考场的动作与流程方面，主要提醒广大说课者注意以下几点：

第一，如果门是关闭状态，工作人员未开门，说课者应敲门，敲门的动作自然、声音清楚即可，敲门声太大或太小都不合适。得到考官“请进”的允许后，才能走进考场。

第二，说课者进入考场后，在讲桌侧方站定，向考官微笑问好，展现出礼貌大方的形象气质。问候考官时，说课者在态度上需要注意主动、热情、自然、专注，也可用鞠躬来表达对考官的尊重。但鞠躬动作并非必需，由说课者自行决定。

第三，考官或工作人员提示“说课结束，请退场”后，说课者将板书擦干净，向考官致谢、鞠躬后离场。但鞠躬动作并非必需，由说课者自行决定。说课者退场时要注意走姿，轻轻将门带关。说课者退场时，不得将说课草稿纸、说课教材等带出考场。

（三）说课的注意事项

1. 新

创新是说课的灵魂，它体现了说课的艺术性。这就需要教师在导入、教学环节设计、教学手段、巩固练习等诸多方面注重“新”。

2. 深

脱离了新课程标准的说课，就是无本之木、无源之水，因此在说课程标准时一定要讲究“深”。

3. 实

无论是实施教学目标的教法，还是学生要通过学习来掌握的学法，在说课时都要注重“实”。得当的教法、合理的学法，才能实现教学所要达到的目标。

4. 准

习题和作业的设计是检验、巩固课堂教学实效的手段，所以习题的设计一定要注重“准”。既要准确体现教学重难点，又要考虑到不同层次学生的接受能力，做到因材施教，分层设计。

5. 精

说教学过程既是说课的出发点，也是说课的归宿，是贯穿整个说课过程的一条主线，因此必须注重“精”。

6. 活

说课是一个灵活的过程，需要说课者灵活选用方法，说得生动有趣、绘声绘色，做到把课说“活”。

三、案例评析

【案例一】　《鸦片战争》

《鸦片战争》说课稿	
尊敬的各位专家、各位评委老师：大家好！ 今天我说课的题目是《鸦片战争》。现在，我谈谈对这一课的理解和设计。	评析
一、说教材 1. 说教材中的地位和作用 这节课是鲁教版七年级上册的第 1 课，叙述了中国从政治上主权独立、领土完整，经济上自给自足的封建国家，开始沦为半殖民地半封建社会的过程。从此，中国在政治、经济、文化等各方面备受帝国主义的控制和压迫，并且长达 107 年之久。而鸦片战争，则是中国近代史的开端。中国近代史是中国屈辱的血泪史，也是一部中华民族反抗侵略、探索救国强国的奋斗史。从此，也开始了中国梦的历史。所以本课在七年级上册中占有十分重要的地位。	说课前先进行教材版本与课题的说明。

续表

《鸦片战争》说课稿	
2. 教学目标：根据课程标准拟定本节课的教学目标是： （1）了解英国走私鸦片对中国社会产生的危害及林则徐虎门销烟的伟大壮举； （2）掌握鸦片战争的简要过程、《南京条约》的主要内容及对中国的深远影响； （3）学习林则徐、关天培等抗击侵略和热爱祖国的精神，牢记落后就要挨打的历史教训，增强学生的忧患意识和振兴中华的历史使命感。 3. 重点和难点 本课的重点是虎门销烟和《南京条约》。 本课的难点是如何理解中国开始沦为半殖民地半封建社会。突破的方式是学生合作探究、老师的精讲深化。	从课题内容、前后联系、历史影响等方面论述本课题在教材中的地位或作用。 教学目标未能充分体现“知识与技能”“过程与方法”“情感态度与价值观”的三维课程目标。 教学重难点把握清晰、准确。
二、说学情 初二的学生已经具备了一定的历史基础知识和分析问题的能力。他们对历史课兴趣浓厚，有很强的求知欲，且对本课的历史人物和历史事件比较了解。但是，由于受知识水平和分析能力的影响，如何正确地、客观地对待历史问题，仍然有局限性。	对学生已有的知识与经验、学习能力、现状把握准确。
三、说教法 本课的教学方法主要有创设情境、启发引导、设疑导学、史料分析、研讨交流、精讲深化等，目的是“把史料放给学生，把时间还给学生，把方法教给学生，把成果留给学生，把思想情感播种给学生”。我认为，历史教学的方法要坚持继承与创新相结合。我们传授的是人类智慧，传授智慧就要用智慧的方式。	采用多种教学方法，重点突出史料教学，尤其重视学生的人文主义教育。
四、说学法 引导学生掌握读书标注法、要点记忆法等。什么知识最重要，方法的知识最重要。	

续表

《鸦片战争》说课稿	
五、说教学过程 本节课我采用板块教学模式，共设计五个板块，下面我就详细叙说一下我设计的教学流程。 首先说导入： 我的导入设计是这样的： 播放一组与鸦片有关的图片（罂粟花——罂粟果——鸦片——鸦片贸易——虎门销烟——鸦片战争）和背景音乐，教师用下面的语言导入新课： 鲜花与战争本来就是美与丑的对立。可是，这场战争却与鲜花有着密切的联系。历史是那样的沉重：具有悠久灿烂文明的中国，竟被这看似柔美的花果提炼物撼动了根基。英国侵略者通过鸦片走私和鸦片贸易，大肆侵害我国，并进而发动了罪恶的战争——鸦片战争。这是人类文明史上的耻辱，是邪恶向正义的挑战。现在，就让我们循着这不同寻常的鲜花，追述那段不堪回首的历史。 板书第一板块：天朝上国　大国旧梦 先让学生观看《百年中国》的视频片段，帮助理解清朝中期“天朝上国，大国旧梦”的余晖及时代特点。 然后，让学生简要谈谈感受。 学生谈完感受后，教师通过五幅图片，创设情境，直观再现鸦片的危害，设疑引导，利用中英贸易图表，设计问题，通过问题的解决帮助学生理解英国走私鸦片的原因。然后进入第二个板块的学习。 板书：第二板块：鸦片贸易　大国噩梦 本板块主要采用自主学习的方式，学习的内容是： （1）英国鸦片贸易的背景； （2）鸦片贸易给中国带来的危害； （3）林则徐的上书及决心。 师生互动：在自主学习的基础上，就上述问题，教师提问，学生回答。 板书第三板块和第四板块的内容： 英国入侵 大国惊梦　民族抗争 大国醒梦 自主学习：两个历史事件（虎门硝烟、鸦片战争）发生的具体内容（时间、地点、经过等），涉及的两个人物。 合作探究：林则徐是怎样销烟的？我们应该学习林则徐和关天培怎样的爱国精神和优秀品质？（通过这个问题设计，让学生初步学会评价历史人物）	采用板块式教学，思路清晰、环节紧凑。

续表

<table>
<tr><th colspan="2">《鸦片战争》说课稿</th></tr>
<tr><td>在小组合作基础上，引导学生把讨论的结果进行展示。然后教师进行精讲深化及过渡：林则徐被史学家称为中国近代史上“睁眼看世界的第一人”。他的“海纳百川，有容乃大；壁立千仞，无欲则刚”的对联，反映了他宽广的胸怀和无私的高尚品德；他的著名诗句“苟利国家生死以，岂因祸福避趋之”的爱国情怀和决心，鼓舞了无数后来人。虎门销烟的历史镌刻在了人民英雄纪念碑上，更牢牢铭刻在你我的心中。1840年，英国的坚船利炮，残酷地惊扰了中国的迷梦，天朝大国的美梦破碎了。
板书第五板块：丧权辱国，大国碎梦
用学生自主学习方式，处理《南京条约》的内容，并指导学生如何记忆（这也是学生记忆历史知识的方法指导）：让学生抓住几个关键词：割地、赔款、通商、议税。为了便于学生巩固本节课的学习内容，教师提出：1234记忆法，即一个条约，两个人物，三个时间，四个影响。
对鸦片战争的影响采用问题探究的方式来处理。问题设计：
你是如何理解中国沦为半殖民地半封建社会的？
设计意图：从史料到结论。我认为，历史教学一定要坚持“论从史出”的原则，体现历史课堂的历史味。
【练测评估】考虑到学生之间的差异性，我设计成分层练习，这样既解决了“优生吃不饱，学困生吃不了”的问题，也体现了新课程的人文关怀。
【课堂小结】我的结语是这样设计的：
鸦片战争的硝烟已经散尽，但屈辱仍历历在目。这段血泪记载，带着历史的凝重和岁月的沧桑，时刻警示着每一位中华儿女：勿忘国耻，振兴中华。同学们，昔日，中国不亡有林关；今日，中国复兴有你我。鸦片战争打碎了中国的“旧国大梦”；当今，为实现中国梦，我们必须共同努力。</td><td>采取的教学手段清晰，自主学习、合作探究、问题探究、视频求知等，且有具体的依据。

重难点突出，且采用不同方法予以解决。

通过练测的形式达成教学目标的预期效果。</td></tr>
<tr><td>六、说板书设计
【板书设计】略。</td><td>板书设计是教学的重要组成部分，缺少板书设计将影响说课效果。</td></tr>
</table>

续表

《鸦片战争》说课稿	
七、说教学实效 我认为，历史课堂上，教师要有情感，要有精气神。要么娓娓道来，润物无声；要么慷慨激昂，陈史说理。其实，历史课堂上，我认为有下列关节点非常重要：一是要有一个令人耳目一新的导入形式；二是要有一个引人入胜、令人深思的导语；三是在重点、难点处掀起两三次高潮；四是把每一个过渡语设计的精彩精当；五是有一个高度概括令人余味无穷的结语；六是有一个结构严谨简洁明晰的板书设计等。 我的说课完毕，谢谢各位评委。	

【案例二】　《辛亥革命》

《辛亥革命》说课稿	
尊敬的各位专家、评委老师： 大家好！今天我说课的题目是人教版八年级上册第 8 课《辛亥革命》。现在，我结合教学理念谈谈对这一课的理解和设计。	首先进行教材版本与课题的说明。
一、说教材 1. 本课在教材中的地位 本课主要介绍了孙中山及革命党人发动、领导辛亥革命的过程和革命成果。从中国人民抗争的角度来讲，它是近代以来帝国主义侵略和封建主义压迫所导致的一次革命能量的大规模释放，是 20 世纪中国的第一次历史性巨变。从近代化的探索来看，辛亥革命迈出了实质性的一步，与本单元前两课《洋务运动》《戊戌变法》，以及下一课《新文化运动》贯穿起来，形成近代化探索的一条重要历史主线。 2. 教学目标：根据课程标准拟定本节课的教学目标是： （1）了解孙中山早年的主要革命活动，知道孙中山是中国民主革命的先行者。 （2）掌握武昌起义和中华民国成立的史实，认识辛亥革命的历史意义。 （3）认识到辛亥革命是中国近代史上一次伟大的反帝反封建的资产阶级民主革命，激发学生胸怀祖国、为实现中华民族全面振兴而奋斗的历史责任感和使命感。 3. 重点与难点 本课的重点是：三民主义、武昌起义、中华民国成立和辛亥革命的影响。 本课的难点是对辛亥革命的历史意义的理解。突破的方式是，学生合作探究，教师设疑启导。	从知识间的前后联系、结构等方面论述本课题在教材中的地位或作用。 确定了教学的重难点，并说出确立的依据。

续表

《辛亥革命》说课稿	
二、说学情 初二的学生已经具备了一定的历史基础知识和分析问题的能力。他们对历史课兴趣浓厚，有很强的求知欲。对本课的历史人物和历史事件比较了解。但是，由于受知识水平和分析能力的影响，如何正确地、客观的认识、评价历史问题，仍然有局限性。	对学生已有的知识储备、学习能力、班情等进行了充分的分析。
三、说教法 本课的教学方法主要有创设情境、设疑导学、史料分析、研讨交流、精讲深化等，目的是“把史料放给学生，把时间还给学生，把方法教给学生，把成果留给学生，把思想情感播种给学生”。历史教学的方法要坚持继承与创新相结合。我们传授的是人类智慧，传授智慧就要用智慧的方式。	说出了将采用的教学方法、手段及依据，重点突出，有一定特色。
四、说学法 引导学生掌握读书标注法、列表归纳法。什么知识最重要，方法的知识最重要。	
五、说教学过程 本节课我将采用主题板块教学模式。共设计三个板块，下面我就详细叙说一下我设计的教学流程。 首先说导入。 我的导入设计是这样的： 课件展示近代中国人民的反封建、反侵略斗争和自救运动等图片，引发学生对历史的追思、追问。请学生结合所学知识，说一说图片反映了近代中国人民进行了哪些反封建、反侵略的斗争和有益探索？结果如何？ 在学生回答的基础上小结：从这组历史图片中可知，自鸦片战争后，中国人民掀起的无数次反封建、反侵略的斗争都失败了，封建统治者的自救运动失败了，资产阶级维新派的变法运动也失败了。中国的出路何在？孙中山等人认清了清政府卖国苟存的实质，毅然转向革命立场，终于在1911年，迎来了武昌起义的胜利。这一年是旧历的辛亥年，故称“辛亥革命”。现在，就让我们循着武昌起义的枪声，回到那飘摇动荡、壮怀激烈的辛亥前夜，去领略和感悟历史的真谛。 板书第一板块：医国救亡吾所向 教师首先展示孙中山的画像，学生自由发言讲述孙中山的故事。教师引导学生认识清政府的外伤和内痛，了解他在半殖民地半封建的时代背景下由治病救人到医国救国的人生转变，他要为国家寻求出路——革命。	

续表

<table>
<tr><th colspan="2">《辛亥革命》说课稿</th></tr>
<tr><td>接着，指导学生自主学习：从名称、时间、地点、领导人、纲领和性质等几个方面，列表归纳兴中会、同盟会建立概况。
师生互动：在自主学习的基础上，展示表格，交流要点。
在此基础上，学生合作探究：同盟会的革命纲领和三民主义的关系，引导学生把握三民主义的内涵。（同步投影：三民主义与同盟会的革命纲领关系以及内涵图示）
过渡语：在“三民主义”这一旗帜的指导下，在同盟会会员的支持下，孙中山和他的战友们发动了一系列武装起义，用铁和血铸就了一条通向民主共和之路。
板书第二板块：武昌枪声震天响
首先，多媒体展示萍浏醴起义、浙皖起义和黄花岗起义等图片，简单讲述革命党发动的武装起义和秋瑾等相关英雄人物。教师指出，遗憾的是，这些起义都失败了，许多优秀的革命党人献出了自己宝贵的生命。秋瑾视死如归，写下了“虽死犹生，牺牲尽我责任”的绝笔。
合作探究：出示课本“活动与探究”漫画，分析漫画表达的意思。
过渡语：“野火烧不尽，春风吹又生。”武昌起义的胜利使人们看到了曙光。
自主学习：阅读课本并画出武昌起义的时间、地点、过程和结果。
自主学习后，展示“武昌起义形势图”，学生生动的叙述。
过渡语：武昌起义胜利后，全国十几个省纷纷宣布独立，汹涌革命浪潮冲击着清政府的闸门，同时也催生了一个崭新的政权。
接着，进入第三板块的学习。
板书第三板块：共和旗帜迎风扬
自主学习：先让学生观看“中华民国诞生”的视频片段。学生结合课文掌握中华民国诞生的时间、地点和临时大总统等要点。
这个问题解决后，展示孙中山像和大总统誓词，引导学生探讨三个问题：
合作探究：
1. 孙中山为什么能当选第一任临时大总统？
2. 孙中山这位临时大总统的当选与封建皇帝产生的方式有何不同？
3. 孙中山用革命的药方来为国家治病，药效怎样？
探讨了上面三个问题之后，展示一组图片：宣统帝退位诏书图、袁世凯称帝图和张勋像，抛出下面一个问题：
清帝退位说明了辛亥革命起到了什么作用？袁世凯和张勋复辟闹剧的失败说明了什么问题？
最后让学生思考课后的“动脑筋”提出的问题。</td><td>导入设计、过渡衔接、师生互动、生生互动、作业布置、板书设计都很清楚。</td></tr>
</table>

续表

<table>
<tr><th colspan="2">《辛亥革命》说课稿</th></tr>
<tr><td>各抒己见：有人说："辛亥革命有成功的一面，也有失败的一面。"你同意这种说法吗？为什么？
设计意图：运用史料教学，设计梯度问题，论从史出，利于学生了解革命的成果，理解辛亥革命的作用，避免直接给学生灌输历史结论。
【练测评估】考虑到学生之间的差异性，我设计成分层练习，这样既解决了"优生吃不饱，学困生吃不了"的问题，同时也体现了新课程的人文关怀。
【课堂小结】（配乐小结，背景音乐《走向共和》主题曲）
我的结语是这样设计的："一代代仁人志士，救国救民，上下求索；一辈辈英雄好汉，前赴后继，热血染山河……走过长夜，走过坎坷，走进曙色。"辛亥革命实现了我国国家体制的一次重大转变。尽管它不是一场彻底地资产阶级革命，但是孙中山"吾志所向，一往无前，愈挫愈奋，再接再厉"的革命精神，激励着先进的中国人继续探索新的救国道路。而今，重温先行者的遗志，耳畔依稀传来他勉励的话语：中国革命兮，已经成功；中华复兴兮，尚待时日；炎黄子孙兮，仍需努力！</td><td></td></tr>
<tr><td>六、说板书设计
板书设计本着简洁、美观、突出重点，具有提纲挈领的作用。因此，作如下的板书设计：
医国救亡吾所向——兴中会、同盟会、三民主义
↓
武昌枪声震天响——1911 年　武昌"辛亥革命"
↓
共和旗帜迎风扬——1912 年　南京　历史意义</td><td>所有的板书设计最终要形成一个整体，有助于知识再现、加深理解、强化记忆。</td></tr>
<tr><td>七、说教学实效
我认为，历史课堂上，教师要有情感，要有精气神。要么娓娓道来，润物无声；要么慷慨激昂，陈史说理。其实，历史课堂上，我认为有下列关节点非常重要：一是要有一个令人耳目一新的导入形式；二是要有一个引人入胜、令人深思的导语；三是在重点、难点处掀起两三次高潮；四是把每一个过渡语设计的精彩精当；五是有一个高度概括令人余味无穷的结语；六是有一个结构严谨简洁明晰的板书设计等。
我的说课完毕，谢谢各位评委。</td><td>总结整节课的教学情况，贯彻了新课程理念，体现了全新学生观，突出了学生的主体地位。</td></tr>
</table>

第三节 公开课研究法

一、概念解读

（一）公开课的定义

公开课泛指开放课堂，同事、同行、家长、领导或专家等进入课堂听课；特指有组织的、有一定规模的、有特别准备的课堂。它主要包括三种类型：示范型公开课、研究型公开课、竞赛型公开课。

“公”有多种含义，与之相关的有“公开、公然”等。《汉书·吴王濞传》记载：“（吴王）乃益骄，公即山铸钱。”根据颜师古注：“公，谓显然为之也。”《现代汉语词典》对“公开”一词的诠释是：“不加隐蔽，面对大家”，“使秘密的成为公开的。”而“公开课”一词，在通常的辞书中是很难找到词条与解释的，倒有“公开教学”一词，《辞海》诠释为“公开教学：即观摩教学”。“观摩教学（teaching observation）”在《教育大辞典》中的解释是：教师间有目的地互相听课的活动。用以对教师的教学质量做出评定；对某一教学专题开展研讨；或推广先进教学经验。可通过日常听课、示范课、教学专题研究课等形式进行。“观摩”一词，源出《礼记·学记》：“相观而善之谓摩。”汉郑玄注：“摩，相切摆也。”

由此可见，“公开课”是相对“常规课”而言的。与日常教学相比，“公开课”是一种教学“特例”，它与师生熟悉的“常规课”有所不同，是一种有开课目的、有研讨过程的“观摩”活动。“常规课”是专对本班学生的，公开课则是有本班学生（含借班上课的）以外的他人介入。因此，教师的讲课对象就不仅仅是本班的学生，还有其他的听课者，甚至主要是这些听课者。这些听课者包括同事、本系统专家、领导以及外校和外地的同行、研究者、行政管理者等。在公开课上，这些人主要是充当评价者、监督者，或观摩者、取经者。作为一种教研形式的公开课，它应具有原生态、研究性和鲜明的个性，应以有原则、讲方法的教学评论作引导，能够为教师的专业成长提供坚实的台阶，这样才具有存在和发展的价值。公开课是一种面向非特定人群的、正式的、公开的课程讲授形式，它除了学生参加听课外，一般还有领导及其他教师参加，是老师展示教学水平、交流教学经验的好时机。

（二）公开课的特点

1. 公开课要保持课堂教学的原生态

一堂供人研讨、向人展示的公开课，首先应有“平实”的教学品格。所谓“平实”，是指在课堂的组织形式和教学流程上属于常态的，即不掺杂有失教学自然形态的花拳绣腿式的虚假，不影响对它做出客观公正的评论与研讨；是指在课堂教学内容与结构上有含量、有底气、有灵魂，经得住推敲，也不妨碍着意设计，能显示出教师的独特教学追求和艺术气质。可以说，平实的课就是平常的课，但平常的课未必就是平实的课。因为倡导公开课以平实为美，但又难免有平常之缺陷或局限，这就需要我们转变对好课的审美观念，即有时候残缺也不失为美。比如，不刻意追求课堂结构的完整，以培养学生良好的思维品质、情感态度、学科知识及能力为第一目标；不刻意追求和谐一致的共识或结论；不刻意地掐表踩时、非以铃声为课之落幕不可，可以略微“拖堂”，等等。

2. 公开课要具备研究性

应当明确，公开课或者“好课”所呈现的教学状态并不是某种个人权威的物化形式所支配，或已成定论，或非要普遍接受乃至仿效的，而是需要在观摩、评议和争鸣的过程中逐渐为人所认可、所接受。公开课之所以值得大家关注和品评，是因为它来源于教师内在的思想含量和艺术含量，并赋予其可研究的价值。例如，在课程理念上，是否以促进每一位学生有个性地发展为目标，即知识与能力、过程与方法、情感态度与价值观三大课程目标；在教学方法上，是否以教定学或以教代学，还是以学定教进而以教助学；在课堂伦理关系上，是否师生平等、生生合作，是否能真正形成开放和谐的氛围。此外，多元解读与价值引导、基础知识在三维目标中的地位及有机融合、教师讲授与学生接受性学习的分寸感把握、教师自身的无可看性与课程深度感的辩证处理，等等，这些都是具有可研讨的价值的。如果公开课没有这些可以或评或议的研讨价值，就失去了“公开”的本真意义。

3. 公开课要具有鲜明的个性

新课程要求每位教师从指令型课程与教学的单一执行者转变为自己的课程的创造者，从而形成教师独特的课堂教学风格，这已成为一种必然的教学趋势。因此，课堂是否具有可看性和观赏性，教师的表现是否尽善尽美，也许并不是最重要的，但能否凸显教师的教学个性、使公开课具有一种无可重复性，却是人人都应追攀的。个性化应该成为教师的自觉追求，成为公开课的生命线。它具体表现在学习目标的生成、教学内容的组织、活动形式的安排、学习方法的选择、现代信息技术的使用等方面，特别是执教者闪烁出的思想个性和言语个性，应成为“立课”的标志。要创造自己的课堂，首先要善于思考如何去释放学习智慧，通过有激情、有魅力的言语去调适和催生个性化课堂，尤其是历史等人文学科的课程，在这方面的要求应更高、更强。

（三）公开课的意义

1. 公开课对促进教师专业发展具有特殊意义

公开课是最好形式的课例研究，正像病例研究是名医成长的重要载体一样，课例研究也是名师成长的重要载体。

首先，公开课一般都要经历说课、听课、评课这三种课例研究的基本活动方式，它比常态课的备课、上课、反思多了同伴互助和专业引领等步骤，为教师自身的专业成长和教学水平的提升提供了更多的专业支持。其次，公开课一般都要经历同课多轮的锻炼，这个过程是教师深度思考、反复琢磨、集思广益、不断改进的过程，能给教师带来常态课所无法比拟的专业体验和行为跟进。最后，如果教师把公开课写成课例研究报告，那对专业发展的帮助就更大了。从实际来看，公开课确实锻炼和打造了不少教学名师。可以说，公开课是优秀教师专业成长的加油站，是教学名师成长不可缺少的磨炼。

2. 公开课对促进学科教学研究具有积极意义

首先，公开课是教学理论一个活的案例或标本，它本身就是一种情境性的教学理论，并通过公开课得以体现。为了上好公开课，教师一般都会更自觉、更有意识地寻找教学理论的支持和引领，以赋予公开课更多的理论色彩和导向。其次，公开课是体现教学变革的先锋，是教学实践的一个新的创举、新的尝试，是一种教学探索和教学创新。

总之，公开课推进了理论的实践化和实践的理论化，使不少新的教学理念和方法得以传播，相对常态课而言具有更高的研究价值，有更多可学、可取之处。不少一线教师对公开课特别是名师、名家的公开课十分关注，即是这个道理。

二、操作方略

公开课的定位应该在“课”上而非“公开”上，要在“课”上做文章，而不是在“公开”上做文章。在“课”上做文章，就是要遵循课堂教学和学生认知活动的基本规律，反映教学的实际情况和师生的真实水平，把公开课回归到真实的日常教学上来，拉近公开课与常态课的距离，让大家觉得可看、可学、可用，体现公开课的教学价值。公开课是开展课堂教学研究的重要载体和形式，要把公开课定位在课例研究上，通过公开课推动教师基于专业对话和学术批评的交流，强化理论与实践的互动，体现公开课的研究价值。授课教师要以积极的心态对待公开课，要把公开课看成学习、研究的过程，看成是自我锻炼、自我实现和自身专业素质提升的重要平台，从而体现公开课的发展价值。

公开课要回归常态课，要避免失真、作秀，走形式主义，既要上得自然平实，让人有亲切感和真实感；也要精益求精，努力上出特色和水平，以起到示范和引领的作用。在课堂实效上，应能让学生有实实在在的收获和发展。

要讲好一节公开课，需要做好、做细方方面面的工作，主要有五个方面。

（一）备课前的准备工作

备课前的准备工作非常重要，这是上好公开课的前提和基础。从理论上讲，主要有海选、吸收、精选、创新四个阶段。从实际操作上，就是要广泛搜集、吸纳多方面的备课信息。首先，要深入钻研教材，仔细阅读教师教学用书，并查阅网上相关课题的教案、课件等资料，以拓宽自己的思路。每一个教案、课件都饱含作者的心血，或多或少都有它的优点。教师应根据所讲的课和自己的讲课特色取其精华，大胆“拿来”，为“我”所用。

（二）备课中需要注意的问题

1. 备详案

备详案，就是教师在课堂中要说的每一句话、举手投足间每个关键动作以及预测学生回答问题的可能性等方面，都要写下来。这种备课方式看似费时费力，却能让授课者的语言越来越精练，思路越来越清晰，课堂效率越来越高。当然，具体怎么写详案因人而异。有多年教学经验、对教材很熟的老教师，可以不必事无巨细，但对于年轻教师来讲，事无巨细则是非常关键的。这不仅对讲好本节课至关重要，而且对今后的教学和自身业务的提高与发展都有着不可估量的作用。

2. 备学生

首先，要摸清学生的认知障碍。在每一课内容的学习过程中，学生总会遇到或大或小的障碍，也可以说是学习难点。教师在备课时，应当着力于分析学生在学习中将会遇到什么问题，怎样去解决这些问题。其次，要把握学生的学习心理。备课时，应该认真分析学生的认知特点，围绕学生的心理进行各种课堂设计。例如，创设怎样的情境学生才能感兴趣；设计怎样的问题才对学生具有探究价值；怎样的语言表达才能使学生觉得直观有趣，等等。最后，设计有效的教学方法。有效的课堂教学方法，即是有利于学生的理解和掌握，有利于教学效果的提高。

3. 备听众

公开课是一节供大家观摩、评论的课，它要求教师在上课过程中既要考虑学生的学习效果，还要考虑听课者的感受，有时还需要把听课者融入课堂中来。比如，在要求学生看阅读材料的同时，将相关内容用课件展示给大家，让听课老师，尤其是其他学科的老师，熟悉所讲内容和要求，跟上教学思路。而且，优美而富有动感的课件能直观形象地把讲授的内容及思路显示在屏幕上，学生和听众能一目了然，心领神会，从而使课堂气氛融洽和谐。

4. 新课的教学目标力求全面

无论课程怎样改革，一节好课首先应该是关注学生长远全面的发展。也就是说，一堂好课不仅要考虑学生学到了多少知识，提高了多少能力，更重要的是要考虑学生的身心和情感获得了哪些收获。比如，用“你想说些什么”这样的方式，鼓励学生大胆发表自己的观点，培养学生的口头表达能力。课堂上还可以通过组织小组竞赛等活动，增强学生的竞争意识和团结协作的精神，以实现本节课的情感目标。

5. 新课的导入力求新颖

课前的导入，是公开课开始的第一个亮点。如何提起学生的兴趣，需要有一个引人入胜的教学导入，而这个导入的精彩程度取决于老师。作为老师，首先自己要有自信，有激情，更要富有机智，应根据教材的要求和学生的特点，设计不同的导入方式，如歌曲式导入，提问式导入，图片、幻灯等电教媒体导入，悬念式导入等，以此酝酿学生的情绪，拨动学生的心弦，最终拉近与学生的距离，使课堂气氛变得生动活泼，和谐轻松，进而引导课堂教学活动顺利进行。

6. 教学环节的过渡力求自然

每一节课总是由好几个环节构成，备课时应注意这些环节之间的过渡，力求自然，做到水到渠成，不露痕迹。这样，一节课的思路才会显得清晰流畅，学生的思维也不会因某个教学环节的突然中断或突兀的转折被打断，听众也能感觉到整节课是一个完美的整体。因此，要求老师在每一个知识点的过渡处力求做到流畅而自然，而不是机械地用“下面我们接着来学习”这种单一的方式生硬地把学生拽过来。

7. 课堂检测的选择力求精练

公开课中，课堂检测题切忌“繁”“难”“偏”“旧”，应紧扣教学大纲的重难点，以生动灵活的形式出现，难度要适中，让绝大多数甚至全部学生都能顺利完成，这也是课堂效果的见证。例如，曾经有一位老师讲的一节课，整节课都很流畅，但最后课堂检测时，可能是这位老师经常带毕业班或是觉得题目确实很有趣的缘故，一道类似中考的课堂检测题，不仅把学生绕了进去，教师自己也被搅糊涂了。另外，还要避免题型过于陈旧，以及过多地出现选择、填空这种传统老套的题型。

（三）反复试讲，及时纠正

可以说，无论你在课前把教案拿捏得多么熟悉，都不如进课堂给学生试讲一次所获得的经验来得直接和丰富，也更有针对性。每次试讲结束后，都应诚恳地请听课老师针对发现的问题提出宝贵意见，然后根据意见和建议，结合自己对这次试讲的感受，重新整理教案，改进课堂教学，包括课堂语言要精练、不重复；没有口头语；不要站在讲桌旁，要试着融入学生中去；学生回答问题或读文字时，一定要认真听，和颜悦色地注视着学生，并给予相应的鼓励和评价，等等。没有最好，只有更好。一定要相信试讲会让你的课变得更好，只要有耐心，有恒心！

（四）正式讲课

首先，要注意形象。一定要大方得体，干净整洁。

其次，克服紧张情绪。有的老师在讲课之前很紧张，这是很正常的。克服紧张最有效的办法就是准备、准备、再准备！当然，也需要适当地自我调节一下。通常情况下，比较有效的办法是进行深呼吸，或是和学生交流一下，拉近和学生的距离，消除学生的紧张心理，同时稳定自己紧张的情绪。

再次，要有课前调动。讲公开课不一定要提前熟悉学生，但课前调动必须要有。如果时间允许，可以和学生做个小游戏、讲个笑话等，目的就是投其所好，消除学生的紧张心理。比如，有一位教师，她到新疆讲一节公开课，课前先找了一位学生在前面跳了一段新疆舞，既受到了听课老师的一致好评，又把学生的情绪调动到最佳状态，使他们整堂课都保持了高昂的激情和敏捷的思维，课堂教学收到了非常好的效果，应该说课前的调动功不可没。

最后，在授课过程中，力求使自己的教学语言风趣幽默而有激情，富有感染力和吸引力，还要注重手势等形体语言的运用，努力为学生创设宽松和谐的学习环境，使他们能够轻松自由地表达自己的观点。

（五）撰写教学反思

其实，一节好课不仅让学生获得了发展，老师同样也得到发展，这就是我们所倡导的教学相长。老师点播及时到位，学生学习轻松主动，课堂气氛和谐融洽，并能有效地完成教学任务，这就是一节好课。将每次教学过程中的感悟、反思写下来，它会成为你教学生涯中一笔宝贵的财富，伴你成长，助你成功。

参考文献：王东京：《关于“讲课艺术”》

项家庆、潘海燕：《教师怎样上好公开课》，北京，中国轻工业出版社，2007。

三、案例评析

复习课《侵略与反抗》课例指导实录

本课题是北师大版初中历史八年级上册的第一单元。这是陈兢老师 2012 年中考研讨会上的公开课。陈兢，1998 年济宁师专历史教育专业毕业，现为济宁市第十五中学历史教师。陈兢是山东省历史优质课二等奖获得者，兖州市历史教学能手。

教学流程	随机点评
一、课堂导入 师：今天，很高兴来到某某中学，和同学们共同学习。上课前，我们先来看一组图片。[①] **★幻灯片 1：《苦难的中国》** 师：这是一组旧中国时期的图片。看了这几张图片，你们的心情怎么样？ 生：沉重、悲痛。 师：古老的中国步入了近代，迎接她的是怎样的命运呢？中国人民接受命运的安排了吗？今天就让我们再次重温这段血与火的历史，开始进入中国近代史部分的复习。 **二、课堂实录** **★幻灯片 2：中国近代史分期**[②] 师：中国近代史从 1840 年鸦片战争开始到 1949 年新中国成立，以五四运动为界又分为旧民主主义革命和新民主主义革命两个时期，这一时期的社会性质是半殖民地半封建社会。今天我们首先复习第一单元《侵略与反抗》。	①重视情景导入，利用一组图片《苦难的中国》设置情景，让学生感受生活在旧中国时期的人民的苦难，了解中国近代被侵略受屈辱的命运，进入中国近代史的学习，效果不错。 ②这个年代尺的设计不够严谨，从 1840—1919 年是 79 年，而 1919—1949 年是 30 年，图示中间的“1919 年五四运动”这条竖线应该再往后一点，不能平均分。

续表

<table>
<tr><th>教学流程</th><th>随机点评</th></tr>
<tr><td>

中国近代史

鸦片战争 五四运动 新中国成立

1840 旧民主主义革命 1919 新民主主义革命 1949

中国社会性质：半殖民地半封建社会

★幻灯片 3：出示《课程标准》《复习目标》

★幻灯片 4：出示板块目录③

第一板块 血雨腥风——列强的侵略

第二板块 血铸中华——中国人民的抗争

第三板块 血的教训——反思过去 面向未来

★幻灯片 5：第一板块 血雨腥风——列强的侵略

师：课本第一单元中提到了几次大规模的侵华战争？

生：鸦片战争、第二次鸦片战争、甲午中日战争、八国联军侵华战争。

师：我们在学习中国历史和世界历史的时候都曾提到过多次战争，那么我们应该从哪些方面去了解一场战争呢？

生：战役名称、时间、地点、指挥者等。

师：很好。看来你是一个善于总结的有心人。今天，我们还可以用表格的方式把几次战争的情况加以整理，对比记忆。

幻灯片 6：侵华战争简表④

四次侵华战争简表

<table>
<tr><th>侵华战争</th><th>起止时间</th><th>发动国家</th><th>重大条约</th><th>影响</th></tr>
<tr><td>鸦片战争</td><td>1840—1842</td><td>英国</td><td>《南京条约》</td><td>开始沦为半殖民地半封建社会</td></tr>
<tr><td>第二次鸦片战争</td><td>1856—1860</td><td>英法</td><td>《北京条约》《瑷珲条约》</td><td>半殖民地化程度进一步加深</td></tr>
<tr><td>甲午中日战争</td><td>1894—1895</td><td>日本</td><td>《马关条约》</td><td>大大加深了半殖民地化程度</td></tr>
<tr><td>八国联军侵华战争</td><td>1900—1901</td><td>英美俄日法德意奥</td><td>《辛丑条约》</td><td>完全沦为半殖民地半封建社会</td></tr>
</table>

师：哪位学生能根据这个表格，给大家介绍一下这几次战争的情况？

</td><td>

③板块式教学既是对教学内容的整合，又是体现教师指导学生学习的一个过程。板块名称要求文雅、含蓄、对仗。陈老师设计的这三个板块既文雅又对仗，思路非常清晰，且和课本内容紧密相关，设计得不错。

④通过“四次侵华战争简表”和“近代不平等条约简表”对本单元的重点知识加以整合，同时也进行了线索的梳理。学生根据这两个表格，抓住了重点，课堂效果不错。

</td></tr>
</table>

续表

教学流程	随机点评
学生复习整理，逐条回答。 师：这几次战争都签订了不平等条约，其中我们要重点了解《南京条约》《马关条约》《辛丑条约》的内容。这几个条约也可以整理成表格对比记忆。 **★幻灯片7：不平等条约简表** 师：这些条约中哪一条对你触动最大或印象最深刻？为什么？⑤ 你在记忆这些条约内容时有什么好的方法吗？ 学生回答，教师进行学法指导。 **★幻灯片8：学法指导—关键词记忆法**⑥ 师：我们可以根据“割地、赔款、开埠、通商”这几个关键词去记忆条约的内容，同时比较一下，这几个关键词在哪个条约里面都有，哪个条约又增加了其他的什么内容。现在给大家两分钟时间，快速记忆这几个条约的内容，同桌互相检查记忆效果。 教师过渡：西方列强不仅用武力打开了中国的大门，更可耻的是他们还对中国进行了大肆地抢劫和惨无人道的杀戮。（多媒体出示列强罪行图片）他们抢劫、他们放火、他们杀人，等等。面对侵略者的残暴，中国人民怎么办？ **幻灯片9：小竞赛：考考你侵华战争知多少？**⑦ 师：现在老师要考考你们喽，看看谁对这板块的知识复习得更好。请大家认真听我读题目，举手抢答。 **幻灯片10：第二板块　血铸中华——中国人民的抗争**⑧ 教师提问：在这几次侵华战争期间，中国人民都有哪些反抗斗争？ 生：林则徐虎门销烟、太平军抗击洋枪队、邓世昌黄海大战。 师：在本单元中，你对哪一位爱国志士的印象最深刻？请谈谈他的事迹。 **★幻灯片11：《沙俄侵占中国北方领土示意图》** 师：1689年《尼布楚条约》规定，黑龙江乌苏里江流域包括库页岛在内都是中国的领土，可是第二次鸦片战争期间，俄国趁火打劫，强迫清政府签订了一系列不平等条约，共割占了中国一百五十多万平方公里的土地。不仅如此，俄国以及英国还妄图把新疆分裂出去，使新疆面临危机。在这种情况下，左宗棠率清军收复了新疆，维护了国家统一。	⑤这个问题设计得好，既能让学生深刻理解了每个条约的内容，拓展了知识，还能发表自己的观点，锻炼了口头表达能力。 ⑥陈老师重视学习方法的指导，比如指导学生应该从哪些方面分析战争的情况、用表格对零散的知识点进行整理归纳、关键词记忆法等。 ⑦教师准备了一些和侵华战争相关的题目，学生踊跃举手回答问题，这个环节的设计使课堂变得很活泼，学生的参与度更加积极。当然，如果再增加学生之间互相出题考一考的环节会更好。 ⑧第二板块在内容和时间的分配上都太少，稍显薄弱。建议应该拿出一个典型人物来重点分析一下。

续表

教学流程	随机点评
教师过渡：面对列强的侵略，无数的民族英雄奋起抵抗，但历次战争却都以清政府的失败而告终。这是什么原因造成的呢？ **★幻灯片 12：第三板块　血的教训——反思过去　面向未来** 教师提问：清政府屡战屡败的原因是什么？你认为中华民族如何才能不再遭受侵略？学生各抒己见。⑨ **★幻灯片 13：线索整理⑩** 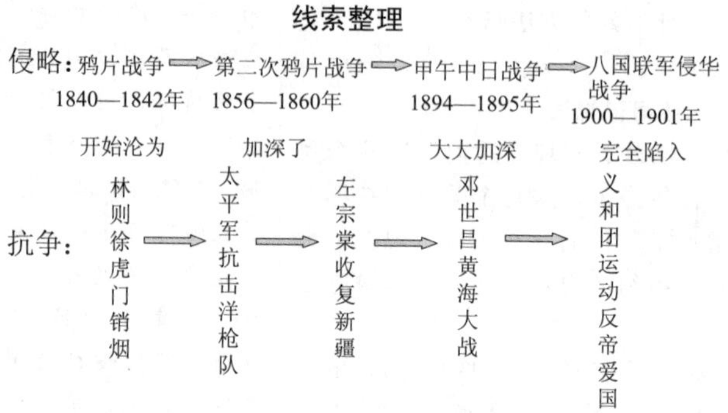 **★幻灯片 14：中考链接** 教师出示几道近年有关本单元知识的典型中考试题。 **★幻灯片 15：答疑解惑：对于本课内容，你还有什么疑惑吗？可以大胆地说出来。** **★幻灯片 16：我的收获：学习了本课，你有哪些收获？** 教师结语：同学们，这节课让我们进一步了解了 19 世纪列强对中国的侵略和中国人民的抗争。1840 年，鸦片战争一声炮响，打开了中国的大门，从此中华民族屡遭侵略，备受欺凌。百年的屈辱，百年的抗争，苦难的中国终于迎来了新生。我们当家做主站起来，我们改革开放富起来。现在，就让我们以一曲《祖国颂》来祝福我们的国家更加繁荣昌盛！	⑨清政府屡战屡败的原因，应该从内因和外因两方面去分析，学生的分析可能不是很全面，但是只要回答得有一定道理，就要给予积极的评价，或充分的肯定。 ⑩近代史上中国人民的抗争活动不仅只有幻灯片呈现的几个，还有无数的英雄和事迹，所以在“义和团运动反帝爱国”之后要加上省略号，表示还有很多，这样会比较严谨。

总评

陈老师的这节课，是一节比较成功的复习课。复习课的主要任务是巩固和加深已学过的知识，解决知识的点、线、面三者的结合，它承载着回顾与梳理、整合与归纳的独特功能，这节课基本达到了上述要求。陈老师对第一单元的教材进行了大胆的整合：理清了一条线索——外国列强的侵略和中国人民的抗争；设计了三个板块——“血雨腥风”“血铸中华”“血的教训”；利用表格整理已学过的知识，用图示梳理线索，并精心设计问题来拓展能力，实现了知识的回顾和能力的提升，在教材处理上是比较成功的。

陈老师还具备较强的组织能力和调控能力。这节课教学节奏和谐统一，教师吃透了教材，明了各知识点的内在逻辑联系，对教学重点、难点心中有数，同时准确把握了学生的兴趣点和疑点，设计了自然、生动的过渡语，上下内容衔接紧密，整个教学过程浑然一体。总之，这节课给人一种轻松、愉悦、张弛有度的感觉。

另外，这节课还有几个亮点。一是重视情景创设。课前出示的一组旧中国时期的图片，将学生一下拉入到那个时代。二是实施有效的学法指导。包括指导学生应该从哪些方面分析战争情况、用表格对零散的知识点进行整理归纳、还有用关键词记忆法等。三是进行情感教育。例如，第三个板块“血的教训——反思过去、面向未来”，让学生得到了感情的升华。

任何一节课都不是完美的，陈老师的课也有一些不足。首先，课堂上对学生表现的评价语言稍显贫乏。课堂上的评价语言，不应只拘泥于一种形式，要因人而异，因课而异，因时而异，因发生的情况而异。教师要有创造性地对学生进行评价，让他们都能得到学习成功的满足，从而提高学习的兴趣，并更积极主动地投入到学习中。陈老师还应在以下几个方面努力：一是评价语应简明、准确；二是评价语应多样而亲切；三是评价语要生动而巧妙；四是评价语应饱含激励；五是评价语应富于变化；六是评价语应幽默风趣。我们相信，经过努力，陈老师的课堂会越来越精彩！

第四节 专题课研究法

一、概念阐释

（一）专题课研究的定义

课堂教学专题研究，是指围绕某一课堂教学问题，教师或学科教研组，以及其他教研教辅等专业研究人员等，开展针对问题解决、突出具体运用的融行动研究、课例研究、课题研究于一体的研究活动方式和成果呈现方式。

课堂教学专题研究，是一种基于课堂教学实践情境的具有针对性、反思性、操作性的研究。在这种研究中，教师或研究共同体用适合自己的具体研究形式，将先进的理念和技术手段与自身的课堂教学实践相结合，对课堂教学问题（专题、主题、课题）进行深入探讨，并将其成果总结推广出去，从而实现对教学问题的改进。

（二）专题课研究的特点

专题课研究是一种教育科研，是教师运用科学的方法和手段探求教育的规律，获取新的科学认识，并提高教育质量的活动。一般具有以下基本特点：

1. 探索性

专题课研究与一般的教育科研一样，是在已知的基础之上，探索未知的认识过程。其具体表现有两方面：第一，专题课研究离不开一定的基础。原先的教育理论基础，教育教学水平越高，就越容易取得高水平的成果。因此，教师做专题课研究最好是选那些自己非常熟悉并有一定研究基础的问题作为研究课题。第二，专题课研究的计划需要不断完善，不断修改。做教育科研工作，都要制订研究计划，但这种计划是凭着过去的经验制订的，在研究过程中，要坚持主观计划服从于客观实际的原则，发现问题要及时地对计划进行补充与修正。

2. 创新性

专题课研究的创新性主要体现在以下三个方面：

第一，课题承担者首先要有创新意识与能力，要勇于向已有的先例挑战，并能够提出大胆的具有创造性的猜想与假说。从某种意义上说，没有大胆的猜想或假说，就难有创造性的成果。

第二，在科研的过程中，不要受制于某种理论或模式而限制了大脑的思维，要坚持实践是检验真理的唯一标准的原则。凡是在实践当中反复验证了的认识就是正确的，就要承认它，并要勇敢地发表出去。这也就是教育科研过程中的创新性。

第三，研究成果的创新性。对于中学教师来说，这种创新性并不一定都具有社会意义，但对于自己来说，一定要取得以前不知道的新认识。否则，教育科研就失去了存在的价值。

3. 实效性

专题课研究的实效性主要是指在教育科研的过程中，必须确保教育教学质量和效益的提高，在取得新认识的同时，必须取得实际效果。这一特点使得教育科研与理论工作者的教育科研具有很大不同。理论工作者的教育科研可以暂时不考虑科研过程中的效益，只要抽象概括出规律性的认识，并且有较强的科学性就可以了。但教育科研，尤其是中学的教育实验和改革项目，一定要在这一过程中提高教育质量和效益，否则，教育科研就难以继续下去。这种科研过程和提高质量与效益合一的特性给我们两点启示：一是中小学的教育科研应以解决实际问题为突破口并将教育科研融于实际教育教学工作之中，使教育科研工作化，教育教学工作科研化；二是理论工作者在与中小学联合做课题的时候，一定要把取得实际效益与验证理论假设当成同等重要的目标，使中小学在教育科研的过程中，取得实实在在的效益。

4. 科学性

专题课研究的科学性主要表现在以下两个方面：

第一，研究方法的科学性。专题课研究是按照教育科研方法的规定进行的，而这些方法已经过多年的实践证明，是科学的、有效的，是教育科研规律的反映。研究方法的科学性决定了研究过程的科学性，从而使专题课研究成为一种理性的科学探索。

第二，研究成果的科学性。专题课研究的本质在于探求教育的真相、性质和规律，以便更深刻地认识教育，运用教育规律，进一步提高教育教学的质量和效益。因此，获得科学的认识，形成科学的理论或观点是教育科研的首要目的。在这一过程中，教育教学质量的提高是证明理论或观点正确的实际依据。当然，获得科学的理论和观点的最终目的，是为了在以后的实践中更好地指导实践，为提高教育质量和效益服务。专题课研究成果的科学性主要表现为科研成果的客观性和系统性两个方面：客观性是指在教育科研中，资料来源是客观的，观测记录是全面真实的，分析整理是科学的、客观的。系统性是指科研成果不是事实的简单罗列，而是在深入分析、科学推断基础上的抽象与概括、分析与综合的结果，是一种系统化的知识体系或具有逻辑性的真知灼见。

（三）专题课研究的目的和意义

专题课研究属于教育科研的范畴，教育科研是衡量一个国家教育发展水平的重要标志。重视教育科研已经成为当今世界教育改革与发展的潮流。新世纪以来，教育改革以空前未有的广度和深度在我国兴起，许多国家政府都越来越重视利用教育科研成果指导本国的教育改革。教育改革与决策必须依靠教育科研，教育科研必须为教育改革与决策服务，已经逐渐成为世界各国的共识。

教育科研在整个教育事业发展中的重要地位是由其本身的本质属性决定的。“科学技术是第一生产力。”科学技术不仅包括自然科学和工程技术，也包括社会科学和各种应用技术。教育科学也属第一生产力的范畴，教育科研在教育事业发展的过程中占据着“第一生产力”的位置。随着教育改革的不断深入，“向教育科研要质量，靠教育科研上水平”已经成为越来越多的教育工作者的共识。教育事业要发展，教育科研需先行。教育科研对于推动教育改革与发展，具有不可替代的重要作用。

专题课研究，是学校教研工作的重要组成部分，它对促进中小学教育、教学的改革具有重要意义。

1. 促进学校深化教育教学改革

中小学校教育要发展，就必须改革；中小学校要改革，就必须研究。把中小学校教育发展与改革纳入教育科研的轨道，并形成不间断的改革与创新局面，是新世纪中小学校教育改革与发展的一个显著特征。

现代教育技术课题研究对改革传统的教育体制、教育思想、教学方法起了较大作用，研究成果为学校各学科的综合改革提供了宝贵的实验数据和可供借鉴的研究方法，而且对明确未来的学校教育的个性化、社会化和终身教育等的教育思路，实现教育的现代化都有着极其深远的意义。

2. 全面提高教育教学质量

“向教育科研要质量。”现代教育技术课题研究与教育教学实践紧密结合，已经成为中小学校全面提高教育教学质量的一个重要趋势。对教育教学实践中不断出现的新情况、新问题，在科学理论的指导下进行探索、研究和实验，有助于揭示教育规律，解决教育问题，促进教育教学质量的全面提高。可以说，课题研究水平的高低，决定着教育教学质量提高的幅度。

重不重视课题研究，是衡量一个校长是不是具备科学意识和现代教育观念的重要标志。回顾我国教育的发展历史，由于缺少教育科研，办了许多违背教育规律的事。现在已经到了必须重视教育科研、非抓课题研究不可的时候了。

3. 有效提高教师队伍素质

教师是办学诸因素中的最重要因素之一。只有充分调动广大教师的积极性，尤其是不断提高教师的教育理论水平和科研能力，才能使学校在现代教育中办出特色，才能使教育质量提高到一个新水平。

通过课题研究提高教师队伍素质，就是解决这一症结的有效途径。实践证明，课题研究是提高教师素质的一条比较直接、比较有效的途径：一是有助于提高教师的教育理论水平；二是有助于提高教师的教育教学能力；三是有助于激发教师的自主创新意识和创造精神。

实践证明，课题、项目等课堂教学专题的研究，对教师的专业发展与新课程背景下学校课堂教学变革迈向成功具有突出的促进作用。可以说，当前每一所学校、每一个教师，都面临着一系列新的问题、新的困惑、新的挑战，要解决这些问题，特别是中小学各学科减负增效、建构高效课堂，原有的经验已经不能奏效了，需要借助于课题、项目等课堂教学专题的研究找到新的途径、策略、方法、手段；同时，通过这种具有科学化、专业化、规范化和常规化的研究活动和研究成果，使学校教研组织发展为一种真正的“研究共同体”，促使教师成为“研究型教师”，从而实现“教学与研究的一体化”。

二、操作方略

课堂教学专题的研究一般可分为三个步骤来进行。

（一）确立研究主题——课题

传统的教研活动大多是“就课论课”，研究的主题往往并不明确，甚至极为泛化。与之不同的是，课堂教学专题研究作为 一种专门的研究方式，目的在于通过专题研究化解某一教学难题，改进某一教学行为，进而提高教学质量。

在课堂教学专题研究中，明确课堂教学专题研究的主题是开展研究的起点。实践表明，围绕某个主题所开展的课堂教学专题研究，不仅有利于提高研究的效果，而且共同的研究目标更有利于专题研究小组结成一个研究共同体。

那么，我们如何确立课堂教学专题研究的主题呢？首先是源于课堂教学中的现实问题。课堂教学专题研究是教师对现实的教学问题所开展的合作性研究，它专注于教学实际问题的解决。因此，课堂教学专题研究的主题不是来自某种现成的理论，而是来源于教师的教学实践。也就是说，课堂研究致力于以科学的研究手段来解决教师在课堂教学中遇到的现实问题。因此，教师日常课堂教学中的言行举止、具体教学场景中的切身体会、教师与同事对教学疑难问题的讨论等，都可以成为课堂教学专题研究中问题的主要来源。例如，师生、生生的互动问题；教师的提问艺术；如何组织学生开展合作学习，等等。

无论是专题（课题）研究，还是成果著述，研究者始终都需要有一个清醒的认识：首先，这项研究是围绕什么问题展开的，研究应该聚焦的方向是什么，研究能够为这个问题的解决提供哪些帮助。没有了问题，或者说问题不集中，专题（课题）研究的价值与作用也就会大打折扣，不仅会导致研究实施过程中的方向各异、线索不明，而且研究的成果也难以令人信服。

其次，是始于对课堂教学问题的反思。教师虽身处现实的教学情境，但能否确定切实可行的研究主题，还取决于教师是否具备深刻的反思能力，是否善于捕捉和提炼真实的课堂教学问题。课堂教学专题研究的问题可以是共性的，也可以是个性的，但无论如何都是教师基于教学反思所发现的问题。

任何研究都始于“问题”。当教师意识到自己的教学中出现了某种“问题”，想要设法解决问题并且不断回头“反思”解决问题的效果时，教师也就踏上了一条研究的旅程。这里的困难在于：“问题”如何经过“设计”转化为研究课题？

教师的课题研究强调解决教师自己的实际问题。不过，并非任何教学“问题”都构成研究“课题”，只有当这个教学问题被有目的的“设计”之后，日常的教学“问题”才可能转化为研究“课题”。简单地说，“问题即课题”。

在教学研究中，比较常见的障碍可能是“课题意识太弱”，也可能是“课题意识太强”。“课题意识太弱”的教师容易满足于解决那些琐碎的日常教学问题，“自下而不上”，不善于在解决日常的教学问题的过程中捕捉一些值得设计、追究的“研究课题”。由于缺乏必要的追究与设计，那些日常的教学问题虽然不断地被解决，教师却很难从整体上转变自己的教学理念，改善自己的教学行为。与此相反，“课题意识太强”的教师容易追踪“热点问题”“宏大问题”，对自己的日常教学生活中的实际问题视而不见，只热衷于“大问题”，其后果是轻视了教室里每天都在发生的真问题。

教师的课题研究所研究的“问题”，是教师在大量地、随意地解决问题的过程中发现了某个值得“追究”和“设计”的“关键的问题”。教师一旦打算在后续的教学中进一步“想方设法”去解决这个“关键的问题”，这个问题就可能转化为课题。

（二）开展研究活动

发现课堂教学中存在的问题并将其确定为课堂教学专题研究的主题，还只是研究工作的第一步，关键是要围绕所确立的研究主题开展富有实效的研究活动。一般而言，最核心的步骤有以下四个方面。

一是通过搜集和整理分析相关的文献资料，进一步梳理所研究问题的主题，并获得科学的理论支撑。在课堂教学专题研究中，教师要有意识地将理论学习融入主题确立和实施的过程。虽然课堂教学专题研究侧重解决教学的实际问题，但没有理论作为教师思考与行动的“框架”在其内部发挥作用，课堂教学专题研究只能限于经验总结层面，无法提高到理论的生成高度。通过搜集和分析相关的文献资料，教师可以对课堂教学实践问题作进一步的梳理，在此基础上明确核心概念的内涵，确定研究的重点与难点，为后续研究作好充分的理论准备。

二是对课堂教学专题研究主题的核心概念进行科学界定，从而明确研究的具体方向，找到解决问题的具体路径。在分析相关文献的基础上，教师还需要对所研究问题的相关概念进行界定，最好是对所研究的问题进行操作性的描述，以便教师所研究的问题及其展开过程更加清晰。课堂教学专题研究透过对核心概念的界定，大致确立了研究的范围，使教师有明确的研究方向，也比较容易找到解决问题的路径，有助于研究落到实处和取得成效。

三是根据科学界定后的课堂教学专题研究的主题，即核心问题，提出明确具体的基本问题解决的假设。在问题界定清晰后，教师还应通过研讨提出解决问题的初步设想。没有假设的课堂教学专题研究，目标含糊不清，过程无所依循，所得到的研究结论也会是不完整的。因此，提出明确的基于问题的假设是课堂教学专题研究主题确立和实施的不可缺少的环节。比如，用什么样的视角去分析课堂教学，如何分析和说明课例的相关资料，并从这些资料中引申出相应的对策等。研究小组在着手研究之前，就要对此有所准备，并对所做的假设加以探讨。好的假设会为问题解决提供清晰的思路，不好的假设则可能偏离问题解决的方向。假设越是清晰，研究的效果就越好。否则，忽略研究前的假设，即使分析阶段的步骤很详细，也往往不会获得理想的效果。

四是紧紧围绕基于问题解决的假设，开展求真务实的专题研究活动，比如课例研讨、专题论坛等。专题研究活动，要突出问题性、深入性和操作性。要注意记录研究的过程性资料，包括文字性和图像性资料，为总结呈现专题研究成果打下基础。

（三）总结研究成果

在课堂教学专题研究计划中，还要设计好研究成果的形式，即最后的研究结论、研究成果用什么形式来表现。研究报告和论文是教育科研成果最主要的两种表现形式，还可以将研究成果写成专著、教材、手册等。撰写课题研究成果报告，有的包括问题现象、问题思考等的提出、专业学习、教学实践等问题的研究、问题解决策略研究几个部分；有的包括理念思考、活动设计、课例呈示、教师反馈和活动总结几个部分。

比较小的课题写成最终成果形式即可；比较大的课题，除了要有最终成果形式，还应该有阶段成果形式，最后将阶段成果综合并发展成最终成果。或者将比较大的课题分解为若干子课题，分别有各子课题的成果形式和总课题的成果形式。

参考书目和文献：

1. 徐光华：《课堂研究 20 法》
2. 何成刚、夏辉辉：《历史教学设计》，上海，华东师范大学出版社，2009.
3. 何成刚：《历史课堂教学技能训练》，上海，华东师范大学出版社，2008.
4. 余文森：《有效教学十讲》，上海，华东师范大学出版社，2009.
5. 张万祥：《教师专业成长的途径》，上海，华东师范大学出版社，2005.

三、案例评析

（一）前言引读

随着教育改革的不断深化，课堂教学作为教育过程的中心环节，作为推进素质教育、提高教学质量的主渠道、主阵地，越来越受到社会各界的高度关注。新课程理念最终要通过课堂中的教师得以落实，新课程的目标最终要体现在学生的变化上。新课程改革推进到今天，关注课堂，研究课堂，创新课堂，实现课堂的高效，毫无疑问是实施素质教育和时代发展新形势下的必然趋势，是当前我们教学、教研的中心工作和重要研究课题。

“板块式教学”就是在教学目标的引领下，教师将一节课的教学内容及教学过程分为几个明显的而彼此之间又有密切联系的教学“板块”，即教学的过程、教学的内容呈“板块”状并列而又一步一步地逐层深入。每个主题、“板块”体现一个完整的内容，而几个主题、“板块”之间存在着潜在的必然联系，以整体优化教学设计和教学过程。

该课题是北师大版初中历史八年级上册的第一单元。这是陈兢老师 2012 年中考研讨会上的公开课。陈兢，1998 年济宁师专历史教育专业毕业，现为济宁市第十五中学历史教师。陈兢是山东省历史优质课二等奖获得者，兖州市历史教学能手。

（二）课堂实录与点评

教学流程	随堂点评
一、课堂导入 师：今天，很高兴来到某某中学，和同学们共同学习。上课前，我们先来看一组图片。[①] **★幻灯片 1：《苦难的中国》** 师：这是一组旧中国时期的图片。看了这几张图片，你们的心情怎么样？ 生：沉重、悲痛。 师：古老的中国步入了近代，迎接她的是怎样的命运呢？中国人民接受命运的安排了吗？今天就让我们再次重温这段血与火的历史，开始进入中国近代史部分的复习。 **二、课堂实录** **★幻灯片 2：中国近代史分期**[②] 师：中国近代史从 1840 年鸦片战争开始到 1949 年新中国成立，以五四运动为界又分为旧民主主义革命和新民主主义革命两个时期，这一时期的社会性质是半殖民地半封建社会。今天我们首先复习第一单元《侵略与反抗》。 中国近代史 鸦片战争　五四运动　新中国成立 1840　旧民主主义革命　1919　新民主主义革命　1949 中国社会性质：半殖民地半封建社会 **★幻灯片 3：出示《课程标准》《复习目标》** **★幻灯片 4：出示板块目录**[③] 第一板块 血雨腥风——列强的侵略 第二板块 血铸中华——中国人民的抗争 第三板块 血的教训——反思过去 面向未来 **★幻灯片 5：第一板块　血雨腥风——列强的侵略** 师：课本第一单元中提到了几次大规模的侵华战争？ 生：鸦片战争、第二次鸦片战争、甲午中日战争、八国联军侵华战争。 师：我们在学习中国历史和世界历史的时候都曾提到过多次战争，那么我们应该从哪些方面去了解一场战争呢？[④] 生：战役名称、时间、地点、指挥者等。	①典型的情景导入法，利用一组图片设置情景，让学生感受生活在旧中国时期人民的苦难，进入中国近代史的学习，导入效果不错。 ②数轴的形式展示历史分期，一目了然。但这张近代史分期数轴的设计不够严谨，从 1840—1919 年是 79 年，而 1919—1949 年是 30 年，所以图示中间的“1919 年五四运动”这条竖线应该再往后一点，不能平均分。 ③三大板块清晰明了，层层递进。板块式教学既是对教学内容的整合，又是体现教师指导学生学习的一个过程。这三个板块思路清晰，而且又和课本内容紧密相关。在结合学生实际，在尊重教材编排，在理解重点难点的基础上，理清楚每节课学生的学习内容（或学习任务）的层次，明确本节课的学与教的清晰的内容板块。 ④引导学生利用以前学习历史的方法来进行知识巩固，应留给学生充足的时间完成知识的归纳。

续表

<table>
<tr><th>教学流程</th><th>随堂点评</th></tr>
<tr><td>
师：很好。看来你是一个善于总结的有心人。今天，我们还可以用表格的方式把几次战争的情况加以整理，对比记忆。
★幻灯片 6：侵华战争简表⑤
四次侵华战争简表
<table>
<tr><th>侵华战争</th><th>起止时间</th><th>发动国家</th><th>重大条约</th><th>影响</th></tr>
<tr><td>鸦片战争</td><td>1840—1842</td><td>英国</td><td>《南京条约》</td><td>开始沦为半殖民地半封建社会</td></tr>
<tr><td>第二次鸦片战争</td><td>1856—1860</td><td>英法</td><td>《北京条约》
《瑷珲条约》</td><td>半殖民地化程度进一步加深</td></tr>
<tr><td>甲午中日战争</td><td>1894—1895</td><td>日本</td><td>《马关条约》</td><td>大大加深了半殖民地化程度</td></tr>
<tr><td>八国联军侵华战争</td><td>1900—1901</td><td>英美俄日法德意奥</td><td>《辛丑条约》</td><td>完全沦为半殖民地半封建社会</td></tr>
</table>
师：哪位学生能根据这个表格，给大家介绍一下这几次战争的情况？
学生复习整理，逐条回答。
师：这几次战争都签订了不平等条约，其中我们要重点了解《南京条约》《马关条约》《辛丑条约》的内容。这几个条约也可以整理成表格对比记忆。
★幻灯片 7：不平等条约简表
师：这些条约中哪一条对你触动最大或印象最深刻？为什么？⑥
你在记忆这些条约内容时有什么好的方法吗？
学生回答，教师进行学法指导。
★幻灯片 8：学法指导——关键词记忆法
师：我们可以根据“割地、赔款、开埠、通商”这几个关键词去记忆条约的内容，同时比较一下，这几个关键词在哪个条约里面都有，哪个条约又增加了其他的什么内容。现在给大家两分钟时间，快速记忆这几个条约的内容，同桌互相检查记忆效果。⑦
教师过渡：西方列强不仅用武力打开了中国的大门，更可耻的是他们还对中国进行了大肆地抢劫和惨无人道的杀戮。（多媒体出示列强罪行图片）他们抢劫、他们放火、他们杀人等。面对侵略者的残暴，中国人民怎么办？
</td><td>
⑤表格形式便于比较归纳和总结。通过“四次侵华战争简表”和“近代不平等条约简表”，对本单元的重点知识加以整合，同时也进行了线索的梳理。学生根据这两个表格，可以抓住重点与考点。
⑥让学生利用自己喜欢的方式方法记忆，有利于激发学生的学习兴趣。而且既帮助学生深刻理解每个条约的内容，又给学生自己发表观点，锻炼口才的机会，巩固了知识也提高了能力。
⑦老师重视对学生学习方法的指导，比如指导学生应该从哪些方面分析战争情况，用表格对零散的知识点进行整理归纳，还有关键词记忆法等。本段过渡也比较自然。
</td></tr>
</table>

续表

教学流程	随堂点评
★幻灯片 9：小竞赛：考考你侵华战争知多少？ 师：现在老师要考考你们喽，看看谁对这板块的知识复习得更好。请大家认真听我读题目，举手抢答。⑧ **★幻灯片 10：第二板块　血铸中华——中国人民的抗争** 教师提问：在这几次侵华战争期间，中国人民都有哪些反抗斗争？ 生：林则徐虎门销烟、太平军抗击洋枪队、邓世昌黄海大战。 师：在本单元中，你对哪一位爱国志士的印象最深刻？请谈谈他的事迹。 **★幻灯片 11：《沙俄侵占中国北方领土示意图》** 师：1689 年《尼布楚条约》规定，黑龙江乌苏里江流域包括库页岛在内都是中国的领土，可是第二次鸦片战争期间，俄国趁火打劫，强迫清政府签订了一系列不平等条约，共割占了中国一百五十多万平方公里的土地。不仅如此，俄国以及英国还妄图把新疆分裂出去，使新疆面临危机。在这种情况下，左宗棠率清军收复了新疆，维护了国家统一。 教师过渡：面对列强的侵略，无数的民族英雄奋起抵抗，但历次战争却都以清政府的失败而告终。这是什么原因造成的呢？ **★幻灯片 12：第三板块　血的教训——反思过去　面向未来** 教师提问：清政府屡战屡败的原因是什么？你认为中华民族如何才能不再遭受侵略？学生各抒己见。⑨ **★幻灯片 13：线索整理⑩** **线索整理** 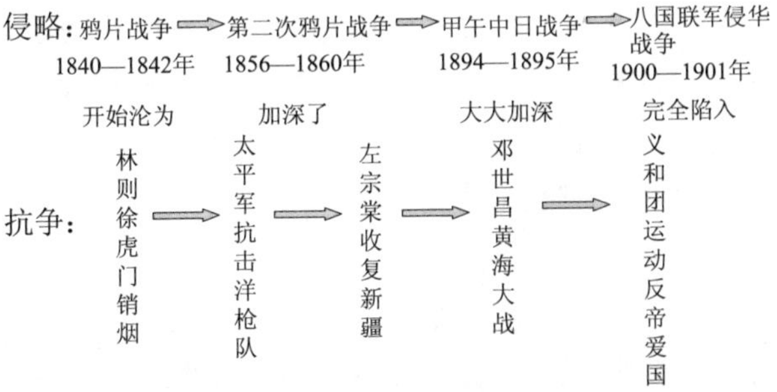 **★幻灯片 14：中考链接** 教师出示几道近年有关本单元知识的典型中考试题。	⑧这个环节的设计使课堂变得很活跃，学生更加积极地参与进来。这里再增加学生之间互相出题考一考的环节更好。 ⑨学以致用，以史为鉴。清政府屡战屡败的原因应该从内因和外因两方面去分析。学生的分析可能不是很全面，但是只要回答得有一定道理，就要给予积极的评价，或充分的肯定。 ⑩线索清晰，便于记忆。很有条理地展示了近代史上中国人民的几次著名抗争活动，抗争活动很多，这只是几个典型代表。

续表

教学流程	随堂点评
★幻灯片 15：答疑解惑：对于本课内容，你还有什么疑惑吗？可以大胆地说出来。 **★幻灯片 16：我的收获：学习了本课，你有哪些收获？** 教师结语：同学们，这节课让我们进一步了解了 19 世纪列强对中国的侵略和中国人民的抗争。1840 年，鸦片战争一声炮响，打开了中国的大门，从此中华民族屡遭侵略，备受欺凌。百年的屈辱，百年的抗争，苦难的中国终于迎来了新生。我们当家做主站起来，我们改革开放富起来。现在，就让我们以一曲《祖国颂》来祝福我们的国家更加繁荣昌盛！⑪	⑪结束语古今相连，便于学生实现情感上的升华，有利于本节课的爱国主义教育。

（三）总体评析

本节课运用了“板块式教学”模式。从教学内容上分析，“板块式教学”在备课时，以“块”为单位，便于对教材的重组和加工；教学中，每个“板块”都有一个相对集中的问题情境，有较大的覆盖面，便于学生凭借具体可感知的材料，进行自主实践。从教学流程上分析，块状学习，从“块”入手，框架推进，减少头绪，便于学生直接面对文本，亲近文本，与文本及其蕴含其间的情理接触，从整体上把握对历史的学习。

陈老师这节课是一节比较流畅的复习课，思路清晰，过渡自然，严谨有序。复习课的主要任务是巩固和加深已学过的知识，解决知识的点、线、面三者的结合，它承载着回顾与整理、沟通与生长的独特功能。陈老师的这节课正是达到了以上的要求。她对第一单元的教材进行了大胆的整合：缕清了一条线索——外国列强的侵略和中国人民的抗争；设计了三个板块——血雨腥风、血铸中华、血的教训；利用表格整理旧知，用图示梳理线索，精心设计问题来拓展能力，实现了知识的回顾和能力的提升，在教材处理上是比较成功的。

陈老师也具备了较强的组织能力和调控能力。这节课教学节奏和谐统一，教师吃透教材，明了各知识点的内在逻辑联系，对教学重点、难点心中有数，同时准确把握了学生的兴趣点和疑点，设计自然、生动的过渡语，上下内容衔接紧密，整个教学过程浑然一体。总之，这节课给人的是一种轻松、愉悦、张弛有度的感觉。另外，教法灵活多样，通过图片表格的不同设置，引导学生学习，培养了学生的归纳、总结、知识的迁移能力。

另外这节课还有几个亮点。一是重视情景创设。课前出示的一组旧中国时期的图片，将学生一下拉入到那个时代。二是实施有效的学法指导。包括指导学生应该从哪些方面分析战争情况，用表格对零散的知识点进行整理归纳，还有用关键词记忆法等。三是进行情感教育。例如，第三个板块“血的教训——反思过去、面向未来”，让学生得到了感情的升华。

“板块式教学”的研究与实践，能利用组合主线，贯穿于板块与板块，使板块与板块具有分层推进的关系。能让学生在学习活动的主体角色体验中激发浓厚的学习兴趣和高涨的活动热情，变消极被动为积极主动。通过多层次的师生互动，彻底改变了传统的接受性学习方式，确立了学生的人本地位。通过学生自主能动的学习，以实现提高教学效率的目标，这正是本课在“板块式”教学实践上最具有意义的地方。

第五节　课堂实录研究法

随着教学交流的日益频繁和新课程改革的不断深入，努力创建特色课堂，提高教学质量，办好人民满意的教育，成为摆在教师面前最迫切的任务。有什么更好的办法来提高教师的课堂执教水平呢?《孙子·谋攻篇》曰：“知彼知己者，百战不殆。”运动员打完比赛后都会反复看录像，从而发现自己在比赛中存在的问题，以此来实现自身技术的超越。比如：一个球队在开战前都会想方设法搞到对手近期比赛的视频，反复观摩，找出对方的弱点或漏洞，从而制定相应的战略战术来达到获胜的目的。同样，一名教师，就是一名运动员，每一节课都是一场比赛，教师执教水平的高低决定了赛事的输赢。因此，在教学过程中，运用课堂实录提高教师的执教水平显得尤为重要。教师也可以通过课堂实录，反复观摩，发现不足，然后悟出道理，为己所用。课堂实录已逐渐成为展示教学特色、传播教改成果、深入研究课堂教学的一种重要形式与载体，越来越得到学校领导、教师以及教研人员的广泛关注。

一、概念解读

(一) 课堂实录的定义

“课堂实录”就是运用现代化教学工具，将教学活动（一节课的全程或者片段)，全景式地记录下来，并据此对每一环节进行分析研究，从中反映出上课教师对本课教材的理解、具体的课堂设计以及具体教学过程的实施脉络。通过实录，我们可以找到成功之处或不足的地方，在教学活动中对某一特定问题进行反思、寻找解决问题的方法和技巧等。通过对课堂的研究，不断促进和提高教师群体及个人的教学技能和理论水平，进而全面展示我们的课堂教学成果。

课堂实录的记录方式一般有两种：第一种，剧本对白式。即采用师生对白的方式记录，并用括号“（ ）”补注课堂气氛、动作等情况。这种做法简洁明了，缺点是太单调，缺乏可读性。第二种，叙事描写式。即采用叙事的方法，把整个教学过程用写记叙文的一般方式记录下来，不仅记录师生的对话，对课堂情况也可以作较为具体、生动的描述。这种写法生动形象、可读性强。缺点是有时会过于啰唆，或过于“生动”而失去实录的本意。这就要求教师在平时听课和学习的过程中，依据学情做出适合自己的课堂实录。

课堂实录与传统的教学研究不同，就其分析对象言，重点不是教科书或教学法，而是整体的教学实态；主角不是教师的“教学技术”，而是学生的“学习质量”。即使是对“教学处理”的分析，也要看该“处理”方式对学生“发展性学习”的质量；它解决的不是教师“教了什么”的问题，而是学生“学了什么”的问题；不仅是学生“学会了什么”的问题，更是学生“会学了什么”的问题。因此，“质疑”和“反思”才是课堂实录分析的最终落脚点。

（二）课堂实录的理论依据

1. 政策依据

教师不仅是一定社会历史时期的人，拥有不同的教学思想、教学观念，对教学的进程和要素有不同的认识，而且每一个教师的知识背景、教学经历不同，即使接受同样的教师教育，教授同样的学科，他们对教学的环节、对学生的认识、对教学手段、媒体的使用以及不同的时间和场所，都会显示出各自的特色，都会在课堂实录中鲜明地呈现出来。因此，《基础教育课程改革纲要(试行)》中指出：“教师在教学过程中应与学生积极互动、共同发展，要处理好传授知识与培养能力的关系，注重培养学生的独立性和自主性，引导学生质疑、调查、探究，在实践中学习，促进学生在教师指导下主动地、富有个性地学习。教师应尊重学生的人格，关注个体差异，满足不同学生的学习需要，创设能引导学生主动参与的教育环境，激发学生的学习积极性，培养学生掌握和运用知识的态度和能力，使每个学生都能得到充分的发展。”

2. 新课程理念

优秀的课堂实录需要通过自主反思、同伴合作探究来提升自己。自主、合作、探究的学习方式包括新课程所倡导“自主、合作、探究”的学习方式，“以学生为中心”“以学定教”“教学相长”的教学结构，和“知识与技能”“过程与方法”“情感态度与价值观”的多维教学目标体系。

3. 建构主义学习理论

知识不是通过教师传授即可得到，而是学习者在一定的情境中，借助于他人的帮助，利用好的课堂实录，通过意义建构的方式而获得的。建构主义学习理论强调以学生为中心，学生应是知识的主动构建者，而教师只是教学过程的组织者、指导者、意义建构的帮助者。理想的学习环境应当包括“情境”“协作”“交流”和“意义建构”四个部分，这些活动都要通过教师的作用而获得。优秀教师的一堂好课不仅可以让其他教师从中获得传授学生知识的经验、途径和方法，学生也能受益更多。

4. 教育心理学思想

人本主义心理学的代表人物罗杰斯提出的“非指导性教学”思想，强调学习只能促进，而教师就是一个促进者，可以帮助学生明确自己想学什么，安排适当的学习活动，发现自己所学东西的价值，建立并维持能够促进学习的心理气氛。因此，一个好的教师，必须善于吸纳优秀课堂实录中的亮点为己所用。

（三）课堂实录的基本要求

1. 课堂实录和内容必须真实

课堂实录记录的内容不能随意做后期加工，应该能够反映完整的教学过程，不应该丢掉每个细节，因为每一个细节都可能是分析的重点，如“为什么这样做的”“为什么这样说了”等，也可能是探究“过程”或某一细节背后存在的“原因”。因此，分析课堂实录本身不仅是提出问题，更重要的是要找出适宜的指导方法。如果因随意加工而丢掉细节，对实录的分析不仅会把理论架空，更不能从课堂实录中深刻地体会到“教学理念”的价值。

2. 实录后面加上“教学后记”或“听课评价”

运用教学后记，可以更好地记录教师在教学过程中出现的优点和不足，以及学生对基础知识和重点难点的理解与掌握情况。这样，可以让教师在下一步教学过程中扬长避短，注重激发学生学习历史的兴趣，也有利于阅读者的理解把握，更有益于体现授课者的教学追求，为下一步创建历史高效课堂奠定基础。

（四）课堂实录的功能

1. 课堂实录具有特殊优势

课堂实录具有声像结合表达教学过程的优势，内容更加生动、直观，便于学习。通过观看其他教师的课堂实录，可以互相观摩交流，取长补短，共同提高教学水平。

2. 有利于教师的教和学生的学

通过观看课堂实录，不仅能让学生更好地学习各科知识，加深对教学难点的理解、巩固和记忆，而且能使教师口授难以讲清的内容变得通俗易懂，同时也为教师更好地组织教学内容做充分地准备。

3. 有利于扩大教学规模

随着校园网络系统的普及，有些科目的课程可以通过网络同步播放的形式，多班同时观看，解决了教师组织学生的困难，更加省时高效。

4. 为发展职业教育提供了条件

由于课堂实录具有直观性、示范性强等特点，在培训各种技能，如烹饪、汽修、美容美发等职业教育中，课堂实录具有其他教学方式所不可替代的作用。

5. 更好地促进教学改革

优秀教师的课堂实录不仅为如何进行教学改革、实现高效课堂提供了新的思路，而且也使教育教学逐步向“高端”“精美”“实用”的方向发展。

6. 保存具有长期性

每一节优质课都是全体历史组教师通过各种方式收集资料，然后教师再结合学情进行知识整合，反复打磨而成，具有很好的借鉴价值。通过拍摄课堂实录可以把优秀教师的教学经验永久保存，在需要时直接拿来借鉴，可以为教师节约更多的时间进行教法学法的创新。

由于课堂实录能够客观反映出课堂教学的全过程，包括教师讲授的教学思想理念是否先进、教学能力技巧是否娴熟、教学内容资源是否丰富、教学组织管理是否系统以及师生互动的双边教学效果是否反映出学生对知识的掌握，因而课堂实录在推广优秀课堂教学经验、开展课改研究、进行教学指导、评价教学质量和组织教学评估等方面发挥着越来越大的作用。

二、操作方略

随着现代教育技术与学科整合的日益深化，课堂实录的形式跨越了时空限制，开辟了多种学习途径，开阔了教师视野，提升了教师的教学水平和学校的管理水平，促进了在数字化、信息化条件下教育的均衡协调发展。当前，全国、省市级的优质课评比，除课堂直评外，更多的是通过观看教学录像这样一种间接形式进行评比，大大拓展了优质课的评审与传播的空间。所以，录制一节优质课堂实录至关重要。

（一）课堂实录前的准备工作

1. 兴趣教学，让学习充满乐趣

兴趣是学生追求真理、探究科学知识的内驱力。北京师范大学林崇德的研究证明：学习成绩与学习兴趣有显著的相应关系，浓厚的学习兴趣能产生强大的学习动力，能促使学生积极投入学习活动，为取得优异成绩创造良好的条件。一节课时间虽短，但课堂实录如果能从宏观角度进行思考，并将这节课置于与时俱进的时代特征与社会现实背景之中，那么，这样的课就能够非常厚重、大气，尤其是历史与现实紧密结合，更易于激发学生的兴趣。某些课堂在导入环节往往需要体现这种精神，需要站在学生成长成材的角度，将教学内容与时代发展紧密结合起来，寻找历史与现实的结合点，接近学生的“最近发展区”，激发学生的求知渴望，从而锲而不舍地围绕教学内容展开教学，大大提高历史课堂效率。

2. 客观分析教材内容，合理划分板块

教材是落实教学大纲，实现教学目标的重要载体，也是教师进行课堂教学的主要依据。尽管教学内容主要来源于教材，但教师可以根据教学实际，在课堂实录中客观地分析教材，积极收集教育资源，对教材内容有所选择，科学地进行教学法加工，合理地组织教学过程，发挥教师处理教材的主动性和创造性。同样的教材内容，同样的学生基础，由于教师对教材内容的不同处理，教学效果肯定不一样。因此，要使教学方案高效实用，教师必须结合教学实际全面深入地研究学生和钻研教材，善于对知识进行归类整合，设计板块式的教学方案，使教学内容化繁为简，化难为易，教学线索清晰明确，更易于培养学生的合作探究能力。

3. 教师的语言表述讲究艺术性

心理学认为，一个人如果总是处于一种兴奋的、愉快的状态，他的思维就

会有超常的发挥，他接受外面信号的速度就会非常快捷。在课堂实录过程中，教师必须注意营造一种和谐愉快的气氛，让学生积极参与到课堂教学中去。教师的语言、语调不仅要生动形象，富有哲理，讲述要有亲和力，缩短与学生的距离，而且要注意语言表达上的“留白”，给学生思考、消化、接受教师传达信息的时间与空间。不同内容、不同目的、不同作用之表达，语气也要有相应的变化。启发性的语言，语气要充满调动性；结论性语言，语气要肯定；点评作业时，语气应亲和，让学生易于接受教师的批评意见。总之，教师的语言表达，不仅要条理清晰、主次分明，更要讲究艺术性和教学效果。

4. 教师积极评价，提高学生思维

课堂是师生互动，是教与学的结合体。教学评价针对不同组的同学，展示、评价的方式也要有所不同，或集体展示，或推荐代表谈谈创意，或小组竞赛，等等。不同内容的作用不同，要因“材”制宜，选取最恰当的形式。在视觉形式上，要给人以美感；在教学过程中要善导善控，除了要引导学生以外，还应适当点拨，激发学生思维，使学生踊跃回答问题。对于学生的回答，教师必须严格把关，既要保护学生回答问题的积极性，又不能使学生的发言漫无边际、正误不分。因为录像课特别忌讳画面的单调、重复，没有变化，因此教师要有意识地进行课堂动态的空间立体化形式的画面经营，使整堂课闹而不乱，扎实有效，尽量做到堂堂清，周周清。

（二）制作课堂实录的原则

课堂实录不拘泥于某种特定的教学策略，要求在活动中结合学生实际，创造和采用合理、灵活的多种教学形式，以促进学生发展为主旨。参考建立在建构主义等当代教学理论基础上的多种教学模式，在制作课堂实录的过程中应遵循以下几点原则：

1. 互动性原则

教学是一个师生、生生互动的过程，如果没有教师与学生的相互作用，就谈不上教与学的活动。而学生与学生之间的互动特别是在当前班级授课制背景下，又有着极为重要的意义。生生互动与师生互动同样都能对学生的学习产生重大的影响，形成师生、生生之间知识和思维的共鸣与抗争。有共鸣，才会有对知识的热爱和继续学习的兴趣；有抗争，才会有对知识深刻的理解和进一步创新、加工的欲望。

2. 发展性原则

教师要把教学的着眼点放在学生的身心健康发展方面，研究学生的认知障碍，尤其是学习心理方面的问题。在课堂教学中，教师要充分发挥自己的主观能动性和积极性，以尊重和信任为出发点，激发学生的求知欲，推动他们在自觉参与学习的过程中重视自身的发展，尤其是创新思维能力的培养；充分掌握、接受好的课堂教学方法，引导学生主动学习，让自己有更多的机会处于活动的中心地位，既为教师成长，也为学生成才创造良好的心理环境提供有利条件，使每一个体在一定的条件下得到最优的发展。

3. 理性与实践性相结合原则

理论是基础，实践是关键。教师作为接受经验的主体，积极开展教学实践活动，加强学习，提高现代教育理论素养。同时，要在教学过程中用理论指导实践，并在实践中反思理论。在教学实践中不断修正教学方法和教学模式，既可以充分调动学生的积极性，使课堂教学的实效达到最大化，又能更好地服务于实践，便于教师在课堂教学活动中积极探索新的教学理论，以保证课堂实录的有效实施。

4. 反思性原则

研究本身不是目的，而是要通过研究提高教师课堂教学的能力。而提高教学课堂教学的能力，并不是一次研究就可以解决的，所以反思性研究就显得十分必要。反思时，不但要反思案例本身，还要反思研究过程，更要反思研究结果。只有通过这种不断的“研究—实践—反思—再研究—再实践—再反思”过程，才能使课堂实录取得实质性的教学效果。

5. 成功体验原则

教师通过课堂实录获取课堂教学经验，在教学过程中为每一个学生创造尽量多的获得成功体验的机会，从而借助成功体验的积极效应促进学生的健康发展，提高学生的素质。成功体验原则要求教师要创造条件，分层次提问，营造宽松和谐的氛围，为每个学生提供尽量多的课堂表现的机会，让学生在成功的表现中增强学习的兴趣和自信心。

一堂优质的课堂实录，不仅要求教师有扎实的学科专业知识，还要有丰富的教育理论作支撑；不仅要有教学设计和实施能力，还要掌握基本的课堂分析、研究方法。对课堂实录的分析可以让授课者找出不足、总结经验，包括专家提出意见和建议，也有利于同行相互借鉴，以发挥优质的教育资源优势。下面以一次具体的课堂实录案例分析来说明。

三、案例实录及点评

【案例】 《繁荣的宋元文化》

《繁荣的宋元文化》教学设计

该课题是北师大版初中历史七年级下册第16课。这是邹城市张庄中学黄尽英老师在2013年“名师送教，同课异构”时准备的公开课。我对执教者黄尽英老师进行了如下指导。

教学流程	随机点评
导入新课 上课之前播放视频《隋唐文化》片段，创设一种浓厚的学习氛围，让学生从课下的散漫状态快速进入到学习的氛围当中。 导语：民族文化是民族之魂。前面我们已经复习了四大文化序列：文明勃兴的先秦文化，昌盛的秦汉文化，承上启下的魏晋南北朝文化，辉煌灿烂的隋唐文化。从古文化的旅途中一路走来，我们已经深深地感受到了中华文明的悠久绵长，根深叶茂，硕果累累。继隋唐之后，宋元文化又成为一道非常亮丽的风景。让我们一起走进中国文化的一个片段——繁荣的宋元文化，在浩如烟海的史学、意境悠远的宋词和“感天动地”的元杂剧中，领略它的风采。① 讲授新课 板块划分： 浩如烟海的史学 意境悠远的宋词 感动天地的元杂剧② 过渡：我们知道，宋元文化是在隋唐文化高峰的基础上继续发展的，中国五千年的灿烂历史主要是通过史书记载下来的。让我们追随历史，在浩如烟海的史学中自由畅想吧！ **一、浩如烟海的史学** 1. 看图学史 师：听说同学们对故事非常感兴趣，今天老师给你们带来了最爱听的故事。先请大家欣赏图片，然后讲故事。 屏幕显示：《司马光砸缸》《警枕》、司马光与《资治通鉴》图片。 生：跃跃欲试，争先恐后讲故事。③ 师：结合以上故事，我们可以得出下面的结论：聪明＋勤奋＋持之以恒＝成功。司马光成功的标志是《资治通鉴》的问世。请说一说司马光哪些地方值得我们学习？ 生：聪颖好学、顽强刻苦、治学严谨等。④ 师：司马光编撰《资治通鉴》，耗费了19年心血，靠的是顽强的毅	①课前渲染气氛，创设情境，结合学生所学知识设计恰当的导语，承上启下，引人入胜。 ②板块式教学既是对教学内容的整合，又是体现教师教学思想的一个过程。本课板块名称优美，划分合理。 ③讲故事用的时间过多，虽说学生很积极，但教师要学会收放自如，运用教育机智合理把握时间，避免课堂前松后紧。 ④运用大量的史实，及时对学生渗透思想教育，学习史学家顽强的毅力和严谨治学的态度。

续表

教学流程

力、持之以恒的精神和严谨治学的态度，这些品质是值得我们学习的。因此，司马光与汉代司马迁齐名，被称为“汉宋两司马”。

师：在我国浩瀚如烟的史学著作中，有堪称“史学双璧”的两部史书大放光彩，其中一部被鲁迅称为“史家之绝唱，无韵之离骚”。你知道这部史书的名称吗?⑤

生：西汉司马迁写的《史记》。

师：另一部史书又是什么呢?

生：北宋司马光的《资治通鉴》。

师讲述：西汉司马迁的《史记》是我国第一部纪传体通史，被誉为“史家之绝唱，无韵之离骚”，是我国历代王朝编写史书的典范。之所以称之为“典范”，是因为司马迁开创的“纪传体”，被后来史学家们所沿用。突破这一体例，重新采用编年体编写史书，并取得卓越成就的是北宋史学家司马光。

2.《史记》和《资治通鉴》的比较（屏幕显示自定义动画）⑥

名称	作者	年代	体裁	内容
《史记》	司马迁	西汉	纪传体通史（以人物为中心）	从黄帝到汉武帝时期
《资治通鉴》	司马光	北宋	编年体通史（以时间为顺序）	从战国到五代

师：我们已经简要地学习了宋元文化史部分内容，为了检验和巩固大家的学习情况，我为大家准备了一套“史学快餐”。

3. 屏显：史学快餐

（1）填表比较《史记》和《资治通鉴》。

名称	作者	年代	体裁	内容
《史记》				
《资治通鉴》				

（2）假如你想在《资治通鉴》中查阅下列历史事件，不可能查到的是（　　）。⑦

A. 秦朝的暴政　B. 杯酒释兵权　C. 玄武门之变　D. 三顾茅庐

过渡：饱览了史学大餐之后，让我们继续领略宋元那独特的文学魅力。

二、意境悠远的宋词

师：宋代文学的主要成就是词，词人词作层出不穷。下面我们就来欣赏那一时期的佳作。

随机点评

⑤及时巩固前面所学知识，收到了温故而知新的效果，值得提倡!

⑥运用图表比较异同，更直观。但最后要给学生留点记忆的时间，让学生动手写写容易错的字，在学习知识的同时及时落实，为后面的史学快餐打下基础。

⑦教师要结合中国朝代顺序歌，运用时间轴对学生进行点拨，真正明白这两部史书的记载内容。

续表

教学流程	随机点评
1. 感受苏轼（板书） （1）播放课件：苏轼的生平简介。苏轼，（北宋）四川眉山人。字子瞻，号东坡居士。在词坛上被誉为“不朽的精灵”。 （2）播放视频：《念奴娇·赤壁怀古》，共同体会该词的特点。[8] 生：笔力纵横，豪迈奔放，可说是英风豪气，高唱入云。开创了一代豪放词人的先锋，达到了无事不可入、无意不可言的境界。[9] 师：全篇气势磅礴，格调雄浑，撼人心魄，为宋词开创了全新的境界，被誉为“千古绝唱”。 师：引导学生回忆唐朝浪漫主义诗人李白的诗风，和苏轼的词风格相似。南宋时期也有一位著名词人，他的词和李白、苏轼一样豪迈奔放。他参加了南宋抗金斗争，词中隐含了一种壮志许国志未酬的忧国忧民之情。同学们知道他是谁吗？[10] 生：辛弃疾。 2. 评说辛弃疾（板书） （1）播放课件：辛弃疾的生平简介。 辛弃疾，南宋词人。字幼安，号稼轩居士。与苏轼齐名，合称苏辛。一生坚决主张抗金，收复失地，曾多次上奏，都未被采纳施行。因光复故国的雄才大志未能得到施展，一腔忧愤化而为词。 （2）欣赏视频：辛弃疾代表作《菩萨蛮·书江西造口壁》，体会他的词风与苏轼风格的相似之处。 师：在豪迈奔放的宋词中，让我们再来体会另一种意境，一同走近正宗“婉约派”女词人李清照，看她的词与前两位词人相比有什么特点。[11] 3. 走进李清照（板书） （1）播放李清照简介。中国古代著名的女词人，号易安居士，山东济南人。（及时对学生渗透乡土教育）生活在两宋之交，是婉约派的正宗词人。[12] （2）视频播放《如梦令·昨夜风疏雨骤》，体会词的意境。 师：诗中细腻描绘了闺中女子对大自然变化的敏感和对生活中美好事物的关怀。 师：文学艺术是重要的“精神食粮”，只有领略其精髓，才能陶冶情操，得到心灵的升华。让我们先来欣赏一下我国民间的一种文学艺术——灯谜。 4. “猜灯谜”[13] （1）财务工作大检查（答一史书） （2）葱姜大蒜能除病（词人）	⑧运用视频，感受词风，知识显得更生动、直观。 ⑨当学生回答问题到位时，教师要及时进行表扬，激发学生学习历史的兴趣，让学生养成博览群书的好习惯。 ⑩教师运用板块式教学，对教材知识进行整合，敢于调整教材顺序，把词风相似的辛弃疾和苏轼放在一起讲，便于学生归纳记忆。 ⑪教师巧妙过渡，设置悬念，运用前后对比的方式，培养学生的探究能力。 ⑫渗透乡土教育，让学生感到历史就在身边，激发学生的爱国热情。 ⑬练习设计好，运用谜语的方式，便于学生快快乐乐地学习。

续表

<table>
<tr><th>教学流程</th><th>随机点评</th></tr>
<tr><td>
（3）囚禁苏武（曲作者）。
5. 小组合作完成表格[14]
<table>
<tr><th>词人</th><th>时代</th><th>风格</th><th>代表作</th></tr>
<tr><td>苏轼</td><td></td><td></td><td></td></tr>
<tr><td>辛弃疾</td><td></td><td></td><td></td></tr>
<tr><td>李清照</td><td></td><td></td><td></td></tr>
</table>
过渡：宋词多姿多彩，元曲也毫不逊色！中国的戏剧是中国优秀传统文化的一部分，除了国剧——京剧外，还有许多地方剧种。不同的剧种在唱腔、人物刻画方面虽有很多不同，但上演剧目中都有许多相同或相似的，而这些优秀的剧目有许多都是从元朝流传下来的。让我们一起走进“感动天地的元杂剧”，去领略前人留下的不朽作品。
三、感动天地的元杂剧
1. 元杂剧（板书）
元杂剧是一种把诗歌、音乐、舞蹈、表演、宾白相结合，融合各种表演艺术形成的完整的戏剧形式。
2. 小组合作
让学生以莱芜电视台名栏目“艺术之窗”为范本，结合课本图片、内容，自编、自导一台节目，说说自己的创意。[15]
师：关汉卿是元代戏剧的奠基者。在整个中国古代戏剧史上，他的剧作在数量和质量上都是无与伦比的。他生性乐观幽默，面对多舛的命运和黑暗的现实绝不屈服。关汉卿塑造的“我是个蒸不烂、煮不熟、捶不扁、炒不爆、响当当一粒铜豌豆”（《一枝花・不伏老》）的形象也广为人称，被誉“曲家圣人”。他的杂剧内容具有强烈的现实性，弥漫着昂扬的战斗精神。他生活的时代，政治黑暗腐败，社会动荡不安，人民群众生活在水深火热之中。他的剧作深刻地再现了社会现实，充满了浓郁的时代气息。
生：《窦娥冤》写的是一个孤苦无依的年轻妇女窦娥，遭受无赖陷害，反被受贿的贪官判处死刑，“官吏每（们）无心正法，使百姓有口难言”。窦娥的冤情无处伸张，她临死前发出誓愿，她的鲜血要溅在刑场旗杆的白练上、六月飞雪、大旱三年。关汉卿用浪漫主义的手法，让窦娥的誓言实现，愤怒鞭挞了黑暗势力。《窦娥冤》被列为十大悲剧之一，而关汉卿也被确认为世界文化名人。[16]
3. 散曲（板书）
散曲，源于民间，是可以配乐演唱的长短句，是诗词发展到元代的文学形式。散曲和杂剧合称为元曲。
</td><td>
⑭宋词环节耗时太多，视频同一风格的可选一个，不能把历史课上成诗词欣赏课，总的感觉是这节课有语文课的影子。
⑮教师想法很好，有创意但要考虑学生的能力，如果学生表演不好，会弄巧成拙，也可尝试运用其他更有效方法。
⑯运用生动有趣的历史故事，培养学生的正义感，使课堂充满活力。
</td></tr>
</table>

续表

教学流程	随机点评
师：通过学习，我们可以看出，中国古代文学这块瑰宝是由代表着不同时代最高成就的文学样式凝结而成的。让我们一起回顾一下：⑰ 春秋诗经—战国楚辞—汉乐府诗—唐诗—宋词—元曲—明清小说 师：在宋元史学文学艺术的熏陶下，相信你一定掌握了不少知识。现在，我们一起进入知识闯关环节。(屏幕显示：知识闯关) 师：找学生去前台听写易错字，生生互相提问本课的知识点。⑱ 课堂小结： 屏幕依次呈现司马光、《资治通鉴》、苏轼、李清照、辛弃疾、关汉卿、《窦娥冤》，并配合宋词《明月几时有》的音乐伴奏。⑲ 浩瀚的史学，意境悠远的宋词，感天动地的元杂剧，不仅仅让我们领略了宋元文化的风采，也感受了前人勤奋学习、持之以恒的人格魅力，以及他们成功的艰辛。同时，在李清照、辛弃疾忧国忧民的爱国热情中，陶冶了情操，提纯了我们的灵魂。让我们将这笔宝贵的精神财富永远珍藏。 最后，让我们在苏轼的诗句中结束这节课：但愿人长久，千里共婵娟！	⑰及时回顾我国古代文学样式，起到承上启下的作用。 ⑱在讲授练习的同时，及时渗透学习方法的指导，把学习主动权还给学生。 ⑲走图意境优美，伴奏清新怡人，通过本课，学生既学到了知识，培养了能力，又陶冶情操，升华了情感，让大家回味无穷……

听后总评

德国著名的物理学家劳厄曾有一段精辟的论述：教学“重要的不是获得知识，而是发展思维能力。教育无非是将一切已学过的东西遗忘时所剩下的东西。”新课程所倡导的核心内容是课堂教学中教学方法和学习方式的转变，要让课堂“活”起来、让学生“动”起来，要让学生在掌握知识的基础上，提高能力，升华情感。下面，结合黄老师的这一堂课堂谈一谈看法。

一、情境再现，激发兴趣

兴趣是最好的老师。教师能从学生熟悉的事物出发，激起学生对历史的直接兴趣。对于本课的知识，学生在语文课的学习中已经有了很好的基础，学习起来通俗易懂，能与教师有很好的配合。在教学过程中，黄老师设计了读词、赏词、议人环节，敢于让学生尝试，主动参与其中；并运用视频，通过激情饱满的朗诵，让学生感受词曲的美妙与历史的沧桑，体验宋元时代的名人精神，感知真情，坚定信念，为中华民族有着深厚民族根底的道德情操和积极进取的民族精神而自豪。为了让学生一直保持浓厚地学习兴趣，黄老师还采取了多种形式的传授知识方法，创设宽松有趣的情景，寓知识于情景之中。例如，她自编的“看图讲故事”和“猜灯谜”，使课堂气氛迅速活跃起来，并及时出示人物像，做到图文结合，使学生快快乐乐地感悟历史人物及相应事迹。

二、启发诱导，开发潜力

《课程标准》指出，实现学习方式和教学方式转变的创新理论，就是注重创新精神和实践能力的培养。在教学过程中，教师积极启发学生带着问题去学，培养创新思维，发挥潜能和聪明才智。首先，运用表格比较《史记》和《资治通鉴》的异同，并在讲课过程中及时给学生留出时间速记本课重点。讲完这一板块后再次呈现表格比较司马迁《史记》与司马光《资治通鉴》的异同，检验学生对知识的掌握情况，使学生在理解的同时更加注重知识点的落实。其次，运用比较归类法，让学生比较苏轼词与辛弃疾词、李白的诗在内容和风格上有何相同之处，应学习他们的什么精神，以帮助学生温故而知新，培养实践能力和创新精神。

三、由史及今，延伸课堂

课程标准指出，教材要有开放性，要和生活实践相结合。作为教师，要突破教材对学生思想的禁锢，创造性地使用教材，而不能成为教材的奴隶。例如，让学生以莱芜电视台名栏目“艺术之窗”为范本，结合课本图片、内容，自编、自导电视节目，说说自己的创意。历史与现实结合，既让学生的生活回归了课堂，内化了课堂学习的内容，也让课堂知识向课外延伸，贴近学生的生活，培养了学生的合作探究能力。

四、善于鼓励，学会欣赏

在这堂课中，黄老师确定了三个目标，即知识、能力、情感，力求学生在掌握知识的前提下，能培养能力又升华情感。在课型设计上，力求将“讲”的成分降低到最少的程度，让学生的“讲”和“议”占领课堂，并在讲讲议议、试试说说中不知不觉地掌握了知识、培养了能力、升华了情感。比如，在板块一“浩如烟海的史学”的教学中，教师运用讲故事的方式对学生渗透思想教育，学习司马光持之以恒的精神和严谨治学的学习态度。有的学生知识面非常广，平时学得不好的学生，讲起历史人物的故事也头头是道。教师的积极鼓励，使学生一开始就充满了浓厚的学习兴趣。所以，教师学会倾听、欣赏、赞美每一位学生显得非常重要。

五、针对亮点，发扬光大

本节课的“亮点”是能够结合学生实际，注重教法的创新。在整堂课的设计中，教师对每一板块运用不同的教学方法，独立完成，各具特色。而在每一板块中唯一不变的主题就是为学生创造了宽松融洽的心理氛围，让学生主动参与，提高了主观能动性和独立性，既培养了学习能力，又增进了同学友谊。例如，讲故事、猜谜语、词曲共享、自由创意、在线讨论等活动，教师敢于推陈出新，让历史课堂真正地“活”“精”“新”“美”，给每一个学生与历史对话、与人对话的机会，整堂课自始至终贯穿一个“情”字。对历史长河的眷眷之情，对灿烂文化的欣赏之情，对优秀祖国的自豪之情，对历史人物的爱戴、感激之情，对同学们之间合作探究之友情，对未来憧憬之情。中华民族的灿烂文明，作为炎黄子孙，我们应该继承并发扬光大。通过这个设计，教学目标中的情感态度与价值观目标落到了实处，充分发挥了历史教学思想教育的优势。

六、教法学法，有待加强

当然，黄老师的这节课还有很多不足之处。首先，在导课方式上，还需要再推敲。一堂好课，除了具有引人入胜的开头，还应该有耐人寻味的结尾，要力争做到首尾呼应。虽说文史不分家，但有些地方讲得过于详细，存在语文课的影子。如能详略得当，留出时间进行知识落实，效果会更好。其次，课堂组织讨论的有效性还有待加强。在讨论时要给学生留出足够的时间，蜻蜓点水式的讨论是没有意义的。在以后的教学中，应多多思考与积累，精心设计有梯度、多角度的问题，力求少而精。最后，知识前后联系得不够密切。这堂课在知识点的落实上还有欠缺，缺乏学法指导，如《资治通鉴》、苏轼、辛弃疾、关汉卿《窦娥冤》等易错字要注重书写，重点和难点要给学生留出记忆的时间。因此，建议老师们在以后的备课过程中加强知识的纵横联系，形成知识网络，多搜集相关资料，丰富课堂，结合新课改精神及学生的年龄特征，在教学过程中上出更好、更高效的历史课。

第六节 翻转课堂研究法

一、概念解读

（一）翻转课堂的起源

“翻转课堂”起源于美国科罗拉多州落基山的“林地公园”高中。2007 年春，该校化学教师乔纳森·伯尔曼（Jon Bergmann）和亚伦·萨姆斯（Aaron Sams）开始使用录屏软件录制 PowerPoint 演示文稿的播放和讲课声音，并将视频上传到网络，以此帮助缺席的学生补课。后来，这两位老师让学生在家看教学视频，在课堂上完成作业，并对学习中遇到困难的学生进行讲解。这种教学模式受到了学生的广泛欢迎。

为了帮助更多的教师理解和接受翻转课堂的理念和方法，他们于 2012 年 1 月 30 日在林地公园高中举办了翻转课堂“开放日”，让更多的教育工作者来观看翻转课堂的运作情况和学生的学习状态。这种做法促进了翻转课堂教学模式的推广。此外，翻转课堂的推动还要得益于开放教育资源运动。自麻省理工学院的开放课件运动开始，耶鲁公开课、可汗学院微视频、TED 的教育频道视频等大量优质教学资源的涌现，为翻转课堂的开展提供了资源支持，促进了翻转式教学的发展。

（二）翻转课堂的定义

翻转课堂是指教师创建视频，学生在家中或课外观看视频中教师的讲解，回到课堂上师生面对面交流和完成作业的这样一种教学形态。

乔纳森·伯尔曼和亚伦·萨姆斯通过下面的问答，能让我们更加准确地厘清翻转课堂的含义。

1. 翻转课堂不是什么

翻转课堂不是在线视频的代名词。除了教学视频外，翻转课堂还有面对面的互动时间，与师生一起发生有意义的学习活动。

不是视频取代教师。

不是在线课程。

不是学生无序学习。

不是让整个班的学生都盯着电脑屏幕。

不是学生在孤立地学习。

2. 翻转课堂是什么

翻转课堂是一种手段，它能增加学生和教师之间的互动和个性化的接触时间。

是让学生对自己学习负责的环境。

老师是学生身边的“教练”，不是讲台上的“圣人”。

是混合了直接讲解与建构主义的一种学习方式。

是学生课堂缺席，但不被甩在后面。

是课堂的内容得到永久存档，可用于复习或补课。

是所有的学生都积极学习的课堂。

是让所有学生都能得到个性化教育。

同时，互联网的普及和计算机技术在教育领域的应用，使“翻转课堂式”教学模式变得可行和现实。

（三）翻转课堂的特点

1. 翻转课堂翻转了传统的教学流程

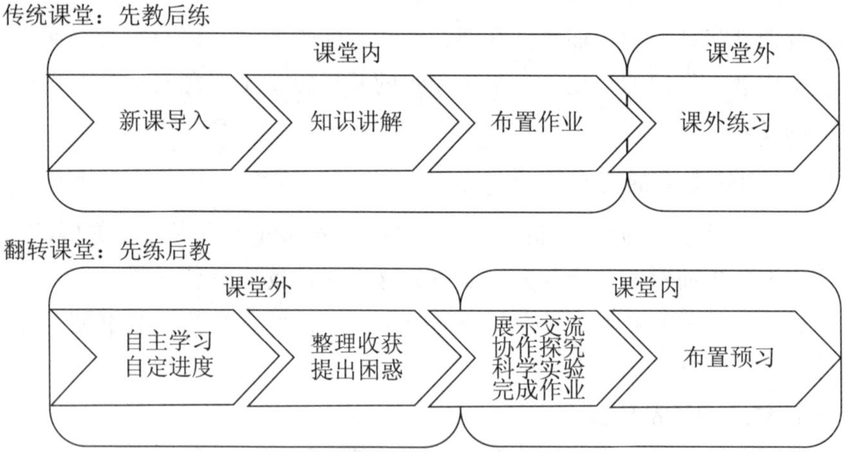

教学结构变化比较图

传统教学过程通常包括知识传授和知识内化两个阶段。知识传授是通过教师在课堂中的讲授来完成，知识内化则需要学生在课后通过作业、操作或者实践来完成。在翻转课堂上，这种形式受到了颠覆，知识传授通过信息技术的辅助在课前完成，知识内化则是在课堂中经老师的帮助与同学的协助而完成的，它改变了传统的教学流程。

2. 翻转课堂翻转了传统的教学理念

学生是主动地自主学习，教师是有针对性地个别指导。翻转课堂后，利用教学视频，学生在课外或回家看教师的视频讲解，甚至还可以根据学习内容反复地与同学、教师进行彼此交流，以扩展和创造深度的知识。因此，翻转课堂是一个构建深度知识的课堂，学生便是这个课堂的主角。

翻转课堂使得教师从传统课堂中的知识传授者变成了学习的促进者和指导

者。这意味着教师不再是知识相互交流和应用的中心，但他们仍然是学生进行学习的主要推动者。当学生需要指导的时候，教师便会向他们提供必要的支持。自此，教师成了学生便捷地获取资源、利用资源、处理信息、应用知识到真实情景中的阶梯。

3. 翻转课堂翻转了传统的教学模式

翻转课堂可以很好地利用混合学习模式，巧妙地将在线学习与面对面的教学、新知识与技能的学习，以及其应用和迁移有机地结合起来。

（四）翻转课堂的目的

乔纳森·伯尔曼和亚伦·萨姆斯在 YouTube 视频和多个演讲中提到了翻转课堂的目的。

1. 学生自己掌控学习

翻转课堂后，利用教学视频，学生能根据自身情况来安排和控制自己的学习。学生在课外或回家看教师的视频讲解，完全可以在轻松的氛围中进行而不必像在课堂上教师集体教学时那样紧绷神经，担心遗漏什么或因为分心而跟不上教学节奏。学生观看视频的节奏全由自己掌握，懂了的快进跳过，没懂的倒退反复观看，也可以停下来仔细思考或做笔记，甚至还可以通过聊天软件向教师和同伴寻求帮助。

2. 增加学习中的互动

翻转课堂最大的好处就是全面增强了课堂的互动性，具体表现在教生、生生之间。由于教师的角色已经从内容的呈现者转变为学生的教练，从而有利于师生之间有充裕的时间交谈，回答问题，参与学习小组，甚至对每位学生进行个性指导。在学生完成作业后，教师可以察觉到部分学生会被相同的问题所困扰，并组织这部分学生举行小型讲座。小型讲座的精妙之处是当学生遇到难题准备请教时，教师能及时地给予指导。当教师成为指导者而非内容的传递者时，就有机会观察到学生之间的互动，让学生成立协作学习小组，彼此帮助，相互学习和借鉴，而不是将教师作为知识的唯一传播者。

3. 改变教师与家长的交流

多年以来的家长会上，父母咨询得最多的是孩子在课堂上的表现，比如，是否安静地听讲、行为恭敬、举手回答问题、有没有打扰其他同学等。有了翻转课堂后，这些问题变得不再重要了。但真正的问题是：孩子们是否在学习？如果他们不学习，教师和家长能做些什么来帮助他们学习？这个很深刻的问题将会带领教师与家长共同商量：如何将学生带入一个环境，帮助他们成为更好的学习者。学生为什么不学习？他们没有相关的基础知识吗？他们的个人问题干扰了学习吗？或者他们更关注的是“在学校玩”，而不是学习吗？当家长和教师得知孩子为什么不学习时，就能制定一系列实时的、必要的干预措施。

（五）微课

微课是指按照新课程标准及教学实践要求，以视频为主要载体，记录教师在课堂内外教育教学过程中围绕某个知识点，如重点、难点、疑点，或教学环节而开展的精彩教与学活动的全过程。

张一春教授认为，微课是指为使学习者自主学习获得最佳效果、经过精心的信息化教学设计，是以流媒体形式展示的围绕某个知识点或教学环节开展的简短、完整的教学活动。它的形式是自主学习，目的是最佳效果，设计是精心的信息化教学设计，形式是流媒体，内容是某个知识点或教学环节，时间是简短的，本质是完整的教学活动。因此，对于教师而言，最关键的是要从学生的角度去制作微课，而不是从教师的角度去制作，要体现以学生为本的教学思想。

微课“位微不卑”。微课虽然短小，比不上一般课程宏大丰富，但是它意义非凡，效果明显，是一个非常重要的教学资源。

微课“课微不小”。微课虽然短小，但它的知识内涵和教学意义非常巨大，有时一个短小微课比几十节课都有用。

微课“步微不慢”。微课都是小步子原则，一个微课讲解一两个知识点，看似很慢，但稳步推进，实际效果并不慢。

微课“效微不薄”。微课有积少成多、聚沙成塔的作用，通过不断的微知识、微学习，从而达到大道理、大智慧。

（六）慕课

慕课，英文 MOOC 音译，即 Massive Open Online Courses 的缩写，意为大规模网络开放课程。慕课是一种更为完整的教育模式，有着更强的互动性和参与性，很好地贯彻了互联网建立和发展的核心理念——联结和共享。所谓“慕课”（MOOC），“M”代表 Massive（大规模），与传统课程只有几十个或几百个学生不同，一门 MOOC 课程动辄上万人，最多达 16 万人；第二个字母“O”代表 Open（开放），以兴趣导向，凡是想学习的，都可以进来学，不分国籍，只需一个邮箱，就可注册参与；第三个字母“O”代表 Online（在线），学习在网上完成，无须旅行，不受时空限制；第四个字母“C”代表Course，就是课程的意思。

MOOC是新近涌现出来的一种在线课程开发模式，它发端于过去的那种发布资源、学习管理系统以及将学习管理系统与更多的开放网络资源综合起来的旧的课程开发模式。通俗地说，慕课是大规模的网络开放课程，它是为了增强知识传播而由具有分享和协作精神的个人组织发布的、散布于互联网上的开放课程。

这一大规模在线课程掀起的风暴始于2011年秋天，被誉为“印刷术发明以来教育最大的革新”，呈现出了“未来教育”的曙光。2012年，被《纽约时报》称为“慕课元年”。多家专门提供慕课平台的供应商纷起竞争，Coursera、edX和Udacity是其中最有影响力的“三巨头”，前两个均进入中国。

MOOC是以连通主义理论和网络化学习的开放教育学为基础的。这些课程跟传统的大学课程一样，能循序渐进地让学生从初学者成长为高级人才。课程的范围不仅覆盖了广泛的科技学科，如数学、统计、计算机科学、自然科学和工程学，也包括了社会科学和人文学科。慕课课程并不提供学分，也不算在本科或研究生学位里。绝大多数课程都是免费的。Coursera的部分课程提供收费服务“Signature Track”，可以自由选择是否购买。你也可以免费学习有这个服务的课程，并得到证书。

二、操作方略

翻转课堂实现了知识传授和知识内化的颠倒。将传统课堂中知识的传授转移至课前完成，知识的内化则由原先课后做作业的活动转移至课堂中的学习活动。该教学模型主要由课前学习和课堂学习两部分组成。在这两个过程之中，信息技术和活动学习是翻转课堂学习环境创设的两个有力杠杆。信息技术的支持和学习活动的顺利开展保证了个性化协作式学习环境的构建与生成。

（一）课前的准备

1. 教学视频的制作

在翻转课堂中，知识的传授一般由教师提供的教学视频来完成。教学视频可以由课程主讲教师亲自录制或者使用网络上优秀的开放教育资源。

自麻省理工学院（MIT）开放课件运动（OCW）以来，世界上涌现了一批高校、组织或者个人进行开放教育资源的建设，如哈佛、耶鲁公开课，可汗学院课程，中国国家精品课程，大学公开课等。教师可以在优质开放教育资源中，寻找与自己教学内容相符的视频资源作为课程教学内容，这不仅提高了资源的利用率，节省了人力、物力，也使学生接触到国际性优秀教师的最新教学内容。但是，网络上的开放教育资源可能会与课程目标、课程内容不完全相符。

教师自行录制教学视频能够完全与教师设定的教学目标和教学内容相吻合，同时也可以根据学生的实际情况对教学内容进行针对性讲解，并可根据不同班级学生的差异性多版本地录制教学视频。

教学视频的视觉效果、互动性、时间长度等对学生的学习效果有着重要的影响。因此，教师在制作教学视频时需要考虑视觉效果、支持和强调主题的要点、设计结构的互动策略等，帮助学生构建内容最丰富的学习平台，同时也要考虑学生能够坚持观看视频的时间。

在教师开发视频课程时，还需注意如何使得学生积极参与到视频的学习中去。

2. 课前针对性练习

学生看完教学录像后，应该对录像中的收获和疑问进行记录。同时，还要完成教师布置的有针对性的课前练习，以加强对学习内容的巩固并能发现疑难之处。对于课前练习的数量和难易程度，教师要合理设计，利用“最近发展区”理论，帮助学生利用旧知识完成向新知识的过渡。

对于学生课前的学习，教师应利用信息技术提供网络交流支持。学生在家可以通过留言板、聊天室等网络交流工具与学生进行互动沟通，了解彼此之间的收获与疑问，同学之间也可以互动解答。

（二）课堂展示

翻转课堂的特点之一，就是在最大化地开展课前预习的基础上，不断延长课堂学习时间、提高学习效率，但关键问题在于如何通过课堂活动设计完成知识内化的最大化。建构主义者认为，知识的获得是学习者在一定情境下通过人际协作活动实现意义建构的过程。因此，教师在设计课堂活动时，应充分利用情境、协作、会话等要素充分发挥学生的主体性，从而完成对当前所学知识的内化。

1. 确定问题

教师需要根据课程内容和学生观看教学视频、课前练习中提出的疑问，总结出一些有探究价值的问题；学生根据理解与兴趣选择相应的探究题目。在此过程中，教师应该针对性地指导学生选择题目。

根据所选问题对学生进行分组。其中，选择同一个问题者将组成一个小组，小组规模控制在5人以内；然后根据问题的难易、类型进行小组内部的协作分工设计。当问题涉及面较广并可以划分成若干子问题时，小组成员可以按照“拼图”学习法进行探究式学习。每个小组成员负责一个子问题的探索，最后聚合在一起进行协作式整体探究。当问题涉及面较小、不容易进行划分时，每个小组成员可以先对该问题进行独立研究，最后再进行协作探究。在翻转课堂中，技术工具和信息资源是学生学习的基础。个性化学习环境的创建能够使学生成为自我激励的学习者，拥有强大的自主学习控制权，从而能够通过教学指导和技术工具进行自我组织的探究性学习。个性化学习环境的设计是基于可协作学习环境中发生的学习而不是整齐划一地传授知识。

在翻转课堂个性化学习环境中，教师主要发挥领路人的作用，帮助学生制订学习计划和使用学习工具。

2. 独立探索

在翻转课堂的活动设计中，教师应注重和培养学生的独立学习能力。教师要从开始时的选择性指导逐渐转至学生的独立探究学习方面，把尊重学生的独立性贯穿于整个课堂设计，让学生在独立学习中构建自己的知识体系。

3. 协作学习

协作学习是个体之间采用对话、商讨、争论等形式充分论证所研究问题，以获取达到学习目标的途径。学习协作活动有利于发展学生个体的思维能力、增强学生个体之间的沟通能力及学生相互之间的包容能力。此外，协作学习对形成学生的批判性思维与创新性思维，提高学生的交流沟通能力、自尊心与形成个体间相互尊重的关系，都有明显的积极作用。因此，在翻转课堂中应该加强协作，进行交互性活动的设计。

在翻转课堂的交互性活动中，教师需要随时捕捉学生的动态并及时加以指导。小组是互动课程的基本构建模块，其互动涉及2个或2～5个人。在翻转的课堂环境中小组合作的优势有：每个人都可以参与活动中；允许和鼓励学生以低风险、无威胁的方式有意义地参与；可以为参与者提供与同伴交流的机会，并可随时检查自己想法的正确性；提供多种解决问题的策略，集思广益。

指导翻转课堂小组活动的教师，要适时地作出决策，选择合适的交互策略，保证小组活动的有效开展。常用的小组交互策略有头脑风暴、小组讨论、浅谈令牌、拼图学习、工作表等。

4. 成果交流

学生经过独立探索、协作学习之后，完成个人或者小组的成果集锦。学生需要在课堂上进行汇报、交流学习体验，分享作品制作的成功和喜悦。成果交流的形式多种多样，如举行展览会、报告会、辩论会、小型比赛等。在成果交流中，参与的人员除了本班师生以外，还可有家长、其他学校师生等校外来宾。

除在课堂直接进行汇报之外，还可翻转汇报过程，即学生在课余时间将自己汇报的过程进行录像，上传至网络平台，老师和同学在观看完汇报视频后，在课堂上进行讨论、评价。

5. 反馈评价

翻转课堂中的评价体制与传统课堂的评价完全不同。在这种教学模式中，评价应该由专家、学者、教师、同伴以及学习者自己共同完成。翻转课堂不但要注重对学习结果的评价，还通过建立学生的学习档案，注重对学习过程的评价，真正做到定量评价和定性评价、形成性评价和总结性评价、对个人的评价和对小组的评价、自我评价和他人评价之间的良好结合。评价的内容涉及问题的选择、独立学习过程中的表现、在小组学习中的表现、学习计划安排、时间安排、结果表达和成果展示等方面。对结果的评价强调学生的知识和技能的掌握程度，对过程的评价强调学生在实验记录、各种原始数据、活动记录表、调查表、访谈表、学习体会、反思日记等的内容中的表现。

参考文献：

1. 张渝江：《翻转课堂变革》，载《中国信息技术教育》，2012（10）。

2. 张金磊、王颖、张宝辉：《翻转课堂教学模式研究》，载《远程教育杂志》，2012（4）。

3. 张一春：《微课建设研究与思考》，载《中国教育网络》，2013（10）。

三、案例评析

【案例一】 《三国鼎立》

该课题是鲁教版初中历史六年级上册的第 20 课。这是肖桂勋老师 2012 年 11 月在山东省初级中学历史优质课评选暨省历史教学能手课堂教学观摩研讨活动中执教的示范课。肖桂勋，任教于济宁学院附属中学，中学高级教师，曾获济宁市教学能手、山东省历史教学能手和济宁市十佳中小学班主任等称号。

<table>
<tr><th>教学流程</th><th>随堂点评</th></tr>
<tr><td>
【新课导入】
播放林俊杰唱的歌曲《曹操》①
师：提到曹操这个人物，你还知道哪些与他同时代的历史人物呢？东汉末年为什么会涌现出如此多的英雄豪杰？他们都有什么样的作为？林俊杰歌中所唱的“阴谋”“阳谋”“明说”“暗夺”又隐含着哪些历史故事呢？今天我们共同来学习第20课《三国鼎立》。
【探究新知】
★第一篇章：群雄逐鹿——谈战争
师：要想了解三国鼎立的形势，还得从东汉末年说起。（展示“东汉末年军阀割据形势图”）东汉末年，政治十分黑暗，东汉政权摇摇欲坠。在镇压农民起义的过程中，各地豪强、军阀乘势而起，群雄逐鹿，战事频繁，民不聊生。人口集中的黄河中下游地区，出现了“白骨露于野，千里无鸡鸣”的现象。群雄逐鹿的主战场在北方。在北方众多的割据军阀中，哪两股势力比较强大？结合教材从图中找一找。
师：俗话说：“一山不能容二虎。”为了争夺北方的统治权，一场战争是不可避免的。这就是历史上著名的官渡之战。在学习这次战役时，我们运用“标注法”，从时间、交战双方、特点、结果、影响五个方面学习。②
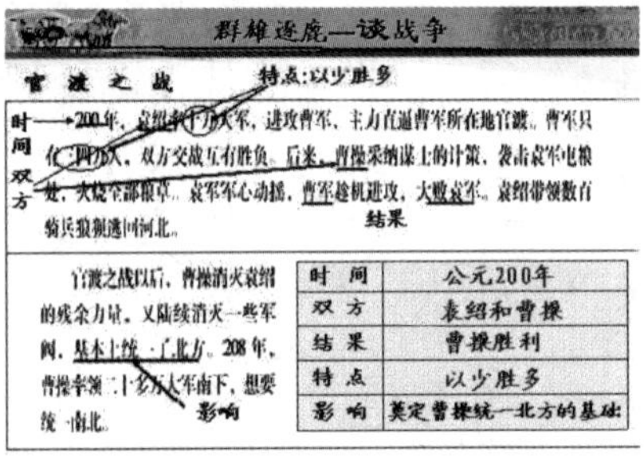

师：官渡之战后，曹操肃清了袁绍的残余势力，又陆续消灭了一些小军阀，到207年基本统一了北方，并实行一系列恢复经济生产和社会秩序的政策，为以后魏的建立奠定了基础。官渡之战奠定了曹操统一北方的基础。
师：只有3万多兵力的曹操为什么能够打败拥兵10万的袁绍呢？请同学们浏览课本第117～118页课前导入和第一子目的黑体字、小字内容，探究一下原因，并归纳要点，做好记录课堂交流。③
</td><td>
①林俊杰是学生喜欢的歌手，歌曲也是学生喜爱的流行音乐之一，因此歌曲的选材是学生熟悉的历史话题。用这些贴近学生生活的基本元素，拉近历史与学生的距离，激发学生的学习热情。然后通过与学生聊天的方式创设问题情境，激起学生的探究欲望。
②知识的基本方法：圈点批注、图表导学、读图学史等，指导学生自主阅读课文，找出官渡之战爆发的时间、交战双方、主要过程、战争特点、战争结果、战争影响等方面的有效信息，自我实现了对历史知识的识记，生成对历史的初步理解，做到了会读书、知要领，为进一步理解感悟历史做好了准备。
③围绕重点设计上面的情境问题，探究曹操在官渡之战中胜利的原因，突出学习循序渐进性和层次性，在学生在掌握历史基础知识的基础上理解感悟历史。这一问题的答案在课本上不十分明确，只是提供了一些论据，需要思考分析才能总结出来，因此情境问题有利于培养学生运用课文提供的史料分析问题的能力。
</td></tr>
</table>

续表

<table>
<tr><th>教学流程</th><th>随堂点评</th></tr>
<tr><td>
师：打了胜仗的曹操可谓春风得意，踌躇满志，胜利班师回朝的途中，挥笔写下了著名的诗篇《龟虽寿》。请同学们读一读，感受诗人气吞山河的豪迈。④
师：在统一北方的大背景之下，已经50多岁的曹操还说："烈士暮年，壮心不已。"那么，他的"壮心"究竟是什么？
师：想要南下统一全国，会不会如他所愿呢？这时南方有两股势力的阻挡，一个是孙权，一个是刘备。孙权割据江东，统治比较稳固；刘备依附于荆州的刘表，势力相对弱小，急需人才。刘备听说隐居隆中的诸葛亮有安邦定国之能，便请他出来相助，于是引出了一个家喻户晓的动人故事——"三顾茅庐"。⑤
师："精诚所至，金石为开。"刘备请出了在隆中隐居的诸葛亮，从此，诸葛亮鞠躬尽瘁，为刘备出谋划策。面临曹军的迅速南下，诸葛亮给刘备提出了什么样的建议？
师：曹操率领20万大军南侵，与孙刘五万联军对峙于长江两岸，于是爆发了历史上著名的赤壁之战。下面我们就了解一下赤壁之战的过程，请你阅读课本第118～120页的内容，浏览关于"火烧赤壁"的小字内容，根据学习官渡之战的方法，归纳赤壁之战有关知识点。⑥
<table>
<tr><th>名称</th><th>官渡之战</th><th>赤壁之战</th></tr>
<tr><td>时间</td><td>公元200年</td><td></td></tr>
<tr><td>交战双方</td><td>袁绍、曹操</td><td></td></tr>
<tr><td>战役特点</td><td>以少胜多</td><td></td></tr>
<tr><td>结果</td><td>曹操胜利</td><td></td></tr>
</table>
师：赤壁之战中最惨烈的景象应该是"火烧赤壁"了。历史不能再现，但今人根据这一题材创作了很多影视作品。现在让我们通过一段视频感受"火烧赤壁"的壮烈场景，观看视频。
师：只有短短的八年时间，对曹操来说结果却是天壤之别。曹操在官渡之战中，因为一把火赢了；在赤壁之战中，却因为一把火输了。在赤壁之战中，曹操失败的原因又是什么？⑦
师：金戈铁马的战场上孕育着时代的英雄，惊涛拍岸的赤壁崖边激起诗人的无限感慨。北宋词人苏轼站在赤壁崖边心潮
</td><td>
④一首千古传诵的名篇佳作《龟虽寿》，将学生从文学作品中对曹操雄心壮志的描写带到历史体验之中，感受历史人物的情感，体现历史学科知识与其他相关学科知识的联系和渗透，避免教材的骨感、枯燥，使学生比较容易地理解曹操的"壮心"，为赤壁之战的学习作好铺垫。
⑤引用家喻户晓的动人故事——"三顾茅庐"的目的在于增加课堂的趣味性，减少历史的陈旧和枯燥感。
⑥在"官渡之战"的学习中，已教给学生学习历史基本知识的方法，此处放手用图表导学，帮助学生自我实现对"赤壁之战"相关要点的识记，使学生进一步做到了会读书、知要领。
⑦通过与官渡之战的类比对照法引出的这一探究问题，引发学生对赤壁之战历史作用的思考和分析，生成自己的历史意识和对历史的解释，进一步培养了思考历史、评判历史的能力。
</td></tr>
</table>

续表

教学流程	随堂点评
澎湃，写下传世佳作——《念奴娇·赤壁怀古》。⑧ 师：赤壁之战后，三股政治势力，势均力敌，三分天下的格局初现端倪。 **★第二篇章：三分天下——说三国** 师："三国"究竟从什么时候开始？鼎立局面又是怎样形成的呢？请一位同学读一读课本第 120 页的内容。请你根据对课本第 120 页的正文内容和"三国鼎立形势图"绘制一个"三国鼎立的示意图"。⑨ 师：并存的三个政权，实力相当，任何一方都不具备统一全国的条件，战事相对安定。为确保立足之地，发展国力，都采取了一系列措施恢复和发展生产。 师：下面请大家快速浏览一下课本第 121 页的正文，看看三国经济发展各有何特色呢？ 师：三国鼎立局面的形成，结束了东汉末年的割据混战局面，实现了局部的统一。三个政权发展经济，积蓄力量，为全国统一创造了条件。 **★第三篇章：浪花淘尽——论英雄** 师：大江东去浪淘尽，千古风流人物。在这个建功立业的时代，无数风云人物，用自己的生命和智慧演绎着多彩人生，推动着历史前行。回望历史，让我们再次搜寻历史记忆中鲜活的英雄面孔。请同学们看一看，以下的诗句是描写哪一位英雄豪杰的？ 三顾频频天下计，两朝开济老臣心。 长坂桥边怒气腾，一声虎啸退曹兵。 马骑赤兔行千里，刀偃青龙出五关。 功首罪魁非两人，遗臭流芳本一身。 师：曹操这一历史人物，古往今来，备受争议，众说纷纭。戏剧舞台上曹操的形象是个白脸奸臣形象。而鲁迅先生说，其实曹操是一个很有本事的人，至少是一个英雄。你的评价观点是什么呢？请你写出你的想法，课上交流。⑩ 师：受《三国演义》的影响，戏剧舞台上曹操的形象是个白脸奸臣，这是被丑化的形象。通过历史课的学习，我们了解到，曹操不愧为东汉末年杰出的政治家、军事家，同时也是一位著名的诗人。当然，他和普通人一样，在险境中发愤图强，在得意时骄傲自满，这都是正常的心理状态。所以在评价历史人物的时候，一定要看他一生的主流，是否推动了社会进步和	⑧利用多媒体再现"火烧赤壁"的激烈，重温《念奴娇·赤壁怀古》的豪迈，既是历史学科知识和艺术、语文的相互渗透，更能使学生身同感受，加深对历史的理解和认同。 ⑨引导学生动手设计"三国鼎立的示意图"，使历史知识形象化、具体化，让学生感受历史学习方法的多样性，并培养图示表达和归纳历史知识信息的能力。 ⑩历史给人智慧。曹操被"冤枉"了多年，学生对其了解甚少。设计问题对曹操分析和评价，旨在进一步激发学生学习历史的兴趣，增强学生的探究意识，使学生学会从当时的历史条件下认识曹操是我国古代杰出的政治家、军事家和诗人。同时，使学生明确评价历史人物的标准，帮助学生形成正确的世界观、人生观和价值观，提高学生对历史事实和文艺创作的分辨能力。

续表

教学流程	随堂点评
生产的发展。同时，要注意区别史实和文学艺术作品的不同。文学为了突出某一个人物的性格，可以使用夸张的手法，可以虚构；但是历史不行，历史追求绝对的真实。 师：请同学们整理好本课的笔记，课上交流。	

【总评】

教师的整体教学设计符合历史课程标准、初一学生思维认知特点和学生学习历史的实际，紧紧抓住了教学重点，简洁明了，有利于帮助学生夯实历史知识基础，并学会阅读，在感知中感悟历史，在熏陶中受到教育。

探究新知是教学的中心环节。肖老师根据学生的认知规律、思维特点和文本逻辑关系，以主题板块为主线，设计了“群雄逐鹿——谈战争”“三分天下——话三国”“浪花淘尽——论英雄”三个主题篇章，构成学习的主线脉络，力求整合资源，点、线结合，知识明了，拓展延伸，环环相扣，板块推进，使课堂更生动，教学过程更流畅，历史线索更清晰。

在整个课堂教学中，教师把“独立、合作、智慧”贯穿始终，注重了对学生学习方法的指导，以及学习能力的培养，使学生在掌握历史基本知识的同时，不仅掌握了阅读教科书及有关历史读物的方法、识别和运用历史地图和图表的方法、运用材料具体分析历史问题的方法等学习历史的一些基本方法，还学会了学习和思考，逐步养成探究式学习的习惯；不仅帮助学生获取了历史基础知识，也促进了学生更积极、主动地对历史进行感知、感悟和探究，收到了良好的教学效果，为以后的学习奠定了坚实的基础。

【案例二】 《资本主义时代的曙光》

该课题是鲁教版初中历史八年级上册第10课《资本主义时代的曙光》，这是蔡辉老师2014年10月在济宁市第十三中学开放周的一堂公开课。蔡辉，2003年烟台师范学院历史系毕业，现为济宁市第十三中学历史教师。曾取得山东省优质课一等奖和济宁市基本功一等奖等荣誉。

《资本主义时代的曙光》教学设计	随堂点评
【温故互查】 师：同学们，你能快速地完成下列填空吗？① 在西欧封建社会时期，________和________不仅是西欧最大的土地所有者，还是西欧封建制度的精神支柱。他们加紧对	①通过温故互查能够使学生回忆起中世纪欧洲的时代特征，从而了解本课的时代背景。

续表

《资本主义时代的曙光》教学设计	随堂点评
人民的精神统治，残酷压制与教会观点相悖的“________”思想。在________和________领域，________凌驾一切。 10世纪开始，意大利等国家的城市重新兴起。在西欧城市重新兴起和工商业迅速发展的过程中，________阶级形成了。富裕的商人和银行家发展成早期的________。他们的出现，为________的兴起奠定了阶级基础。 师：在中世纪教会的黑暗统治之下，人们失去了思想的自由和幸福生活的权利。但是随着商品经济的发展，新兴资产阶级不满教会对精神世界的控制，要求彻底解放人性。于是一场轰轰烈烈的新兴资产阶级与传统封建势力之间的思想大战最终点燃。让我们走进那个时代，感受人类反封建神学、向自然挑战的无畏精神。② **【课题展示】** 师：这节课有两个学习主题。 文艺复兴——思想领域的抗争 航路的开辟——未知世界的探索 **【提出问题】** 师：同学们，在你阅读课本内容后，简要地说一说什么是人文主义呢？人文主义的核心又是什么？ 师：人文主义的核心是以人为中心。你回答正确了吗？ 那么，文艺复兴时期的众多作品是怎样体现这种精神的呢？请你通过老师提供的以下作品试着分析分析，在明天的课堂中和同学们分享你的观点与成果。③ 一、图片对比：对比中世纪的肖像画与文艺复兴时期的人物肖像画，你会发现什么呢？④ 二、歌剧欣赏：《罗密欧与朱丽叶》中非常著名的一段《阳台》，这部作品是怎样体现出人文主义精神的？⑤ 歌词节选： 朱丽叶： 他们的心意已定， 但罗密欧爱朱丽叶。 要我祈祷我合手， 要我奋战我战斗。 但是我不愿舍弃， 我们爱的权利。	②导语紧扣本课内容，精练、引人入胜。 ③为什么文艺复兴的指导思想是人文主义，我们要从文艺复兴时期众多的作品中去寻找答案。这样的处理能够使复杂的历史问题简单化，有助于学生理解。 ④用对比的方法更加直观，值得提倡。 ⑤通过欣赏歌剧、品读歌词，让学生体会人文主义精神，能够激发学生的学习兴趣。

续表

《资本主义时代的曙光》教学设计	随堂点评
罗密欧： 我知道爱并不容易， 这无畏的爱情。 不管双亲的敌意， 但彼此相互吸引。 也许命运会嘲戏， 但朱丽叶爱罗密欧。 合： 我不能改变命运， 但我有我的故事。	

第七节　跟踪视导研究法

教学视导工作是教研部门的重要工作之一，是督查和指导学校教学常规落实的重要手段。以往我们在每所学校评估视导之后，都要给出一份详尽的反馈意见，但是由于后续的跟踪视导跟不上，所以学校如何整改便不得而知了。等到第二年再去同一所学校，却发现同样的问题依然存在，而且错误程度完全相同！我们不免担忧，如果若干年后问题依旧，怎么办？因此，视导之后对存在的问题进行跟踪指导，势在必行！只有建立健全科学有效的教学跟踪视导工作制度，使教学跟踪视导工作常规化、制度化，及时督促学校认真落实课程计划和教学常规，不断规范教育教学活动，促进教师专业成长，才能全面提高教育教学质量。

一、概念解读

（一）跟踪视导的含义

跟踪视导是指为进一步推动教学管理工作的高效开展，教育部门在一定单位时间内（如一学期或一学年），对教育教学工作的整改情况进行的视察、监督、辅导等活动。它要求教育行政部门根据国家制定的方针政策，按照视导的原则和要求对各级各类学校的各项工作进行观察、调查和考核，然后做出审慎的分析和准确的评定，最后指出成绩和缺点，并提出改进意见与建议，使教育教学质量逐步得到提高。因此，跟踪视导是集研究、培训、指导相结合的教学活动。

教学视导的对象包括学校和教师，视导的内容在全面视导的基础上，突出重点，侧重对教学常规工作（备课、上课、作业、单元检测、听评课）、教研活动开展、集体备课活动等方面工作的视导。跟踪视导的对象要相对稳定，以便跟踪比较和评价，并要求形成跟踪视导报告。跟踪视导每学期 2～3 所学校，每所学校至少 3 次教学视导活动。

（二）跟踪视导的方式

视导组将围绕视导主题，采取听（听课、听汇报）、查（查资料）、谈（访谈、座谈）、问（问卷）、看（实地观察）等综合方式，多方面收集信息，分析归纳，科学汇总，开展视导工作。具体可分为以下几种形式：

1.“撒网式”蹲点视导：每所学校所有历史教师的课至少全听一遍，全面摸排，以便下一步跟踪指导。

2.“微课式”案例研讨：听课时为部分教师即时录制部分视频片段，评课时现场剖析研讨。

3.“深层次”教学指导：不仅注重评课交流，更注重学科教学方法策略指导。

4.“全方位”管理督导：既督导教研、科研工作，又督促教学过程管理，同时还检查促进教学质量提升的措施及落实情况。

（三）跟踪视导的作用

1. 跟踪视导有利于规范学校的教学常规管理

学校的教学常规管理工作体现了一个学校的办学规范。教学跟踪视导工作的重要职责之一便是进一步强化学校的教学常规管理，督查学校课程计划落实和教学计划的执行。视导组可以通过查、看、听等方式，了解学校是否严格按照教学管理规程，落实课程计划，执行教学常规，开齐、开足课程；了解学校课程计划和教学计划的制订是否科学、规范，执行情况是否良好；了解学校是否健全了教学管理各项规章制度，是否要求教师的教学行为认真落实课程标准、教学计划的要求；了解学校是否建立了良好的教学秩序，以促进教学工作的顺利开展。通过跟踪视导，将有利于规范学校的教学常规管理，保证教学工作得以顺利开展。

2. 跟踪视导有利于促进教师专业成长

教师的专业成长离不开“实践反思、同伴互助和专业引领”，跟踪视导正是这三位一体的综合体现。跟踪视导既要了解学校校本教研活动的开展情况，又要关注教师的课堂教学情况和教师的教学过程情况。校本教研是构建学习型组织的必由之路，学校构成一个学习型的组织，是学校现代化的一个重要标志。一方面教学视导工作应了解学校学科教研组建设情况，了解学校是否有计划地开展了校本教研活动，教研活动是否经常化、制度化、规范化，学校是否努力建设校本教材，是否组织教师植根教学实践开展课题研究工作，是否保证应有的教师在职培训经费，切实促进教师的专业发展，打造研究型教师队伍。另一方面，通过听课、评课、座谈、研讨等方式，全面了解学校的教学实施状况是否符合课程改革的要求，是否符合素质教育的要求，如关注教师的工作状态和学生的学习状态，关注课堂教学的有效性，查看教师备课、作业布置、批改及对学生过程性评价和终结性评价的相关材料。通过教学跟踪视导，引领广大教师努力转变教学观念，注重面向全体学生，注重学生的个性发展和能力培养，优化教学过程，提高课堂教学效率。通过跟踪视导，学校的校本教研活动将会更加有针对性和研究性，也为教师提供了一个学习、合作、交流、实践、反思和创新的平台，更是一个专业素养提升的契机。“好课”是从课堂实践中反复熔炼出来的，没有任何捷径可行，这是教育行为修炼的颠扑不破的法则，而跟踪视导又给教师的磨课注入了源源而来的动力，这种源源而来的动力就是教师专业成长的“催化剂”。

3. 跟踪视导有利于提高学校的教育教学质量

跟踪视导发挥督查、调控和指导功能，围绕“全程跟踪、立足教学、鼓励创新”的思路，其优势在于及时发现教师教学过程中存在的问题，与教师进行面对面的交流，有针对性地提出建议，将问题消灭在萌芽状态，达到“边跟踪、边整改、边规范、边提高”的目的。跟踪视导可对教师实施素质教育的能力和效果进行实地考察，并能使教师进行横向交流，也是指导教师了解基础教育情况的极好机会，这对于促进学校教学工作的全面提高和实现教师的人格修养、专业素养和教学能力共同发展有着至关重要的作用。最后学校可根据教研室教学视导的反馈情况，及时调整，改正不足，努力使学校的教育教学工作再上一个新台阶。正是由于跟踪视导在教育教学过程中体现出的“免疫系统”功能，促进学校不断总结经验，不断调适策略，不断科学发展，已成为促进学校提高教育教学质量的重要手段之一。

（四）跟踪视导的特点

1. 专业化

跟踪视导活动一般由专业人员进行。它要求视导人员必须适应课程改革精神，创新教学模式，合理确定跟踪对象的目标和重点。

2. 民主化

跟踪视导的过程应遵循尊重、平等、参与、公开等民主原则。尊重被视导者的人格与尊严，平等对待所有被视导者，整个过程是视导者与全体师生共同合作的过程，视导内容、要求与其他相关事项应向大家公开，双方互相监督，增加责任感。

3. 多样化

最常用的分类方法是按视导者的身份划分。可分为督学视导、自我视导和同侪（chái）视导。督学视导指由主管教育行政机关的督学所做的视导；自我视导指由被视导者自身所进行的自我反省批判与改造；同侪视导指由被视导者的同行所给予的视导。多种方式的跟踪视导结合使用有助于教师迅速成长。

4. 复杂性

主要体现在两个方面：一是视导对象多。特别是近几年来，很多参与考选的大学毕业生都在偏远的农村学校就业。农村学校相对来说教育资源匮乏，教学设施落后，青年教师的工作激情受挫，严重阻碍了教学质量的提高。二是时间跨度长。由于视导对象多，加上有的学校路途比较远，一天一般只能视导一个学校，一个循环下来需要较长时间。

5. 针对性

由于视导工作面对的是不同层次的对象，因此需要有针对性地制定不同的视导方案。以刚走上工作岗位的新教师为例，对其指导过程需分为三个阶段：首先，引导他们积极听课，通过听别的教师的课，明确基本的教育教学理论，简单的教学方法，并逐步把这些方法运用于教学过程中。然后，引导他们在学习别人的同时要敢于创新，融入自己的思想，展现自己的风格。最后，引导他们在创新过程中，要不断充实完善自己的教学环节，结合教学实际采取合理的教学方法，激发学生的学习兴趣，使课堂教学逐步由实效向高效过渡，争取在教育战线上快速成长。

6. 预防性

视导者在视导过程中一旦发现视导对象出现一些苗头性、倾向性的问题，会提醒其改进完善，减少其走弯路犯错误的可能，这体现了跟踪视导的预防性。这种预防性能够将一些存在的问题及时发现、及时处理，为教师的专业成长保驾护航。

二、操作方略

（一）明确目的

跟踪视导应坚持“发掘亮点，查找问题，整改提高，促进发展”的方针，以深入推进课程改革、扎实提高教学质量为宗旨，以改进教学方式、提高课堂教学效率为重点，以发现、研究、解决学校有效教学推进过程中的现实问题为出发点，通过视导，督促学校改正不足，明确方向，争取在下一步教学工作中稳步提高。

（二）坚持原则

1. 整体与专项相结合

教学视导以全面视导为主，从学校整体课程计划及实施等角度全面了解情况，获取信息；同时针对教育教学中某些环节或问题如“分专题、分学科，聚焦高效课堂构建”等问题适时进行专项视察和辅导。

2. 全面评估与跟踪视导相结合

在对学校教育教学及管理进行全面评估的基础上，针对导致课堂低效或无效的问题提出有效的、可操作的指导意见，对各学校采取的改进措施进行检查跟进。

3. 常规检查与教学研究相结合

教学视导在对学校教学常规进行检查指导的同时，还要深入教研组、教导处、教科室，积极开展教研和科研活动，深化教研和教改，以教育科研促进教学质量不断提高。

4. 书面材料与实证研究相结合

教学视导工作应体现科学性、客观性和实效性。视导过程中除了看迎接检查的材料，还要多采用实证研究的方法，通过听课、座谈、问卷调查等方式收集资料。

（三）遵循步骤

在学期教学视导的统筹安排下，科学制定各项检查表，如《教师课堂教学及常规检查表》《课堂有效教学评价标准》《学校教学视导情况记载表》，有计划地开展跟踪视导，具体工作流程安排如下：

1. 有备而来

视导之前，视导组要统一思想，高度重视，充分认识跟踪视导活动对学校发展的重要意义。对视导工作进行合理分工，形成初步的视导意见。针对过去发现的薄弱环节做重点准备，以便于视导过程中有的放矢，高效、有序地完成视导工作。

2. 听课评课

课堂教学质量的高低决定着学生发展的优劣，同时反映学校教学管理水平的高低。通过听课和评课，可以指导教师了解课改精神，更好地明确重点，把握考点，对课堂教学进行全面系统地掌控；同时帮助教师发现自身存在的优点和缺点，从而有针对性地改进提高。

3. 走访座谈

视导组要深入办公室与教师零距离接触，了解学校教育教学管理的真实现状，倾听教师对学校教学管理的评价，实地查看学校教学工作情况，关注学校的校本教研活动的开展、集体备课制度的落实及二次备课的检查，关注学校公开课的开设及教师听课情况统计等。

4. 检查交流

检查相应教师的备课、教学、创新等方面工作情况，客观地填写好相应检查表。同时，各位成员与被听课教师针对课堂教学及日常教学问题进行诚恳地交流，肯定成绩，指出不足，提出可行的教学建议，以利于下一步教学工作的顺利开展。

5. 评议反馈

教学视导工作应定位于帮助学校发现问题、解决问题，而非单纯地检查评比，以视导促进教学研究水平的提高，以视导促进学校办学水平的提升，以视导促进教师教学能力的提速。视导工作结束后，召开全体教师或教研组长、备课组长及学校中层以上领导的交流汇报会。针对视导工作情况，在会上进行反馈，客观地肯定成绩、指出不足、提出整改意见。在教学视导过程中发现的好经验、好做法，应以简报的形式通报、宣传。尤其对问题偏多、质量较差的学校提出跟踪视导的意见，督促其进行整改，以便于有效提高教学管理水平，提高教学质量。

6. 材料归档

视导工作完成后，及时整理材料，撰写视导报告，归档保存。对《教师课堂教学评价标准》《教师课堂教学及常规检查表》《学校教学视导情况记载表》等相关表格要和视导报告一并存档。

7. 跟踪落实

视导工作结束后，相关部门要加强跟踪视导，抓好视导整改建议的落实工作，督查学校的整改情况，并在一定范围内结合教学视导情况，组织各种研讨会，以推广教学经验，促进教育教学改革的深入开展，进一步推动教学管理工作的扎实高效开展。

（四）规范要求

1. 跟踪视导工作要制度化

教研部门要根据本单位工作实际，建立健全各种教学视导工作制度，突出跟踪视导的调研、服务、交流、研讨功能，强化“视”的准确性、“导”的方向性。

2. 跟踪视导工作要增强计划性和有效性

视导前准备工作要充分，提前进行调查研究，并准备好相应的资料；视导中工作作风力求深入细致，了解教学情况要全面；视导后要加强跟踪指导和调研，督促被视导学校高效准确地完成整改和落实任务。

3. 跟踪视导情况反馈要准确及时

视导中发现的问题可采取口头反馈与书面反馈、集体反馈与个别反馈相结合的形式向学校领导及相关人员进行反馈，积极提出建设性意见。

4. 教研部门要树立服务意识

教研员除了对学校教学工作进行指导之外，还要强化服务意识和学习意识，做到双向交流，“研”“教”相长。要充分发挥教研员的专业引领作用，为学校、教师提供专业咨询、优秀课例、教研动态信息等专业服务。

5. 学校要根据教研部门下发的教学视导反馈意见整改落实

教学视导结束后，学校要根据视导反馈意见，及时调整，改正不足，努力使学校的教育教学工作再上一个新台阶。

总之，跟踪视导不是简单的汇报、总结和表扬，不是“走过场”，而是视导者对被视导对象工作的督促、检查、指导和调整。它需要视导者有足够的细心和耐心以及“穷追不舍”的问责精神，在实施素质教育的同时，保证教育教学质量稳步提升，真正使教学指导工作落到实处。

三、案例评析

【案例】第 10 课　建设有中国特色的社会主义

该课题是人教版初中历史八年级下册第 10 课。这是邹城市张庄中学黄尽英老师在 2013 年 3 月济宁市优质课评选时准备的公开课。我对执教者黄尽英老师进行了如下指导。

初次听课

教学流程	随机点评
导入新课： 课前播放歌曲《春天的故事》。创设情境，渲染气氛。 师：（边播放歌曲老师边讲解）1978 年党的十一届三中全会，像一声春雷唤醒了长城内外，缕缕春晖暖透了大江两岸。笼罩中华大地几十年的阴霾被春风吹散。1980 年中国第一批经济特区诞生了，欧风美雨徐徐而来，中国开始和世界经济接轨。1992 年，改革开放的总设计师邓小平南行，发表了著名的南行讲话，神州大地荡起了滚滚春潮，处处呈现出一片万紫千红。从此，中国历史进入社会主义现代化建设新时期，建设成就辉煌灿烂。今天我们就来学习《建设有中国特色的社会主义》，了解邓小平对中国的巨大贡献。① **讲授新课：** 一、披荆斩棘闯新路 二、拨正航向入坦途 三、乘风破浪展宏图② 过渡：十一届三中全会作出了改革开放的决策，但伟大的改革开放并不是一帆风顺的。在改革开放初期，党是如何披荆斩棘把建设有中国特色社会主义的伟大事业推向前进的？让我们一起追寻伟人的足迹，披荆斩棘闯新路。 **一、披荆斩棘闯新路** 师：在改革开放初期，遇到了哪些问题？党是如何解决这些难题，并把建设有中国特色社会主义伟大事业推向前进的？ 生：改革开放中出现了资产阶级自由化问题。面对问题，邓小平提出了“在中国实现四个现代化，必须坚持四项基本原则”。	①教师运用歌曲，创设情境，通过谈话法使学生对本课内容有了大致了解，收到了温故而知新的效果。 ②板块名称对仗工整，有新意，符合建设有中国特色社会主义道路的探索过程。

续表

教学流程	随机点评
屏幕显示：资产阶级自由化要求思想和体制的自由化，根本目的是推翻共产党的领导，否定现有的社会主义制度。自由化的实质是反对和否定四项基本原则，主张全盘西化，走资本主义道路。③ 师：四项基本原则的内容是什么？(生齐读) 师："四项基本原则"不仅是我们的立国之本，也是实现现代化的基本前提。这说明，中国共产党所实行的改革开放，从一开始就有明确的社会主义方向。 屏幕显示：我是小记者，你是党代表。中共十二大，十三大表格，同桌互相采访完成表格。④ 屏幕显示：十二大，找生说中共十二大的主要内容。 教师联系比较：马克思主义的普遍真理指的是用革命手段推翻剥削制度，建立社会主义制度。苏联即是在大城市举行武装起义夺取政权的。中国共产党建立初期，照搬苏联的经验，结果遇到了严重挫折。后来，是毛泽东等人根据我国的实际情况，开辟了一条"农村包围城市"的道路，终于领导中国人民取得了新民主主义革命的胜利。所以说，那是一条具有中国特色的革命道路。如今，邓小平建设有中国特色社会主义的思想，也是总结了中外历史上的经验教训，是马克思主义在中国的新发展。⑤ 屏幕显示：1987年召开的十三大主要内容。 生：邓小平为大会阐明了社会主义初级阶段的基本理论，提出了党在社会主义初级阶段的基本路线——以经济建设为中心，坚持四项基本原则，坚持改革开放。大会根据他的设想，做出了社会主义初级阶段经济发展分三步走的战略部署。 屏幕显示：社会主义初级阶段基本路线及核心："一个中心，两个基本点。" "一个中心，两个基本点"，即：以经济建设为中心，坚持四项基本原则，坚持改革开放。⑥ 屏幕显示：关系：坚持四项基本原则是立国之本，改革开放是强国之路，两者是相互依存，相互贯通，统一在建设有中国特色社会主义的实践之中。 师（提问）：我国进入社会主义初级阶段的标志是什么？ 生：1956年社会主义"三大改造"完成，标志着我国进入社会主义社会初级阶段。⑦ 屏幕显示：归纳邓小平在早期改革开放和社会主义现代化	③资产阶级自由化对初中学生来说，有些抽象难懂，能否换一种更浅显易懂的方式呈现给学生？ ④课件太乱，横七竖八的字体都有，表格太死板。希望能重新调整，使版面更美观。 ⑤教师结合所学知识讲述，加深对教材的理解，但内容烦琐，希望能换个教法，只需让学生明白建设有中国特色社会主义是符合中国国情的。 ⑥要让学生及时落实知识点，速记社会主义基本路线的核心"一个中心，两个基本点"。 ⑦能结合前面知识，回顾社会主义初级阶段的历史很好。

续表

<table>
<tr><th>教学流程</th><th>随机点评</th></tr>
<tr><td>
建设中所作出的贡献，并评价一代伟人。（表格归纳法）⑧
<table>
<tr><th>会议（事件）</th><th>时　间</th><th>内　容</th></tr>
<tr><td>改革开放初期</td><td></td><td>提出四项基本原则，反对资产阶级自由化</td></tr>
<tr><td>十二大</td><td>1982</td><td>提出建设有中国特色的社会主义</td></tr>
<tr><td>十三大</td><td>1987</td><td>阐明社会主义初级阶段理论，提出社会主义初级阶段基本路线，经济发展分三步走战略</td></tr>
</table>
屏幕显示：在中国改革开放和社会主义现代化建设中，邓小平解决了什么是社会主义，怎样建设社会主义等一系列基本问题，他是我国实行改革开放和社会主义现代化建设的总设计师。
过渡：改革开放使我国的现代化建设出现了勃勃生机，但在20世纪80年代末却遇到了姓“资”姓“社”问题的困扰。邓小平又以他睿智的头脑在关键时刻作了重要的南方谈话，解除了人们的困扰，并最终形成了邓小平理论，这一理论是怎样形成的？我们进入第二板块。
二、拨正航向入坦途
师：面对姓“资”姓“社”问题的困扰，邓小平是如何解决的？
屏幕显示：1. 播放邓小平南方谈话的相关视频。⑨
提问：
（1）邓小平南行讲话的主要内容有哪些？
（2）说一说：邓小平提出判断姓“资”姓“社”的三条标准是什么？
（3）议一议：邓小平南方谈话的意义是什么？
屏幕显示：（1）主要内容：党的基本路线要管一百年，动摇不得；特区姓“社”不姓“资”；改革开放胆子要大一些，要敢于试验，不能像小脚女人一样；要抓住时机，发展自己，关键是发展经济，发展才是硬道理。⑩
（2）三条标准：即看是否有利于发展社会主义社会生产力，是否有利于增强社会主义国家的综合国力，是否有利于提高人民的生活水平。
（3）意义：进一步解放了人们的思想，对建设有中国特色的社会主义产生了深远影响。
</td><td>
⑧结合表格，教师要进行学法指导，让学生先在书上作标记，然后探索交流完成表格。归纳完后要给学生留两分钟时间速记表格内容。
⑨让学生带着问题去欣赏视频很好！
⑩教师要适当解读，强调我们建立经济特区走的是“社会主义道路”，而不是“资本主义道路”。采取多种方式引导学生明白邓小平南行讲话的内容和意义。
</td></tr>
</table>

续表

<table>
<tr><th>教学流程</th><th>随机点评</th></tr>
<tr><td>
师：请同学们根据视频完成下面的表格。[11]
<table>
<tr><th>会议（事件）</th><th>时　间</th><th>内　容</th></tr>
<tr><td>邓小平南方谈话</td><td>1992</td><td>特区姓“社”不姓“资”，邓小平理论的形成</td></tr>
<tr><td></td><td></td><td></td></tr>
<tr><td></td><td></td><td></td></tr>
</table>
师（总结）：“南方谈话”里提出的一些观点，后来成为同年召开的中共十四大的指导原则。从史学的角度看，“南方谈话”深具历史价值，因为它不仅是中国改革开放过程中的一个新里程碑，对中国整个社会主义现代化建设事业，也具有重大而深远的意义。
过渡：在历史的关键时刻，关键人物推动了历史的滚滚向前。在纪念邓小平逝世 18 周年的活动中，开展了“永远的光芒——邓小平理论展”活动。展览共分以下两个展区：“1992 年党的十四大”“1997 年党的十五大”。如果你是一名解说员，请你向观众介绍一下展区内容，让观众明白邓小平理论的确立过程。[12]
方法：小小解说员：
看十四大、十五大图片了解内容，同桌交流然后根据教师出示的图片依次解说。（同桌互为解说员和观众）[13]
屏幕显示：中国共产党第十四次全国代表大会________年在北京举行。这次大会确立了________理论在全党的指导地位。大会选举________为中央委员会总书记，第三代领导集体形成。____年，党的十五大召开，在这次大会上首次使用了________这个科学称谓，作为指引党继续前进的旗帜。
师：党的十四大和 1992 年初邓小平的南方谈话，标志着中国改革开放和社会主义现代化建设进入新阶段。
屏幕显示：十四大、十五大表格。[14]
<table>
<tr><th>会议（事件）</th><th>时　间</th><th>内　容</th></tr>
<tr><td>邓小平南方谈话</td><td>1992</td><td>特区姓“社”不姓“资”，邓小平理论的形成</td></tr>
<tr><td>十四大</td><td>1992</td><td>邓小平理论指导地位的确立，形成以江泽民为核心的领导集体</td></tr>
<tr><td>十五大</td><td>1997</td><td>邓小平理论确立为党的指导思想</td></tr>
</table>
</td><td>
⑪学生回答之后，教师出示表格让学生及时巩固所学知识，能做到讲练结合。
⑫教师的总结过渡过于烦琐，再简练一点会更好！
⑬从教材提取两次会议的关键部分，以填空题的形式展示十四大、十五大的内容，降低了教材难度，帮助学生突破了难点。
⑭表格内容要留出一两分钟让学生快速记忆。
</td></tr>
</table>

续表

教学流程	随机点评
屏幕显示：教师强调邓小平这些关于建设有中国特色社会主义的思想，逐渐形成了邓小平理论。这一理论第一次比较系统地回答了中国社会主义现代化建设的一系列问题。 屏幕显示：《邓小平建设有中国特色社会主义的理论形成和确立大事简表》。 （1）在社会主义发展道路问题上：强调走自己的路，建设有中国特色的社会主义。 （2）在社会主义发展阶段问题上：做出了我国还处于社会主义初级阶段的正确判断，提出社会主义初级阶段基本路线。 （3）在社会主义根本任务问题上：不断发展生产力，实现共同富裕。 （4）在社会主义发展动力问题上：强调改革也是一场革命，反对僵化停滞。 （5）在社会主义建设的战略步骤问题上：提出了“分三步走”的设想等。 （6）在社会主义建设的政治保障问题上：强调四项基本原则是立国之本，是改革开放和现代化建设健康发展的保证。⑮ 屏幕显示：邓小平理论第一次比较系统地回答了中国社会主义现代化建设的一系列基本问题，是马克思主义在中国发展的新阶段。 过渡：回顾20世纪中国的发展历程，中国人民在党的领导下把握时代脉搏，紧跟历史潮流，历尽艰辛求索，终于使中华民族走上了伟大复兴之路，奏响了一曲激越雄浑、壮丽辉煌的青春乐章。让我们继续风雨兼程向前走，乘风破浪展宏图。 **三、乘风破浪展宏图** 屏幕显示：拓展延伸。 习近平在参观《复兴之路》展览时指出：“实现中华民族的伟大复兴，就是中华民族近代最伟大中国梦。”你认为作为学子的我们，应该做些什么来推动中国梦的实现？ 屏幕显示：我们要树立远大的理想，明确社会责任，肩负起时代赋予的崇高历史使命；努力学习科学文化知识，培养创新思维，提高创新能力；发扬艰苦奋斗精神，立志成才。⑯	⑮课件内容烦琐，对于初中生来说，可以点到为止，依据课堂时间随机应变，建议简化内容或把该幻灯片删掉。 ⑯此处为开放性试题，可以不显示答案，让学生畅所欲言，必要时教师进行点拨引导。只要是能显示积极向上、拼搏进取的精神即可，因为显示答案的同时，也禁锢了学生的思想。

续表

教学流程	随机点评
师（小结）：近代以来，在不同历史时期，中国人民怀揣着不同的梦想，在屈辱苦难中奋起抗争，在探索道路上曲折前行，在改革大潮中披荆斩棘，取得了一个又一个胜利。实践证明，有梦想，就有希望。我们一起放飞梦想，进行闯关！ 练习运用，智力大闯关。（选择题，连线题，能力提升） 屏幕显示：智慧树【归纳总结】。⑰ （1）一条基本路线：社会主义初级阶段的基本路线，即一个中心，两个基本点。 （2）一个战略：经济建设分三步走战略。 （3）一次南方谈话：邓小平南方谈话。 （4）两个理论：社会主义初级阶段理论；建设有中国特色的社会主义理论。 （5）四次大会：党的十二大、十三大、十四大、十五大。 结语：“雄关漫道真如铁，而今迈步从头越！”未来的路依旧很长，未来的路布满荆棘！作为新时代的青年，我们要有一颗坚定的心，不畏艰难，不惧流言，相信心中的信仰，来迎接“长风破浪会有时”的将来。俱往矣，数风流人物，还看今朝。让我们一起迎着朝阳，唱着春天的故事，走进新时代，共筑中国梦。⑱	⑰“智慧树”的设计有点乱，和表格内容有点重复，要有选择性地取舍。 ⑱结语好！教师充满激情的讲述，对本课内容进行了感情升华，但如果结合实际配上背景音乐，再加入几幅反映祖国现代化建设成就的图片，效果会更好！

邹城市张庄中学历史组：

《建设有中国特色的社会主义》研讨会记录（一）

时间：2014年3月11日下午4时

地点：八年级办公室（东）

参加人员：赛晓文　高明立　周健　刘先春　王保霞　陈晓峰　黄尽英

主持人：高明立

整理人：黄尽英

研讨内容：针对黄尽英老师执教的《建设有中国特色的社会主义》第一次备课设计提出各自修改意见，共同探讨本节课如何设计才能“在历史课堂教学活动中充分发挥学生主体地位”。

会议实录：

高明立：今天我们在这里召开备课研讨会，主要对黄尽英老师的《建设有中国特色的社会主义》的备课进行集中研讨，现在我们请赛老师对这节课进行点评。

赛晓文：前面我已经结合备课对黄老师的教案进行了详细点评，下面我结合听课过程再提些建议。

优点：

1. 教学思想上：体现了学生的主体地位和教师的主导作用，注重发掘历史教育的新视角，注重情感发掘和理性思考。

2. 教学方法上：教师力图做到以学生为中心，设置一连串的问题情境，有目的地启发引导，注重学生学习能力的培养。

3. 教学效果上：整堂课鼓励学生积极参与，既达到了学习的目标，又升华了学生情感。

不足：

1. 学生对材料的思考不够深入。留给学生的思考时间太少，建议在合作探究时，教师少讲、精讲，给学生留有充足的时间。

2. 学生的逻辑思维能力和知识面不宽。例如，在“板块三　乘风破浪展宏图”时，很多学生想法单一，只知道好好学习，天天向上。这时，教师要结合学生身边的例子积极引导，在立足课本的同时，引导学生走出课堂，培养学生发散思维的能力。鼓励学生课下多读书，多看新闻，开阔自己的视野。

3. 本课理论性较强，学生不易理解。例如，资产阶级自由化、建设有中国特色的社会主义、社会主义初级阶段等问题教师要在必要时适当讲述。

黄尽英：因为时间仓促，水平有限，我对本课进行了初步的设想，不足之处请各位老师多批评多指正。

设计理念：

1. 以“激趣导学，创设情境”为主线，层层设疑，分组讨论，突出学生的主体性。

2. 运用板块式教学整合教材，师生互动，培养学生自主学习、合作探究意识。

学法指导：

1. 采取“提出问题—阅读课本及材料—分析理解—得出结论”的方法，由浅入深地突破重点，培养学生从材料中获取有效信息的能力。

2. 在启发式教学的同时，应用多种教学手段，调动学生学习积极性，激发学生学习兴趣。

高明立：黄老师对自己的教学设计进行了详细说明，下面请各位老师各抒己见。

周健：本课注重创设历史情境，引导学生探究历史问题。但感觉本课在时间上分配不均，有点前松后紧，尤其在第三板块“乘风破浪展宏图”中太匆忙。这是本课的拓展延伸部分，也是本课的一个亮点，建议教师还可以再深挖一些，结合过去、现在、将来的历史对学生进行情感教育。

王保霞：传授历史知识时，注意帮助学生形成历史知识体系。黄老师运用《邓小平建设有中国特色社会主义的理论形成和确立大事简表》，进一步明确邓小平理论的形成和确立过程，证明它是马克思主义在中国的新发展，由此突破了难点。建议教师在此处应留给学生足够的记忆时间，为后面的练习运用打下基础，让学生在学到知识的同时，更好地落实本课重难点。

陈晓峰：这一节新授课，总体知识的结构比较完整系统，条理清晰，又能充分调动学生的参与意识。但也稍显不足：留给学生讨论的时间有点少，教师对教学设计还不够熟练，希望多练习，好好熟悉教案。

刘先春：教师在处理练习题时可以采取多种方式，调动学生积极性，如抢答法、猜谜语等。建议在合作探究中培养学生的团结协作精神。

高明立：我感觉这节课是很成功的，黄老师的语言很有魅力，富有激情，但是有时语言可以再精练些，尤其是过渡语不宜太长。一节课的导入非常重要，《春天的故事》有点缺乏新意，建议再多收集一些材料，把导入再进行创新。

希望黄老师能根据各位老师们的建议对教学设计再进行认真的修改，让我们一起期待黄老师修改的教学设计更精彩。

下面是黄尽英老师结合历史组全体教师的建议重新整理的二次备课：

第10课 建设有中国特色的社会主义

再次听课

教学流程	随机点评
导入新课： 屏幕显示：教师朗诵《小平颂》，学生思考诗中描述的是我国哪一时期的情景？(改革开放)① 过渡：20世纪末，中国进行了一场卓有成效的社会变革。解放了思想的中国人焕发出蓬勃的创造力，一代伟人书写了一个时代最为传奇的一页。今天我们聆听春天的故事，共同探索建设有中国特色的社会主义。	①以教师充满激情的朗诵导入新课，有感染力和吸引力。

续表

教学流程	随机点评
讲授新课： 一、披荆斩棘闯新路 二、拨正航向入坦途 三、乘风破浪展宏图 过渡：十一届三中全会作出了改革开放决策。在改革开放初期，党是如何披荆斩棘把建设有中国特色社会主义的伟大事业推向前进的？我们一起追寻伟人足迹，披荆斩棘闯新路。②	②过渡语承上启下，设置悬念，激起学生的探究欲望。
一、披荆斩棘闯新路 师：在改革开放初期遇到哪些问题？请看材料。 屏幕显示（史料探究）：公开鼓吹“全盘西化”，在政治上宣扬削弱、取消共产党的领导，在思想文化上提出取消马克思主义的指导地位，歪曲党和人民奋斗的历史，诋毁马克思列宁主义、毛泽东思想、邓小平理论，煽动对党和政府的不满。③ 师：请同学们结合材料，从书本上标出这是当时的一种什么思想。 生：改革开放中出现了资产阶级自由化问题。 师：面对问题，党是如何解决的？ 生：面对资产阶级自由化问题，邓小平提出“在中国实现四个现代化，必须坚持四项基本原则”。④ 师：指出邓小平提出反对资产阶级自由化，并引导学生看四项基本原则的内容。四项基本原则是“实现四个现代化的根本前提”。这说明，中国共产党所实行的改革开放，从一开始就有明确的社会主义方向。	③运用史料探究，引导学生从书上找到答案，降低了学习难度，符合八年级学生年龄特征。 ④要指导学生在书上运用序号标注法标出四项基本原则的内容。
过渡：在历史的关键时刻，关键人物推动了历史的滚滚向前。1982年，中国共产党召开了第十二次全国代表大会，邓小平做了重要讲话。 屏幕显示：材料：我们的现代化建设，必须从中国的实际出发。无论是革命还是建设，都要注意学习和借鉴外国经验。但是，照抄照搬别国经验、别国模式，从来不能得到成功。这方面我们有过不少教训。把马克思主义的普遍真理同我国的具体实际结合起来，走自己的道路，建设有中国特色的社会主义，这就是我们总结长期历史经验得出的基本结论。⑤ ——邓小平：《中国共产党第十二次全国代表大会开幕词》（1982年9月1日）	⑤出示一段材料，让学生从这段材料中找答案，比单纯联系过去进行比较讲述建设有中国特色社会主义的含义更直观！

续表

教学流程	随机点评

师：让学生结合材料，从材料中找出邓小平在中共十二大提出了怎样的道路？

生：“我们的现代化建设，必须从中国的实际出发。”“把马克思主义的普遍真理同我国的具体实际结合起来，走自己的道路，建设有中国特色的社会主义。”

师：结合中国实际，1987年，又成功召开了中共十三大。请听记者发来的报。（找学生报道中共十三大内容）

师（提问）：我国进入社会主义初级阶段的标志是什么？

生：1956年社会主义“三大改造”完成，标志着我国进入社会主义初级阶段。

屏幕显示（论从史出）：领导和团结全国各族人民，以经济建设为中心，坚持四项基本原则，坚持改革开放，自力更生，艰苦创业，为把我国建设成为富强、民主、文明的社会主义现代化国家而奋斗。⑥

——中国共产党第十三次全国代表大会报告（1987年10月25日）

（1）党在社会主义初级阶段的奋斗目标是什么？

（2）由材料分析党实现这一目标的具体做法？

4. 你作为电视台《史事开讲》栏目的嘉宾，请你谈一下邓小平为什么被称为改革开放和现代化建设的总设计师？

屏幕显示：表格⑦

会议（事件）	时　间	内　容
改革开放初期		提出四项基本原则，反对资产阶级自由化
十二大		
十三大		

师：在改革开放和现代化建设中，邓小平做出了杰出贡献，被誉为改革开放和社会主义现代化建设的总设计师。

过渡：改革开放使我国的现代化建设出现了勃勃生机，但在20世纪80年代末却遇到了姓“资”姓“社”问题的困扰。在关键时刻，邓小平又是怎样拨正航向，为中国改革开放的步伐吹响了前进的号角？让我们追寻伟人拨正航向入坦途。

二、拨正航向入坦途

师：面对姓“资”姓“社”问题的困扰，邓小平是如何解决的？

随机点评：

⑥出示初级阶段的基本路线的内容，明确我们的奋斗目标和具体做法，做到了论从史出，符合历史教学特点。

⑦最好给学生留点时间，快速记忆。

续表

<table>
<tr><th>教学流程</th><th>随机点评</th></tr>
<tr><td>
播放视频邓小平南方谈话。[8]
屏幕显示：(1) 邓小平南方谈话的主要内容有哪些?
(2) 邓小平提出判断姓“资”姓“社”的三条标准是什么?
(3) 邓小平南方谈话的意义是什么?
屏幕显示(主要内容)：(1) 党的基本路线要管一百年，动摇不得。特区姓“社”不姓“资”。改革开放胆子要大一些，敢于试验，不能像小脚女人一样。要抓住时机，发展自己，关键是发展经济，发展才是硬道理。[9]
三条标准：(2) 即看是否有利于发展社会主义生产力，是否有利于增强社会主义国家的综合国力，是否有利于提高人民的生活水平。
意义：(3) 进一步解放了人们的思想，对建设有中国特色的社会主义产生了深远影响。
师小结：邓小平曾经说过“我是中国人的儿子”。他将毕生的精力都奉献给了祖国，而他的春节足迹不断推动着中国改革开放的进程，为中国的发展指明了前进的方向。[10]
屏幕显示：在纪念邓小平逝世 18 周年的活动中，开展了“永远的光芒——邓小平理论展”活动。展览共分以下两个展区：“1992 年党的十四大”“1997 年党的十五大”。请你以解说员的身份向观众介绍一下展区内容，让观众明白这两次会议的精神。
方法：看图片了解内容，同桌交流，然后根据教师出示的图片依次解说。(同桌互为解说员和观众)[11]
屏幕显示：中国共产党第十四次全国代表大会________年在北京举行。这次大会确立了____________________理论在全党的指导地位。大会选举________为中央委员会总书记，第三代领导集体形成。
____年，党的十五大召开，在这次大会上首次使用了________这个科学称谓，作为指引党继续前进的旗帜。
师：大家表现的积极踊跃，给你一个展示的机会。屏幕显示表格：[12]
<table>
<tr><th>会议(事件)</th><th>时　间</th><th>内　容</th></tr>
<tr><td>邓小平南方谈话</td><td></td><td></td></tr>
<tr><td>十四大</td><td></td><td></td></tr>
<tr><td>十五大</td><td></td><td></td></tr>
</table>
</td><td>
⑧学生看视频时，教师要把问题展示在幻灯片上，让学生带着问题看视频，比教师口头说要好。
⑨也可以找学生模仿伟人声音，逐条去说，给课堂增添一点活力。
⑩教师及时小结，承上启下，过渡自然。
⑪以填空题的方式出现，内容浅显易懂，学生易于接受。
⑫全部讲完，再呈现表格，比第一次边讲边填更系统。教师总是不忘及时总结和过渡，对学生的学习成果进行肯定，激发学生的学习兴趣。
</td></tr>
</table>

续表

教学流程	随机点评
屏幕显示：智力大闯关。 师：恭喜你们闯关成功！ 过渡：回顾20世纪中国的发展历程，中国人民在党的领导下紧跟历史潮流，历尽艰辛求索，终于使中华民族走上了伟大复兴之路。让我们继续风雨兼程向前走，乘风破浪展宏图。 **三、乘风破浪展宏图** 屏幕显示：自由畅想，拓展延伸。 习近平在参观《复兴之路》展览时指出："实现中华民族的伟大复兴，就是中华民族近代最伟大中国梦。"你认为作为学子的我们应该做些什么来推动中国梦的实现？ 师（引导）：我们要树立远大的理想，肩负起时代赋予的崇高历史使命；发扬艰苦奋斗精神，树立正确价值观，具有良好的兴趣爱好；关心时事，努力学习科学文化知识，培养创新精神和实践能力；学生是祖国的未来，是将来圆梦行动的主力军等。⑬	⑬在学生回答不完整时，教师及时点拨，让每一位学生都积极发言，活跃了课堂气氛。
师（小结）：近代以来，中国人民怀揣着不同的梦想在屈辱苦难中奋起抗争，在艰难探索中曲折前行，在改革大潮中披荆斩棘，取得了一个又一个胜利。实践证明，有梦想就有希望！ 结语："雄关漫道真如铁，而今迈步从头越"！未来的路依旧很长，未来的路布满荆棘！作为新时代的青年，我们要有一颗坚定的心，不畏艰难，不惧流言，坚定心中的信仰，来迎接"长风破浪会有时"的将来。俱往矣，数风流人物，还看今朝。让我们唱起春天的故事，走进新时代，共筑中国梦。（配走图和走进新时代伴奏）⑭	⑭结语是对本课内容的提升，几位国家领导人和中国举世瞩目的成就图片，配上走进新时代伴奏音乐，将本课内容推向了高潮。

邹城市张庄中学历史组：

《建设有中国特色的社会主义》研讨会记录（二）

时间：2014年3月12日上午10时

地点：八年级办公室（东）

参加人员：赛晓文　高明立　周健　刘先春　王保霞　陈晓峰　黄尽英

主持人：高明立

整理人：黄尽英

研讨内容：今天我们在这里召开备课研讨会，再次集中针对黄尽英老师执教的《建设有中国特色的社会主义》第二次备课设计提出各自修改意见，共同探讨本节课如何设计才能“在历史课堂教学活动中充分发挥学生主体地位”这一研讨主题。

会议实录：

高明立：黄老师的这节课，在原有基础上有了很大提升，请赛老师进行点评。

赛晓文：这次黄老师对本课内容进行了大胆取舍，积极借鉴历史组全体教师的经验，这节课比第一次备课有了很大进步。

优点：

1. 精心设计，导入新颖，过渡语简洁而又精彩。引导学生从熟悉的事物、情境中学习，降低了教材难度，给学生合作探究提供了机会。

2. 教师教态亲切和蔼，善于发现学生身上的闪光点，及时鼓励学生。课堂气氛和谐、民主，并能因势利导地利用教学内容中的人文材料对学生进行情感教育。

3. 教学方法灵活多样，结合学生特点，充分利用史料教学，很具有说服力，让学生在获得知识的同时，也培养了学生的能力。

不足：

前面我已结合黄老师的教案进行了细致点评，下面再补充两点。

1. 时间分配不够合理，有点前松后紧。在处理练习题时，教师由于受时间限制，幻灯片播放过快，没给学生留出思考时间，导致学生在做练习时反应不好，有点被动。

2. 整堂课教师讲得过多，有些问题当学生回答不够完整时，教师可运用启发式教学，让其他同学补充，尽量把机会留给学生，教师不能包办代替。

高明立：谢谢赛老师的点评。下面请各位老师各抒己见，对这节课的情况发表一下自己的看法。

周健：导入新颖，教师通过声情并茂的朗诵渲染气氛。我认为，正确的学习方法可以影响孩子的一生，教师在教学时应该教给学生更多正确、科学的学习方法。

刘先春：本节课的设计思路清晰，结构严谨。学生的参与活动较好；课件设计精美，展示清楚明白，效果较好。

王保霞：课堂学习资源准备充分，教师运用大量的史料，在让学生学到知识的同时，培养了学生的合作探究能力，从材料中提取有效信息能力。

陈晓峰：黄老师的课教学环环相扣，过渡简练而又自然，学生配合较好。

巧妙地融入“洋思模式”，起到了异曲同工的作用。建议加强学生对基础知识的记忆，学习要重在落实。

黄尽英：谢谢各位老师的点评，让我受益匪浅。通过这次磨课，我学到了很多东西。我一定会借鉴大家的意见，争取有更大提高。

高明立：各位老师都针对本次备课谈了自己的看法，希望黄老师根据老师们的建议对教学设计再进行认真修改。在接下来的日子里，让我们继续努力，在不断地磨课中铸就精彩！

第八节　同课异构研究法

一、概念解读

（一）同课异构的定义

“同课异构”，又叫“同课异教”，是指选用同一课教学内容，不同的教师根据学生实际、现有的教学条件和教师自身的特点，进行教学设计，然后用不同的学生进行教学，让听课的教师领略不同教学风采的过程。“同课异构”要求教师精心研究教材，潜心钻研教法和学法，以便各显风采、各具特色，为集体研讨提供更好的研究平台。“同课异构”研究法是教师提高教学水平、教学能力，总结教学经验，展示中学魅力历史课堂的一条有效途径。

（二）对同课异构的认识

20世纪80年代，福建教育出版社出版过一套《小学语文一课多式教例》，这大概是同课异构的雏形。从“一课多式”到“同课异构”，虽然有历史发展的一脉相承性，但还是有根本性的区别。

在“同课异构”教研活动中，如何理解“同课异构”呢？“同课”是基础，“异构”是发展。“同课”是不同的教师选择同一节课进行教学设计，这决定了“异构”是在一个共同的基础上进行，由不同的教师进行具有个性化的教学设计，由于教师自身学识、经验等方面的差异，必然导致最后的教学设计展现各自的特点，即教学的结构、方法、手段、形式、语言风格等方面的不同，呈现出五彩缤纷的效果。教学内容的“共性”决定了同课异构的“同”，不同教师的“个性”决定了同课异构的“异”。“异构”是不同教师面对同一节课的教学内容，立足于各自教学经验，遵循历史教学的科学规律，在同事或教研员的帮助下，广泛占有各种资源，进行各种教学构想，并将构想予以优化后付诸实践，从而发现问题、解决问题，最终优化课堂教学，使自己对课堂教学的认识、对教学规律的把握经历一个不断的、螺旋式上升的“认识—实践—再认识—再实践”的教学认知建构过程。所以，“构”是核心，是灵魂；“异”是变化，是发展。这里的“构”，指的是课的整体结构，而不仅仅是某种方法或方式。它更宽泛地包含了不同教师的教材解读、教学思路、教学程序、教学方法……乃至教学理念的多元化，这是中学历史课堂教学的创新研究和多维视野。这里的“异”，不能为“异”而“异”，对某一篇课文而言，不同的“异构”，应当是“和而不同”的。这就不可忽视“同课异构”的比较研究功能。乌申斯基说过：“比较是一切理解和思维的基础，我们正是通过比较来了解世界上的一切的。”“同课异构”需要比较，不同的解读需要以比较来论长短，不同的理念需要以比较来明是非，不同的思路需要以比较来论高下，不同的方法也要以比较来评优劣。于是，我们才能在比较中增强创新的意识，展现多元的风采，拓展研究的深度，提升教师的素养和优化课堂教学的品质。一句话，“同课异构”所展示的比较研究功能，正是为了提升课堂的深度、厚度和效度——中学历史课堂魅力。

如果细分，“异构”又分为客观性“异构”和主观性“异构”两种。客观性“异构”是教师基本功素质、个人能力及教学风格的“异”现，是客观存在的“异”的自然展示。这种“异构”可以让听课教师丰富一些体验，开阔一点眼界，但是对教学研究的意义，很大程度依赖于听课教师的自发性的感悟。而主观性“异构”则可以通过两位或多位执教教师横向与纵向的分析、比较、归纳，有意识地用不同于自己以往、不同于旁人以往的“构”来呈现“异”，是几位“同课”者共同研读文本，设计方案，讨论问题，纠偏改错，再分头实施。这应该更接近真正意义的“异构”，它有利于促进教师个人专业发展，有利于促进独具个人魅力的教学风格和教学艺术的形成，也更有利于培养教师探索创新和自我超越的精神，是更值得提倡的“同课异构”。

“异构”不是“PK”。作为教学研讨实践者的上课教师更不应该抱着“PK”心态，应意在切磋，取长补短，同研共进。“异构”也不是“构异”。一味希望以“异”博得喝彩，难免陷入“构异”的歧途。参与同课异构的教师，应在发扬个人教学特色上下足功夫，如果构出“奇异”“怪异”甚至“变异”的东西来，让人惊异、诧异，则显然违背了初衷。

（三）同课异构的目的

英国戏剧作家萧伯纳（乔治·伯纳·萧，George Bernard Shaw）曾说过：“如果你有一个苹果，我有一个苹果，彼此交换，我们每个人仍只有一个苹果；如果你有一种思想，我有一种思想，彼此交换，我们每个人就有了两种思想。”“同课异构”的教研方式，可以引发参与者智慧的碰撞，可以取长补短、长善救失、同研共进，提高教师的教学艺术，达到提高教育教学效果的目的。

“同课异构”的目的是为了促进教学研究，为广大教师提供一个面对面交流互动的平台。在这个平台中，老师们共同探讨教学中的热点、难点、疑点问题，探讨教学的智慧、艺术，交流彼此的经验，共享成功的喜悦。或者，为某个未解问题冥思苦想，食不甘味，夜不能寐。多维的角度，迥异的风格，不同的策略在交流中碰撞、升华，这种多层面，全方位的合作、探讨，能够整体提升参与教师的教学教研水平，促进教学质量的提高。

同课异构这种教研形式，能够促进教师积极参与、积极探讨的意识。通过对比，有利于教师对新课程理念与方法的把握，有利于教师把先进的教学理念转化为实际的教学行为。这种教研形式促使每位教师必须去仔细地观察、深入地分析，经过对照比较后提出个性化的意见，提高教师对新课程理念的理解和对教学的领悟。因此，这种教研方式在各级教学研究活动中被广泛使用，充分说明同课异构的魅力与内涵，让不同教师都能得到不同的发展，恰恰才是“异构”的目的。

（四）同课异构的特点

1. 同课异构促进区域教研和校本教研向高层次发展

所谓区域教研，是指以县市区或以县市区的某某学校为单位，由相关的教学研究部门牵头，学科教研员挂帅，联合区域内同学科教师，定期开展定地点、定内容、定专题的教学研究活动。

这种教研方式有利于整合区域内优秀教师资源，为青年教师的快速成长提供展示自己才华的舞台。同时，这种教研方式也为全体教师提高教学水平提供了一个学习和交流的平台。通过这种形式的教研，教师几乎足不出户就可以听到理念较为超前的专题发言，并能观摩到相对高水平的研究课。尤其是“评课”这一环节，老师们可以畅所欲言，交流的过程其实就是一个对新理念内化和吸收的过程，也是一个相互学习和提高的过程。另外，这种教研方式还可以降低教研的重心，增强教研活动的实效性。区域教研实际上是一种行动研究，不需要研究者有多么高深的理论知识，只要秉持“问题即课题、分析即研究、解决即成果”的科研理念，把教师在教学实践中遇到的现实困惑作为课题来进行研究，从而大大增强了教研活动的实效性。校本教研，就是为了改进学校的教育教学，提高学校的教育教学质量，从学校的实际出发，依托学校自身的资源优势和特色进行的教育教学研究。

校本教研强调实践环节，从实践中遇到的问题入手。问题不在于大，而在于小，不在于深，而在于实，不在于宽，而在于具体。校本教研使教师经历“解决什么问题—怎么解决问题—是否解决问题—又发现什么问题”的过程。而同课异构则以“主题相同而建构不同”的方式切实实践了校本教研活动。在同课异构的过程中，同一节课的教学内容即是一个确定的主题，围绕这个主题，教师基于“有效教学”进行广泛而深入地研讨，收集各种资源，学习相关理论，拿出教学设计并将这个设计付诸教学行动。在教学实践中，总是会暴露出各种各样的问题，面临这些问题，我们再次进行反思，寻找问题出现的原因，考虑解决问题的策略，制定解决问题的方案，然后再进行实践，如此周而复始，直至问题得到比较圆满的解决。

这样一个同课异构的过程，恰好让我们的教师经历了校本教研的各个过程：在专题学习中围绕主题进行广泛涉猎，提升理论水平；在公开教学中将教学设计付诸实施，听课、议课；在方案修正中进行说课、议课，比较鉴别、求同存异；在行为跟进中以问题解决为核心，优化策略；在总结提高中反思教学得失，提升智慧。正是因为同课异构能够有效地实现校本教研的各种目标与功能，我们认为，不能仅仅把同课异构简单地看作一种课堂教学研究的个别形式，而应该站在校本教研的高度重新审视同课异构的意义，将同课异构纳入校本教研系统中予以统筹规划。区域教研和校本教研的有效结合，必然能够促进二者共同进步与提高。

2. 同课异构由以教材教法为中心的文本教研转向以师生共同发展为中心的人本教研

传统的教研依纲（或以标）据本，把重点工作放在帮助教师理解教材、把握教材、处理教材上，全力以赴“教教材”。而在同课异构中，大家致力于“创造性用教材教，追寻自己的教学思想与风格”。其目的不在于评出孰优孰劣，而是引导教师不要“唯教材、唯教参”，应将精力用在分析学生的学习特点以及学生的真正需求上，使每位热衷于教改实验的老师都有机会展示自己的研究思路，以换取他人的意见与建议。

3. 同课异构由以灌输为主的指导性教研转向以互动探究为主的反思性教研

教研专家与教师站在同一起跑线上，同上一节课，钻研教学，相互切磋，极大地调动了每一位教师参与教研的积极性。此时教研专家从“现场观察”到“实践引领”，真正与一线教师共同研究“解决问题”“实践创新”的新思路、新策略和新方法，使我们能够在教研专家深入而有创意的指导中豁然开朗，获得举一反三的灵感。

4. 同课异构由单一封闭的个人研究模式转向多维互动的群体研究模式

同课异构教研方式正是基于帮助教师理解新教材、改变教学方式、形成个性风格的背景下产生的。这种采取比较研究的区域教研和校本教研结合的方式能解决教师教学中实际问题，打开教师思路，真正实现“同伴互助”。“同课异构”有个体独立的创设，又有集体合作的智慧，有利于个体和团队的结合；“同课异构”是在教学中研究，在研究中教学，有利于教学和研究的结合，能切实解决教学中一些问题和困惑；“同课异构”用理论诠释实践，用案例解读理论，有利于理论和实践的结合；“同课异构”可以借鉴分享他人的成功案例，创造性地生成自己的案例，有利于相互间的传播、继承与发展。

5. 同课异构真正体现教师个性和风格

人们常说，只有个性的东西才是有价值的东西，就如同只有民族的东西才是世界的东西的道理一样。由于每位教师的教学经验、教学能力、教学对象、个人风格等都有差异，教学设计不会千篇一律，教学模式更不会完全一致。因此，同课异构中，体现教师的个性是必然的，“教必有法而无定法”说的就是这个道理。

每位教师各有发展潜力、发展方向，教学过程必然呈现出自己特有的、与众不同的教学风格。在同课异构中，我们可以欣喜地看到，几个不同的教师面对同一节课的教学内容，在自己的努力下，在同事们的帮助下，呈现出了不同的面貌，在教材的处理、环节的设计、问题的提出等各处，都表现出了各自不同的特点。这时，我们可以说，教师自身的教学风格得到充分的展现，因为有一个或几个对象在与他进行比较，在比较中我们就可以一目了然地看到多方的相同点和不同点，才有鉴别。这时我们可以说，教师的个性发展成为积极的可能。

6. 同课异构真正体现教学差异

教学活动中学习的主体——学生是一个个有思想、有灵性的人；教学活动中的不可预测的随机生成，也使我们不可能将教学活动看作是编好程序、按部就班进行的机械运动。事物的运动与变化是绝对的，古人不是说人不能同时踏进一条河流吗？各个方面决定了教学不可能是一成不变的。

在同课异构中，对教材的分析、教学策略的选用、课程理念的体现等，教师们不同的观念在进行碰撞与融合；课堂教学中，不同的教学个性、不同的教学理念、不同的思考角度、不同的挖掘深度、教学中生成的不可预知；等等，所有这些都使同课异构真正体现教学的差异，从而体现出教学无限的发展与变化。这种差异，不仅仅体现在课堂的差异，体现在不同的教师根据各自的理解做出的教学行为的差异；它更重要的体现在对于人的差异的尊重，体现出不同的人得到不同的发展。在这里，不同的教师出于自己的观点和思路，在自己理解的基础上进行各种不同的考虑，产生不同的构想，进行不断变化的实践，不同的教师的教学观念、教学水平在这个过程中得到了不同程度的发展。

7. 同课异构最终彰显人的价值

同课异构中的种种差异最终成就了人的不同程度的发展，彰显了人的价值，这是同课异构中人本理念的切实体现。我们搞教研的目的不是要提高一节课的教学水平，而是要整体提高教师的课堂教学水平，提升教师教学的魅力，最终实现教师的教学智慧。唯有切实提高教师的课堂教学水平，才能帮助教师从根本上改进自己的教学。因而，一切同课异构活动，都是围绕“教师”、围绕“学生”在开展，都是围绕“人”在开展，是在不断扩展“人”的视野，不断丰富“人”的变化，不断创造与实现“人”的发展的一切可能。

同时，我们也应该注意到，同课异构彰显人的价值，不仅仅指上课教师一个人的价值，不仅仅是他一个人在发展，我们还应该使团结在上课教师这个人周围的许多“人”得到发展。因为教师个人的专业发展，需要自身的努力，更需要集体研讨的良好氛围，同事之间的互助与合作同样是教师发展的重要因素。这样，在同课异构中，不同年龄、性别、个性、知识水平和工作经验的教师都参与了研究，都得到了发展。

8. 同课异构重在教师自主建构

在这个过程中，无论是教师自己独立的思考，或是教师群体的意见都需要教师自己独立、自主进行建构，他人的一切思想、外在的一切因素都仅仅是提供给教师思考的元素，唯有基于自己思考并付诸实践之后的经验与体会才是真正的财富。

同课以异构的过程进行猜想、实验、验证、反思与交流等丰富多彩的活动，它是一个极其富有个性、体现多样化的过程；也是一个教师与教师之间、教师与学生之间、教师与文本之间的多维的互动过程；还是一个围绕同一节课的教学内容进行的广泛的对话过程；更是教师个体与群体共同发展的过程，它促进了教师对自己的教学实践不断进行反思和研究，开展创造性教学，使自己的方法更适合学生发展的需要。

二、操作方略

"同课异构"的研究方式，是在教师深入研究课程标准、教材以及学生的基础上，选取有效的教学方式，促进教师的专业成长。这种研究方式是一种比较研究法，它有效地解决了教师教学中的实际问题，开阔教师的思路，体现同伴互助、共同发展。由于"同课异构"是同一教学内容由不同教师进行教学设计、组织课堂教学，所以有效地组织和开展好这种研究活动显得尤为重要。

（一）课前的准备

1. 确定教学内容

通过教研员听课或者是学科教研组在常规教学中发现的一些共性或者特定的教学内容，或者是教学改进过程中最为核心最为根本的问题，作为教研活动的主题。

2. 进行教材的分析研究、了解学生的学习基础、收集相关课题的资料和资源

参与同课异构的每位老师在确定讲授内容之后，要仔细分析课程标准的相关内容，深入钻研教材，吃透教材，研究教材的编排体系、编排意图和编排的指导思想等，分析教学的重点、难点，根据学生的思想状况、智力特点、兴趣爱好及学生心理活动的规律，明确凭借教材要让学生获得哪些知识和技能，培养哪些数学能力和良好习惯，掌握哪些学习方法，进行哪些思想品德教育等。交流自己对突破教学重难点的设想和疑问，交换可利用资源。

3. 撰写教学设计

在深入思考和会诊式讨论之后，由不同的执教教师，撰写教学设计并进行教学实践。这一环节的重点是教师自己的独立备课，目的是让每位老师在教研课中端正态度，并充分发挥自己的聪明才智来设计属于自己的课。教师对教材有了充分的认识和理解后，根据教研组内讨论的各种意见和建议，进行筛选，

开始结合自己班级学生的特点和自己的教学经验、知识背景、情感体验，构想出能呈现自己教学风格的教学预案。在预案形成后，再组织大家交流，展示教师对教材不同的分析理解、不同的策略选择、不同的资源选用，并从中选出典型，推选两位教师先进行课堂教学。

（二）课堂展示

1. 课前说课

在执教教师上课之前，要组织好教师进行课前说课。执教者依据活动主题将本节课的教学设计向听课教师进行说明，使听课观课的教师熟悉教材，了解编者意图，明确教学目标，熟知教学内容的重难点，弄清新旧知识的内在联系。听课时只有明确了教学目标，才能正确判断教学的完成情况。听课人根据执教教师的说明在头脑中设计出课堂教学初步方案，粗线条地勾勒出大体的教学框架，为评课提供一个参照体系。同时要求听课教师明确自己听课、观课过程中的观察点，做好详细记录，便于课后进行评课、反思。

2. 课堂观课

执教者依据课前设计，进行教学实践，检验课前的设想。备课组教师全员参与听课观课，分工记录课前的观课重点，并在这个过程中随时记下自己的感悟和设想。

那么我们关注的重点应该是哪几个方面呢？

（1）关注教学环节设计。即情境创设→新课导入→新知探究→新知巩固、应用与拓展等。各环节如何控制时间，完成每一环节的过程和过渡的情况；听课时还要注意思考，教师为什么这样安排课堂教学环节；大的环节内又是如何安排小的环节；各个环节之间安排得是否有条不紊；教师引导、学生自主探究和合作学习交流、学生的练习展示、反馈评议、归纳小结等是否做到合理安排、科学调配，充分发挥每一分钟时间的效能。

（2）关注重点突出难点突破。观察教师是怎样充分、灵活、简便、有效地运用学生已有的知识再现纵横联系？应用什么手段帮助学生突破重点难点，理解掌握新知？如何组织学生自主探究，亲身体验，学会新知？这些都要求我们必须认真细心揣摩。

（3）关注教学方法与学习方法。听课时要关注教师是怎样在教学过程中与学生积极互动、共同发展；怎样处理好传授知识与培养能力之间的关系；如何创设学生主动参与的教学环境，激发学生的学习积极性，培养学生学习能力；

怎样培养学生学会观察、质疑与比较，学会分析、判断与推理，学会概括、归纳与小结，学会操作与演示，学会讨论、辩论与争论等，学会调查、探究；记录教师讲授与学生学习的时间分配；观察教师对重点难点问题的设计是否合理、是否有利于激发学生的思维等。

（4）关注辅助手段的应用与板书设计。观察教师如何把信息技术与学科教学整合，为学生的学习提供丰富多彩的教学情境，从而激发学生的学习兴趣，提高课堂教学实效；关注教师如何设计板书，是否做到详略得当，层次分明，脉络清晰，重点突出，提纲挈领。

（5）关注练习设计与知识拓展。练习设计是否做到有针对性、层次性、拓展性，达到巩固新知、培养能力的目的。同时，要关注练习形式是否多样，是否提高学生解决实际问题的能力。

（6）关注教学生成过程细节。课堂教学过程是一个流动的过程，不可能再“回放”，有些细节转瞬即逝，尤其是预设与生成过程的细节。因此，听课时要认真观察分析，从学生的角度去反思教师的教和学生的学，对于精彩之处尤其是凸显教师个性之处，要做较为详细的记录。

（三）课后会诊研讨

听课后请执教老师针对本节课的具体实践过程，把自己授课后的感受与听课教师进行交流，再请参与听课的所有老师从教学目标、教学语言、教学设计、教学理念、学生活动等方面对两位或更多教师的课进行对比、分析点评，多侧面、深层次进行剖析，挖掘各自的闪光点和不足，进行反思、总结、重建。这一环节是同课异构的重要环节，参与讲课、听评课的教师互相鉴赏，互相学习，取长补短，共同提高。在活动中，教师还能听到对文本的多元解读，碰撞出新的思考，正是同课异构的“比较”机制，拓展了教学研究的空间和深度，有利于提升教师的专业能力，有利于教学向更高层次推进。

（四）教师撰写教学案例

“同课异构”教研活动的最后一个流程是教师撰写教学案例。教师上课、评课结束后，似乎一个完整的教研活动就已经结束。但是对于教师而言，撰写教学案例可以帮助教师更深层次的研究。因此，在开展主题式“同课异构”教研活动过程中，我们强调教师要撰写教学案例，围绕多轮教学，确定一个核心的主题，撰写完整的教学案例。教师只有通过案例的形式，描述教学细节，对教学过程中师生活动的形式给出深入的说明与反思，教师才能把教学活动中所学的知识和理论内化为自己的认知，并能够在自己的教学中灵活应用。撰写教学案例是教师专业发展的重要积累，没有这样一个积累过程，教师专业能力的提升就缺少底蕴。

三、案例评析

【案例一】　第 20 课　三国鼎立

该课题是北师大版初中历史七年级下册第 20 课。这是兖州区东方中学张广寨老师 2013 年在“名师送教，同课异构”时准备的公开课。

<table>
<tr><th>教学流程</th><th>随机点评</th></tr>
<tr><td>
【课堂导入】
播放视频：《三国演义》的主题曲。
师：同学们知道这是哪部电视剧的主题曲吗？
生：《三国演义》。
师：你知道《三国演义》里面有哪些历史人物吗？①
生：学生纷纷回答：刘备、诸葛亮、孙权、曹操、张飞、赵云……
师：看来同学们知道的真不少。可是小说《三国演义》里面的人物都是经过了一定的艺术加工，和历史上的人物有所不同。那么，历史上的这些人物又是怎样的呢？②让我们带着这些问题去学习今天的内容：《三国鼎立》。
【新授】
师：出示本课的学习目标。③
1. 掌握两次重要的战役（官渡之战、赤壁之战）
2. 知道三个国家：魏、蜀、吴
3. 评价一个人物：曹操
师：让我们首先学习。
第一篇章　“国之纷争”——群雄并起争天下
师：阅读课文第 101～104 页，回答：④
1. 东汉末年的形势如何？
2. 比较两次战役：⑤
<table>
<tr><th>战　役</th><th>时　间</th><th>交战双方</th><th>结　果</th><th>影　响</th></tr>
<tr><td>官渡之战</td><td></td><td></td><td></td><td></td></tr>
<tr><td>赤壁之战</td><td></td><td></td><td></td><td></td></tr>
</table>
（学生阅读课文）
</td><td>
①从学生熟悉的影视剧入手，易吸引学生，但所选内容略显俗套。导入是否可以另选更有新意的设计。
②向学生明确文艺作品并不等同于历史，有助于形成正确的历史观，有助于纠正原认识中的偏差。
③目标导学，有的放矢。但目标表述生硬，可以展示板块主题，更贴近教学实际；魏、蜀、吴能说是三个国家吗？
④通过阅读教材，以问题做引导，培养学生自主学习能力。但大篇章长时段单一手段的运用，压抑了课堂气氛，读书的形式可以更加灵活多样化。
⑤运用表格将零散的知识点系统梳理，更有助于进行问题的类比。
</td></tr>
</table>

续表

<table>
<tr><th>教学流程</th><th>随机点评</th></tr>
<tr><td>
师：出示“东汉末年军阀割据形势图”，并引用下面的两首诗说明军阀混战的危害：[⑥]
出门无所见，白骨蔽平原，
路有饥妇人，抱子弃草间。
——王粲：《七哀诗》
白骨露于野，千里无鸡鸣，
生民百遗一，念之断人肠。
——曹操：《蒿里行》
师：在军阀割据形势图上，同学们能否看出哪两派军阀的力量最强大？
生：袁绍和曹操。
师：对。这两派军阀为扩张势力、统一北方，进行了一次比较著名的战役，是什么战役？
生：官渡之战。
师：让学生在看书的基础上完成表格中官渡之战的内容，并结合官渡之战示意图说明战争的过程，引导学生分析袁绍败、曹操胜的原因，从而明确这次战役为曹操统一北方奠定了基础。
师：曹操为什么能够统一北方？[⑦]
生：分组讨论并回答。
师：讲评学生的回答后，明确原因如下：
政治：“挟天子以令诸侯”；招贤纳士，唯才是举。
经济：实行屯田，奖励农耕。
军事：官渡之战的胜利。
师：引入曹操的《龟虽寿》，学生齐读，教师释义后问：曹操的壮心又是什么呢？由此引入赤壁之战。
师：播放视频《赤壁之战》。[⑧]
学生观看后完成并回答赤壁之战的表格内容。
生：讲述三顾茅庐的故事。
过渡：赤壁之战后，曹操败回北方，孙刘联军巩固了在南方和西南地区的统治，三方势力相互抗衡，形成了三分天下的局面。
第二篇章　“国之鼎立”——豪杰抗衡分天下
师：出示下列表格问题，学生看书后完成：[⑨]
三国鼎立的形成：
<table>
<tr><th>政权名称</th><th>建国年代</th><th>创建者</th><th>都城（今名）</th></tr>
<tr><td></td><td></td><td></td><td></td></tr>
<tr><td></td><td></td><td></td><td></td></tr>
<tr><td></td><td></td><td></td><td></td></tr>
</table>
</td><td>
⑥古诗的引用较好地再现了当时的社会状况。但两首古诗反映同一目的，一首岂不更简明扼要。
⑦该问题对初一学生来说有一定的难度，要注意铺垫和提示。
⑧选取了动画版的视频，符合初一学生的心理特点，形象生动。但是影视剧的节选可以再现战争的宏大场面。选用哪种方式可以再商榷。
⑨三国鼎立局面的形成是本课的重点，教师在这里设计了三个逐渐深入的步骤：第一，利用课本及表格梳理三国建立的基本知识点；第二，运用《三国鼎立形势图》在地图上明确三国的位置，再现历史场景，体现学科性；第三，让学生动手设计示意简图，呆板的知识点得到灵活的再现和运用，既可检查学生对知识点的掌握情况，也可以提供给学生发挥创作的空间。在此我建议可以继续展示学生的设计，由学生评出比较科学的示意简图，岂不更好？
</td></tr>
</table>

续表

教学流程	随机点评
学生回答后教师出示“三国鼎立形势图”，明确地理位置，并让学生以组为单位动手绘制“三国鼎立示意简图”（要体现国家名称、位置、建国时间、创建者、都城）。 教师展示部分学生小组的绘制情况如下： 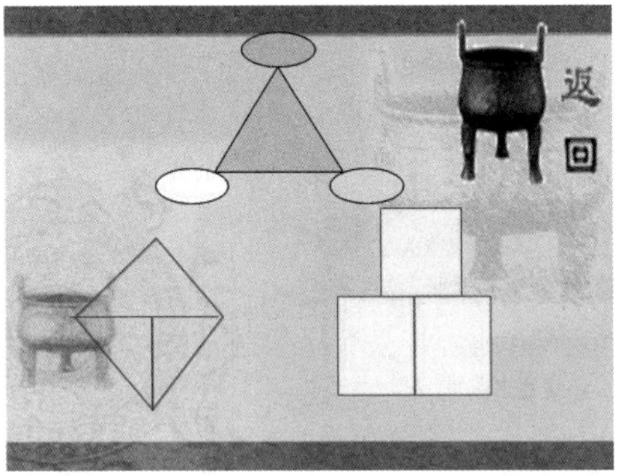 师：通过表格综合对比官渡之战和赤壁之战。⑩ 过渡：三国鼎立形成后，各国为了强大起来，纷纷采取了一系列发展经济的措施，竞相发展国力。 **第三篇章　“国之发展”——三国竞相强天下** 教师出示：“三国经济形势图”，指图讲明三国经济的发展情况。 师：组织学生讨论：你认为三国鼎立局面的形成是历史的进步还是倒退？ 学生回答后，教师总结如下： 三国鼎立局面的形成是历史的进步。因为：（1）政治：局部统一，结束了东汉末年军阀混战的局面；给社会生产和人民生活提供了相对安定的环境；（2）经济：三国为了增强自身实力，都采取了一些发展经济的措施，客观上为国家的统一奠定基础。 过渡：国家分裂只是暂时的，统一才是历史发展的主流，由此引入下一部分。 **第四篇章　“国之统一”——回归主流天下合** 师：通过示意图演示三国灭亡的过程。	⑩此处对比两次战役的目的是什么？与前后内容不和谐，可以上调到学生讲述三顾茅庐故事的后面，作为第一篇章的总结，开启第二篇章。

续表

教学流程	随机点评
【课堂小结】 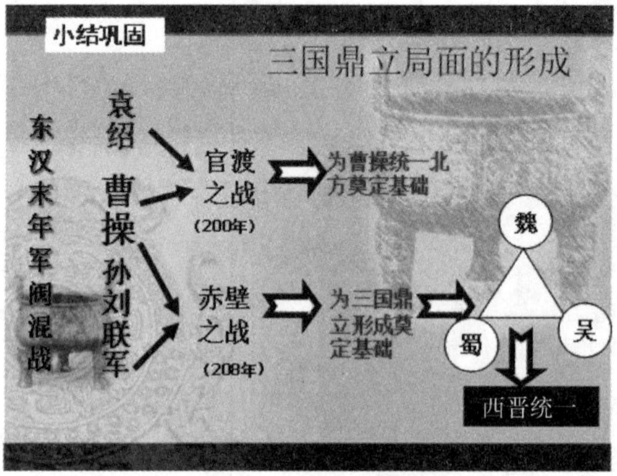 小结基础知识后，教师组织学生评论曹操。 **煮酒论英雄——评说曹操**[11] 教师出示一系列材料： 百姓眼里的曹操　　曹操眼里的曹操 史家眼里的曹操　　名人眼里的曹操 设问：你是怎么看待曹操的？ 学生分组讨论，发表见解。教师最后引导归纳，得出结论： 曹操：我国古代杰出的政治家，军事家和诗人。 （功首罪魁非两人，遗臭流芳本一身） （“治世之能臣，乱世之奸雄”） 【练习】 【结束语】 （音配画）滚滚长江东逝水，浪花淘尽英雄，是非成败转头空，青山依旧在，几度夕阳红。让我们在这悠远的歌声中，再一次凭吊历史，感悟历史吧！	⑪评价历史人物是历史教学中的难点，但是这里教师运用四组材料从不同角度评价曹操，带领学生在辨析中形成自己的科学认识，设计意图好，但是可以给学生评价历史人物的方法指导，以便学生在正确的理论引领下科学分析。

总评

《三国鼎立》这节课经常在公开课中被选用，在广大教师心目中普遍认为这节课不容易被突破，特别是在大的设计上，很难有大的创新。在我们的教学实践中大家都想创新，但是不是每一节课的每一个教学点都要突出“新”字上，我们完全可以借助集体的力量在“巧”字上下功夫。纵观张老师的这节课，在“实”“新”“巧”（分述中没有说到这点）上还是有突破的。

1. “实”：初中教学不要求在“深”字上下多大的功夫，因为我们的教学面对的还是群孩子，特别是这节课教学的对象是一群初一的孩子，他们的年龄只有十一二岁，如何激发学习的兴趣、渐进的培养能力和扎实的落实知识是我们教师在备课过程中要认真思考的问题。张老师的设计在不少地方是非常实在的，例如，充分运用课本，要求学生通过阅读发现问题、通过问题引领进行思考性阅读等地方做得很好；还注意学习方法的指导等（提炼三国形成要素）。

2. “新”：创新是教师智慧的体现，每一名教师都渴望自己的课堂设计充满新意。但是“新”要注意是真正的创新，而不能是为了创新而创新，应该是“新”中有巧妙。张老师这节课最有创新的地方是对“三国鼎立局面形成”环节的设计，通过三个层次的递进式设计，引导学生动手、动脑、动心，真正领悟“鼎立”的含义。第一，运用课本利用表格梳理三国建立的基本知识点；第二，运用“三国鼎立形势图”在地图上明确三国的位置，再现历史场景，体现学科性；第三，让学生动手设计示意简图，僵硬的知识点灵活地再现和运用，既检查学生对知识点的掌握情况，也给学生提供了发挥创作的空间。这节课的第二个创新点是板块的设计，在对教材进行了全新的整合后，形成四个板块，板块名称凸显了历史的发展脉络，紧扣课文内容，线索清晰，“争”“分”“强”“合”四个字更是体现了不同阶段的历史特点。

但是，这节课也有一些值得商榷的地方。例如，三次使用表格整理知识点，当然使用表格是很好的，但还可以用诸如“知识卡片”“历史档案”的形式，让课堂更灵活。三国经济的发展情况使用地图清晰还是用图片展示形象。四个板块都有“国”字，但含义不同，教师没有给出清晰的解释，这样容易让学生产生误解。再者，教师的语言可以更优美些。好的语言听起来如同行云流水，让人流连忘返；简单的语言虽然清晰，但味同嚼蜡，容易因枯燥而困倦。

不同的教师有不同的教学特点和知识储备，但是通过“同课异构”这种教研方法，可以让我们在对比中交流。对比不是为了比出孰高孰低，而是在交流中发现更优，希望我们都能积极参与到这种教研形式中来，大家在交流中共同进步！

【案例二】　课同板块异，细琢见高低

——以“三国鼎立局面的形成”一课为例

2013 年 11 月底，济宁市教科院组织了“同课异构”活动。在这次活动中，历史学科选择了北师大版七年级上册的《三国鼎立局面的形成》作为同课异构的内容，来自不同区县的五位教师均采用了板块教学这一新的教学模式，但又根据对教材的不同理解设计了不同的板块。五种板块名称各有千秋，又都有值得商榷之处。现结合《三国鼎立局面的形成》一课，就初中历史板块的设计技巧、原则及注意的问题，做一些粗浅探讨。

初中历史“板块式教学”，就是在科学、精准的教学目标的引领下，将一节课的教学内容及教学过程分为几个明显的、彼此又有密切关联的教学“板块”，使教学过程、教学内容呈“板块”状而又一步一步地逐层深入的教学系统。

《三国鼎立局面的形成》这节课，主要介绍了被历朝历代的社会各阶层津津乐道的三国的历史。在这段历史中，各路英雄在东汉帝国瓦解的废墟上问鼎逐鹿，致力于新的统一。本课内容从教材编排上来讲，主要是了解并评价一个人物——曹操；讲述并分析两场战争——官渡之战与赤壁之战；知道并识记三个政权——魏、蜀、吴；了解西晋的统一概况。但要真正地实现初中生历史学习过程与方法、情感态度与价值观等教学目标，只了解“一个人物、两场战争、三个政权和西晋的统一概况”是远远不够的。所以在本课的设计中，除了落实教材的基础知识外，还需通过《三国演义》与《三国志》的对比培养学生分析辨别历史真相的能力，从中感悟三国的历史智慧与传统文化对后世的影响，这是本课的重点和难点之所在。

一、简洁清晰便于记，益粗益简求深度

案例一：战争篇；人物篇；鼎立篇。

案例二：群雄逐鹿说战争；三分天下话三国；浪花淘尽论英雄。

这两个案例中教学板块的设计大致相同，都是将教学内容分为三大块：战争——官渡之战和赤壁之战；人物——评论曹操；三国——三国鼎立局面的形成。板块简洁明了，清晰易记，有异曲同工之处。但案例一的板块名称层次单一，缺少新意，不能很好地还原风云变幻的三国历史。同时，“战争篇”“人物篇”的拟定，针对性不强，放在类似的课都可适用，也不能很好地体现出深层次的备课因素。案例二的板块则打破了教材编排，见证历史说战争、话三国，然后回归现实论英雄。至于板块名称，在“说战争”“话三国”前各自加了一个状语——“群雄逐鹿”“三分天下”，反映了东汉末年割据纷争的战争背景和魏蜀吴三足鼎立的时代特点，体现了备课的深度。“论英雄”前加上了“浪花淘尽”一词，表明那段惊心动魄的历史已经远去，我们要站在历史的角度去评说人物，体现了备课的高度。

二、用词巧妙对仗工，高度概括主题明

案例三：乱世枭雄起——曹操统一北方；

三足鼎立成——魏蜀吴三分天下；

英雄尽归去——西晋统一全国。

案例三的板块名称对仗工整，巧妙地应用了三个动词“起”“成”“去”，恰当地反映了教材的内容线索，体现了教材的主题，具有高度的概括性。尽管如此，案例三的板块名称也有值得商榷之处。“枭雄”在词典中的解释为“强横而有野心的人物；智勇杰出的人物；魁首”。板块一中的“枭雄”是特指曹操还是泛指当时的各派军阀？这里存在歧义。如果是后者，那他们是否都可称得上“枭雄”？另外，每一板块名称的后半部分在语言上可以再精练些，如改为“乱世枭雄起——曹操统北方、三足鼎立成——魏蜀吴分天下、英雄尽归去——西晋统全国”，虽然只是少了一个字，但说起来感觉更加朗朗上口，显得更有力度。

三、字斟句酌出新意，前后连贯脉络清

案例四：“国之分争”——群雄并起争天下；

“国之鼎立”——豪杰抗争分天下；

“国之发展”——三国竞相强天下；

“国之统一”——回归主流天下合。

这一案例的板块名称凸显了历史的发展脉络：从东汉末年的群雄并起纷争不断，到魏蜀吴的三足鼎立，再到鼎立之势形成后各国竞相发展经济图谋天下，最后到西晋灭吴实现统一，紧扣课文内容，线索清晰，“争”“分”“强”“合”四个字更是体现了不同阶段的历史特点。但在这些板块中提到的“国”却前后不一。“国之分争”“国之统一”中的“国”，当指古代中国，“国之鼎立”“国之发展”中的“国”，则指的是魏、蜀、吴三个政权，“国”的含义在四个板块中不同，缺少前后的一致性。针对这个问题，有教师将板块名称重新设计为：

汉末纷乱——群雄并起争天下；

三足鼎立——豪杰抗争分天下；

优势发展——三国竞相强天下；

历史大势——回归主流天下合；

今朝风流——浪花淘尽话英雄。

纵观这一设计，既解决了“国”字含义不统一的问题，又体现了历史的发展线索。“回归主流天下合”可改为“回归主流合天下”，这样，“争天下”“分天下”“强天下”“合天下”对仗工整，前后连贯，一气呵成。最后一个板块的增加，虽能更好地体现对三国人物的重视，但过分强调了“四字一贯”，“话英雄”的力度也不够。可改为“数风流人物——浪花淘尽论英雄”。这样，打破字数的局限，灵活运用诗词名句，更显机动、生动，“论英雄”的力度也呈现出来了。

四、紧扣教材兼并蓄，趣味盎然显特色

案例五：群雄逐鹿汉末乱；
夜袭乌巢战官渡；
诈降火攻鏖赤壁；
鼎立之势话三国；
烟消云散晋一统。

案例五属于内容概括式板块，“群雄逐鹿汉末乱”概括了战争的历史背景，“夜袭乌巢战官渡”和“诈降火攻鏖赤壁”概括了两次重要战役及其战术特点，“鼎足之势话三国”“烟消云散晋一统”这两大板块，概括了三国鼎立及西晋结束分裂实现统一的历史，同时板块划分紧扣教材内容。板块名称语言简练，极具历史味，对学生来说具有吸引力，能够激起他们的学习兴趣。但整体来看，内容过于细致，“夜袭乌巢战官渡”和“诈降火攻鏖赤壁”可以合二为一另立板块名称，把它们作为子板块题目。

以上几个案例，除案例一外，板块名称的拟定对教学内容都进行了个性化整合，内容层次分明，教学结构比较清晰，板块名称设计饱满，抓住人物这条暗线，展示了三国鼎立局面形成过程的气势恢宏，开合有度，兼收并蓄，让学生在和谐而高品位的课堂中认识自我、相信自我、表现自我、欣赏自我，使课堂教学充满了教育的魅力与生命的活力。

在历史课程标准的引领下，如何将这些“不同”的板块与教学融合，科学的设计板块名称，避免“千课一面”的现象，使各课的教学思路有各自的特色与风采，成为板块教学至关重要的一环。为此，我们必须遵循以下几条基本原则：

（一）教学目标是导向

“板块式”教学的板块设定，一定是因课文特点、因年段、因具体学情科学的设定，每一个板块的设定必然指向历史教学的本真，指向学生历史教育功能的达成，且每一个板块都必须包含学生的读、记、议、辨、写等主要学习活动。

教学目标是教学的依据，所有的板块都必须始终围绕目标展开。每一个板块可以完成一个目标，也可以在一个板块内完成两个目标，还可以用几个板块完成一个目标。教学目标要根据教学内容和学生实际进行设置和调整。

（二）精研教材是基础

精心设计和构思，充分体现了授课者清晰的思路和对教材的重构能力，这依赖于教师的独立钻研和群体的智慧分享。板块名称的确定必须统筹全局，站在一定的高度审视教材，精心研读教材，优化、整合课文内容，瞄准重点、难点，有的放矢，高效提炼，“炼”就简明的教学目标、简约的教学内容，既调动了学生的学习兴趣，又落实了基础知识，既培养了历史学习的方法和能力，又注重与情感教育的有机结合。

（三）过程清晰是主线

板块式教学过程清晰地表现为“一步一步地向前走”的格局，即比较理性地向前推进的状态。其文本的内容“提炼”构成完整的教学板块，即“一块一块地来落实”。将一堂课的教学板块整体来看，纵向是文本知识体系，横向是文本知识要点和特定，最终以板块层进式的艺术造型呈现出来，既统揽全课，又美观大气，更显过程清晰。一般一课3～4个板块，不宜过多。

（四）提升效益是目的

设计科学的板块名称，使学生在较短的时间内提高学习兴趣，必须实现学生意识、创新意识和审美意识的三者统一，进而提升课堂效益。教师可以充分地展示自己的调控技巧，使课堂教学呈现出内容丰富、形式多样、思维深刻的教学局面，只有这样，板块教学才能彰显出持久的高效性。

综上所述，板块式教学不是一种僵化的教学模式，而是借助于对它的研究与实践，揭示、提炼出历史教学的一般规律，一改课堂教学“无序”的状态。它是一种理念，一种设计，一种主张。初中历史板块式教学设计根源于教学文本内容、着眼于学生实际、着力于课堂教学方法的优化。它既是对传统历史教学的一次革新，又是对课堂教学艺术的提升。既实用又艺术，既简洁又丰满，既条理又清晰，既朴实又科学，既有广度又有深度，既有较强的操作性又有独特的鲜明个性，因此，这种教学模式必将有其长久的生命力。

第九节 模拟课堂研究法

一、概念解读

（一）模拟课堂的定义

“模拟课堂”也称为“无学生的上课”，即教师在没有学生的情况下，将预设的教学内容模仿实际的课堂教学进行的上课，是教师在规定的时间内通过口语、形体语言和各种教学技能与组织形式的展示而进行的一种教学模式。模拟课堂教学要求教师既要眼中有学生，又要心中有课堂，在模拟讲课过程中按照预设实现与学生有声有色的“对话”与“互动”。在这一过程中，教师可以展现出自己的教育教学理论功底、专业知识掌握程度、课堂教学的组织设计，以及调控应变能力、教学基本功、教学风格等，从而综合展现教师的教学水平。这是一种将个人备课、教学研究与上课实践有机结合在一起的教研活动，省时高效，又侧重于教学的实践性，是提高教师各方面素质，构建中学魅力历史课堂的有效途径之一。

（二）模拟课堂的特点

当下，“模拟课堂”不同于以往的说课模式，已作为一种全新的教学和教研形式，渐渐进入了我们的视野，愈来愈受到广大教师的关注。

1. 模拟课堂教学应创设正常的教学情境，虚拟课堂双边活动

模拟课堂，顾名思义，就是模拟真实课堂教学，是一种虚拟的教学方法，教师按照常规课堂教学要求，在规定的时间内，用模拟的形式将课堂上师生双边活动展示出来的一种教学形式。它突出教学活动中的主要矛盾和本质特征，同时又能摒弃次要的非本质因素，使教学研究的对象从客观实体中直接抽象出来。在模拟上课过程中，教师要模仿实际教学，有“对话”，有“互动”，有教师与学生之间的互动交流，因此模拟课堂的最大特征就是模拟，模拟就是接近真实。课堂教学本是师生互动的双边活动，而模拟课堂就是真实课堂的一个缩小版，其所有程序和要求都是相同的，如完整的教学设计、情境和问题的创设及运用、对学生的评价、教学方法和教学手段的选择和运用、各阶段的时间分配、直观的板书设计等，还有师生之间的“互动”与“对话”等。

2. 模拟课堂教学要充分考虑不同学情，合理恰当地预设

模拟讲课的时间通常只有10～15分钟，教师要根据可能出现的不同学情构思教学过程，在规定的时间内巧妙地因学情而进行有效的预设，展现师生如何互动，生动真实地模拟讲课。模拟课堂不仅要通过预设表达教师怎么教，还要预设学生是怎样答、怎样学的。学生的活动、问答要通过教师的预设来完成，往往教师的一个提问，将会有各层次、各类型学生的不同思路、不同层次的多种理解与答案。教师对学生的“怎样答”“怎样学”要有合理的预判，精心的预设，尤其是在展现学生获得道德认知以及行为引导的过程中，往往会有一到两个环节的预设是独特的、精彩的、让人惊喜的，或让人难忘的。

3. 模拟课堂教学要充分发挥语言的魅力，展现师生的双边活动

模拟课堂是无学生的课堂，是教师模拟上课的情景，把课堂教学中的过程在没有学生的情况下用自己的语言把它描述出来。教师必须在没有学生的情况下，既做老师又当学生，用语言创设一种正常的教学情境，用模拟的形式把课堂上师生双边的活动状况展示出来，也就是把教学设计或流程清晰地展示出来，要让人觉得教师是在给学生上课，不是讲给专家、同行或评委听的；绝不能只做教师的事，要有与学生的交流，充分展现学生的学习过程，体现“以学为中心”的新课程理念。

（三）模拟课堂的目的

模拟课堂是通过创设正常的教学情境，虚拟课堂的双边活动，将教学构想具体化、实践化的教学实践活动，目的在于体现其教学设计的合理性、可行性和实效性，更侧重于教师综合素质和实践能力的反映。当前，模拟课堂教学一般有面试模拟教学、能力测试模拟教学两种形式。其中面试模拟教学是人事、教育单位在招聘教师面试过程中经常采用的环节；而能力测试模拟教学则是以学校为单位或学科教研为单位组织的各种基本功、教学能手、优质课比赛以及教师晋升职称时常采用的一种考查或教研形式。如此看来，模拟课堂的目的主要是教研或评价，听课者是领导、同行或专家、评委。模拟课堂作为一种教学、教研改革的手段，能够有效地调动教师积极钻研教育理论，投身教学改革，加强教学研讨，创新教学方法，优化课堂教学，提升教学水平，更好地彰显中学历史课堂的独特魅力。

1. 模拟课堂有利于提高教师的教学能力

模拟课堂教学要求教师在一定的教学思想指导下，寻求教学内容的最佳切入角度，安排恰当的教学活动，这与常规课堂教学完全一致。模拟课堂是无学生的课堂，不受时间、空间和人数的限制，但它往往能够展现出教师在备课过程中的思维过程，并且显示出教师对课标、教材、学情的理解和把握水平，还能体现出教师运用有关教育理论和教学原则组织教学活动的能力。因此，它相比常规课堂教学来说，更集中，更精练，更需要讲究教学艺术，更富有挑战性，能够比较全面地体现教师的课堂教学理念新、教学思路清、情境创设明、教学手段佳、活动设计新、教学评价当、教学机智活等多方面的素质。由于模拟课堂教学更侧重于实践性，可以提前检测课堂教学，提高备课质量，也有助于避免说课坐而论道的不足，比仅凭说课定高下更加客观，因此这一教学形式更能全面客观地评价教师的教学水平，有利于教师教学能力的不断提高。

2. 模拟课堂有利于提高课堂教学效率

模拟课堂教学时间有限，通常只有10～15分钟，不受学生和场所的限制，在有限的时间内可以展现教师个人的教学思路和教学水平，这正是高效课堂所追求的。这种限时也是对“学为中心”的常规课堂中限制教师讲的时间的预演，将可能出现的问题解决在常规课堂教学之前，针对出现的问题多次备课，多次研讨，多次完善，力求最大可能地优化常规课堂的教与学，有利于提高课堂教学效率。

3. 模拟课堂有利于提高教研活动的实效

观课、议课是常规的教研活动形式，但如果只是单纯采取常规课堂教学形式的话，在一定的时间和地点往往只能听到个别教师的课，虽然不乏针对性，但形式单一，容量不大。而模拟课堂教学时间有限，节奏紧凑，不失为一种多样化、高密度、大容量的教研活动形式，而且不受教学进度、教育对象的限制，45分钟可安排3个教师进行模拟课堂教学，给教师们提供了一个更加广泛的学习、交流、锻炼和展示自我的平台，在同学科教师的点评后可以进行反思，调整，灵活、省时、高效，极大地提高了教研活动的实效，尤其适合集体备课时采用。总之，模拟课堂是新课程下一种全新的教学研究形式，是提高教师业务素质、交流教学经验、提高教学能力的有效途径。

二、操作方略

“模拟课堂”的研究方式，即教师在没有学生的情况下模拟真实课堂教学，是将个人备课、教学研究与上课实践有机结合在一起的教研活动。这种研究方式是一种模拟研究法，时间一般在10～15分钟，这种“无学生的上课”不受时间和场地的限制，观课人数可多可少，可以随机举行，更加有利于加强课堂教学研讨，改进教学手段和方法，提升课堂教学水平，促进教师专业成长，构建高效魅力的历史课堂。正是基于此，模拟课堂研究法在今天的教学改革和教学实践中有着举足轻重的地位，不论在哪级教研活动中都要有效地组织和开展好这一研究活动。

（一）模拟准备

1. 确定教学内容

模拟课堂的教学内容根据它的教研或评价的功用，或由教者自定，或由评委指定，可以是某一课题的内容，也可以是某一课题内某一板块的内容。

2. 分析教学内容

一堂好的模拟课最重要的是处理好教材，因为处理好教材是一节课的灵魂。模拟课堂虽然是“无学生的上课”，但也要首先了解学生的学习基础和相应水平能力。在此基础上，结合课程标准，深入钻研教材，吃透教材，挖掘教材，分析教学的重点、难点，整合资源，理解教学内容，明确三维目标的达成度，即凭借教材要让学生获得哪些知识和技能、培养哪些学习能力和良好习惯、掌握哪些学习方法、进行哪些思想品德教育等。

3. 撰写教学设计

根据对课程标准、教材和学情的分析，备课教师要精心设计教学的各环节（导入新课、教学过程、总结提升、作业反馈等）、情境和问题的创设及运用、对学生的评价（假设学生或对或错的回答或见解）、教学方法和教学手段（包括多媒体）的选择和运用、各阶段的时间分配、板书设计等，如何突破教学重点和难点。在撰写教学设计时，还要注意教师的导入语设计、过渡语设计和结束语设计等。虽然是“无学生的课堂”，但要求教师在进行教学设计时要眼里有学生，心里有学生，话里有学生，要体现教师是怎样以学生为主体，以及如何引导、启发、调动、评价学生进行自主、合作、探究式学习的。可以设置虚拟争论、虚拟质疑、虚拟辩论、虚拟活动等情境，展现如真实课堂教学的师生互动，生生互动，给人置身其境的感觉，并且理念要先进，重点要突出，做到“此时无‘生’胜有‘生’”。

（二）模拟展示

1. 课前调整

模拟课堂教学根据它的教研或评价的不同功用，执教者的准备时间也不尽相同。如果是评价或参赛的话，准备时间是有限的；如果是教研活动的话，准备时间相对来说充分一些。但不论是哪种形式的模拟课堂，执教者都要在正式进行模拟课堂教学前，自己首先要整体模拟尝试多次，初步检验教学目标是否明确、教学方法是否合理、教学重点是否突出、教学各环节是否流畅、教学时间是否分配合理、教学内容设置是否科学等，并调整部分不恰当步骤或对个别环节进一步完善。

2. 模拟观课

执教者依据课前准备和教学设计，进行模拟课堂教学，验证自己想要突出的教学意图、思想、特点等。观课者参与听课观课，分工记录观课重点，并在这个过程中随时记录下自己的感悟和设想。

那么关于“模拟课堂教学”我们关注的重点应该是哪几个方面呢？

（1）关注执教者的基本素质

由于模拟课堂教学是执教者一个人的独角戏，执教者必须在没有学生的情况下，既做老师又当学生，用模拟的形式创设一种正常的教学情境，把课堂上师生双边的活动状况展示出来，而这主要凭借执教者通过口语、形体语言和各种教学技能与组织形式的展示而进行，也恰恰展示了执教者的个人素质。从教态方面来说，要亲切自然，举止文明、庄重、大方、得体，有亲和力和感召力；从语言方面来说，要准确、流畅、生动形象、讲解清楚、深入浅出、有逻辑性等；从书写方面来说，书写规范、字迹端正、清晰、美观、板书设计简洁、合理、新颖等。

（2）关注教学环节设计

虽然是模拟课堂，正如它是真实课堂的缩小版，观课者要关注它的教学各环节的设计是否科学完整和富有新意，能否实现教学目标，是否符合学科特点，过渡是否流畅，各环节的时间分配是否合理。观课时还要注意思考，执教者之所以这样设计教学环节的意图，各个环节之间的过渡安排得是否科学，教师引导学生自主探究和合作交流学习、学生的练习展示、反馈评议、归纳小结等是否有条不紊和层次清楚有序，有没有体现师生的有效互动，有没有体现以学生为主体，体现“以学为中心”的课程理念。

（3）关注教学目标的达成度和重难点的突破

观课者要通过执教者的模拟课堂教学观察其教学设计是否具体明确的呈现了教学目标并能实现教学的三维目标；教学内容是否科学、充实、恰当；同时还要观察执教者是否能把教材分析透彻，是否能正确认识所选课题在教材中的地位、作用，体现新理念；是否能准确确定教学重点、教学难点，并能充分挖掘教材资源，并选好教学的切入点和突破口，从而突破重难点。

（4）关注教法、学法与教学策略

在观课时，观课者要关注执教者所采用的教法和学法与教学策略是否恰当、科学、新颖、有创意、实用。在模拟课堂教学中，执教者要对学生学习本课的原有基础、学生认知规律和现有困难分析准确，采取恰当的有效的教法、学法和教学策略帮助学生克服学习困难和心理障碍，发挥教师的主导作用和学生的主体作用，调动学生的学习积极性和主动性；同时，渗透学法指导，有意识引导和培养学生学会自主学习和合作学习，注重培养学生的实践能力和探究精神，并把知识的获得、能力的培养与思想教育有机地结合起来。

（5）关注教学预设和师生互动

模拟课堂最难处理的就是师生互动环节。执教者必须在没有学生的情况下，创设一种正常的教学情境，用模拟的形式把课堂上师生双边的活动状况展示出来。一节成功的模拟课堂教学要有清晰的教学思路，情境创设需直观，预设问题要突出，几个主要问题的解决过程要讲求实效，师生互动要有效和真实。执教者要能清楚地展现预设如何做，师生之间如何有效互动；观课者要关注预设是否新颖，层次是否清晰，面对可能出现各种不同的学情，是否巧妙地抓住学情进行预设教学，师生之间的互动是否真实有效，从而能生动真实地模拟讲课。

（6）关注辅助手段的应用与板书设计

在进行模拟课堂教学时，执教者可以运用多媒体课件进行模拟讲课，也可以把多媒体课件的运用用口头语言表述出来。但不论是哪种形式，观课教师要关注执教者是否能够把信息技术与学科教学有机整合，为学生的学习提供多样的教学情境，从而激发学生的学习兴趣，提高课堂教学实效。板书设计也是模拟课堂教学的重要环节，观课者要关注教师的板书设计是否做到精要、直观、简洁、艺术。

（7）关注练习反馈

观课者要关注模拟课堂的练习设计是否目的明确、具体，是否与本课的教学目标一致，同时练习题的设计，要面向全体学生，体现层次性、多样性，训练方法要得当，有助于学生能力的形成和思维品质的培养。

3. 反思交流

首先，执教者要针对本节课的模拟实践过程，把自己模拟授课后的感受与观课者进行交流；其次，再请观课者从教学目标、教学语言、教学设计、教学理念、师生互动等方面进行点评，多角度、深层次进行剖析反思，发现问题，找出症因，采取有效策略解决问题，从而提高课堂实效。这一环节是模拟课堂的重要环节，通过这一反思、交流、完善的过程，有利于提升教师专业能力，有利于教学研究的深入推进和成功构建高效课堂。

4. 重构课堂

波斯纳说过，经验＋反思＝成长。只有学会反思，我们才能及时发现新问题，解决新问题，在不断的反思中提高自我，发展自我。模拟课堂这一研究方式的实行有利于我们发现问题，然后在发现问题的基础上反思教学实践，不断更新教学理念，改善教学行为，提高课堂实效。“模拟课堂”的重要一环就是教师要根据进行模拟课堂教学之后的反思撰写教学设计，重构更加高效的课堂，让我们的课堂教学更加有魅力。

三、案例评析

【案例】　建设有中国特色的社会主义

该课题是人教版初中历史八年级下册的第10课，这是丛洪娟老师于2014年3月参加济宁市初中历史优质课比赛的一节课。丛洪娟，现为邹城市东滩矿校历史教师。

《建设有中国特色的社会主义》模拟课堂实录	随机点评
师：上课！ 同学们好！ 请坐！① **【导入新课】** 师：全国人民关注的两会刚刚闭幕，今天我们也来聚焦两会。请同学们看幻灯片。这是国务院总理李克强在《政府工作报告》中回顾2013年工作的一些数据（师生互动解读这些经济数据，略）②。通过这些数据的解读，我们知道中国的经济在发展，人民的生活在改善，中国的综合国力在提高，而这些成就取得的主要原因之一就是一条正确道路的指引，而这条正确的道路就是由邓小平所开创的有中国特色的社会主义道路。	①通过简单的师生问好，虚拟有学生的存在，营造真实的课堂氛围。 ②借助当时最热的两会，抓住《政府工作报告》中的经济数据，用事实说话，用数据说话，证明邓小平所开创的有中国特色的社会主义道路的正确性，让学生产生探究这一道路形成过程的兴趣。

续表

《建设有中国特色的社会主义》模拟课堂实录	随机点评
【课题解读】③ 师：请同学们齐读幻灯片出示的“中国特色社会主义的科学含义”并注意加粗划横线的字体部分：“把马克思主义的普遍真理同本国的具体实际结合起来，走适合中国特点的道路，把中国建设成为富强、民主、文明、和谐的社会主义国家。”（同时教师板书课题《第 10 课建设有中国特色的社会主义》） **【自主先学】** 师：同学们看过《最强大脑》吗？有的同学说很羡慕那些有超强能力的选手。那么，咱们今天也来挑战一下自己，看看我们能不能有过目不忘的本领？ 师：请同学们快速阅读课文，并拿起你手中的笔，用你喜欢的方式把重要的年代、事件、概念或者你认为感兴趣的知识点标记下来，同位之间可以交流预习成果（停顿，学生快速阅读课文，标记知识点）。 师：同学们学习习惯很好。有的学生喜欢整段标记知识，有的学生只标记关键词。标记关键词是一种很好的方法，学习历史可以点带面，通过关键词串联整个知识体系。④ 师：下面我们来看看哪位同学有过目不忘的本领，说出你认为在建设有中国特色的社会主义道路的过程中有哪些关键的历史事件？（停顿） 师：看来这几位同学都很有实力去参加《最强大脑》哦！经过刚才几位同学的回答，我们知道，在建设有中国特色的社会主义道路的过程中发生了这些关键的历史事件，分别是：提出坚持四项基本原则；1982 年召开中共十二大；1987 年召开中共十三大；1992 年邓小平南行讲话；1992 年召开中共十四大；1997 年召开中共十五大（同时教师板书）。同学们有没有发现这几个会议的时间间隔有什么规律吗？对。5 年，同学们真是火眼金睛，知道了这个规律，几个会议的时间也就好记了。 师：通过自主学习，我们初步了解了以邓小平为主要代表的中国共产党人，在总结新中国成立以来正反两方面经验教训的基础上，立足国情，在改革开放的创新实践中，拨开迷雾，锐意进取，开辟了中国特色社会主义道路，形成了邓小平理论，实现了党的指导思想和基本理论的与时俱进，继往开来。今天我们就从以下三个板块来学习（多媒体出示）： 板块一：立足国情，探索特色路 板块二：拨开迷雾，引航改革路	③学生对于“中国特色社会主义”比较生涩，通过课题解读这一环节，让学生提炼关键词，有助于学生初步感知中国特色社会主义的基本特征及其内涵。 ④在学生自主学习环节，特别注重了学生的学法指导，“授之以鱼不若授之以渔”。

续表

《建设有中国特色的社会主义》模拟课堂实录	随机点评
板块三：继往开来，走向复兴路⑤ **【互动课堂】** 板块一：立足国情，探索特色路 师：请同学们依据幻灯片提示说出在不同时期的关键词(生答略)。同学们回答得很准确。请同学们看屏幕： 十一届三中全会前——改革开放 实行改革开放后——坚持四项基本原则 中共十二大——从实际出发，建设有中国特色的社会主义 中共十三大——社会主义初级阶段、基本路线、三步走战略 坚持四项基本原则： 过渡：然而探索的道路并不平坦，是在不断面对新问题、解决新问题的过程中摸着石头过河。那么，改革开放后出现了什么问题？ 师：对。出现了资产阶级自由化。请同学们看幻灯片来简单了解一下“资产阶级自由化”的实质：鼓吹全盘西化，走资本主义道路，否定党的领导；否定社会主义道路；否定人民民主专政；否定马列主义、毛泽东思想。看到这四个否定，我们应该能预想到资产阶级自由化的危害，如果听之任之，则完全背离了社会主义方向。 师：面对资产阶级自由化问题，邓小平是怎样解决的呢？对。这位同学说得很好，“在中国实现四个现代化，必须坚持四项基本原则”。⑥ 师：那么，四项基本原则的具体内容是什么呢？这位同学太让人佩服了，不借助课本就能这么熟练地说出四项基本原则的内容。但有点小遗憾，把“四项基本原则”说成了“四个基本原则”。请同学们看幻灯片再跟我齐读，四项基本原则的内容包括：必须坚持共产党的领导，必须坚持社会主义道路，必须坚持人民民主专政，必须坚持马列主义毛泽东思想。 师：一连用了四个必须，剑锋直指资产阶级自由化问题。正如邓小平所说：“如果动摇了这四项基本原则的任何一项，那就动摇了整个社会主义事业，整个现代化建设事业。”这说明，中国共产党所实行的改革开放，从一开始就具有明确的社	⑤以“路”为主线，把三个板块衔接成一个整体，充分体现了“主线贯穿、板块整合”的板块式教学理念，有助于学生对教材进行整体感知。 ⑥在学生回答“四项基本原则”时，说成了“四个基本原则”，教师能给予及时纠正；对于“资产阶级自由化”和“四项基本原则”的处理不要过深，把复杂问题说明白，说简单即可，不能超出学生的理解能力。

续表

《建设有中国特色的社会主义》模拟课堂实录	随机点评
会主义方向。四项基本原则是中国的立国之本，是社会主义现代化建设的根本保障。而三十多年的改革历程和西方国家的历次经济危机证明，反对资产阶级自由化，坚持四项基本原则的正确性。 过渡：四项基本原则的提出保证了社会主义的发展方向，那么我们的社会主义事业该如何发展呢？下面让我们从党的十二大上邓小平在开幕词中的一段讲话中来寻找答案。 中共十二大： 师：请同学们看幻灯片出示的邓小平在十二大上的讲话。从他的讲话中，你能寻找到我们中国发展的道路吗？（我们的现代化建设，必须从中国的实际出发。无论是革命还是建设，都要注意学习和借鉴外国经验。但是，照抄照搬别国经验、别国模式，从来不能得到成功。这方面我们有过不少教训。把马克思主义的普遍真理同我国的具体实际结合起来，走自己的道路，建设有中国特色的社会主义，这就是我们总结长期历史经验得出的基本结论。） 师：对。这几个关键词⑦告诉了我们中国道路的内涵，中国共产党的历史就是马克思主义的普遍真理与中国具体实际相结合的历史。在革命年代，在毛泽东的领导下，中国人民从实际国情出发，探索出一条农村包围城市、武装夺取政权的道路，最终取得了中国民主革命的胜利。而在党的十二大上，邓小平第一次提出建设有中国特色的社会主义道路，从中国的实际出发，把马克思主义的普遍原理同我国的具体实际结合，坚持四项基本原则，坚持改革开放，走自己的道路。⑧ 过渡：中国特色社会主义道路为中国指出了光明前景。为了更好地解决这条道路“具体该怎么走”“需要注意什么”等问题，1987年党的十三大成功召开。那么，会议有哪些主要内容？下面请同学们快速阅读课本上有关十三大的内容，找出关键词。 **中共十三大：** 师：这位同学很准确地找到了党的十三大内容的关键词：初级阶段、基本路线、三步走。中共十三大第一次系统地提出	⑦对于几个会议的处理采用了“关键词提炼法”，能让学生比较容易地掌握重要知识，学会以点带面。 ⑧新旧知识联系，既巩固旧知，又联系新知，同时又加深了学生对于中国特色道路的理解。

续表

《建设有中国特色的社会主义》模拟课堂实录	随机点评
了社会主义初级阶段的理论和党在社会主义初级阶段的基本路线。社会主义初级阶段的含义大家要明确两点：目前我国已经是社会主义社会；并且处于社会主义的初级阶段。 师：哪位同学来说一说社会主义初级阶段的基本路线呢？谢谢这位同学的精彩回答，党的基本路线是根据我国社会主义初级阶段这一基本国情而制定的，其核心内容是“一个中心，两个基本点”。“一个中心”是以经济建设为中心，“两个基本点”分别是坚持四项基本原则，坚持改革开放。 过渡：党的十三大正确分析了国情，我国的社会主义建设是在经济十分落后的基础上起步的，实现目标是一个任重而道远的过程，不可能一蹴而就，必须分阶段有步骤地向前推进，为此在十三大上又确定了社会主义初级阶段经济发展分三步走的战略部署。请同学们来看幻灯片《“三步走”的战略部署的示意图》⑨。哪位同学来给我们解读一下“三步走”的战略部署？这位同学头脑太清晰了。通过她的介绍，我们清晰地知道了“三步走”的战略部署。但我们还要知道，三步走的战略目标和要求在不同的时期都有不断的充实和完善。在党的十八大上，习近平又提出了建设美丽新中国、实现“两个一百年”奋斗目标的中国梦。到中国共产党成立100年时，全面建成小康社会的目标一定能实现，到新中国成立100年时建成富强、民主、文明、和谐的社会主义现代化国家的目标一定能实现，中华民族伟大复兴的梦想一定能实现。 过渡：由于邓小平在改革开放中所作出的杰出贡献，他被称为改革开放和现代化建设的总设计师。请同学们认真聆听诗朗诵并回顾我们刚才所学内容，进行小组讨论：为什么说邓小平是改革开放和现代化建设的总设计师？⑩（停顿）刚才大家讨论得很热烈，同学们分别从党的十一届三中全会前后到十二大、十三大，邓小平提出的关于改革开放和现代化建设的重要观点进行了热烈的讨论。总之，在改革开放和社会主义现代化建设中，邓小平解决了什么是社会主义、怎样建设社会主义等一系列问题，为中国改革开放和现代化建设指明了前进的方向和道路。所以说，邓小平是改革开放和现代化建设的总设计师。 过渡：在我国改革开放和现代化建设的过程中，邓小平立足国情，开拓创新，发表了许多重要讲话，拨开笼罩在人们心头的迷雾，明确了一系列建设中国特色社会主义的思想，逐步形成了邓小平理论，引航中国改革大踏步向前。	⑨通过阶梯式的图示，直观形象地说明了“三步走的战略部署”，阐明了中国经济发展的持续上升态势。同时，又与建设美丽新中国、实现“两个一百年”奋斗目标的中国梦相联系，激发学生为实现中国梦而努力。 ⑩这一环节，通过诗朗诵和合作探究题目，让学生形象地认识到邓小平在我国改革开放的过程中所做的贡献，是我国改革开放和现代化建设的总设计师，但要注意如何有机地把诗朗诵和合作探究题目融合，力争达到应该呈现的精彩。

续表

《建设有中国特色的社会主义》模拟课堂实录	随机点评
板块二：拨开迷雾，引航改革路 **南方谈话：** 师：请同学们来观看视频《邓小平南方谈话》，并结合视频和课本，从时间、背景、主要观点及影响等方面归纳主要知识要点。 师：通过刚才这几位同学的回答，我们知道了邓小平南方谈话的背景、主要观点和历史意义。正是当时20世纪80年代末90年代初，姓“资”姓“社”等问题的困扰笼罩在人们心头，整个社会的气氛沉闷压抑。就是在这样的形势下，邓小平决定南巡，发表了重要的观点：（1）基本路线百年不动摇；（2）特区姓“社”不姓“资”；（3）改革开放要大胆；（4）发展经济是关键；发展才是硬道理。而邓小平的“南方谈话”，[11]进一步解放了人们的思想，犹如一股强劲的东风，驱散了思想上的迷雾，为处于彷徨中的中国指明了清晰的发展方向，中国的改革开放又迎来了另一个春天。 过渡：邓小平南方谈话的发表，标志着邓小平理论的形成和成熟，而在十四大和十五大上邓小平理论的地位得以确立。 **中共十四大：** 师：这位同学向我们介绍了十四大的召开时间、主要内容和历史意义，十四大高度评价了邓小平建设有中国特色社会主义理论，确定了它在全党的指导地位，形成了以江泽民为核心的第三代领导集体。正是在这一年，中国国内生产总值的增长达到了前所未有的12.8%。	⑪对于“南方谈话”的观点，作了着重处理和深入分析，引出这一讲话驱散了思想上的迷雾，为处于彷徨中的中国指明了清晰的发展方向。
中共十五大： 师：通过这位同学的回答，我们知道了党的十五大把邓小平理论写入党章，并确立为党的指导思想。 **【课堂小结】** 师：请同学们来看幻灯片“建设有中国特色的社会主义的形成示意图”，以同桌为单位依据图示小结本课内容。[12] 师：邓小平关于建设中国特色社会主义的思想，逐渐形成了邓小平理论。这一理论第一次比较系统地回答了中国社会主义现代化建设的一系列基本问题，是马克思主义在中国发展的新阶段。这一理论体系是立足社会主义初级阶段基本国情，总结我国发展实践，既一脉相承又与时俱进的科学理论体系。 **【练习反馈】** 史海扬帆 师：下面请同学们来看幻灯片。我们来个男女生PK。请男	⑫利用图示进行小结，一目了然，同时又渗透了学法指导。图示比较直观但不够美观，可以设计形象更这直观或美观的图示。

续表

《建设有中国特色的社会主义》模拟课堂实录	随机点评
生、女生分别选派代表选择一艘帆船，每艘帆船后有3道选择题，进行抢答。（停顿）经过PK，两组不分伯仲，恭喜大家了。⑬	⑬男女生分组PK，引导学生自己设计问题，相互抢答，学会提炼历史信息，有助于提高学生的挑战意识，气氛活跃。
歌中的历史 师：请同学们聆听歌曲《春天的故事》《走进新时代》剪辑，品味歌中的历史，尝试提出问题，其他同学抢答。（停顿）同学们从《春天的故事》《走进新时代》的歌词中找寻到当年的历史，进行了精彩的问答。是啊，历史在谱写着歌曲，歌曲凝聚着历史，再次聆听那动人的旋律，仿佛带我们回到了那个激情飞扬的时代。⑭	⑭让学生借助歌词来寻找歌曲中的历史，发散思维，自己设计题目，请别的同学来回答，思路很好，但处理起来不够随机应变，应该大胆放手，相信学生。
过渡：从《春天的故事》到《走进新时代》，今天的中国正在腾飞，正在崛起，万众一心挽起臂膀，继往开来，谱写时代的新篇章，实现中华民族的伟大复兴。 **板块三：继往开来，走向复兴路** **【拓展提升】** 多媒体出示： 2002年　中共十六大　江泽民《全面建设小康社会开创中国特色社会主义事业新局面》 2007年　中共十七大　胡锦涛《高举中国特色社会主义伟大旗帜，为夺取全面建设小康社会新胜利而奋斗》 2012年　中共十八大　胡锦涛《坚定不移沿着中国特色社会主义道路前进，为全面建成小康社会而奋斗》 2014年3月5日，在十二届全国人大二次会议上，中国国务院总理李克强发表任内的第一份政府工作报告。在近1.7万字的篇幅中，“发展”一词共出现119次，“经济”81次，“改革”77次。从报告中，从“发展”“改革”“经济”这些高频词中，我们不难读出，中国新一届政府坚持从深处着力，把改革开放作为发展的根本之策。⑮	⑮这一环节，抓住时事热点，将相关知识进行整合提炼，有助于认识中国特色社会主义在继往开来的基础上，不断完善，不断发展。
师：请同学们来看这几张幻灯片。大家能发现，出现频率最高的词汇是什么吗？对。就是“中国特色社会主义”。建设有中国特色社会主义是由中国改革开放的总设计师邓小平提出的。自邓小平在中共十二大开幕词中提出“走自己的道路，建设有中国特色的社会主义”以来，中共十三大、十四大、十五大、十六大、十七大、十八大都始终强调高举中国特色社会主义伟大旗帜。回首近代以来中国波澜壮阔的历史，展望中华民族充满希望的未来，我们得出一个坚定的结论：“道路关乎党的命脉，	

续表

《建设有中国特色的社会主义》模拟课堂实录	随机点评
关乎国家前途、民族命运、人民幸福。”实现中华民族伟大复兴，必须坚定不移走中国特色社会主义道路。这是一条探索之路，这是一条幸福之路，这是一条圆梦之路，这是一条实现中华民族伟大复兴的必由之路！ 过渡：今年是邓小平诞生110周年，在此之际，让我们通过一段短片来追寻伟人的足迹，感悟伟人的思想。 师：请同学们来观看视频《追忆小平足迹》及邓小平的有关名言，以小组为单位进行讨论：追忆小平的足迹和思想，你认为可以给我们今天中华民族的伟大复兴梦提供哪些借鉴呢？⑯ “黄猫、黑猫，只要捉住老鼠就是好猫。”“改革是中国发展生产力的必由之路。”“改革开放胆子要大一些，敢于试验，不能像小脚女人一样。看准了的，就大胆地试，大胆地闯。”“发展才是硬道理。”“科学技术是第一生产力。”“掌握新技术，要善于学习，更要善于创新。”“解放思想，开动脑筋，实事求是。”“尊重知识，尊重人才。” 师：通过学习，同学们汲取了伟人的智慧和思想，正如刚才同学们所说的，我们要有新的精勇于改革与创神；我们要重视科学技术的发展；我们要不断学习，不断进步。我们相信，踏着伟人的足迹，汲取伟人思想，继往开来，最终一定会实现中华民族的伟大复兴，实现国强民富的中国梦！ **【结束语】** 多媒体播放春天图片（背景音乐《我的梦我的中国梦》） 师：从新中国“站起来”，到改革开放“富起来”，再到新世纪“强起来”，实现中华民族伟大复兴的曙光现在已经清晰地绽现在我们面前。今天，当我们伫立在21世纪的又一个春天，刚刚闭幕的两会又为改革勾画了新的蓝图，让我们充满了期待，点燃了热情。改革再出发，未来充满希望，又一个充满生机与活力的春天即将绽放！	⑯通过视频播放，追随伟人的足迹，聆听伟人的思想，畅谈自己的感悟，实现情感的升华，设计思路很好，但要注意课堂的节奏和调控，处理不当的话，当堂难以完成学习任务。

总评：

《建设有中国特色的社会主义》是人教版《中国历史》八年级下册第10课的内容。本课主要介绍的是党的十一届三中全会前后到十五大这一时期，邓小平设计和描绘建设有中国特色的社会主义蓝图的过程，以及在构想和实践建设有中国特色的社会主义过程中逐步形成和发展邓小平理论的过程。这一课是本单元的重点，理论性知识很强，学生掌握吸收比较困难。下面我从以下几个方面谈一谈丛洪娟老师的这节课：

1. 紧抓时事热点，历史现实紧密相连

从“两会”导入新课，到“三步走战略部署”的处理联系“两个一百年”的中国梦，以及第三板块“继往开来，走向复兴路”涉及的几次会议和邓小平诞辰120周年，都将历史与现实联系，真实地体现了建设有中国特色社会主义道路的不断完善，不断发展，与时俱进，继往开来。

2. 巧用多媒体课件，历史教学流光溢彩

多媒体课件的制作首先要实用，不能喧宾夺主。这堂课的课件比较实用，包括文字资料、视频、图示等，能够和教学内容有机融合，如本课的视频都和邓小平有关，有诗朗诵，有南行讲话，有追忆邓小平足迹的内容，有助于学生更好地感知邓小平所提出的建设有中国特色的社会主义理论的形成过程，使学生确立为祖国的改革开放和现代化建设事业做贡献的人生理想。同时，多媒体教学的充分运用，激发和调动了学生的学习兴趣，提高了课堂教学效率。

3. 巧构板块教学，教学环节自然过渡

本课设计了“立足国情，探索特色路—拨开迷雾，引航改革路—继往开来，走向复兴路”三个板块，思路清晰，系统地呈现了建设有中国特色的社会主义的形成过程，既有继往也有开来。本课以“路”为主线，把三个板块衔接成一个整体，充分体现了“主线贯穿、板块整合”的板块式教学理念，有助于学生对教材进行整体感知，同时又注重各环节的过渡，比较自然。

4. 注重学法指导，授之以渔，事半功倍

教育家陶行知曾经指出：“先生的责任不在教，而在教学，而在教学生学。”也就是要求教师在教学过程中，不只是教学生“学会”，而最重要的是教学生“会学”。把学习方法教给学生，是保证学生的主体地位、培养学生自学能力的基础。在本课中，丛老师多处运用了关键词归纳法、图示法等学习方法，教会学生有效提炼历史信息，轻松掌握所学知识。

5. 独具慧眼识教材，厚积薄发惠学生

这节课理论性知识很强，对于八年级学生来说不易理解，但从丛老师对这节课的处理来看，应该是下了很大功夫，既分析了学情，又认真研读了教材及相关理论知识。同时，也要注意教师在备课时可以深挖教材，要考虑学生的理解力和学生所应达到的目标，不必过于提高难度，不能过深。教师多备课，是为了讲明白，讲浅显，而不是过于拔高难度。

6. 语言平淡需多锤炼，功夫不负有心人

课要精彩，首先语言要精彩，语言的功力更有助于彰显模拟课堂的魅力。对于这节课来说，比较大的遗憾就是语言，由于语言的问题也会影响到对于学生积极性的调动，在学习中要调动学生能积极主动参与，教师要有充沛的感情，诗话的语言。

通过模拟课堂研究法，可以让我们经历一次次上下求索的“教学苦旅”。这一过程是发现不足、寻找遗憾的过程，是超越自我的真实写照，是一次脱胎换骨的教学重生。在一次次的涅槃之后，让我们的理念更加先进，方法更加创新，课堂更加高效。

第十节　网络教研研究法

一、概念阐释

（一）网络教研的内涵

广义上讲，网络教研是指在教研过程中运用网络技术的教研活动。狭义上讲，从学习方式与教学研究实践方式的视角来看，网络教研则是指将网络技术作为构成新型学习研究生态环境的有机因素，以探究学习交流研讨作为主要学习方式的教学研究活动。《国家中长期教育改革和发展规划纲要(2010—2020年)》明确指出：“到2020年，基本建成覆盖城乡各级各类学校的数字化教育服务体系，促进教育内容、教学手段和方法现代化。”网络教研，作为随网络应用的发展而产生的一种系统的、崭新的教研模式，具有广阔的应用空间和巨大的潜力。它为教师提供了内容丰富、使用便捷的课程资源，建立了开放、交流的平台，营造了“同伴交流”“互助共享”的教研氛围，发挥了教师在教研活动中的主体作用，有利于教师打造充满魅力的历史课堂。

从网络的本身看，网络教研是信息社会的教育教学的必然产物。网络带给我们的冲击是巨大的，网络能给予我们无穷的信息和资源。加拿大世界著名传播学家马歇尔·麦克卢汉（Marshall McLuhan）说："每一种媒介（媒介形成）一旦出现，无论它传递的具体内容如何，这种媒介形式本身就给人类社会带来某种信息，并引起社会的某种变革。"① 网络教研是随网络应用的发展而生的一种系统的、崭新的教研模式，是对传统教研方式或常规教研方式有益的补充。

从内容上来看，网络教研借助网站、论坛、博客和各种网络通信工具，为广大一线教师提供了内容丰富、理念新颖、技术先进、实用便捷的优秀教育资源。网络教研着眼于在区域教研的真实情境中发现问题、研究问题、解决问题，促进教师在研究状态下进行反思式的实践和专业成长。

从目标上来看，网络教研不是最终目标，不是为了教研而教研，是教研的手段，教研又是教学质量提高的手段。所以说，网络教研的终极目的是促进教师专业发展。

从方式上来看，网络教研是一种以网络为手段开展教研工作的新方式，不受时空和人员限制，能实现跨越区域，实现专家与教师、教师与教师间的互动。通过各种教育博客、论坛或者基于在线通讯工具的教研群体，教师可以进行区域内或跨区域的教研活动，不同地方的人都能够在同一个网站上交流学习，学习别人的优点，改进自己的教学。这种基于网络的教研方式、学习方式，正在深刻地改变着许多老师的学习方式、工作方式乃至生活方式。

（二）网络教研优势

网络教研是以信息技术为基础的现代化教研手段，是传统教研在时间和空间上的延伸，具有许多独特的优越性。传统的教研活动，多数是面对面的交流、研讨。这种方式的缺点是参加教研活动的人员必须在同一个时间、同一地点才能进行；活动的议程固定，发言人数有限，被动听众多，时间精力耗费大，效率较低，教研资料备份困难，更难于共享。我们可以通过下表比较两种教研：

---

① ［加］马歇尔·麦克卢汉：《理解媒介——论人的延伸》，何道宽译，北京，商务印书馆，2000。

对比项目	传统教研方式	网络教研方式
投入成本	首期投入低 运作投入高	首期投入高，运作投入低
参与人员	有限（主要是骨干教师）	无限（面向全体教师）
资源占有	非常有限	十分丰富
资源复制共享	相当困难	特别简易
教研范围	有限的小范围	无限的大范围
个性化需求	难以满足	容易实现
教研时效性	较差	相当好
教研参与性	有限制	相当好
对人员要求	较低，不用培训即会	较高，需要培训
资料存储	不容易保存、查找	备份简单，查找方便

实践表明，网络教研与传统教研相比，具有更加有利于教师的专业成长、有利于校本教研的落实、有利于区域性教研的整体开展和课程专家的引领、有利于教师开展个性化和教学研究等特点。同时，网络教研并非只是传统教研与网络资源的简单叠加，它是依托网络资源而滋生出的一种系统的崭新教研形式。

（三）网络教研的作用

（1）进行同伴互动 保障资源再生

新课程的实验需要教师对教材的吃透、对教参的利用、对课堂教学模式的发展要有深入的思考，网络教研正是解决这些现实问题的有效手段，它打破了“空间”“环境”的限制，具有透明度、参与面与交流面都较大等优点。互动的网络教研资源已经成为教师学习的有力工具，网络教研的共享性、开放性使得人人参与、人人发表意见成为可能。通过网络教研，骨干教师与普通教师、教师与教师开展更加民主化的和真实化的教研活动，大家把自己的教学困惑、教学观点、教学经验与大家一起分享，凝聚更多人的智慧，促进了普通教师与优秀教师的广泛交流。通过教研群体，大家可以进行区域网络教研活动，可以定期地参与讨论一些疑难问题，实现异步、同步相结合的更加以人为本的教研，使教学资源的使用更为灵活，也为资源再生提供了一个空间和保障。

（2）改变教研方式 提高教研效益

在传统教研活动中往往由某些教师主讲，其他教师参与讨论，甚至不讲，这样的形式很容易造成虚假教研。网络教研是对定时定点聚集的教研活动的全时空延伸，可以改变教研供给不足的状态，增强了教师参与教研的自主性、回应解决问题的及时性和实现互动交流的广泛性；同时，也改变了教师的学习、工作状态，引领教研的深入，使得教师在超越时空的同时还能超越自我，构成丰富多彩的“社会大教研”。所以，网络教研不再仅仅是一种参与形式而是一种行为变革，更是一种创新思维，这会对教研的动力、教研的效益进行深度催化。

（3）助力教师成长 提升课堂魅力

“课堂因网络而精彩。”网络教研能够介入教学全程，贯穿在教师教学设计、教学实施和教学反思的各环节。信息时代的发展，网络上不断涌现新的教育教学成果，有的甚至是特级教师、教育专家的教案精选，用老师们的话说：“放着这么优秀的作品不去采用多可惜，何苦要再去动脑，吃力不讨好呢?”网络教研帮助教师在备课过程中克服了孤军奋战的困难，由过去一个人的思路狭窄、知识贫乏转为集体的智慧碰撞，共享了优质教育资源。

苏霍姆林斯基说过：“如果你想让教师的劳动能够给教师一些乐趣，使天天上课不致变成一种单调乏味的义务，那你就应当引导每一位教师走上从事一些研究的这条幸福的道路上来。”① 网络教研就是教师走上这条道路的助推器。网络教研并不否定其他形式的教研作用，而是从另一种视角上探索教研的方向，挖掘内在资源，促使教研更加科学。这对于提高教师的专业能力，激发教师的职业热情和创新精神，提升历史课堂教学的魅力都发挥着重要作用。

二、实施策略

要发展网络教研，教师的工作是关键。唯有教师基于网络教研平台通过参加项目活动、主题活动、教学活动，才能持续的、有效的发展网络教研。

（1）精心设计网络教研框架，加强教师的专业化引领

构建起全员参与的区域网络教研体系，搭建“任务驱动”机制，以引导一线教师卓有成效地开展网络教学研究。全面规划网络教研，定目标，分任务，重反思，谋改进，树典型，多总结。教研员和骨干教师应该成为网络教研的“排头兵”，用新课程理念指导老师们在思考时能把握重点问题、焦点问题，做

---

① ［苏］瓦·阿·苏霍姆林斯基：《给教师的建议》，杜殿坤编译，507页，北京，教育科学出版社，1984。

理性、系统的反思，在更高层面上加以总结、提炼，注入更多的理性思辨，形成高质量的教研成果，避免认识的肤浅，反思的散乱；积极向老师们提供优秀教研网站，提供教育教学专家信息，引领教师将事实问题转化为研究问题，群策群力，共同探究，寻找策略，解决问题；引导大家学习、阅读，反思，通过不同的途径让他们逐步感受到网络教研的好处，在互相交流中提升精神需求，从而产生一种内在的需求，力求网络教研结构中每一个节点都能被激发出潜能和潜力。

（2）着力建好网络资源库，实现教育信息资源交流

“问渠哪得清如许，惟有源头活水来。”网络资源库的建设需要所有教师的积极参与与无私分享。有效网络资源，能加快学科教学信息共享的节奏，为教师提供全天候的教研引领。在学科网络教研“有用”“管用”和“能用”等方面多做文章。网络资源库的构建应该围绕下面几个要求：一是有用，能帮助教师钻研教材；二是管用，能帮助教师设计教学；三是好用，能帮助教师精选练习；四是专业化，能帮助教师开发校本课程。教师在使用课程资源参与虚拟教研的过程中，创造出来的教案、课件、案例、随笔等个人资源，通过网络的传播变成一种公共资源形式对原有的网络课程资源库进行有机的补充。

（3）拓宽互动交流平台，提高网络教研的实效

“网络教研”实施的关键是实现“互动”。只有通过互动才能实现教育资源、人力资源、智力资源的共享。教师可把平时在教学实践中遇到的问题、困惑、反思，借助网络、博客、论坛、教师工作室等平台，与同行、专家一起进行交流研讨，一起想方设法来解决问题，达到共同提高和进步。例如，博客的建立，给我们尚在摸索中的网络教研活动搭建了一个有效的学习与交流平台。教师在个人博客中可以反思教学得失，提高个人成长品位。个人博客一是要有明确的博客主题，高标准定位“建博”方向；二是每周至少撰写一篇教学反思；三是建立个人教学资源库；四是设计个人成长空间。一位桂林的历史老师，他的博客里写了一篇《红军长征在湘江》的博文，文章以历史教师的笔触讲到了湘江战役的内容和当地老百姓的感受，文笔细腻，语言优美，还配有一些实景图片。这是很好的教学素材，可以在自己的教学中借鉴使用。

三、案例分析

山东省济宁市历史学科教研以“教科研网”为平台，分设文章（含教育动态、教育科研、教育杂谈、争鸣探索、课程改革、课题研究、教研活动等子模

块）、资源（按年级分类）、工作室（教研员工作室、名师工作室）、协作组、集备、视频、活动、专题八大模块，并以此为载体，以网络技术为支撑，发挥信息优势，为教师与同伴提供跨地区、多角度的畅谈搭建了平台，不仅满足了教师对教学问题随时探讨的需求，更是解决教师孤军奋战的便捷方式，并提升了全市历史教研的品质。同时，网络教研使所有教学一线的教师通过学习与反思、探索与交流，共同经历着成长的过程，品尝着收获的甜蜜，使历史教研因网络而更加精彩，历史课堂因网络而更充满魅力。

案例一

济宁市历史学科网络教研平台开设以来，汇聚了广大教师们在长期教学过程中辛勤劳动的结晶，解决了许多老师们新课改中出现的困惑和问题。为了最大限度地调动一线教师参与网络教研的积极性，我作为网络教研平台的组织者，受生物教研员王印国老师的启发，写了一封鼓励全市历史教师加入“网络大教研”中来的信。

致全市初中历史教师的一封信

辛勤耕耘在教学教研一线的老师同人们：你们好！

受王兄印国致生物教师一封信的启发，我也写一封致全市初中历史教师的信。

岁岁花似锦，今年花更红。新的学期开启新的希望，新的历程承载新的梦想。梦想不断延伸，脚步依旧执着。新的学期，祝各位同人身体健康，工作顺利！朝着灿烂的前景，奔腾捷进！

去年以来，特别是近几周，各县市区教研员和全体一线教师，积极参与历史网络教研。老师们注册的积极性非常高，认真交流，自觉地融入了团体之中，与团体同呼吸，共进步。既完善自我，又相互帮助。在网络教研的平台上提设想、说困惑、谈经验，大家都有了不同的进步。我被一线教师们的真实、鲜活的反思案例所感动，课程改革的酸甜苦辣在这里都可以品尝到。正是在全市历史教师的努力推进下，我市历史教研已经取得了可喜的成绩，尤其是我市的“板块式教学”得到了省专家的一致认可，具有很高的推广价值，也涌现了一大批省优质课、教学能手，他们也都是网络教研的积极参与者。

近两周的时间里，我从网络教研的初中历史平台上，认识了任城的李伟，兖州的吴静、王君华，曲阜的丁怀健，泗水的陈士邦、杨伟荣，邹城的从红娟、高明立、张现利、丁行雨、周玉、陈计伦、刘红梅，微山的王秀清、马龙，金乡的申海利，汶上的刘彩红、李杰、卢庆霞，梁山的孙恩玺等老师。我拜读了他们的文章、课例，深受鼓舞和感动。我看到了他们积极主动参与网络教研的热情和日常教研的成就，分享了他们日积月累的教研成果。

网络教研犹如清风活水，给教育注入了新的活力，也让我们教师看到了提高教育教学质量的契机，为我们教师的成长提供了一条新路径。

网络教研是互补共赢的平台。它缓解了专业支持力量和资源的匮乏。打破了教研封闭状态，充分发挥了优质资源，整合了共同体内教师专业发展的人力资源，为资源共享，共同提高学校的教学质量提供了网络交流平台，使教师们做到了足不出户而取经，既节约了经费，又节约了时间，达到了事半功倍的效果。教师之间的互动教研，同伴之间的强弱互助，起到了较好的促进和提高作用，弥补了传统教研中专业引领不足的问题。

网络教研是学习研究的天地。网络教研使得学习分享更加便捷，信息化是目前教育科研发展的必然趋势。在网络教研中，教师人人都是学习者、人人都是教育资源建设者，你可以在案例研讨、课改沙龙、说课评课、教材探究、学案集萃等方面谈体会与发现，与同行们共同交流、进步。应该说，在网络中学习，也是另一种形式的实践，是在体验着别人的实践，感受着别人的内心思考。

网络教研是促进成长的阶梯。它弥补了常规教研中专业引领不足的问题。朱永新在《新教育》中明确指出："没有教师的发展，永远不会有学生的成长；没有教师的幸福，永远不会有学生的快乐。"[①] 成长是我们生命中永恒的主题，成长的动力之源就是学习与反思。从去年网上教研的情况来看，教研中有教师个人的自我反思、教师集体的同伴互助、组长与骨干教师的专业引领三种力量，与传统教研相比发挥出了更大的效用。在网络状态下，一对一的交流变成了一对多、多对一的交流，每一个教师都成为主动参与者，可自主安排时间，可畅所欲言，真正做到了人人参与、人人发表意见。更重要的是，教师们少了些欲言又止的拘泥，少了些冒犯他人的顾虑，多了些"爱吾师，更爱真理"的潇洒和率真，更有利于引发大家对教研内容的深入思考，真正起到了研讨、反思、互助的作用。

在新一轮课改面前，历史注定将它的时代责任抛给我们这一代教师；在教

---

① 朱永新：《朱永新教育小语》，143页，福州，福建教育出版社，2013。

书育人的责任面前，我们唯有用自己的努力方能适应新课程，只有运用我们的智慧方能闲庭信步。

今年是我市网络教研进一步推广、深化的一年。网络教研，它具有交流时空的灵活性、共享信息的广泛性、参与主体的自由性等诸多优势，但是，如果没有教师的热情投入和主动参与，即使拥有再好的硬件条件，网络教研也将会流于形式，缺乏实效性。在下一步的工作中，我提以下几点建议：

1. 明确认识，与时俱进

我国著名科学家钱学森对未来教育作了如此论述：未来教育＝人脑＋电脑＋网络。信息爆炸、知识爆炸的时代，分享别人的成果肯定对自己有帮助；有些我们可以创新，有些我们可以拿来，让我们可以少走弯路，对提高自己的业务素质大有益处。网络教研最大的好处就是让更多的人，有更多的机会发表自己的观点，要消除畏难心理，要本着研究提高的目的，在网上多发言多提问，要把好的经验做法及时记录，以便用于今后的教学之中。

2. 积极参与，合作交流

在教育科研中用时代的最新信息来武装自己，在丰富新颖的时代信息中汲取营养、不断进步，这是教师提高自身素质的一种观念需要。我们可以在教材分析、教学案例、考试信息、课题研究、教学论文、教学媒体、教学资源、测试练习等方面注重积累，“厚积薄发”，然后分享自己的收获，发扬团队合作意识，相互奉献。让我们在分享中体验成就感，在争议中感悟，在碰撞中思考，在交流中分享智慧，在反思中探求真谛，在关注中共同进步，在相互扶持中共同成长。

3. 回归课堂，服务教学

更好地服务于教学工作才是教研的回归。网络教研的目的是为提高教师的自身素质和教学水平，因此参加网络教研的教师要把教研所取得的成果与平时的教学实践结合起来。在教学中，深入研究和实践如何充分而恰当地设计、开发、运用网络资源，并使之与其他手段有机结合，以达到优化课堂教学、最大限度地提高效率之目的。

运用资源的能力也是从事教育教学工作的所需的专业能力。我们要多反思自己的课堂教学，去研究和聚焦自己的课堂，因为课堂是我们的生命舞台，也是我们生成体验与困惑的地方。遇到并处理各种各样的教育教学问题，我们要善于发现这些问题，把你每天在教育教学方面的思想火花记录下来，一次联想、一次顿悟、一次灵感、一次成功或失败的教育教学体验，都可以记录下来，提炼出有价值的教育教学经验，那就是你的教育教学论文，那就是你成功的开端。

上海特级教师李惠军老师曾说过：成年人专业知识的增长，更多地来自于与同行的交流，并在实践中获得。我们的许多观点，都是在和他人的言语碰撞交流中逐渐清晰成熟的。在新的学年里，更好地利用网络教研的平台，“课内比教学、课外访万家”。萧伯纳曾经说过：“你有一个苹果，我有一个苹果，我们交换一下，一人还是一个苹果；你有一个思想，我有一个思想，我们交换一下，一人就有两个思想。”两种思想经过交流与碰撞，再融入个人的思考、整合和拓展，就极有可能迸发出“创新”的火花！

放眼未来，我们有信心在这种和谐、共同研讨的氛围中，积极参与教学实践、努力提升学科理念，积极探索我市初中历史教学的着力点，让网络教研成为一种习惯，将网络教研工作推向新的高度，进一步推动全市初中历史教学工作迈向更高的台阶。

济宁市教育科学研究院　邓继民

2013 年 3 月 20 日

案例二

又是一年中考时

——写给中考年级教师的几点复习建议

邹城教研室赛晓文　发表时间：2014 年 4 月 15 日

时光飞逝，转眼间，一年一度的中考又要来到了。老师们，您和您的学生准备好了吗？

今年中考备考与往年略有不同，大致体现在两个方面。

（一）中考研讨会取消了。研讨会是老师们年年翘首以盼的重要会议，忽然宣布取消了，多少老师的心在流泪呀！但这也未必是坏事。从长远学习的角度看，没有了重点与非重点的划分，学生学习更全面，更有利于对历史知识的整体把握，学生以后会感谢我们的！另外，我们不是还有《中考说明与指导》吗？这是近些年来我们一直提倡使用的一本资料，里面的知识点都是最基本的。老师们如果对学生加以引导，好好利用，最终达到 60％的正确率应该不成问题。为什么不是 80％甚至 100％呢？这可能会是今年中考与往年的第二个不同。

（二）试题难度会增加。一直以来，我们历史学科的中考成绩跟其他学科比都明显偏高，这里指的是优秀率。当然这与老师们平时认真努力地工作是分不开的。有的老师可能会说这是学科差异造成的，不同学科不能比较。但是我们要知道，我们这是选拔考试，选拔考试就应该有区分度。那么什么是区分度？不明白的老师可以在这里科普一下。试卷区分度反映试题区分不同水平受试者的程度，即考出学生的不同水平，把优秀、一般、差三个层次的学生真正分别开。如果某一分数区间学生相对集中，高分太多或不及格太多，区分度就相对较低。近几年来，邓老师一直在尝试增加部分试题的难度以提高试卷的区分度。我们也能够感觉到试题难度确实在逐年增加，优秀人数在逐步减少，但不是很明显。2014 年春节后的视导听课中邓老师再次表示，今年将增加试题难度，尤其要增加一些真正有思维含量的题目。具体在客观题中体现为适当增加组合选择、材料分析选择以及读图选择题；在主观题中体现为将加大材料分析题难度，真正考查学生对史料的分析、理解和归纳能力。也可能会有问答题，这是近些年来很少出现的。针对试卷难度加大，有的老师可能不知所措了。其实也不用紧张。首先，增加难度的只是部分内容，基础知识肯定要保留，所以用好《中考说明与指导》是最主要的。其次，是主观性问题，比如说感悟、谈想法，要教给学生从几个层面进行分析，组织答案。根据以往阅卷经验，有的学生写了很多话，翻来覆去一个意思，那还只能算是一层意思；再次，必须教给学生从材料中提取信息的能力。前面提到今年材料分析题难度将会增加，那么如何做好材料分析题？这就要老师们根据自己多年的经验总结出适合自己学生特点的方法来。我个人认为大部分材料只要认真阅读，一些信息会自然显现。所谓“书读百遍，其义自见”说的就是这个道理。当然最重要的是教给学生方法，如何抓住关键词在短时间内获取有效信息，并结合题目要求进行归纳总结才是最终目的。最后，针对一些开放性的问题，要教会学生发散思维。这里的发散思维不仅仅是逻辑方面，还有空间方面，不能只局限于某一段或者某一国的历史。

下面说点具体的。“知己知彼，百战不殆。”对中考而言，了解学情与课标，是为知己；把握中考命题方向与形式、关注社会热点，是为知彼。在历史复习备考中，如何做到知己知彼，利用有限的时间达到高效复习备考的效果，应注意以下几点。

1. 关注学情

学情是学生的学习情况。了解了学情，才能随时补偿教学，改进课堂。对于学生来说，通常存在以下问题：

（1）基础知识掌握不牢，巩固意识差。会说不会写，或者记不准，错别字很多。如嬴政；罢黜百家、独尊儒术；玄奘；松赞干布；赵匡胤；伊犁将军等画线字。

（2）阅读和理解能力差，答非所问的现象严重。有些学生有畏惧材料题的心理，见了材料题，只是读完，而没有进行细心解读，自然就不理解材料，不能提炼材料中的信息。

（3）审题意识不强，不能抓住关键词来判断问题的核心，存在盲目作答和漏答现象。

（4）组织答案的能力较差。尤其对一些开放性题目，不能从问题的逻辑性、层次性等方面进行准确回答，答来答去都是一个意思。

这些问题的存在与老师平时要求不严、对学生缺少规范训练等有一定的关系。所以最后阶段的规范训练必不可少。

2. 关注学法

针对今年试题可能出现的变化，老师们要头脑冷静，理清思路，想好如何去做，然后把自己认为可行的学习方法教给学生，争取最大限度适应考试的变化。

3. 关注热点

热点包括时事热点和历史热点。时事热点指新闻，包括大家熟悉的领土问题、民族关系、外交关系等；历史热点包括人物或事件逢五逢十周年纪念等。历史热点相对容易找到，而时事热点则需要老师们关注新闻，找到新闻与历史的契合点，从新闻中联系历史，这就要求老师要有较高的敏感度。

4. 熟悉命题特点

我们学科中考题型比较固定，老师们可以有针对性地对学生规范训练，强化规范答题意识和能力，提高复习备考的实战性。

总之，进入最后备考的紧张阶段，希望老师们有计划性、针对性地引导学生复习，忙而不乱、环环相扣，学生定会学出兴趣、学出效果。预祝您和您的学生都能取得满意的成绩！

邓继民评论　时间：2014 年 4 月 15 日

“年年岁岁题相似，岁岁年年题不同。”又到中考时，师生的复习进入紧张冲刺阶段。如何复习才能更有效，任城教研中心的马广忠老师和邹城教研室的赛晓文老师，从不同的角度阐述了相同或相近的观点。我认真拜读后，觉得恰好表达了我想说而没有说的想法。在这里，关于复习的方法、重点、热点等问题，我不再赘述，只略谈二点。一是我们的历年考试，难见历史思维含量较高的试题，导致连年优秀率太高，这种状况必须改变。二是往年的感悟问答，明显有“大、虚、空”的感觉，致使学生的回答大多停留在“口号式”语言层面，无法达到切合真实思想的发散思维上。类似的感悟不一定没有，但应该力避。欢迎广大教研员和一线教师发表自己的真知灼见。

案例三

由“嬴”字谈学生质疑与探究精神的培养

鱼台县武台中学　张小丽　发表于：2013 年 3 月 24 日

在初三历史课的一节复习课上，复习到嬴政兼并六国、一统天下之时，一学生坚定地说：“老师，嬴政的嬴不是这样读，读 léi。”此语一出口，引起学生嘲笑，有的学生说无知，有的学生甚至口出脏话，言语相讥。本人虽然没有深厚的文字学功底，但对这个字的读音还是能确认的。但学生在课堂上能够大胆质疑，本就是一件可喜之事，若不加以保护，这种质疑的精神恐怕就会被扼杀。既然这个学生能够如此果敢，一定胸有定见。“大家都认为这个字读 yíng，你能不能讲讲你的具体认识?”这个学生很兴奋地讲到小学时学的“惊弓之鸟”的故事。原来，他是将更羸的“羸”，与“嬴”字混淆了。我略作解释，并将“嬴”字的形近字加以板演。这个时候，全班学生虽然对这个学生的态度没有刚才强烈了，但依然不乏讥讽之言。我继续鼓励道：“同学们如果有兴趣可以查阅资料，看看这些个字的来历，我们共同切磋。”学生的态度显然缓和了。这个时候，我知道还没有将这个问题解决好，继续鼓励道：“我非常感谢大家能够提出问题，史学研究不断有新的动态出现，我们的文字学家是不是在文字方面有新的解释呢？我们读得少，看得少，当然知道的也不全面了。尤其是我，大家没有问题，我不思进取，思维都僵化了。你们能有新的问题，新的思路，新的见解，更会促进我的进步。”此番话音未落，学生思维顿时活跃了，“是的，司母戊鼎也称后母戊鼎”。你一言，我一语，学生兴高采烈地讲起了自己获得的新知识。

孔子说：“学源于思，思起于疑。”明代学者陈献章曾说：“学贵有疑，疑则进也。小疑小进，大疑大进，无疑则无进。”工作中，我们不正要善于把握课堂教学的契机，来激发学生的探究热情，培养学生善于质疑的思维品质吗?相信，经过我们的努力，我们自己和我们的学生一定会有长足的进步。

邓继民评论 时间：评论2013年3月24日

这篇短文写得很真实。张老师对课堂上学生的质疑加以肯定、鼓励，对学生发散思维，大有益处。“学贵有疑，疑则进也。小疑小进，大疑大进，无疑则无进。”道理浅显，奥妙无穷，对我们每位历史教师都是理性的启发。我相信，如果我们每一位老师都能从细微处入手，培养学生质疑的习惯，教给他们质疑的方法，让他们真正享受到质疑的乐趣，并将这项工作坚守到底，学生们学习历史的时光将会变得轻松愉快，历史教育的明天也将会更加美好！

案例四

历史课堂如何巧妙地运用细节

邹城市张庄中学 黄尽英 发表于：2013年3月23日

一、创设细节，让课堂生趣盎然

课堂上，这样那样的细节很多，对提高学生的科学素养来说，细节是素养的基石。课堂上是没有小事的，我们每一位教师，只有不断地从小事中，从教学的每一个细节中多思考、多探究、多实践，才能在教学中“小处也能做出大文章”。

例如，在讲《马关条约》时，我引用了这样一副对联：“内无相，外无将，不得已玉帛相将；天难度，地难量，这才是帝王度量。”在甲午中日战争中，中国败于日本，李鸿章代表清政府前往马关议和，日相伊藤博文在谈判桌上出句相难，李鸿章第二天才在随员帮助之下对出了下联。这副对联的使用，解决了有关《马关条约》的几乎所有要点：①背景：“内无相，外无将”，军队无力，朝廷无能。②内容：“玉帛相将”，我们给日本割地、赔款。③影响：“帝王度量”的大方，大大加深了中国半殖民地化的程度。由于运用对联，使教学精巧、生动，学生对《马关条约》这一知识点的印象就非常深刻，大大有助于理解和记忆。所以，充满活力的教学细节，要靠教师精心创设，用心打造，这样的课堂才是生趣盎然。

二、捕捉细节，让课堂闪烁智慧之光

我在讲《“文化大革命”的十年》一课时，有这样一个片段：我津津有味地给学生讲：“文化大革命”期间，全国出现了学校停课、工厂停工“闹革命”的动乱局面，许多人遭受了不明冤案。这时一个叫“昌平”的学生扑哧一下笑了，全班顿时乱哄哄。我当时很生气，差一点就要批评他。但转念一想，昌平

同学也许想到了什么，不是恶意破坏课堂纪律。于是，我亲切地走到他跟前，说："昌平，有什么高兴事，和大家一起分享一下，怎么样?"昌平站起来大声说："老师，关于'文化大革命'，我看过一个故事。""那你给大家讲一讲好吗?"结果昌平给大家讲了这样一个故事："'文化大革命'期间，有一家知识分子，生了两个儿子，大儿子叫爱国，二儿子叫爱民。后来，又生了第三个儿子，父亲给其取名为爱党。结果，红卫兵捉走了他的父亲。你猜，为什么?"……"因为红卫兵说，他的三个孩子的名字连起来，隐含着一个意思：爱国民党。"全班顿时一阵哄笑，但很快就安静下来，个个凝神思考……一节课的难点，不经意间自然突破。

所以，要做到有效捕捉细节，需要教师用诚挚的热情，睿智的心灵去关注每一颗心灵，有效地触动学生的心灵。

三、挖掘细节，让课堂充满灵性

历史虽是过去发生的事，但历史与今天不是割裂的。今天发生的事都有历史渊源，通过对时事热点进行历史渊源的研究，可以加深对今天形势发展的理解，更好地把握未来。

例如，在讲《海峡两岸的交往》一课时，我引用时政要点：连战大陆行程路线分析：①绕道香港：大陆与台湾仍然处于隔绝状态，不能直航。②南京：祭拜中山陵，表达对资产阶级革命先行者、中华民国缔造者的崇敬。③西安：祭拜黄帝陵，表明大陆与台湾同根同源，人民同为炎黄子孙。④北京：60年后再握手，加强沟通，为民族的伟大复兴共同努力。⑤上海：大陆经济飞速发展的缩影，对未来充满希望。在教学城濮之战时，我引导学生通过地图，城濮这个地方在哪条河边啊?

——濮水边。

——好，现在就请你们闭上眼睛想想一下那滔滔的江水吧，想象好了吗?

——想好啦!

——不许睁眼啊，再继续想一下一个白发老人来到水边，他就是晋文公，想好了吗?

——想好啦!

——他看着这条河，想，在这河边，我成就了霸业，就是美中不足，死了很多战士，所以美少了一条横啊!

——记住我的故事了吗? 好，那么睁开眼，边说着我的故事，边把濮再写一遍吧。

孩子们嘴里开始念叨着：

一条河边站着一个老人，——三点水——单人旁，

他成就了霸业，——再加上一个业字，

美中不足，死了很多人，所以——业字下面的美字少一横，写出来，这就是濮字，写完啦，孩子们会心地笑起来……

真的，这个字，这节课每一个孩子都会了，N年后也不会忘的。

邓继民评论　时间：2013年3月26日

黄尽英老师的这篇文章，对我们如何在历史课堂上巧妙地运用细节，提供了很好的范例。方法、目的、效果都一目了然。创设细节，让课堂生趣盎然；捕捉细节，让课堂闪烁智慧之光；挖掘细节，让课堂充满灵性。生动具体的历史细节可以刺激学生听觉、视觉等多种感官，吸引学生的注意，激发学生学习历史的兴趣，黄尽英老师对“濮”这个字的处理，不仅学生N年不会忘，就连我，也会N年不忘。

案例五

一枕黄粱一场梦，一次尝试一节高

泗水县圣水峪中学　马传霞　发表于：2013年5月19日

我们县刚进行完的期中考试试题题型丰富，题目很有高度。尤其是后面的三个材料题，真正是做到了紧跟版块式教学的潮流，也采用了分版块的形式，题型新颖，既考查了学生对基础知识的掌握情况，还考查了学生分析史料、以史鉴今的能力，让学生能有机会发表自己的看法。最后一道材料题是这样的：

“杭州某位艺术家为秦桧夫妇立了两座站像，还题名为《跪了492年了，我们要站起来歇歇了》。请问你同意这种做法吗？请说明理由。”此题成为了学生们考后最放心不下、最纠结的一个问题，其中七年级一班的同学争论特别激烈。不少学生也来询问我的看法。由于我也不确定，也不敢贸然回答。本来只想着给学生点到为止，一直也想着农村学生知识面窄，没有城市的孩子有观点、有口才的。在本省教了好几年历史，听了很多老师的课，每年也外出学习了不少的教学理论知识，一开始还想着回来试着实施一下，可是最后也是随波逐流，外出学习不少，从不想着尝试了，当时满腔热血，回来又照旧了。正好我看到了邹城赛小文老师关于教学中生成问题的探讨，印象比较深，受到了启发。心想既然如此，何不尝试一下？于是我停下来给学生开了10分钟的辩论

会。学生一听说要开辩论会，都炸开了锅，先分成两队：正方（不同意）和反方（同意）。没等我说，就七嘴八舌地几个一组先讨论起来了。2分钟过后，我宣布辩论正式开始，他们的辩论确实让我再也不敢有以往的想法了：

正方：我坚决不同意让秦桧夫妇站起来，他们投降卖国，秦桧还想尽诡计陷害忠良。如果这样做，我们就失去了明辨是非的能力，什么是真善美，什么是假恶丑？没有了立场和原则，我们最起码的价值观都会被扭曲。好人理应流芳百世，恶人就该遗臭万年。

反方：我方坚持认为可以这样做，因为我们在坚持原则的同时也看到了秦桧夫妇也确实受到了应有的惩罚。已经跪了492年了，我想他们也应该知道悔改了。宽恕是一种美德。我们也要懂得宽恕。

正方：难道杀人放火的人我们也要宽恕吗？若是人人可以宽恕，整个社会岂不治安混乱？纵容了坏人去作恶？

反方：历史的长河中有正面人物，也有反面人物，正是如此，才构成了有血有肉的历史，反面人物在历史的发展中也起着重大作用。秦桧谋害岳飞是不争的史实，这才有了今天的历史，否则大宋王朝一统江山了，说不定我国封建社会就更为漫长了。

（老师补充：每一种社会制度都有它自身产生、发展和消亡的规律）

正方：即便如此，我们也要坚持是非原则！

反方：此外，我们还认为这位艺术家也有值得我们学习的地方，比如，他的善于创新，标新立异。他的此举能使很多不了解岳飞和秦桧故事的人了解这段历史，更加地崇仰岳飞。

到这个时候，我差一点控制不了课堂了。于是，我赶紧对学生的表现给予了表扬，并让他们写出正反双方的论据，并告诉学生：两种想法都是对的，同学们讲得都很有道理，不仅言明了理由，证据也具有说服力。

通过这次的尝试，我感觉到说是说的事，听是听的事，听到心里了，还一定要付诸行动，哪怕一次小行动也比长篇阔论的说、翻来覆去激动的光想有用。所谓“一枕黄粱一场梦”，我们不能光是踏步不前，甚至落后，只有“一次尝试才会换来一节的提高”！

邓继民评论　时间：2013年5月20日

马传霞老师用开放的心态和行动，对待教学和考试，是值得充分肯定的。不仅是马传霞老师做得很好，这段实录也很好。尤其值得提倡的是，真正让学生发表真情实感、直抒胸臆的创意。至于秦桧夫妇是否应该站起来，那是智者见智，仁者见仁。我的观点是：从道义上看，他们必须永远跪着；从历史上看，他们早就应该站起来了。岳飞之死，绝不全是秦桧之过，秦桧只不过是替赵构背了近千年的黑锅而已。岳飞的忠，固然可敬可爱，但如果岳飞真的胜利了，徽钦二帝回来了，宋高宗自己放何处？明朝土木堡之变后的历史就是例证。历史啊历史，虽有“前事不忘，后事之师”，但“后事更不能成为前事的模板”。历史是不能假设的，但历史给予我们的启示、深思，却是永恒的。

案例六

让“生成性问题”闪耀课堂

邹城市教研室　赛晓文　发表时间：2013 年 4 月 19 日

去年 5 月份，听了邹城市第五中学陈新见老师《明朝君权的加强》的一节课。课后老师们一起座谈，感觉效果还不错，尤其是课堂上一个生成性问题的处理成为整堂课的亮点。随后，陈老师将这节课的过程和感想整理了一下发给了我，我感觉对老师们应该有所启发，现在发给大家看看。以下过程是陈老师总结的。

不久前，我上了一节题为《明朝君权的加强》的历史观摩课。教学有条不紊地进行了十多分钟，一切都按我预先设计的授课方案进行着。讲这样的课，我自觉轻车熟路，心里坦然极了。当我讲到“朱元璋利用特务机构了解官吏的一举一动，随时向他报告，以便掌握官吏的活动，从而加强皇权”时，话音刚落，一位顽皮的学生却冒出了一句：“向老师打报告的人就是特务！”同学们的眼光都不约而同地转向最后一排的一位同学身上，听课教师眼角的余光也停滞到了他的背影上。李昕！老师们公认的一位“坏小孩”。教室里一片寂静。面对这一突然的“插曲”，我并没做出冲动的恼怒反应，更没有假装未听到而刻意避之，而是敏锐地意识到这是一个难得地走进学生心灵、与学生心灵对话的绝佳的教育契机。时间不容我过多地思考，多年的教学经验促使我做出了一个大胆决定：立即调整原来预定的教学进度。我面带微笑走到他的身边，抚摸着他的头，安慰似地说：“小时候，我也曾经有过这样的想法。”这时，他的同桌张明气鼓鼓地站了起来：“老师，我不同意这种说法！”

“我也反对！”

“我赞成！”……反对声一浪高过一浪，赞成之声也不绝于耳，同学们“肆无忌惮”地争论了起来。班长孙栩站了起来询问：“老师，我们可以开个辩论会吗?”“当然可以!”

“同学们来谈谈对这两者的看法吧!”我虽然意识到班长的提议会导致拖堂，但还是做出了快速的抉择。

一场激烈的辩论战拉开了序幕。

李昕（不甘示弱地反驳）：向老师打报告，汇报的多是缺点，容易使老师偏听偏信，还破坏了同学间的团结，成了老师的耳目。而明朝的特务欺上瞒下，使统治者失去了正常的了解信息的渠道。二者的行径更相同!

张明（站起身）：向老师正常地反映问题，有助于老师全面完整地了解我们的思想……

王磊（深情地回击）：老师不会只凭学生简单的汇报就作出判断，而明朝的统治者则是一味地偏听偏信，不问是非。他们是不同的。

冯沙文：是呀！如果老师事必躬亲，纵有三头六臂，也会顾此失彼，疲于奔命……

孙航：不能因为老师太辛苦，就喜欢听取打报告，难道明朝的皇帝管理着这么大的国家不更劳累吗?

李祥瑞：老师是为了我们的成长，可是明朝的皇帝是为了加强自己的皇权，二者本质上根本不同……

学生争着抢着畅谈自己的看法，犀利的言语中不乏真知灼见，旗帜鲜明的两派交锋达到白热化的程度，将本节课推向高潮。当一位学生以“多一分理解，多一份责任，多一次透明的、公正的汇报”作结束陈词时，教室里响起了热烈的掌声。这一问题整整用时 6 分钟。一眼瞧去，李昕的脸上也洋溢着喜悦。一番唇枪舌剑后，我怀着为学生所感动的激情，及时调整后面的教学思路，让学生在自主学习中解决了后面的课文。

在实施新课程中，我们常常会遇到这样的“突发事件”。在这节课中，一位顽皮学生偏颇的观点改变了课堂的轨迹。我的一个决定唤起了学生思维火花的激情飞跃和价值观的碰撞。我没有让学生被动适应预先规定的课程，而是依据学生的学习需要，及时引导学生转变学习轨迹，在互动之中荡起涟漪，贯穿情感的熏陶和价值观的培养。

细细回味这节课，感触颇深：

反思一：遗憾。

解决生成问题的六分钟，确实触及了我的灵魂。当我面对学生辩论热烈的场景时，缺乏临场控制能力，张弛度把握不太尽如人意，险些出现一发不可收拾的局面。作为辩论会的“主持人”，我应该及时调控课堂上的节奏，巧妙引导正反辩方去捕捉有价值的信息，做出有益的判断，收得适当，动得有度，疏密有间，才能相得益彰。

反思二：突破。

首先，通过一场费时的“节外生枝”的辩论赛让学生理解“特务”这一个概念的内涵。从认知领域的教学目标看，似乎是有些不值；但是，从情感态度与价值观的目标来看，通过心灵的对接、意见的交换、思维的碰撞，让学生享受到情感的交融、生命绽放的快乐，以此能够唤醒学生从内心确立起对真、善、美价值观追求的重新思考和认识，形成正确的人生观和价值观，促进全面的发展，却无疑又是十分值得的。

历史新课程的终极目标就是塑造良好的人格。以前是重知识、轻情感态度与价值观，带来的最严重的后果是许多人学富五车，才高八斗，但却心理失衡、人格扭曲……忽视情感态度与价值观的教育是不完全的教育。新课程倡导学生知识、能力、情感态度与价值观的和谐统一，就是要改变以前的惟知主义的教学观，力求把情感态度与价值观放到十分突出和重要的地位，还历史教学以丰富情感的血肉，筑历史教学之态度与价值观的思想灵魂。

其次，我敢于让学生跳出预先设计的教学轨道，从教师的束缚中超越出来，在一种丰富、和谐、疏朗的氛围中，开启思维，放飞心扉，智辩善美。很多时候，我们上的课很“成功”，是因为我们替学生预先铺设的思维轨道与学习过程看起来很到位。上课环环相扣，课本和老师的思路学生跟得紧，导致了学生没有了自己的感悟，课堂上没有异样的声音，也很难有震撼心灵而刻骨铭心的东西。新课程改革要求我们改变过多的代替学生学习的既定目标，在教学流程上灵活多变，根据教学实际需要因势利导，大胆走出备课时的设计，充分发挥教师自己的智慧，把学生置于教学的出发点和核心地位，应学生而动，应情境而变，真正做到“为学习而教”“为学生发展而教”。只有这样的课才会焕发出勃勃生机，课堂才能彰显出真正的活力。

其实，我们在课堂教学中经常会遇到这种生成性的问题，不同的教师有着不同的对待方式。有的教师在遇到这种问题时，只关注课前精心设计的教案，严格按照教案上课，而忽视了学生在课堂上的生命状态和发展。这样，只会让“死”的教案支配和限制住“活”的学生，遏制学生在课堂上思想和生命的活力，使原本鲜活灵动的课堂变得机械、刻板与程式化。

相反，像陈老师一样具有教学智慧的教师在遇到这种问题时，懂得将生成与预设充分结合，运用丰富的储备知识和可控的张力正确把握实际面临的情境，机智灵活地做出决策和选择，科学调整自己的教育行为，开启和丰富学生的心智，最终达到传授知识和培养能力的目的。

邓继民评论　时间：2013 年 5 月 20 日

看上去陈新见老师拖堂 6 分钟，实际上“拖堂的 6 分钟”促使学生成长了“无数年”。陈新见处理预设外的生成问题的技巧，堪称一绝。开放的心态、开放的情感，难得走进学生心灵的机会，难得唤起学生思维火花碰撞的良机，“教不逢时”的反义词应该是“教正逢时”啊！我们常说“台上一分钟，台下十年功”，陈新见台上“6 分钟”，又何止十年功？“天机云锦用在我，裁剪妙处非尺刀”是什么？是技巧，是功底，是匠心，是热爱。但愿我们的老师们，常思考，多磨炼，勤积累，让“死”的预设变“活”，让生成“随机”，让学生灵动，使课堂真正成为学生学习、生活、成长的乐园。

附泗水县圣水峪中学马传霞老师的评论　时间：2013 年 4 月 21 日 21 时 35 分

当我们第一年做老师时成绩不佳，但却每每到节日总会收到满怀的礼物。现在我们有了一定的教学经验，知道在课堂上怎样跟着自己事先预定好的流程前进了，也能够沉着稳定地组织课堂纪律了，再也不会被学生气哭了。但是，总是少了为人师的一点什么东西，我觉得陈老师的课中这一“亮点”，其实不是“亮点”，而是我们为人师所遗忘的、再也很难做到的初衷：不是知识的传道者，而是学生心灵的朋友！（所以，虽然是一个公认的“坏孩子”的话，仍然关心在怀，才有了这一场辩论）我想，一个真正想做“老师”的人，只要“老师”是他（她）心目中最大的理想，就肯定可以做到。所以，陈老师不仅是我教学技术上应该学习的榜样，更让我找回了心灵中失落的那一份对“教师”二字的初衷！

案例七

峄山风景如画，请来这里赏花

邹城市峄山中学　黄士坦　发表于：2013 年 5 月 29 日

五月的峄山似画，请来这里赏花。亲爱的朋友们，闭上眼睛吧，跟随我的旅程，随我去，听我说，跟我想，同我感受这美好的景色，同在画中游吧！

五月的清晨，初夏的雨，不期而遇的，带着凉爽的微风吹拂着峄山，吹来了满山的绿，吹来了扑鼻的花香，天然的香，沁人心脾，我大口大口地呼吸着清新的空气，贪婪地要把城市中的浊换成这山中的清。

我骑着电车，竟有些小小的寒意了。拐进了峄山西路的上山路，便走进了一幅绿色的十里画廊，满眼的是开着白色小花的高大灌木，郁郁葱葱，拼了命地伸展着枝枝蔓蔓。难道不是在这孔孟之乡的邹峄，而是在江南的某个小镇？因为这个绿，怒放的绿弥漫了我的双眼，侵蚀了久违的漠然的心。

留恋地，依依不舍地慢慢向前走。绿，越发地浓了，绿得化不开的包围了峄山，给山穿上了浓妆；越发地密了香，密得化不开的包围了空中。往南看，映入双眼的是大片高耸的树林，这让生活在最宜居的威海人也自愧弗如了。

向前抬眼望，怪石嶙峋的峄山展现在您的眼前了。它不像泰山那样的高山仰止，让人望而却步，望而生畏的圣地；不像华山那样的艰难险阻，存未敢跋涉之心的疯狂。宛如和蔼的、亲近的老朋友一样，见了，就亲密接触；见了，就倾诉心肠。它是平民化的，是草根化的。一颗颗石头就是一个个神奇的故事和传说。有的在守望，有的在哭泣，有的在倾诉，有的在嬉笑，有的似动物，有的在演绎着古老的神话。

来到峄山村，大清早的，久违的，炊烟袅袅的。不知谁家开火做饭了，袅袅青烟弥漫在头顶，吸进鼻和肺。原始的、远离城市的喧嚣是您疑似在梦中游了。俯瞰整个村庄，庄上和庄下高出近十几米，骑车俯冲直下，风驰电掣一般冲下去。细心的您会发现，村中有许许多多个自然形成的大水坑，有的就铺了桥，别有一番景象。峄山东面，更有开阔的桃啊、梨啊、杏啊，赏花，摘桃，水中的土鱼带着土腥味，瘦瘦的却有嚼头，更有山中饭店的别有韵味哟。

远处传来“咯咯”的山鸡鸣叫声，和着不知名的小鸟鸣叫，嗬！这世界……

早起的老农们站在自家大门口，卷着袖口，打着呵欠，迷糊着揉着眼和邻居打着招呼，互相递着香烟，无边际地谈论着这么大的雨给小麦带来多大的作用，省了多少灌溉浇地的钱；农村的早起的娃在街中站着，奶奶正在呼喊着娃儿吃饭了……

邓继民评论 时间：2013 年 6 月 17 日

峄山的秀美，峄山的神奇，峄山的灵迷，被黄士坦老师描绘得多么令人神往。我虽多次去过峄山，脑海里只剩下大石嶙峋，没有真正细细品味峄山的晨、峄山的绿、峄山的氧。至于峄山的情，更是早已忘却了。黄老师的这篇散文，又勾起了我再往峄山的意愿——最好是细雨霏霏或是薄雾轻漫的早晨，赏绿吸氧闻鸡鸣，登山观石悟人生。也想俯瞰欣赏峄山的炊烟、田园、村庄……

邓继民精彩点评集锦：

1.（2013年4月8日）汶上军屯乡中学仇庆政的《如何上好初三的第一节历史课》一文，是仇老师真正改变传统的教学模式，让学生在一种愉悦轻松的学习氛围中积极探索、勇于思考、激发学习兴趣的再现。我相信，这样的历史课堂没有学生会不喜欢。更值得庆幸的是，在大家高度紧张的中考冲刺阶段，能拥有一位幽默风趣、善于学习新教法的历史老师。我相信，如果一如既往地坚持下去，你一定会收到事半功倍的教学效果。祝你成功！

2.（2013年4月8日）汶上县寅寺镇中学李杰老师的《校园》一文，表达了他怀着对教育事业的满腔热忱、积极地走进教学并服务于教学的思想。俗话说："快乐是一种能力，带着智慧出发的时候，也带上快乐。有了快乐，就已经成功一半了。"俗话说得好："人逢喜事精神爽。"我们都有这样的体验：心情愉快时会信心百倍；心情沮丧时信心也会低落。成功似乎也更垂青快乐的人，失败却常常纠缠失意的人。只要每天带着一种欣赏的眼光去看每一位学生，你的课堂一定会收到事半功倍的教学效果。

3.（2013年4月12日）泗水龙城中学张咏梅的《结合教学实践，浅谈如何拉近学生与历史的距离》一文立意很好。"知之者，不如好之者；好之者，不如乐之者。"学习兴趣是学习积极性中最现实、最活跃的成分，是直接推动学生主动学习的一种内部动力，是热爱学习、产生强烈求知欲的基础。只有当学生自身对学习产生了浓厚的兴趣，才能使整个认识活动兴奋起来，促使他去追求知识。看了张老师的文章很受启发，受益匪浅。

4.（2013年9月11日）汶上苑庄镇中学任华老师的《教育的美》一文，对赞美是艺术，批评更是艺术阐述得真切。赞美与批评，是教育中必然的现象，其艺术含量可以看出一个教育工作者的教育水平和境界高低。任华老师总结的"从现在开始，我们都应该学会赞美孩子"，使我很自然地想到郭冬临的小品《一句话的事》。一句话能成事，一句话能败事。多鼓励，常肯定，让孩子们带着良好的心态学习和生活，心里始终充满阳光，对学生的健康成长大有益处。

5.（2013年10月6日）邹城市张庄中学黄尽英老师的《历史课堂也要"百花齐放，百家争鸣"》一文，对我们的启发很大。我们的历史教材和历史老师教学，往往给出结论，恰恰忽略了"探讨"和"发现"真理，这是历史教学历来和当前存在的一个比较普遍和非常突出的现象和问题，也是历史教师应该下大力气必须解决的问题。黄尽英老师"不向学生直接宣布结论，而是努力创设一种特定的情境，将教学过程模拟成一个科研过程，把学生视为探索者，鼓励学生‘百花齐放，百家争鸣’。对于那些发出‘不同声音’的学生，总是首先加以肯定和赞赏，再带领学生讨论这些不同观点的合理性或不足，让学生自己在多种选择中找出最优的一个。这样的探索，不只是让学生‘发现真理’，更让学生具有了创新的勇气，找到了发现问题解决问题的方法”的方法，是非常值得大家研究、学习和借鉴的。以往的历史教学，我们过分重视传授知识和给出结论，忽略了方法的引导。实践证明，方法是最重要的知识。

6.（2013年10月12日）邹城市张庄中学黄尽英老师转载的《秦帝国的兴亡》一文，既有趣味性，更有深度，读后先是令人耳目一新，细品令人荡气回肠，感慨颇多。出身于乱世中的秦朝，经历了数百年战争的洗礼，已经不能适应没有战争的生活。历史赋予秦国的使命，就是结束战乱，使命完成后，它自然应该消亡。秦朝，是一个承接战争与和平的王朝，这是历史赋予它的使命，也是它不可逃脱的命运。战争造就秦国，和平毁灭秦朝。时势造就了名垂青史的帝王将相，帝王将相成就了历史并推动了滚滚的历史车轮。当然，遗臭万年如赵高之流，也永远被钉在了历史的耻辱柱上。历史是发展的，秦帝国辉煌也罢，短暂也罢，我们无须伤感。总结历史，让它成为一面镜子，才是后来人的责任。

7.（2014年2月25日）阅读邹城市中心店中学步卫国老师《开元通宝——由一道错题想到的》这篇短文，有如下感想：①对知识及事物的认识，不能单凭经验。不然，就会贻笑大方，大错特错。②对知识及事物的认识，也不能凭想当然。不然，谬误流传，误人子弟。③对知识及事物的认识，必须认真考据，查实查牢。传播知识，更要严谨细致。④真正的学问，不是不懂装懂，而是不懂就要“学”就要“问”。不懂不可耻，可耻的是不懂装懂和传播谬误。⑤做学问，要实事求是，有错必纠。步卫国老师最后的提醒，对每一位教材、教辅材料的编写者来讲，是一声特别的、关爱的警醒！

8.（2014年3月2日）阅读曲阜市冯村中学惠春锋老师《甲午年里说甲子》这篇近2500的字文章，从甲子纪年到公历、农历纪年，又从甲午战争的历程直到当今的社会主义核心价值观，文笔流畅，洋洋洒洒；含量丰富，观点鲜明；史论结合，论从史出；史教结合，联系实际。我们每一个历史教师的努力方向就是教育家，纵然我们成不了“大家”，成为小“家”总还是可能的。

9.（2014年3月2日）阅读邹城市峄山中学黄士坦《我对年的感觉——年来与年往》一文，感触良多。我喜欢读散文，一遍又一遍地感悟。黄士坦老师的文章，透露出对时光流逝的无奈，既眷恋着少时“情人”的风采，又关注着父辈的身心；既疼爱着娇妻忙碌，更寄托着对晚辈的关爱。黄老师快到中年了吧，不仅成长了，更能看到，你的成熟。“少年不识愁滋味，为赋新词强说愁。而今识尽愁滋味，却道天凉好个秋。”峄山的鞭炮声已经远去，礼花绚烂只留脑海，“心思全无”的境界恰是又一个新的开始。让我们共勉吧！

10.（2014 年 3 月 5 日）阅读曲阜市冯村中学惠春锋老师《怎样让〈蒙古的兴起和元朝的建立〉一课更出彩》一文，受益匪浅。惠春锋老师以一位“老”教师参与指导参评优质课教师的口气，真切地将如何把课上得精彩，论述得非常全面。可以说，这是经验之谈，是心血和汗水的结晶，是敬业研究的实实在在的成果。这样的成果，具体、实在、真切，更具有说服力，更具有感染力，更具有示范性。惠春锋的文章并不华丽，但文笔流畅；惠春锋的文章并不深奥，但易学易操作。我们的历史教师，就应该学真情实感，就应该写怎样做、怎样处理。这是一篇非常值得学习和借鉴的好文章。

11.（2014 年 3 月 11 日）惠春锋老师《时间都去哪儿了》这篇生活、工作散记，真实、鲜活、生动，你是生活的强者、工作的智者。喜欢读书，喜欢思考，特别是“做喜欢做的事，把喜欢的事做好”给我的启示良多。至于“追求卓越，成功自然来”可以作为理念，成功与否，仁者见仁，智者见智啊！人生路上不光有阳光雨露，不只是平坦大道，有风有雨、有坎有坷都属正常。有人说人生就是一段苦旅，实在是有点悲观，但人生有无数缺憾倒是事实。惠老师对待缺憾的态度，是值得大家学习的。惠老师很谦虚，对家人、对朋友、对学生、对同事，充满了责任感。“因为知道做得不好，所以要努力做得更好”的心态，对我们大家是一种激励和鞭策。

附惠春锋老师的回帖　时间：2014 年 3 月 13 日

谢谢邓老师，您过奖了！知道您对我这几篇文章的评论都是在周末进行的，对此很感动，要多多向您学习，将更多的时间放在工作上。关于网络教研这座平台，很遗憾的是过去没有使用，上周在我们的教研员孔德华老师的强调下，才登录注册，才发现这正是我希望拥有的一个同行们交流讨论的地方，特别高兴，以后会慢慢把自己“过去的积累，现在的感悟”上传过去，与各位专家和同行交流。“采众家之长，补一己之短，集点滴之得，修人师之道”算是自己这些年做教师一直在践行着的原则吧，希望今后能够从我们的这座平台上收获更多。

12.（2014 年 3 月 17 日）邹城市王村中学孙善丽的《巧改歌词 突破难点》

一文，将歌词用在教学上，本身就是技巧与技能的体现。而巧改流行歌词，适时、恰当而巧妙地与教学内容联系起来，更能增强其艺术性、趣味性，更能活跃课题气氛。孙善丽在《戊戌变法》中巧妙地改动“心太软”，改得好，用得巧，真正的事半功倍。

13.（2014年4月16日）曲阜市姚村镇中心中学石广栋老师《满村听说蔡中郎》一文，从一首诗歌中，探讨社会生活的变化，更从诗中人物的生平历程中，挖掘出历史上对蔡邕评价的变迁，揭示了“历史一页一页地翻过去，蔡邕的面目一点儿一点儿地模糊了，一点儿一点儿地‘走样’了”的变化过程，反映出“历史的真实性”和“历史史料的真伪难辨”。石老师这篇文章给我们的启示很多啊。曹操是历史上杰出的英雄，但经过艺术化了的曹操，在老百姓心目中，总是奸雄。我们历史教育工作者，必须把我们知道的真实历史告诉学生，宣传正确的历史观，弘扬历史正能量。经过几代人的努力，知识深入人心、历史深入人心了，那才是历史之幸。

14.（2014年2月15日）泗水县龙城中学薛爱花老师《繁荣与开放的社会——隋唐》一课的课件，图文并茂，板块划分粗中有细，从不同方面再现了隋朝的昙花一现，和唐朝的流芳百世，引导学生纵观古今，把唐朝、隋朝、秦朝几个不同朝代进行前后对比，得出结论，链接中考，突出重点难点，是一节值得大家借鉴推广的历史课。

15.（2014年2月21日）梁山街道第一中学孙恩玺老师《隋的统一与大运河》一课的课件，深入浅出地讲述了隋朝的建立和统一的过程，运用图片、历史故事、古诗文等历史史料从不同方面展示了隋文帝的励精图治、隋炀帝的不理政事。隋朝大运河的设计图文并茂，古今对比，既学到了知识，又教给学生如何客观地评价历史事件。非常实用的一节历史课，值得学习。

第三章　高效魅力历史课堂的模式

第一节　以五环节教学法为中心的课堂教学

著名教育专家叶澜教授指出："课堂教学蕴含着巨大的生命活力，只有师生的生命活力在课堂教学中得到有效发挥，才能真正有助于新人的培养和教师的成长，课堂上才有真正的生命。"作为实施教学的主阵地，课堂是知识传授的主场所。为实现高效教学，构建高效课堂，历史课堂的五环节教学法应运而生，并经过我们的实践，成为一种富有实效的教学模式，在优化课堂教学，实现高效教学方面占有重要的位置。随着新课改的推进，五环节教学法也在不断融入新的血液，焕发出新的生机，对丰富课堂教学将有着重大的意义。

五环节教学模式的实质与落脚点是变革传统的教学结构，既要改变以教师为中心的教学结构，创建新型的、既能发挥教师主导作用，又能充分体现学生主体地位的"自主学习、自主探究、自主检测"的教学模式。主要包括确立目标、指导学练、讨论解疑、精讲深化、练测评估五个教学环节。

一、构建基础

19世纪前期，德国教育家赫尔巴特（约翰·弗里德里希·赫尔巴特，Johann Friedrich Herbart）强调，教学应是一个统一完成的过程，并创立了明了、联想、系统、方法四阶段教学法。赫尔巴特派的莱因把这一理论和阅读教学的特点结合起来，创立了预备、揭示、比较、概括、应用五阶段教学法。20世纪前期，苏联教育家凯洛夫（伊·安·凯洛夫，Ivan Andreevich）师承赫尔巴特派，创立了五环节教学法，即：组织教学、复习旧课、讲授新课、巩固新课、布置作业。五环节教学模式逐渐成为教学实践中普遍被采用的教学模式。

随着新课程改革的推进，五环节教学模式顺应时代潮流也在不断创新、不断完善。其理论基础有：

（一）新课程改革理念

初中历史新课程改革全新的课堂理念，即以教师为主导，以学生为主体，以问题为线索，以思维为主攻，以激发学生学习兴趣为主旨，以培养学生学习能力为目标。新课程改革更加注重学生学习能力的培养，使学生得到潜能的开发、精神的唤醒、内心的敞亮、独特性的彰显和主体性的弘扬。“授人以鱼不如授人以渔。”教给学生良好的学习方法，让学生终身受益，即使离开学校仍能保持学习的心态，能学习、会学习、能学会。历史课堂的五环节教学法强调学生的自主学习，重视学生的个性发展；以问题引发学生的认知冲突，深化学生的认知；激发学生学习历史的兴趣。

（二）建构主义学习理论

学生的学习过程是学习主体对学习客体主动探索、不断创新，从而不断发现和改进已有认识和经验，建构自己的认知结构的过程。建构主义认为，学习不是由教师把知识简单地传递给学生，而是由学生自己建构的过程；学生不是简单被动地接受信息，而是主动地建构知识。五环节教学模式强调学生学习的自主性，主张让学生成为课堂教学的主人，让创新成为课堂教学的灵魂。在五环节教学模式中，通过创设具有挑战性、开放性的学习环境，驱动学生提出问题，鼓励学生提出新问题，积极思考，合作探究，刺激学生的学习活动。整个过程中，学生并非被动地接受知识，而是积极主动建构知识体系。

（三）人本主义心理学理论

以罗杰斯（卡尔·兰塞姆·罗杰斯，Carl Ransom Rogers）为代表的人本主义教育学家提出以“学习者为中心”的教育观点，认为教育的根本目的是发展学生的个性，学生具有学习潜能并具备“自我实现”的学习动机，要以学生为中心进行教学。该理论提出学生的主动性与教师的主导性相结合的原则，高度重视学生的个性培养和个人价值观的实现。五环节教学模式在强调合作学习的同时，主张留给学生充足的思考时间，鼓励学生的个性思考，以学生为本，实现课堂的高效和创新。

（四）最近发展区理论

苏联著名心理学家维果茨基（维果茨基，Lev Vygotsky）认为，需要确定儿童发展的两种水平：一种是已经达到的发展水平；另一种是儿童可能达到的发展水平。这两种水平之间的距离就是“最近发展区”。把握“最近发展区”能促进学生的发展。教学不能无视学生的已有知识经验，而应把学习者原有的知识经验作为新知识的生长点。五环节教学法抓住学习者认知结合点设疑，充分考虑到学习者的知识背景、认知水平，在教学过程中通过引导、启发支持学生的学习，帮助学生顺利穿越“最近发展区”，从而实现认知的发展。

除以上理论外，五环节教学模式还涉及多元智能理论、情境认知理论、行为主义心理学等理论。在完善教学理论的支撑下，历史课堂的五环节教学法不断得以完善，与时俱进。

二、内涵解读

在传统课堂中，教师的教学过程往往重视了教师的教，忽略了学生的学，这是以教师为中心的机械、教条的课堂。随着课程改革的深入，课堂教学更加注重学生的学习方式的转变，呼唤以学生为中心的新课堂模式。五环节教学模式立足学情，让学生全面、主动地参与到学习规划、学习过程、学习评价中去。

（一）确立目标

确立“教与学”的目标是实施教学的出发点和归宿，是教师对学生达到的学习成果或最终行为的明确阐述。一切教学活动都是围绕教学目标来进行和展开的。教学目标的分析与确定，是教师进行课堂教学设计的基本依据，是教学设计的起点。首先，它确定了教学对学生学习内容所达水平程度的期望，使教学有明确的方向；其次，它给教学任务是否完成提供了测量和评价的标准。学习目标是学生学习的出发点，也是学生学习的归宿。通过确立学习目标，使学生明确学习目的，了解教师的要求，理解学习内容的框架结构和基本思路，从一开始就能很好地参与到学习过程中来。

五环节教学模式从“知识与技能”“过程与方法”“情感态度与价值观”等教学目标出发，让师生共同确立课堂学习目标。课堂学习目标的确立，主要由学生完成，教师则需要以恰当的方式引导、帮助学生。

1. 课堂目标确立的依据

作为义务教育阶段的初中历史课堂，《义务教育历史课程标准（2011 年版）》明确指出学生的学习任务：“在唯物史观的指导下，弘扬以爱国主义为核心的民族精神和以改革创新为核心的时代精神，传承人类文明的优秀传统，使学生了解和认识人类社会的发展历程，更好地认识当代中国和当今世界。学生通过历史课程的学习，初步学会从历史的角度观察和思考社会与人生，历史教育对提高学生的人文素养有着重要的作用。义务教育阶段的历史课程，从历史中汲取智慧，逐步树立正确的世界观、人生观和价值观，提高综合素质，得到全面发展。”① 课堂教学目标必须以课程标准为依据，结合学生的认知实际，尤其要围绕有利于学生终身发展进行设定。

2. 确定课堂目标应遵循的原则

课堂教学目标至少应分出两个层面：一层是总目标，即课程目标；一层是具体目标，即课时目标。课程目标体现了时代对学生的要求和学生应具备的基本素质，课时目标是实施总目标的途径。课堂教学目标的设计应遵循以下原则：

（1）主体性原则：学生是教师施教的对象，更是课堂教学的主体。教学的目的就是为了学生的长远发展，所以学习目标的确立要结合学生的实际，引导学生参与到学习目标确立的过程中来。

（2）开放性原则：如果说创新是现代教育模式的灵魂，那么开放性则是必然的表现形式。学习目标的确立应放手给学生，鼓励学生通过对教学内容的整体感知和研究分析提炼学习目标。学习目标的提炼不是单单的由老师直接告知，而是通过自己的研究获得，即让学生成为发展的主体、学习的主人。

（3）多样性原则：虽然教师教学的终极目标是一致的，但由于施教内容的不同，施教班级的差异，每堂课的教学目标也应不尽相同。对目标的分析与确立应考虑差异以及学生的多样性，因材施教。

（4）渐进性原则：课堂教学目标有一个由低到高、循序渐进、分类实施的过程，“高大全”式的课必会弄巧成拙。正确教学目标的确立是课堂教学成功的基础。历史课程有其课程目标，这是历史教学的总目标。在历史教学的过程中，需要我们确立具体的课时目标。目标越明确，越切合自己的教学实际，学生达到的水平程度就越高。

（5）生成性原则：课堂教学目标不是刻板的东西，应该适时调整，这种调整便是一种灵动、一种机智。在师生互动的过程中，教师要根据学生的预习情

---

① 中华人民共和国教育部：《义务教育历史课程标准（2011 年版）》，1 页，北京，北京师范大学出版社，2012。

况和认知水平，调整预设的教学目标，以适应和促进学生的高效学习。

（6）激励性原则：在教育中，奖励和激励的效果远比惩罚要好得多。学生能否积极参与到课堂学习，能否积极展开探究，除了需要老师进行有效引导和启发外，还需要教师激励性的评价。在教学中，既要注重结果，也要注重过程，灵活运用各种科学有效的评价机制和激励手段，这样才能更好地实现次目标和终极目标。

3. 课堂教学目标包含的基本要素

进行教学目标设计时，必须对学生通过每一项知识和技能的学习以后应达到的行为要求做出具体、明确的表述，再将这些表述进行层次化处理，如知识目标、能力目标、情感态度与价值观目标等。规范的教学目标应该包含以下四个要素：

（1）行为主体必须是学生而不是教师。

（2）行为动词必须是可测量、可评价、具体而明确的。

（3）行为条件是指影响学生产生学习结果的特定的限制或范围，为评价提供参照的依据。

（4）表现程度指学生学习后预期达到的最低表现水准，用以评量学习表现或学习结果所达到的程度。

（二）指导学练

教师的指导和学生的学练，是在教师的指导下学生进行自主性学习的一种教学活动，是一种可供师生操作的课堂环节。就其本身而言，指导学练是在相关教学理论的指导下，教师根据学生的认知特征、学习进度和对知识点的掌握程度，给出相应的学习目标、学习策略、学习内容，让学生在课堂教学活动中进行自主性学习并掌握学习目标的一种教学模式。通过教师的指导，使学生明确学练的内容、思路和方法以及应注意的方面。通过学生的学练，使学生形成动手、动眼、动脑的良好习惯，掌握显而易见的知识点。叶圣陶曾说过：“教是为了达到不教。”指导学练就是让学生在学习中掌握学习方法，从“学会”变成“会学”，把自学方法教给学生，把学习主动权还给学生，把课堂让给学生，把思维空间留给学生，让每个学生都能得到全面、自由地发展。

1. 指导学练的内在条件

（1）学生的自主意识

在知识的学习过程中，教师是外因，要通过学生的内化才能起作用。学生自主学习意识的强弱直接影响到课堂效率的高低，而自主意识是主体性的基础和重要内容。学生有了自主意识，就会以主人翁的姿态参与学习活动，并在活动中通过有计划地支配自己的智力和体力，去努力实现预定的学习目的，成为自觉学习的主人。所以，教师要采取适当的措施强化学生的自主意识，让学生真正意识到自己是学习的主体，增强学习的自觉性。

（2）学生的独立意志

意志在学生的自主性学习过程中是一个维持性因素，如果没有它，学生的自主性学习也就无法维持。学生独立意志越强，他为实现学习目标而主动学习的意识就会随之增强，学习持续的时间就会越长。在自主学习过程中，学生会遇到各种障碍，这些障碍有自己思想上的，也有自己心理上的，还有来自外部的，克服这些障碍需要学生借助自己独立意志的力量。学生借助独立意志通过自我信念，在一定的学习需要和动机的支配下，自觉地调节自己的活动方向、活动方式和活动强度，以实现自己的目的。教师要根据学生的实际、意志的强弱，给予鼓励和帮助。

（3）学生的自立行为

学生的自立行为，是指学生在具体的学习活动中所表现出来的一种独立的学习行为。学生具有自立行为，能够主动去确立学习目标，制订学习计划；能够主动克服学习中的困难，自觉地完成学习任务；能够充分发挥自己的主观能动性，探索适合的学习方法，形成自己独特的学习个性、学习风格、学习模式。自立行为不仅是学生一种优秀的学习品质，也是学生进行自主学习不可缺少的条件。

2. 指导学练的外在条件

（1）赋予学生更多的自主学习权利

新课程“积极倡导自主、合作、探究的学习方式”的教学策略，其灵魂就是转变学生的学习方式。课堂是学生学习的主阵地，应由师生共同建构，建立一种开放性的新的课堂教学形态，要让学生全员参与、全程参与、全方位参与。还给学生自主学习的权利，还给学生质疑的权利，还给学生独立思考的权利，还给学生参与问题研究的权利。赋予了学生这些自主学习的权利，也就为学生的自主性学习提供了可靠的保证。

（2）留给学生足够的自主学习时间

课堂上的教学时间，实际上也是学生的学习时间，这一时间是有限的，教师占有得多，学生就必然占有得少。我们要把学习的自主权交给学生，让学生成为真正的学习主人，就需要留给学生充足的时间去思考、去交流。在课堂教学中，教师要为学生提供足够的自主学习时间，积极引导学生以主体性的姿态去参与教学过程。教师留给了学生足够的自主学习时间，实际上也就是留给了学生足够的自主性学习机会。

(3) 教师精心指导并为学生提供各种自主学习资源

学生的自主性学习只有依赖于教师的精心指导和一定的学习资源才能完成。学习资源是能够帮助学生有效学习的各种内外因素和条件，它对学生的自主性学习具有支持和促进的作用。教师可以为学生提供教科书以外的各种学习参考用书、辅导材料、媒体、网络等，可以根据学生个体的实际为学生提供学习同伴、学习组织者等，可以为学生提供宽松、自由、民主的学习环境和氛围。有了各种学习资源的支撑，学生的自主学习就可以顺利进行了。

(三) 讨论辨疑

《义务教育历史课程标准（2011 年版）解读》[①] 指出：要注意选择能引起学生兴趣、切实可行、符合实际的教学方法，要让学生多动脑、动口、动手，充分刺激学生的感官。在教学活动中，建构具有探索性、创造性、实践性的学生讨论交流活动，以激励学生主动参与、主动思考、主动探索、主动创造，从而促进学生整体素质全面发展，契合新课程教育理念，适应历史课程的特征。通过学生间的交流，拉近学生间的距离，借助无障碍的沟通，分享彼此间的经验，促使学生共同发展，实现知识从单向传递转为多向互动。

1. 讨论辨疑的主要任务

课堂讨论，是学生合作学习的一种主要形式。引导和组织学生进行课堂的讨论，是努力改变以讲解接受为主的教学模式、实行探究学习与合作学习的重要途径。随着素质教育的步步深入，课堂讨论的教学方法越来越被人们所采用，它能使学生精神振奋、注意集中、思维敏捷、兴趣高涨，同时又有利于教学获得教学效果的反馈信息，及时地调控教学。它的种种好处，似乎在教师们的心中已形成共识。

课堂讨论是在商讨和辩论中互相启发，实现思想火花的碰撞，从而研究和探求真理的教学模式。课堂讨论辨疑强调改变教师“一言堂”的传统教学方

---

① 教育部基础教育课程教材专家工作委员会编：《义务教育历史课程标准（2011 年版）解读》，北京，北京师范大学出版社，2012。

式，变学生被动接受知识为学生主动地学习，并去研究和探求真理；改变学生机械接受知识的学习方法，让学生多问“为什么”，不仅知其然，也要知其所以然。通过教师的指导、提示和学生的看书讨论，使学生真正形成动手、动眼、动脑的良好习惯；通过学生的讨论辨疑交流，使学生逐渐养成多角度、多方位思考问题和看待问题的思维模式，形成学生客观分析问题的能力。

2. 讨论辨疑的作用

(1) 开辟了宽松的民主教学环境，充分体现了学生的主体性，激发了学生的学习热情，活跃了课堂气氛。讨论辨疑实现了师生、生生之间的平等对话，学生敢于提出自己独特的见解，有强烈的探究意识，学生敢想、敢说、敢于质疑，学术气氛活跃。

(2) 提高了学生的课堂参与度，促使学生五官并用，增强了历史教学的优质、高效。课堂上的讨论辨疑，促使学生带着问题去细细咀嚼教材，认真查阅资料，整理交流提纲，并积极参与讨论交流。这样，既动了脑，又动了手，还动了口，印象自然深刻，记忆必然牢固，从而实现了基础知识的再次认知和深化。

(3) 提高了学生运用历史唯物主义和辩证唯物主义观察问题、分析问题的能力，形成了历史学习的基本素质。通过学生对各种历史资料的搜集、阅读、综合和运用，锻炼了学生的动手能力，加深了学生对历史问题的全面、深刻认识。通过发言和争论，又锻炼了学生的胆量，激发了学生的思维，提高了口头表达能力。在传授历史知识的同时，培养了学生的创新能力和探究能力，有效地促进了学生的认知发展，提高了学生的整体素质。

(4) 课堂讨论的过程和收获，使学生体验到了成功的喜悦，增强了学习历史的兴趣，进一步激发了求知的热情和自信心，形成了“兴趣—用功—提高”的良性循环。

（四）精讲深化

精讲深化是课堂教学中关键的一环，它是指在课堂学习过程中，当学生面对问题存在疑难或者是争执时，教师采用精练恰当的语言进行点拨，帮助学生突破障碍，引导学生正确解决问题，完成学习目标的过程。精讲深化的实质是教师根据学生自学和讨论的情况，调整教法，对知识进行升华，从而使学生从无到有，从有到精，从点到面，从知识到方法，产生质的飞跃。精讲升华是一门艺术，巧妙机智的精讲升华，不但能给学生指明思考问题的方向，而且能让学生迸发新思维的火花，它对于完成学习任务，培养学生的学习方法，提高课堂效率具有重要作用。

1. 精讲深化的时机

孔子说过："不愤不启，不悱不发。"（《论语·述而》）《礼记》上也有"道而弗牵，强而弗抑，开而弗达"（《礼记·学记》）的说法。也就是说，教师要把握时机，对学生进行有效的点拨、启发。在学生自主学习和合作探究的基础上，学生依然存在疑难和困惑时，教师的精确讲解和点拨就会使学生感觉豁然开朗、茅塞顿开。教师几句精辟的语言，能起到画龙点睛的作用。

2. "精讲深化"的技巧

（1）精讲重点、难点、疑难问题——"三讲"

要做到精讲升华，就必须分清哪些该讲，哪些可不讲，哪些少讲，这需要教师准确把握教材和学生。精讲升华要具有针对性，根据学生自主学习和交流讨论的反馈信息，围绕学生迫切需要解决的问题，精讲重点、难点和疑难之处。

第一个"讲"，其中的重点指的是对学生今后学习乃至终生发展有基础性作用的内容，是学生必须掌握的基础知识和基本技能，这一部分内容在新授课中体现得较多。在练习巩固时，也应该给予学生充分的独立思考时间，以形成认知结构，或者在讲课过程中，设计一些具有启发性、能够启迪学生思维的问题，引导学生围绕问题积极思考，引发学生强烈的求知欲望，激发学生主动参与学习，从而实现重点的突破和落实。

第二个"讲"，大部分同学不会的问题，就是难点。在习题课和复习课上较常见，由于不会的同学很多，教师不可能一一给予解答，这就应该在课堂上集体讲解，通过知识传授形成技能，节约时间，提高效率。

第三个"讲"，易错、易混、易漏点都是在学习过程中容易出现问题的内容，这些问题往往在测试检测时，容易暴露出来，应该引起我们足够的重视。

（2）点拨拓展性的问题

每节课中有许多知识点是可以延伸拓展的，但这些在教材内容中又不能完全找到。为了让学生形成完善的认知体系，需要教师进行必要的点拨。尤其是在课堂教学中，应适时地引导学生向生活延伸，融入与学习内容紧密相关的生活现象或热点问题，以引起学生关注生活，更好地将理论知识应用于实际生活，同时也能增加学生的信息量。

（3）精讲学习方法

精讲不仅要重视学科知识的讲解，更要加强学习方法的指导。教师在通过备课——备透大纲，备透学生，也备透自己的基础上，应该引导学生选择最恰当的学习方法，以最大限度地发挥"讲"的功效。正所谓"授之以鱼不如授之以渔"，通过对学习方法的精讲和点拨，让学生掌握学习方法和技巧，让学生学会学习。

（五）练测评估

当今课堂教学之所以低效，关键是学生不能当堂掌握学习目标。在教师指导下的学生自主性学习教学模式的课堂上，学生围绕学习目标通过自主、合作、探究性学习，解决了大部分内容，遇到的学习困难也在教师的帮助下获得了解决以后，教师仍要让及时内化教学内容，当堂掌握学习目标。通过练测，使学生理解、掌握、运用知识，达到温故知新的目的，同时反馈教学，查缺补漏，进一步调整教学。

1. 练测评估的设计理念

• 针对知识目标，要让学生在理解的基础上背诵，及时掌握；

• 针对能力目标，要让学生在掌握方法的情况下巩固训练，形成技巧；

• 针对情感目标，要让学生在体验中升华，提升品位；

• 针对科学探究目标，要培养学生的创新精神和实践能力，并帮助学生掌握科学探究的方式方法及获得的理性认识。

2. 练测评估的形式

（1）随机练习，矫正总结

①练测目的：通过进行巩固训练，及时发现问题，及时更正，使学生进一步加深了对所学知识的理解和落实，最终形成运用所学知识去分析问题、解决问题的能力。

②操作方法：根据课堂进度和教学内容，灵活把握练习时机，设计练习题，进行巩固训练，发现问题并及时更正，引导学生针对错误点再行讨论，让他们各抒己见，说出错误的原因、更正的道理，并归纳、小结。

③教学有效性：学生自主练习、及时巩固，分析错因，并通过讨论、合作探究，寻求正确答案，充分发挥了学生的主体性，调动了学生的课堂参与性，增强了课堂学习的有效性。

（2）当堂测试，检测目标

①练测目的：通过完成课堂测试作业，检测每位学生是否都当堂达到学习目标。

②操作方法：教师设计练测的内容，督促学生独立完成课堂测试作业或学生间相互设计练测的内容，学生间互练，也可以由学生设计或提问，教师解决。批改部分已完成的学生的测试作业并进行检测后的评价。

③教学有效性：学生独立完成练测内容，将所学知识通过再次内化，形成分析问题、解决问题的能力。教师通过此环节可以了解学生达标的情况，反馈学习信息。

心理学家盖兹说过："没有什么东西比成功更能增强满足的感觉；也没有什么东西比让每个学生都能体验到成功的喜悦，更能引发学生的求知欲望。"教师要及时对学生课堂测试完成的情况进行评价。通过总结课堂测试完成的情况，让学生体验到成功的喜悦，加强师生之间的交流与沟通，有利于教师对自身教学活动的反省并做出恰当的教学决策，进而引导教师不断改进课堂教学，提高课堂教学的质量。

3. 检测评价的注意事项

（1）习题要针对教学目标和教学内容来设计，题不在多而贵精，既要检验学生对基础知识的掌握程度，也要考查学生的学习能力。

（2）试题要当堂做，当堂批。可以采用老师批阅的方式，对于大班额制的班级可以采用学生互批、小组长批阅的方式，让学生人人有事做、事事有人做，要充分发挥学生的作用。

（3）通过测试掌握学生的学习效果，为下一步改进教学提供借鉴。在评价时，教师要把握分寸，既要客观公正，也要适时给予鼓励，以增强学生的自信心。

（4）要讲究评价的艺术，充分调动全体学生学习的积极性。最忌训斥学生，学生做出的答案是他们的劳动成果，教师应积极地给予评价。对答得好的学生，教师要毫不吝啬地给予适当的鼓励、表扬。对答有失偏的学生，教师不要轻易否定。

三、实施策略

（一）确立目标

确立目标是实施五环节教学的课堂起点，能起到提纲挈领的作用。确定教学目标，一方面要紧扣课程标准，另一方面要贴合学生的年龄特点、知识水平、认知规律和认知能力等方面。

• 学生行为：听、看、思，明确本课时学习目标，进入学习情境。

• 教师行为：在准确把握教材与学生学情的基础上，巧设问题情境，以旧引新，亮出学习目标。问题情境要能激发学生探究的兴趣，服务于具体的学习内容，提供思维的智力背景。

1. 教学策略

（1）教师直接点拨或出示学习目标。

（2）教师结合课题，引导学生找出目标。

（3）指导学生快速阅读课文的子目或小标题，找出目标。

（4）指导学生快速阅读全部正文，分析、讨论目标，教师再概括出目标。

2. 应注意的问题

通过本环节的学习，学生可以完成通览注意学习内容，进行自主预习，包括读（读课本、读资料等）、看（看例题、看插图等）。在具体的教学过程中，应该注意：

（1）目标意识

目标意识的强与弱、目标定位的准与否、目标实施的深与浅，决定了课堂教学质量的高低。学生学习目标意识有多强，课堂听课的效率就有多高。在课堂教学过程中，教师要坚定不移地紧紧围绕教学目标组织教学，引导学生围绕制定的学习目标落实基础知识，形成基本技能。

（2）生本意识

陶行知曾说过："教什么和怎么教绝不是凌空可以规定的。"① 确立教与学的目标，最好的方式是以学生的学习为中心。把学生作为教学目标的出发点，引导学生自行制定学习目标，一定要把学习的主动权还给学生，只有让学生自己学，他们才能"会学"、才能"学会"。因此，教师在课堂上，关键是激活、调动、维持、激励学生自己学的主动性、积极性和创造性。

（3）差异意识

课堂教学要关注学生的个性差异。在课堂教学中，要坚持面向全体学生，针对不同水平的学生，提出不同的目标要求。对学生评价不能只用一把尺子量到底，要建立"因材施教"的评价体系。

（二）指导学练

历史课堂不是教师的独角戏，也不是跟学生演双簧。教师在教学过程中，

---

① 陶行知：《中国教育改造》，76页，北京，东方出版社，1996。

应该充当指导者、策划者、评价者和引领者。指导学生的学练，是五环节教学过程中，对学生主体意识的唤醒和自主学习能力的培养过程，也是学生主动认知和探索的过程。

• 学生行为：借助自主学习提纲进行自主研读，激活学生的知识储备，掌握显而易见的基础知识，生成疑难点，形成学习期待心理。

• 教师行为：精心设计自主学习提纲的每个部分问题设计；教会学生自主学习的方法和习惯，组织学生自评或互评，指导和评价学练的效果。

1. 教学策略

指导学练是在现代教学理论和新课改理念下建构起来的，有很强的操作性。教师要利用一定的教学策略，指导学生利用有限的时间，在已有知识的基础上，独立地获取、探索新知识。

（1）告诉学生学练的内容，明确自学要求。在学生自主学习阶段，要让学生明确本节学习目标和学习内容，在教师充分备课的基础上，为学生出示预习提纲。通过学生的自我预习，掌握基础知识。提纲的设计要遵循以下几个原则：①提纲要突出重点。让学生对本课的重点知识一目了然。②提纲要具有全面性。提纲的设计要服务于整个教学活动，不能仅局限于个别问题，要贯穿整个教学活动。③提纲要有指导性。通过提纲，要让学生明确这节课需要解决什么问题，自己该做什么、如何去做。④问题的设计要科学。问题不一过多，题型要不拘一格。问题要难易适度，层层深入。在学生自学期间教师要走进学生，掌控学生自学的情况。

（2）渗透学法指导，介绍学习这些内容的方法、思路以及注意的问题。根据学习内容，提示学生用适宜的方法，或读课本，或边看课本边圈点标注，也可以与同座讨论，等等。有意引导，帮助学生逐渐掌握学习的方法。

（3）明确学习这些内容的认知层次，引导学生带着任务有效自学。

2. 应坚持的原则

（1）科学性。问题的设计要符合课程标准的要求，依据教科书相关内容，科学设置学练的问题。教师的指导要具体，方法要简明扼要，要符合学生的认知规律，要符合学生和教材的实际。

（2）递进性。本着先学后练，学练结合，以练促学的方式，引导学生在历史课堂上更好地完成学习。指导学练要紧紧围绕着解决重点、难点，注意系统性、层次性。

（3）创新性。初中生思维活跃，富有创新和挑战意识。在指导学练的过程中，教师应该设计适当的创新性、综合性、应用性、开放性的题目，激发学生的创新思维，培养他们的创新能力。

（4）差异性。学生之间的差异，决定我们的教学问题设计和学练内容必须具有一定的差异性，让每个孩子都可以在课堂上参与其中，实现主动和富有成效的学习和训练。

（5）多样性。学生练习的方式方法要多样化，根据不同的学习内容的特点，设计不同的练习方法。

（三）讨论辨疑

培养学生分析、研究、探索、创新能力是新课程理念的核心要素，讨论辨疑的内容可以是知识的发生过程、内在联系、发展规律，可以是解题的思路、方法、规律、技巧，可以是知识的拓展、延伸、应用，更可以是对原有方法的改造、改进、完善、创新，探索研究贯穿于教学的全程中。

• 学生行为：在自主学习的基础上和老师的引导下以同座或小组形式交流、展示观点及思维过程，产生共享与碰撞。

• 教师行为：巡视、掌握学生的交流情况，帮助学生纠正思维的偏差，鼓励学生大胆参与、交流想法，促进课堂交流有序进行。发现学生思维过程中的闪光点和存在的问题；思考突破难点、交叉点的途径。

1. 教学策略

（1）精心设计，保证讨论质量

古希腊著名的思想家苏格拉底（Socrates）曾说过："问题是接生婆，它能帮助新思维的诞生。"开发学生的思维潜能离不开教师对交流问题的精心设计。交流的问题要具有探索性、综合性，要摆脱应试教育的影响，以激发学生思维、提高学生素质为宗旨，贯彻教学大纲，着重于对基础知识内涵的理解和掌握。交流的问题不应仅限于课时内容中有影响的重大历史事件、历史现象和重要历史人物，还应适宜地融入与当前形势和社会发展联系密切的热点问题，使学生能够将所学知识应用到现实生活，提高学生解决问题的能力。

（2）充分准备，提高讨论效果

课堂交流的有效进行，需要课前充足的准备作保证。教师事先要公布讨论主题，提出目的和要求，提供某些带启发性的思考点供学生参考。事先确定3～5个主要发言人，其余为补充发言人，或以小组为单位，由学生选出发言代表汇集小组意见做中心发言。全体学生课下则要根据讨论主题认真钻研教材，查阅有关资料，写好发言提纲。发言提纲要简洁、条例、准确。

（3）角色定位，调动学生热情

学生是学习和发展的主体，在课堂教学中，教师为主导，学生为主体。交流讨论的过程中，教师应从过去课堂主宰者的角色向教学引导者转变，创设宽松和谐的讨论辨疑氛围，激发学生的发散思维，允许学生发表不同意见和看法。教师要做好讨论的调控工作，使交流活而不乱。讨论时，教师要善于启发和诱导，统领全局，掌握好火候。当交流出现沉默时，老师要拨开话题，打破沉默，启发学生发言；当讨论进入高潮，特别是出现争论时，教师要因势利导，紧扣主题，将讨论引向正轨，引导学生向纵深思考，最后做好总结。总结时，要表扬质量较高的发言和积极性高、乐于参与的学生，要特别鼓励学生对书中或前人的一些传统观念提出大胆质疑，对前人尚未揭示的规律勇于探索，即使有不妥之处，得出的某些结论不尽成熟，教师也要满腔热情地肯定其创新思维，引导学生找出不足，分析原因，使学生的认识产生质的飞跃。

运用讨论辨疑，教师需要根据小组合作学习的具体情况进行激励性的评价，调动学生的参与热情。找到学生的“闪光点”，通过激励性的语言或点头或微笑鼓励学生，让学生体验成功的喜悦，提高合作效率。课堂评价语言要丰富多彩，切忌假大空；要有针对性，在练的语言中评价出学生个体或小组的“闪光点”。

2. 应注意的问题

讨论辨疑解决的是课堂中的重点、难点和疑点问题，是历史课堂的点睛之处。问题的设计对于讨论辨疑的效果起到至关重要的作用。教师要精心设计问题，使问题有梯度。

（1）注意命题的综合性

“19 世纪后半期和 20 世纪初，西方国家的资产阶级已走向反动，而东方国家的资产阶级却表现出极大的革命性，试结合史实分别指出这种反动性与革命性的表现，并分析其原因。”此题涉及教材“世界近代现代史”和“中国近代现代史”中的相关内容，这就能帮助学生打通因教材章节所带来的知识割裂，使相关的知识体系化、网络化。

（2）注重知识间的联系

历史知识各知识点之间，历史知识与相关学科如政治、语文及地理等有着密切的联系，讨论问题的设计时充分利用这种联系，开拓学生的视野，丰富学生的历史知识，以推动学生思维的迁移、融合和借鉴。命题的时候要注意知识的横向和纵向的联系，帮助学生理清知识脉络；注意中外历史的联系，对比分析，强化记忆，加深认识；注意古今的联系，将知识的触角延伸到现实生活中去。使学生的认识源于教材，却又高于教材。

（3）注意讨论主题的多角度和新颖性

课堂讨论中要引导学生对纷繁复杂的历史事件、历史现象和历史人物从各个角度、种种联系中进行分析、比较和辨别，捕捉其规律性，从而培养学生的创造性思维，获得有生命力的知识。例如，对照习近平"中国梦"的主题发言，设计研讨近代以来中国人民为实现民族梦想，在不同时期进行了哪些探索、尝试或斗争等问题。问题设计贴近现实，又与历史有密切的联系。"一石激起千层浪"，学生们创造性思维的火花就这样被点燃了。

（四）精讲深化

精讲深化需要教师洞悉学生思维的态势，动态把握课堂资源，迅速做出反应，及时采取恰当的教学措施。它是教师观察的敏锐性、全面性，思维的灵活性、创造性的综合呈现，它是教师发挥主导作用最重要的手段。这一教学技能的形成并非一日之功，需要我们持久地反思、总结。

•学生行为：听、思、记、问、述等。

•教师行为：用简洁、精练、生动、形象、具有逻辑性、富有感染力的语言，讲重点、难点、疑点、思维点、能力点；这一过程是学生获取知识、掌握方法、形成能力、发展思维、升华情感的关键过程，教师务必精心准备，因为它影响着学生思维发展的深度、广度以及情感升华的高度。

1. 教学策略

精讲释疑就是在学生自主学习、讨论交流的基础上，教师根据教学重点、难点及学生在自主学习交流过程中遇到的问题，进行重点讲解。教师要深入研究大纲教材，正确理解教材的编排意图，准确把握知识主线，根据学生学习的反馈信息，对教材内容作适当的调整、补充和修正，确定精讲内容。对重要问题进行精加工、补充材料，注意挖掘知识的内在规律性，运用知识固有的逻辑关系穿针引线，让学生认清实质，成功实现旧知到新知的过渡、转化。

2. 应注意问题

教师在精讲过程中，力争做到以下几点：首先，精讲的语言，内容要精。语言要精美、精练、精巧、精确、精湛。其次，精讲要具有针对性，切忌面面俱到，应根据学生自主学习、讨论交流过程中反馈的信息展开，精讲深化的度要符合学生和教材的实际。最后，精讲要具有启发性。教师的主导作用在于启发、推动学生思维的发展。教师要善于设问、点拨，引导学生在老师的循循善诱下，经过适当点拨自主解决问题，最大限度地发挥学习的积极性，培养思维能力。

（五）练测评估

练测评估是课堂教学的重要组成部分。恰到好处的习题不仅能巩固知识，形成技能，还能启发思维。练习的时间可以是学生自主学习时形成性练习，可以是授课时穿插应用性练习，可以是课堂中后期巩固性练习，也可以是课堂复习强化性练习；练的内容可以是知识的总结概括，可以是方法的形成训练，也可以是思维能力的训练。在练测的过程中，练习的检查、反馈与评价也及时跟进。

• 学生行为：自测，以思、写为主；交流展示成果，组内互帮互评；正副小组长帮助其他成员分析、解决错题。

• 教师行为：巡视，发现问题，适当帮助潜能生；让尽可能多的同学可以有机会展示学习成果；进行练测评估，表扬先进，鼓励后进。

1. 操作流程

课堂的练测不拘泥于某一个环节，可以因实际需要而进行，具体操作流程如下：

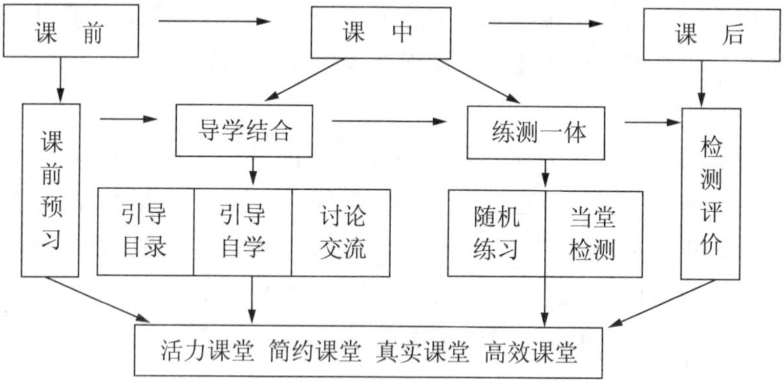

2. 应注意的主要问题

（1）实用性。课堂练测旨在对所学内容进行巩固提升，通过适当的练测题目，掌握和巩固相关知识信息，培养历史技能，提升情感态度与价值观。因此，检测题目把实用性放在首位，真正实现为学生的学习服务。

（2）操作性。题目不宜太难，在有限的5～10分钟内，学生可以即时练习，并且形成课堂评价。通过小组合作评价、教师点评相结合的方式，练评结合、易于操作。

（3）有效性。练测内容紧紧围绕课堂所学，适当地进行拓展和创新，让学生真正融入练习和检测过程中，让学习更加富有成效。

参考文献：

侯立庆：《适时点拨于困顿之中》，载《新课程》，2012（3）。

朱立荣：《历史高效课堂中的课堂讨论》，载《新课程（下）》，2012（1）。

四、课堂实录与案例点评

课堂教学是一门艺术，需要精雕细琢，方能呈现出精彩课堂。许多用心雕琢的经典课堂使我们耳目一新，倍觉设计的巧妙，处处彰显着教师的睿智。在这些精彩课堂中，我们总能寻到五环节教学法的踪迹。五环节教学法与板块式教学有机结合，使课堂教学焕然一新，实现了历史课堂的优质、高效。下面我将提供两个不同课型的案例，一起看看下面的教师是如何巧妙应用五环节教学法的。

【案例一】

《蒙古的兴起和元朝的建立》

韩秀丽老师

本课是韩秀丽老师在2014年3月参加山东省历史优质课评选中准备的参评课。韩秀丽，1999年济宁师专历史系毕业，现为曲阜市书院街道中学的历史教师。韩秀丽是曲阜市历史教学能手、济宁市历史优质课比赛一等奖获得者、山东省历史优质课二等奖获得者。韩老师的课题是北师大版初中历史七年级下册的第12课《蒙古的兴起与元朝的建立》。本课主要介绍了蒙古族的兴起及其所建立的元朝在中国历史上的贡献，涉及元朝的政治、经济和民族关系发展的内容。韩老师贯彻新课改的精神，遵循了一些教学理念和教学思路：教学方法有机融合，明晰线索；以问题为导向，落实与提升并重；运用史料，论从史出；由古及今，延伸课堂。以自主、合作、探究为形式，充实课堂，让学生学会历史，感悟历史。经过多次打磨，使整个教学过程设计别开生面、精彩纷呈。

1. 课堂实录

《蒙古的兴起和元朝的建立》教学设计

【课堂导入】

1. 学生看图片听音乐，教师走进学生了解历史学习进度与预习情况。

2. 播放视频成吉思汗的少年苦难，教师动情引导：“这个英雄的名字给他多难的民族带来了幸运，这段艰辛的历程给无际的草原带来了光明，让我们追寻着成吉思汗的足迹走进第12课的学习，来揭秘这段峥嵘的岁月吧。”

【确立目标】

明确学习目标，展示学习板块：

千古英雄造时势　帝国统一创兴盛　民族融合谱新篇

【指导学练　讨论辨疑　精讲深化】

（一）千古英雄造时势

本节课有三位英雄，请在课本上找到他们并说说他们的名字。

（预设：成吉思汗　铁木真）

人物	铁木真	忽必烈	文天祥
民族	蒙古族	蒙古族	汉 族
历史贡献	①统一蒙古，②1206年建立蒙古国。	①1271年建立元朝，次年定都大都。②统一全国	领导抗元斗争

再看大屏幕，抓住表格内的信息，快速看课本第66、67页，把这些知识点在课本上找到并画出来吧。

（一分钟后找学生逐一校对答案）

让我们走进第一位英雄成吉思汗。什么样的社会环境造就了这位伟大的草原英雄呢？

（学生读史料并思考回答问题，教师指导抓住关键词分析归纳答案法）

实现草原人民美好心愿统一蒙古的就是成吉思汗。那么，他为什么能统一蒙古呢？让我们进入英雄的内心品析他的优秀品质。（学生读三则史料，小组内合作探究，教师适当点拨，并出示参考答案）

过渡：时势造就了英雄，而英雄的诞生也造就了一段非凡的历史。

（教师指导学生识图并讲解蒙古的统一及元朝的建立）

教师精讲：统一蒙古后，成吉思汗有一个更远大的梦想，那就是统一全国。于是，他率蒙古军攻占了西辽，攻打西夏。但是，在进攻西夏的过程中，成吉思汗不幸因病去世。他在临终前，还叮嘱他的儿子们一定要联合南宋抗金，一定要秘不发丧，以稳定军心。一代天骄成吉思汗，起于灾难而终于卓越！之后，蒙古军占领西夏，攻占了金，吞并

续表

《蒙古的兴起和元朝的建立》教学设计
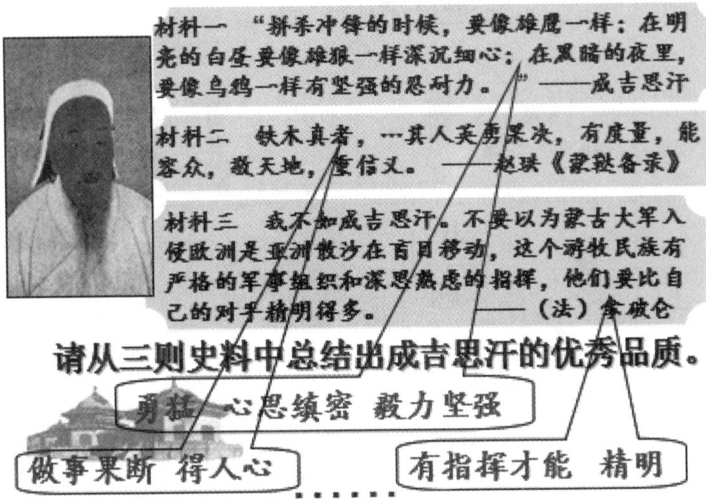 了吐蕃，降服了大理。1271 年，成吉思汗的孙子忽必烈改国号为元，第二年定都大都，就是今天的北京，忽必烈就是元世祖。元建立后，包围南宋，于 1276 年攻占临安，腐朽的南宋朝廷灭亡了。又经过三年，到 1279 年元统一了全国，结束了自五代以来 370 多年的割据局面，实现了中国历史上的第四次全国统一。那么，是哪四次全国统一呢？请看大屏幕，让我们一起找一找由分裂走向统一的四个朝代吧！ 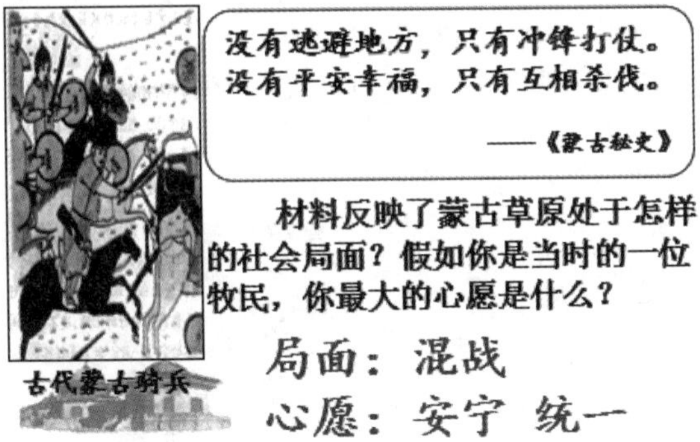 （学生据中国历史朝代纪年表查找，并感悟中国历史发展的趋势是国家统一） 每次由分裂走向统一都不是一帆风顺的。在统一的过程中，蒙古军也遇到过顽强的抵抗，其中最典型的一例就是南宋的文天祥抗元。请同学们依据课本讲一讲文天祥抗元的故事；体会文天祥身上的崇高气节；有感情地高声朗读诗句“人生自古谁无死，留取丹心照汗青”；思考并回答“元统一是历史的进步，而文天祥抗元也为后世所敬仰，这矛盾吗？为什么？”

续表

《蒙古的兴起和元朝的建立》教学设计

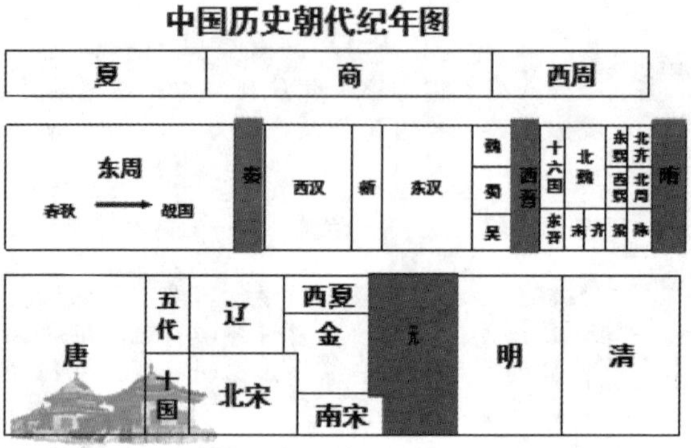

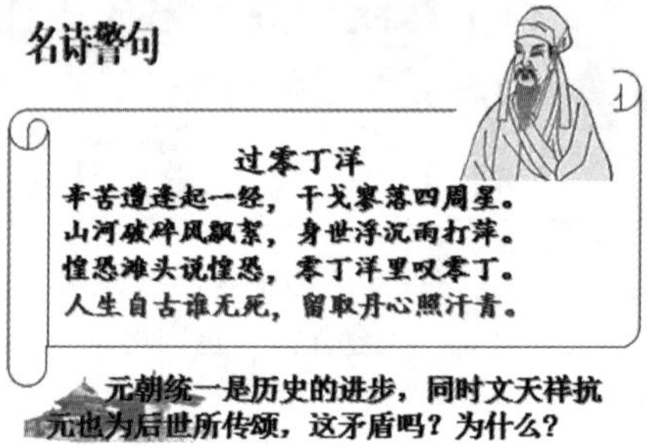

教师强调：统一是历史发展的趋势，敬仰文天祥是因为他的气节，这是两个不同的方面，不矛盾。我们在评价历史事件和历史人物时，一定要客观全面，要从多角度考虑。

元统一全国后，版图空前扩大，疆域异常辽阔。

（教师指导学生比较秦、西汉、唐、元的疆域图，在此基础上强调“迄今为止，在中国历史上，元朝的疆域最为辽阔”），（识图）放眼于亚洲，也是一个强大的封建国家；（识图）放眼于世界，也堪称为世界强国。

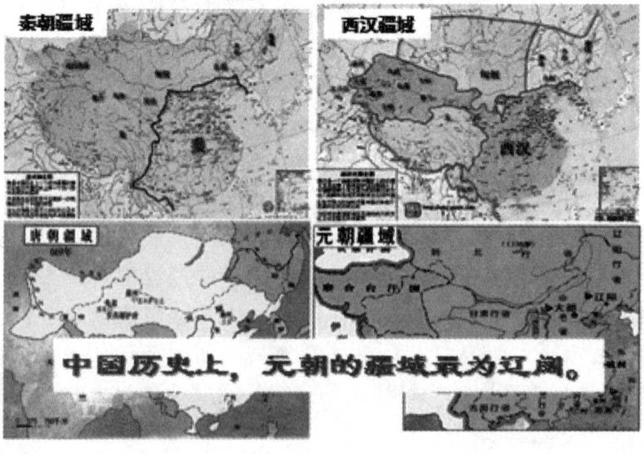

续表

《蒙古的兴起和元朝的建立》教学设计
教师强调并过渡：这就是历史上第一个少数民族建立的统一的封建国家，史载“汉唐极盛之际有不如焉”！如此辽阔的国家该如何进行有效的治理呢？让我们走进“帝国统一创兴盛”。

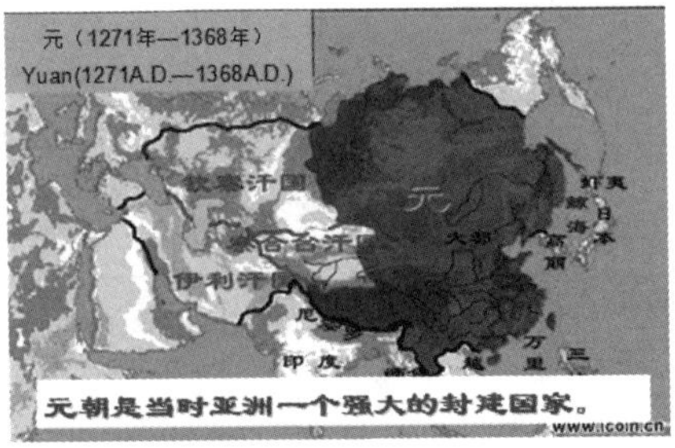

（二）帝国统一创兴盛

首先，让学生看课本明确行省制的含义，紧接着引导学生充分识图。

其次，让学生指出中书省的管辖范围。教师指着中书省强调其管辖范围，并指出：地方行省、中央中书省、皇帝坐镇大都，这样就构成了一套完善的中央集权制度，便于对全国实行有效地统治，是对中国政治制度的一次重大变革，更显示了忽必烈的雄才伟略。

最后，学生找到宣政院辖地，思考宣政院是什么机构？（唐朝时，与吐蕃间有一段流传千古的佳话，说说是什么？）当时，唐与吐蕃“和同为一家”。而到了元朝，就变成真正的一家人了。宣政院的设立标志着西藏成为中国的正式行政区，正式划入中国版图。

（“琉球”是哪里？历史上大陆与台湾有过联系吗？）

这些都证明西藏和台湾自古以来就是中国领土不可分割的一部分，无论是达赖鼓吹的大藏区体系，还是“台独”势力的叫嚣，都是注定要失败的，这就是不容更改的历史。

最后，学生在元疆域图上找一找有今天的“山东省”吗？再找一找哪些行省的名字沿用至今？“省”的名称在沿用，但管辖范围不同，元朝行省的管辖范围比今天的“省”大，今天的行政区与元朝的行省区划是一脉相承的，可见“行省制度”影响深远。

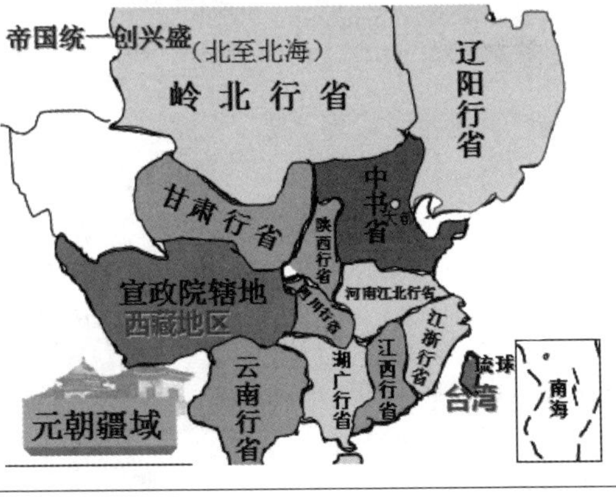

续表

《蒙古的兴起和元朝的建立》教学设计

过渡：通过元政府的有效管理，元朝国力强盛，经济发展呈现出空前的繁荣景象。

教师言传身授“标注”学习法，培养学生高效阅读的能力。从农业、交通、商业、外交四个方面，师生共建表格，整体感知元朝经济的强盛。

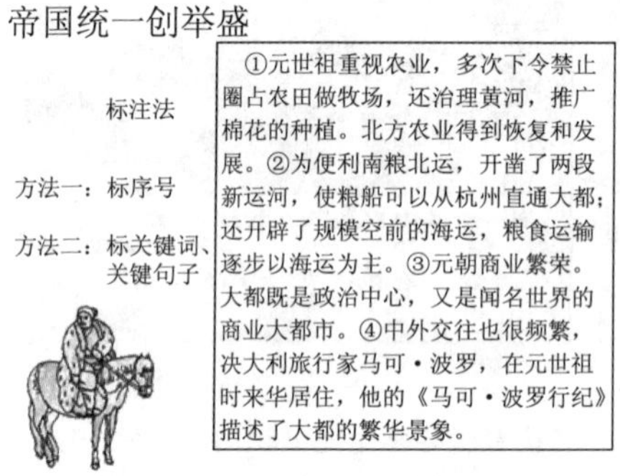

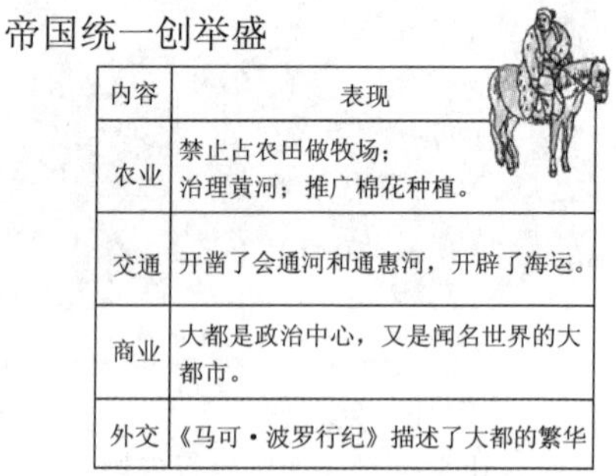

内容	表现
农业	禁止占农田做牧场； 治理黄河；推广棉花种植。
交通	开凿了会通河和通惠河，开辟了海运。
商业	大都是政治中心，又是闻名世界的大都市。
外交	《马可·波罗行纪》描述了大都的繁华

运用创设链接的方式学习元朝的运河和海运：

通过对比隋朝与元朝运河的不同，感知元朝运河的便捷；通过地图再现大运河畔的山东各城市及南水北调东线图，凸显齐鲁大地运河经济文化的古今发展，激发学生对家乡的热爱，并映衬昔日元朝经济的强盛；图文感知大都的繁华，再次感悟元朝的强大。

（预设：从路线、政治中心与经济重心的变化等方面进行比较，适当融入山东历史）

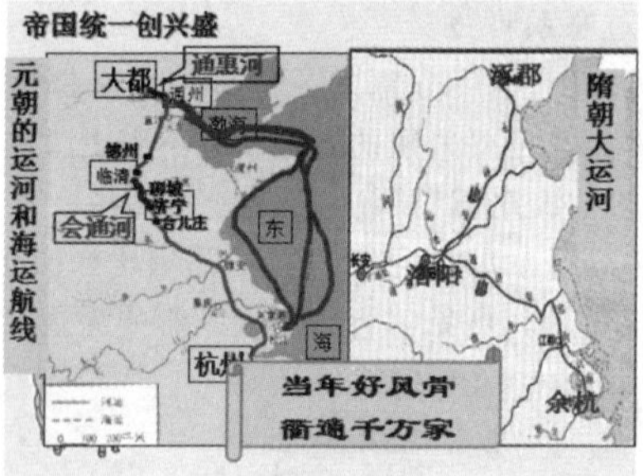

以大都为切入点自然过渡到第三板块“民族融和谱新篇”。

（三）民族融和谱新篇

通过观看元青花瓷整体感知元朝的民族融和。

运用刚刚学习的标注法学习元朝民族融和的具体表现；通过图示感知中华民族的不断壮大和凝聚力的不断增强；

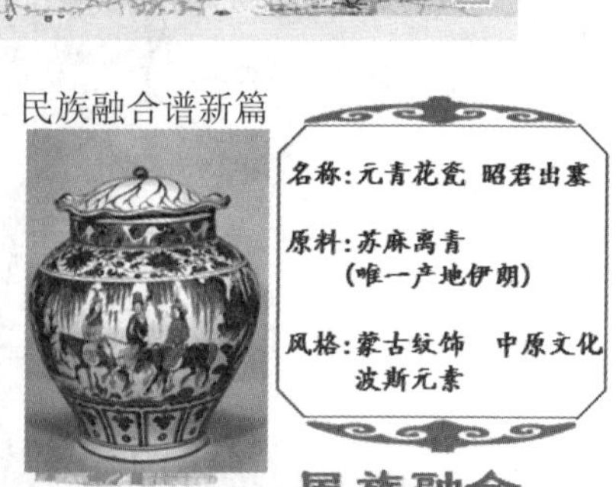

续表

《蒙古的兴起和元朝的建立》教学设计

通过观看图片及视频激发学生维护国家统一和民族融和的意识与责任感。

抚今追昔

【练测评估】

1. 创设“元朝印象”，明确元朝在历史上的地位。

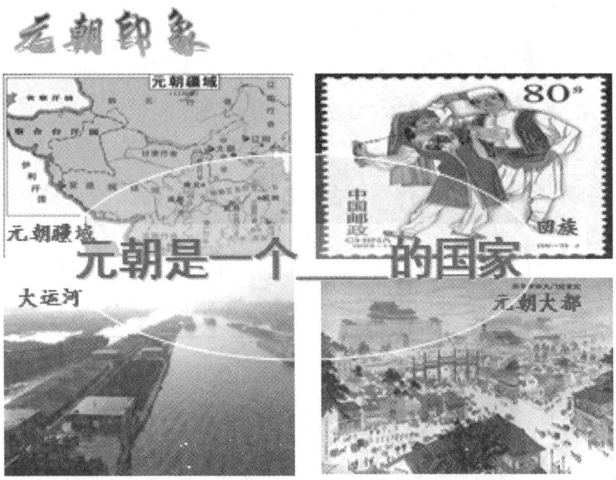

续表

《蒙古的兴起和元朝的建立》教学设计
2. 创设“知识小清单”，总体感知本课的主要内容。 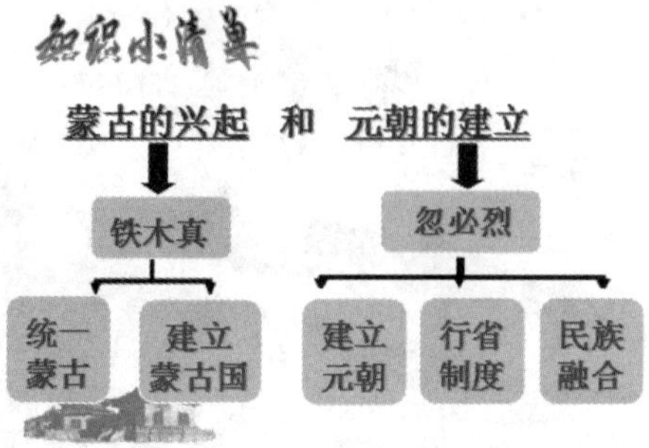 3. 创设“再深思”，体会元朝的深远影响。 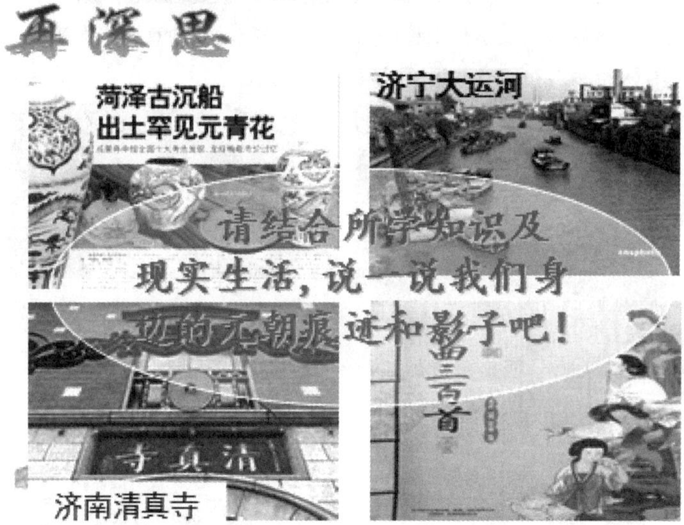 【课堂小结】 （音乐配合 PPT 演示）成吉思汗，从古老的蒙古草原走来，金戈铁马，铸就了一代天骄的雄姿英采；忽必烈，从辽阔的大元走来，雄才大略，书写了统一、强盛、民族融合的壮丽情怀。昨天，我们赞美元朝；今天，我们走向未来，亿万炎黄子孙胸怀着一个伟大民族复兴的梦想，在国家统一、民族团结、经济富强的道路上，必将开辟出一个无限美好的未来！

2. 案例赏析

五环节教学法在具体的实践过程中，并不拘泥于固定的程式，五个环节的顺序可以适当调整，也可以相互交叉和渗透。在课堂上，优秀教师往往进行自己的调整和创新，以求达到更加理想的课堂教学效果。韩老师深入挖掘教材资源、创新教学设计理念、精心安排课堂环节，让听课者颇受启迪，取得了较理想的效果。

（1）创设情境，精导妙引

魏书生老师说："好的导语像磁铁，一下子把学生的注意力聚拢起来，好的导语又是思想的电光石火，能给学生以启迪，催人奋进。"① 课堂导入环节是教师引导学生做好学习新课知识的心理和认知准备，并让学生产生学习期待的教学活动。该环节是整个教学过程的序幕，也是调动学生学习兴趣的关键，因而需要教师创设一种渲染情感、引人共鸣的教学情境和课堂氛围。

韩老师利用学生看图片听音乐的机会，走到学生之中，了解学生的预习情况，掌握学生的实际。随后播放了成吉思汗少年苦难的视频，视频气氛悲壮，深深吸引了学生的注意力，并极大地引发了学生对本节课的好奇心。接着教师将自己的情感融入视频之中，动情引导：这个英雄的名字给他多难的民族带来了幸运，这段艰辛的历程给无际的草原带来了光明，让我们追寻着成吉思汗的足迹走进第 12 课的学习，来揭秘这段峥嵘的岁月吧。由此自然的导入本课，通过影视视频使学生如身临其境，同时师生之间产生共鸣，活跃了课堂氛围。

（2）巧设环节，讲学并进

教学是否有效，在于学生的学与教师的教。学生学习的有效性首先体现在学生是否积极主动地参与体验学习过程；教师教学的有效性首先体现在能否调动全体学生的学习积极性，促进学生对知识的主动建构。在整个教学设计中，多种教学方法不断切换，重视学生学习方法的指导，充分发挥学生学习的主体地位，调动学生学习的积极性，带领学生走向知识。

【层层递进，各个击破】

五环节教学是一种清晰而又灵动的教学设计思路，每个环节集中解决一个方面的教学内容，各板块内容以线串珠，把课程内容系统化，科学有序地推进课堂教学进程，为生动细腻地展现课堂艺术魅力提供了良好的平台。

韩老师根据本课的教学内容、历史线索，有效地确立目标，将本课划分为"千古英雄造时势""帝国统一创兴盛""民族融和谱新篇"三个板块，板块设

---

① 魏书生：《魏书生教育教学艺术》，206 页，桂林，漓江出版社，1998。

计科学合理。“千古英雄造时势”这一板块以一代天骄成吉思汗、元世祖忽必烈这两位历史人物揭示蒙古民族的兴起和强大。第一板块和“帝国统一创兴盛”两板块的过渡语是：这就是历史上第一个少数民族建立的统一的封建国家，史载“汉唐极盛之际有不如焉”！如此辽阔的国家该如何进行有效的治理呢？让我们走进“帝国统一创兴盛”。过渡自然，板块之间环环相扣。“帝国统一创兴盛”这一板块集中解决了元朝的政治、经济方面的史实，让学生对元朝的历史有个系统的认知。“帝国统一创兴盛”与“民族融合谱新篇”两个板块以大都为切入点，描绘了当时大都的盛况，自然导入第三板块。按照这三个板块的顺序，各个击破学习要点和难点，课堂线索清楚明晰。

【优化方式，培养能力】

德国物理学家劳厄（马克思·冯·劳厄，Max Theodor Felix Von Laue）说过：“重要的不在于传授知识，而在于发展学生的思维能力。什么是教育，教育就是在学校所学的东西都被遗忘的时候，留下来的东西。”方法的知识最重要。我们在传道、授业、解惑的时候，更要教给学生终身受益的东西。在整个教学过程中，韩老师以师生对话、生生对话为手段，优化学习方式和教学方式，调动了学生参与的积极性。

指导学练、讨论辨疑和精讲深化有效地结合，并且进行了教学方式的优化整合。

①自主学习，落实基础

在处理铁木真、忽必烈、文天祥三位历史人物的历史信息时，韩老师采用了表格的形式，指导学生自主阅读课本，明确看哪里、怎么看、怎么画。学生根据提示，找出有效信息，自我实现了对历史知识的识记，生成自己对历史的初步理解，做到了会读书、知要领，落实了基础知识，为进一步理解感悟历史做好了准备；同时，提高了自学能力，初步体验到成功的喜悦。

②合作学习，培养能力

小组合作学习是调动全员参与的高效学习形式。小组合作引入课堂，学生由原来被动接受知识转为主动参与、发现和探究知识，老师把课堂还给了学生，使学生成为课堂学习的主人。新课程倡导学生学习中的交流应是多向的，不仅包括师生之间的互动，还应包括学生之间的互动。基于此，韩老师采用了小组合作学习的学习形式，以小组成员合作性活动为主体，通过讨论、评价、激励，加强学生之间的交流，充分发挥了学生群体磨合后的智慧。

在处理成吉思汗统一蒙古原因的问题时，韩老师采用了合作探究的方式。

小组内成员分工合作、集思广益。在此环节韩老师走进学生之中，了解合作情况，适时点拨，并及时给以评价。马卡连柯曾说：“同样地教学方法，因为语言的不同，其效果就可能相差20倍。”课堂语言如此，教学的肢体语言更是如此。在教学中，韩老师对学生的表现进行了客观的激励评价，特别是课堂上一个学生的精彩表现超出了教师预设，教师与该生的击掌既是对学生的极大鼓励、赞赏，也感染了其他学生。可以说，教师与学生都已融入历史，融为一体。

在处理文天祥历史知识时，韩老师巧妙地设计了具有思维性的问题：元统一是历史的进步，而文天祥抗元也为后世所敬仰，这矛盾吗？为什么？韩老师巧妙地设计了两条线索：一条中国历史朝代纪年图，通过中国历史朝代纪年图凸显了中国历史发展趋势，内容清晰，让人印象深刻，让学生形象直观地体会到中国历史发展的趋势是国家统一。一条是南宋文天祥抗元时所写的诗句“人生自古谁无死，留取丹心照汗青”。指导学生有感情地高声朗读诗句，激起学生思维的涟漪。读诗悟史，既体现了学法指导，又于润物细无声处实现了情感价值观的教育。在这两条线索的指引下，学生开展小组合作学习，能打开层层思维的枷锁。在整个过程中，时间安排合理，教师做到了收放自如、得心应手，使课堂活而不乱。

③学法指导，贯彻始终

整个教学过程，韩老师重视对学生学习方法的指导以及学习能力的培养，使学生掌握历史基本知识的同时，掌握阅读历史教材和相关历史材料的方法、识别和运用历史地图和图标的方法、提炼和运用史料分析问题的方法等学习历史的一些基本方法。

在处理是什么样的社会环境造就了成吉思汗这位伟大的草原英雄这一问题时，韩老师运用《蒙古秘史》中的史料。指导学生读史料，提取史料中的关键信息，此举教会了学生阅读史料的方法、提取历史信息的技巧，为后面史料的应用奠定了基础。讲解元朝经济强盛这一问题时，韩老师对教材做了大胆的整合，通过标注法的演示、分类归纳的方式从“点、线、面”三个层次角度再现了“创兴盛”，既紧扣教学目标，又体现学法指导，锻炼了学生提取关键信息的能力。

在教学过程中，韩老师还注意引导学生将学习的知识和方法进行迁移。指导学生运用刚刚学习的标注法学习元朝民族融合的表现。利用图示演示法展示中华民族不断强大，形象、直观，易于理解，尤其是回族的形成演示，独具匠心，再次体现了标注学习法，学以致用。整个教学过程之中，图表法、标注法、对比法、归类法、关键词解析法等各种学习方法穿插进行，并适时学以致用，尤以材料解析与标注法最为突出，真正做到了“授之以鱼不如授之以渔”。

【知识衔接，建构体系】

历史知识的系统性很强，后继知识往往是前期所学知识的发展或深入。历史知识是一个整体，是由点、线、面串成的知识网络。如果只掌握零碎的知识，孤立地记忆几个分散的知识点，不可能把历史学好。因而，我们要利用好历史知识的纵横联系，帮助学生清理知识脉络。将不同时期中相互关联或类似的重大历史事件前后联系，进行比较，能使知识更加系统化。同一时间的横向联系能更好地拓宽学生知识面，更好地拓展学生的思维能力。加强新旧知识的学习与联系，是这次教学设计的一大亮点。运用地图进行纵横对比，凸显了元朝的特点和地位。

教师指导学生比较秦、西汉、唐、元的疆域图，在此基础上强调“迄今为止，在中国历史上，元朝的疆域最为辽阔”，（识图）放眼于亚洲，也是一个强大的封建国家；（识图）放眼于世界，也堪称一大世界强国。运用地图让学生形成直观的认知，自我发现元朝的特点，而非直接从老师口中得出答案，做到了结论有依据，更能让学生记忆深刻。

行省制度是元朝统治者在行政区划和政治制度方面留给后世的一份重要遗产，为今天我国省级行政区划奠定了基础。首先，让学生看课本明确行省制的含义，紧接着引导学生充分识图。在元朝疆域图中指出中书省的管辖范围，找到宣政院辖地；最后，学生在元疆域图上找一找有今天的“山东省”吗，再找一找哪些行省的名字沿用至今。通过学生的自我识图，使学生发现：“省”的名称在沿用，但管辖范围不同。元朝行省的管辖范围比今天的“省”大，今天的行政区与元朝的行省区划是一脉相承的。可见，“行省制度”影响深远。从含义、识图、古今联系与对比分步学习“行省制度”，再现了“帝国统一”，既突出重点、突破难点，又进行学法指导，还完成了情感价值观教育，在“温故”中“知新”，在“知新”中“提升”。大运河对学生来说并不陌生，前期我们曾学过隋朝大运河。韩老师运用地图对比了隋朝大运河和元朝运河的不同，从路线、政治中心、经济重心的变化以及是否经过山东等方面预设，让学生感知元朝运河的便利。学生通过新旧知识的比较，对大运河有了较系统的认知。

【史料教学，论从史出】

历史学习中有一个非常重要的原则就是“史由证来，论从史出”。史料教学在促进学生历史思维发展、历史学习方法掌握方面有着不可替代的作用。因而，教师要创造性地利用教材，适当提供一些与教材中的问题相联系的史料，指导学生学会利用史料提供的各种信息分析、思考和探究问题。

韩老师这节课运用到的史料有：《蒙古秘史》中的“没有逃避地方，只有冲锋打仗。没有平安幸福，只有互相杀伐”，运用文字史料凸显当时蒙古草原混战的场景，解答了铁木真能够统一蒙古草原的原因。

三则史料：

材料一　拼杀冲锋的时候，要像雄鹰一样；在明亮的白昼要像雄狼一样深沉细心；在黑暗的夜里，要像乌鸦一样有坚强的忍耐力。

——成吉思汗

材料二　铁木真者……其人英勇果决，有度量，能容众，敬天地，重信义。

——赵珙：《蒙鞑备录》

材料三　我不如成吉思汗。不要以为蒙古大军入侵欧洲是亚洲散沙在盲目移动，这个游牧民族有严格的军事组织和深思熟虑的指挥，他们要比自己的对手精明得多。

——拿破仑

三则史料的选择与使用，从不同的角度层层分析了成吉思汗这一历史人物所具有的优秀品质，符合初一学生的认知水平，不仅易于他们理解，也有助于他们用自己的眼睛来看历史。成功的教育是非显露痕迹的教育，是润物细无声的教育。韩老师在教学设计中不仅充分体现了这一点，也有助于对学生情感的教育与提升。

在处理文天祥这一历史人物时，韩老师采用了他最有名的《过零丁洋》，并让学生有感情地高声朗读了“人生自古谁无死，留取丹心照汗青”诗句。通过一首千古传颂的名篇佳作，让学生从文学作品中将文天祥的形象带到历史体验之中，感受历史人物的情感，体会历史学科知识与其他学科知识的联系。一首诗将文天祥赤诚的形象深深地印在了学生的脑海中，从学生的朗读中可以看出师生产生共鸣，情感有所变化。在这节课中，韩老师除了充分运用文字史料外，还大量使用了图片史料、图表史料，和教材内容相互补，增强了历史课堂的深刻性。通过史料的呈现，把抽象的历史分析具体化，培养了学生分析史料的能力，提高了历史思维能力，养成了史论结合的学习习惯，为课下史料的阅读提供能力基础。

【联系现实，再现历史】

《历史课程标准》提出历史课“应密切与现实生活和社会发展的联系”，为历史课注入新的活力。历史与现实之间有着密切的联系，历史是过去了的现实，现实是历史演变的结果。要使学生养成良好的历史思维习惯，教师需要在历史知识与现实生活之间进行切换，适时将现实生活引入课堂。

韩老师在设计本课的时候，注意了历史知识与现实生活，特别是乡土资源的联系。讲解元朝行省制度时，韩老师别具匠心，让学生比较今天省级行政区划和元朝行省的不同，指导学生从元朝疆域图中找一找今天的“山东省”，找一找哪些行省的名称沿用至今。此举形象直观地向学生展示了元朝行省制度对我们现在生活的影响，从现实入手，突破了行省制度这一难以理解的制度概念。处理元朝运河这一河运工程时，韩老师不仅比较了隋朝大运河和元朝运河的不同，在解决好教材的基础上，适当地将学生的目光导向山东济宁，让学生走进历史的同时，对家乡的热爱和自豪之情油然而生，情感教育水到渠成。

国家统一、民族融合是历史发展的主流，每一个中华儿女都应为国家的统一安定贡献自己的一分力量。讲到元朝民族融合时，韩老师以图片的形式展现了我国民族团结的景象，同时将时事热点昆明暴力恐怖事件融入课堂，与时事紧密结合，体现了历史学习知古察今、学史笃志的独特教育功能。由史及今，延伸课堂，给学生拓展丰富的学习资源，扩大了学生的视野；将历史知识与现实生活结合，使学生的情感与教学内容再次产生共鸣，情感态度与价值观的教育随着课堂教学的进度循序渐进、潜移默化地进行。

(3) 落实巩固，实现高效

课堂检测是检验课堂是否高效的重要手段，在课堂教学过程中，精心选择和设计课堂练习，有利于学生掌握基础知识，巩固课堂教学效果。韩老师在巩固与延伸环节创设“元朝印象”，明确元朝在历史上的地位；创设“知识小清单”，总体感知本课的主要内容；创设“再深思”，体会元朝的深远影响。知识小结不是单纯罗列知识点，而是对知识间内在联系的揭示。小结简洁、新颖，让人一目了然。三个小环节的设计从知识掌握、思想认识、学史感悟三个层次进行本节课的达标反馈，形式不落俗套。

韩老师这节课的设计还原了历史课堂的“历史味”，是一节高效的历史课堂教学，给人赏心悦目之感。全程观摩这节课，体会到韩老师的用心努力，更深刻地感悟到历史教学需要精雕细琢，关注每一个细节，才会变得丰富多彩。

【案例二】

孙致朋老师的《中华民族的抗日战争》

该课题是山东教育出版社初中历史七年级下册第四单元的复习课。这是孙致朋老师在2013年12月执教的一节由市教研室组织的跟踪视导课。孙致朋老师，山东省优质课执教者，现为济宁学院附中历史教师。复习课所要解决的是知识的点、线、面三者的结合，它承载着知识的回顾与整理、沟通与生长的独特功能。相对于新授课来说，历史复习课内容多而杂，趣味性降低、知识性增强、能力要求提高，上好复习课难度大。然而，只要用心雕琢历史复习课同样能散发光彩。下面我们一起来看看孙致朋老师在历史复习课堂上是如何巧妙运用五环节教学法，使课堂精彩纷呈的。

1. 课堂实录

《中华民族的抗日战争》教学设计

课前播放《大刀进行曲》，烘托本课的复习氛围。

【课堂导入】

播放2013年12月12日中央电视台《新闻联播》一则新闻。

《拉贝墓地重修》，随后展示关于“南京好人”——拉贝先生的图片。

师：每一位中国人都不会忘记拉贝先生。他所写的《拉贝日记》是对日军侵华的血泪控诉。今天我们一起复习第四单元《中华民族的抗日战争》，重温那段不能忘记的历史。

生：感恩拉贝先生的事迹，激起对日军侵华的愤慨。

【确立目标】

第一篇章　国难当头——这是一段不堪回首的往事……

第二篇章　众志成城——抗争诉说着一个民族的不屈……

第三篇章　洗雪国耻——这是一段屈辱历史的终结……

第四篇章　珍爱和平——忘记历史，就意味着背叛……

【指导学练　讨论辨疑　精讲深化】

（展示本课的课题和复习目标）

生：朗读本课的复习目标。

第一篇章　国难当头——这是一段不堪回首的往事

1. 三次事变

（播放歌曲《松花江上》，展示日伪军警在东北焚烧房屋，驱赶百姓的图片）

生：感受九一八事变后东北人民流离失所，家破人亡的悲痛。

续表

《中华民族的抗日战争》教学设计

学习任务	九一八事变	卢沟桥事变	八一三事变
时间			1937年8月13日
地点			上海
日军借口			
国民政府态度			
结果			
影响	激起中国人民反日高潮	中华民族到了危亡时刻	

师：下面请大家阅读课本第84、88页，完成复习导航有关九一八事变、卢沟桥事变的主要知识点。

生：查阅课本完成表格并回答。

师：这两次事变有一个共同点，是什么？

生：日军侵华蓄谋已久。

（展示线索链接的图示，如下图）

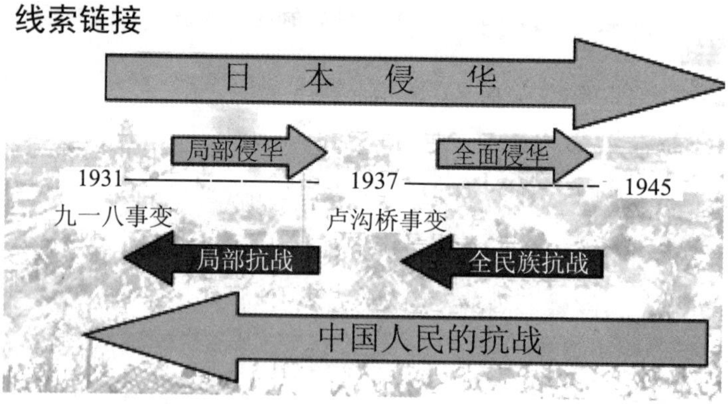

师：九一八事变后，中国人民开始了局部抗战。卢沟桥事变后，日军全面侵华，中国人民开始了全民族抗战。

2. 南京大屠杀

（展示南京大屠杀有关的图片）

续表

《中华民族的抗日战争》教学设计

师：卢沟桥事变后，日军又发动了八一三事变，攻占上海，占领中国首都南京，制造了惨绝人寰的南京大屠杀。这些图片无不揭露着日本帝国主义凶恶残暴的本质。

3. 巩固练习：图片解读

图1

图2

图3

（1）图 1 反映了哪一事变？结果如何？

（2）图 2 反映的事变发生在哪一年？它标志着什么的开始？

（3）图 3 反映了哪一历史事件？国民政府战时陪都是？

（4）列举抗日战争中壮烈牺牲的民族英雄。

师：（转折）面对日军的侵略和杀戮，中国人民众志成城，坚决抵抗。抗日民族统一战线逐步形成。

第二篇章　众志成城——抗争诉说着一个民族的不屈

1. 西安事变

师：下面请大家根据复习导航找到并识记知识点。

生：同位之间相互提问。

师：西安事变发生后，共产党不仅主张不杀蒋介石，反而主张和平解决，释放他。这是为什么？西安事变和平解决给我们带来哪些启示？（小组交流讨论，教师适当点拨）

生 1：中国共产党是真正代表中华民族利益的政党。

生 2：面对民族危亡，中华民族显示了强大的凝聚力。

师：下面我们完成一组练习题。

感受中考：（1）（2013・湖北）中国抗日战争的胜利是一个半殖民地半封建弱国战胜一个帝国主义强国的光辉典范，全民族团结抗战是胜利的保障。为了团结抗战，1936 年 12 月西安事变后，中共中央派周恩来参加了谈判，他此行取得了什么成果？（　　）

A. 联合张学良、杨虎城，扣押了蒋介石

B. 谴责张学良、杨虎城，释放了蒋介石

C. 孤立蒋介石，联合张学良、杨虎城抗日

D. 联蒋抗日，西安事变得到了和平解决

续表

《中华民族的抗日战争》教学设计
(2)（2013·黑龙江）十年内战基本结束，抗日民族统一战线初步形成的标志是（　　）

A. 柳条湖事件　　　　B. 平型关大捷

C. 百团大战　　　　D. 西安事变的和平解决

2. 国共第二次合作

师：面对日军的疯狂进攻，国共两党开始了第二次合作。

感受中考：（2012 浙江）下列历史材料反映的军队称号，出现在国共第二次合作时期的有（　　）

①　②　③　④

A. ①②　　B. ①③　　C. ③④　　D. ②④

3. 三次著名战役

师：抗日战争期间，国共两党带领中国人民同日军进行了艰苦卓绝的斗争。下面请大家根据复习导航重点掌握三次著名战役。

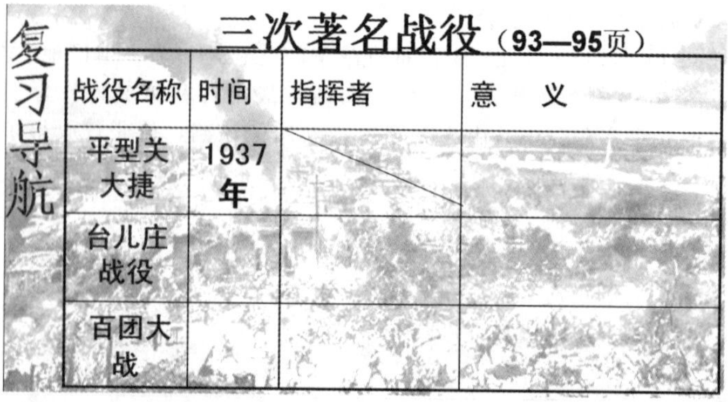

战役名称	时间	指挥者	意义
平型关大捷	1937年		
台儿庄战役			
百团大战			

生：查阅课本，同桌相互回答。

续表

《中华民族的抗日战争》教学设计

4. 感受中考

(1)（2012 年济宁）下图是新民主主义革命时期一次战役的示意图，与其相关的正确的是（　　）

A. 消灭北洋军阀的战争

B. 中国军队主动出击日军的最大规模战役

C. 抗战以来的第一次大捷

D. 国民党军抗战以来的重大胜利

生：选 D。

师：答案 A 指的是北伐战争；答案 B 指的是百团大战；答案 C 指的是平型关大捷。所以这道题应该选 D。大家以后做选择题时，也要这样认真分析每一个选项，这样做一道选择题就复习了四个知识点。

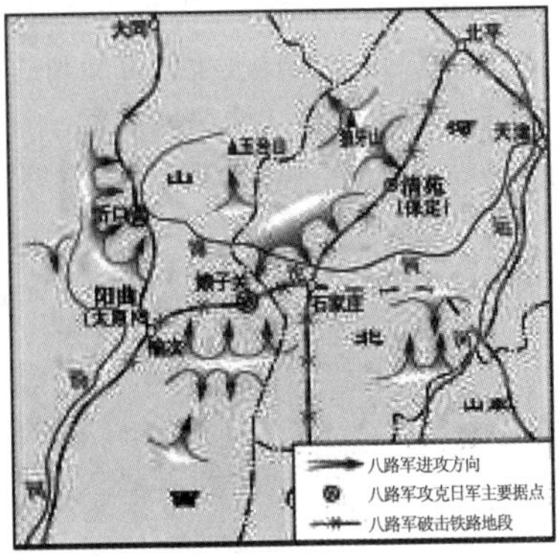

(2) 中国共产党领导八路军、新四军建立敌后抗日根据地，成为抗击日军侵略的中流砥柱。

1. 中共所在地__________是敌后战场的战略总后方。

2. 右面图片反映的是抗日战争时期中国军队主动出击日军的最大规模战役，它是____________________，指挥者是________________。中国共产党发动这次战役的目的是什么？（2011 年济宁）

生：延安、百团大战、彭德怀、打破日军的“囚笼政策”。

师：（转折）1945 年，日军的侵略到了苟延残喘的地步。中国人民经过 14 年的奋战，迎来了胜利的曙光。

续表

《中华民族的抗日战争》教学设计
第三篇章　洗雪国耻——这是一段屈辱历史的终结 1. 中共七大 师：在抗战胜利之前，中国共产党召开了一次重要会议，为中国人民指明了光明前途。它是？ 生：中共七大。 师：下面是一段关于中共七大的资料，但其中有四处错误，请找出来并订正。 火眼金睛：抗日战争胜利后，1945 年，中国共产党在西安召开中共七大会议，主要讨论夺取抗战胜利和胜利后中国将走什么道路的问题，并确立邓小平理论为党的指导思想，并制定了党的政治路线。它为争取解放战争胜利和实现中国的光明前途准备了条件。 生：“胜利后”改成“胜利前夕”；“西安”改成“延安”；“邓小平理论”改成“毛泽东思想”；“解放战争”改成“抗日战争”。 2. 抗战胜利 （向学生展示《日本天皇宣布无条件投降》、《台湾光复》图片） 师：1945 年 8 月 15 日，日本天皇宣布无条件投降。1945 年 10 月 25 日，日本驻台湾总督递交中国，台湾回到祖国怀抱。 3. 抗战胜利的原因：利用谜语结合课本分析抗战胜利的原因。 师：1945 年抗战胜利后，重庆沉浸在抗战胜利喜庆氛围中。在一次庆祝晚会上，有一则灯谜引起很大争议。其谜面是“日本投降（打一中国历史人物）”。结果出现了五种谜底：分别是“屈原”“苏武”“蒋干”“毛遂”“共工”。 生：“屈原”指的是美国对日本投放原子弹；“苏武”指的是苏联出兵中国东北，摧毁日本的关东军；“蒋干”指的是蒋介石领导正面战场的抗战；“毛遂”指的是毛泽东领导敌后战场的抗战；“共工”指的是国共合作、全民族抗战。 师：你认为抗日战争取得胜利的根本原因是哪一个？ 生：国共合作、全民族抗战。 师：下图是一幅关于抗日战争的漫画。对此漫画所表达的主题，理解准确的是（　　） 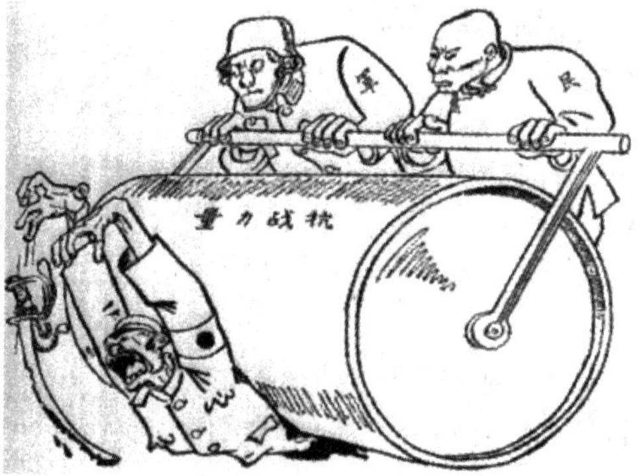

续表

《中华民族的抗日战争》教学设计

A. 日本法西斯势力不堪一击

B. 以国共两党合作为基础的全民族抗战是抗战胜利的根本原因

C. 抗日力量占据绝对优势

D. 日本侵略势力为战争付出了沉重的代价

生：选 B。

4. 抗战胜利的意义：

师：大家通过这四幅图片思考抗日战争在中国近代反侵略战争中的历史地位如何？

生：抗日战争是中国人民一百多年来第一次取得反对帝国主义侵略的完全胜利。

师：下面大家认真阅读两则资料，想一想抗日战争在世界反法西斯战争中的历史地位如何？

材料一　假如没有中国，假如中国被打垮了，你想有多少个师团的日本兵，可以调到其他方面来作战，他们可以马上打下澳洲，打下印度……

——罗斯福

材料二　在反法西斯战争中，中国伤亡 3500 万人，死亡 2000 多万人，直接经济损失 620 亿美元，间接经济损失 5000 亿美元；美国死亡 40.5 万人；英国死亡 37.5 万人。

——摘自《世界近代现代史参考资料》

生：抗日战争是世界反法西斯战争的重要组成部分，为世界法西斯战争的胜利做出重大贡献。

（转折）中国人民付出了巨大的民族牺牲打败了日本法西斯，我们应铭记这段历史，珍爱和平。

第四篇章　珍爱和平——忘记历史，就意味着背叛

（展示 2013 年 12 月 13 日南京举行多项活动纪念南京大屠杀的图片）

师：中国人民举行多项活动纪念战争中的死难者。中国人民永远铭记这段悲痛的历史。

续表

《中华民族的抗日战争》教学设计
（展示1972年中日两国正式建立外交关系和村山谈话的图片） 师：第二次世界大战后，中国政府和有良知的日本政治家及爱好和平的两国人民为中日友好和平积极努力。 （展示2005年日本文部审定的新历史教科书和日本非法“购买”钓鱼岛的图片和资料） 师：但近年来，日本当局和右翼势力却做着否认侵华、歪曲事实的事情。 （展示2006年8月15日日本前首相小泉纯一郎参拜供奉有二战甲级战犯的靖国神社的图片和资料） 师：日本右翼势力没有真正反思侵略历史，军国主义死灰复燃。 师：日本侵华的历史和当今日本政府及右翼势力的所作所为，给了我们哪些启示？ 生1：铭记历史，以史为鉴。 生2：反对战争，珍爱和平。 生3：树立忧患意识，决不能让历史的悲剧重演。 生4：理性爱国，振兴中华。 （展示胡锦涛在纪念抗日战争胜利60周年大会上讲话的图片和资料） 生（齐读）：前事不忘，后事之师。我们强调牢记历史并不是要延续仇恨，而是要以史为鉴、面向未来。只有不忘过去、汲取教训，才能避免历史悲剧重演。 师：这，是热爱和平的中日两国人民的共同心声。 **【练测评估】** 1. 2014年中考模拟练习，抗日战争部分，内容略。教师讲评。 2. 小组互评，教师精讲。10分钟时间，完成相应的练测习题，并根据评分标准和教师讲评赋分。 3. 红笔订正，并写出练测反思。时间如果不允许，可以在课下去完成。 **【课堂小结】** 20世纪三四十年代，中华民族同仇敌忾，万众一心，团结奋战，进行了一场中国近代历史上时间最长、规模最大的反对外国侵略者的正义之战。中国共产党是中国抗日战争的中流砥柱，是中国共产党倡导了以国共合作为基础的抗日民族统一战线，充分地发动了中国人民参加到民族解放行动中去。中华民族同仇敌忾，最后打败了猖獗一时的日本帝国主义，取得了抗日战争的最后胜利，赢得了世界反法西斯战争东方战场的最后胜利。这是人类历史上正义战胜邪恶、光明战胜黑暗的不朽篇章，是一段不应忘记、永远震撼中华儿女心灵的历史。

2. 案例赏析

传统的复习课，往往注重的是知识梳理，课堂缺少灵动的色彩。五环节教学法在复习课中另辟蹊径，保持了教学环节的完整性，体现了新课改精神，提高了教学实效，凸显了学生的主体地位，实现了课堂别样的精彩。

孙老师却采取五环节教学法，执教了一节生动的复习课，改变了传统的教学方式，这是一个大胆而富有创新精神的尝试。课堂不再那么沉闷，不再是简单的知识串讲，不再只重知识梳理。课堂上，确立了明确的教学目标，对抗日战争有了更加深刻的感受和认识；教学过程中，教师注重了学法指导，学练结合的教学方式，让学生真正成为课堂的主人；在讨论辨疑中，认识了抗日战争的原因，理解到中国共产党领导的抗日民族统一战线是取得战争胜利的最根本原因；教师的精讲深化是课堂的点睛之笔，这是一部中华民族同仇敌忾、抵御外辱、匡复民族的宏伟史诗！

（1）创设情境，导入课堂

导入有法，但无定法。课堂导入是一门艺术，需要我们在课堂教学的过程中不断探索和总结，形成具有特色的导入风格。课堂的导入方式多样，孙老师选择了用密切相关的新闻时事创设情境，课前播放《大刀进行曲》，烘托本课的复习氛围，掀起学生情感的波动，上课后播放2013年12月12日中央电视台《新闻联播》一则新闻：《拉贝墓地重修》，随后展示关于“南京好人”——拉贝先生的图片，随后教师动情引导：每一位中国人都不会忘记拉贝先生。他所写的《拉贝日记》是对日军侵华的血泪控诉。今天我们一起复习第四单元《中华民族的抗日战争》，重温那段不能忘记的历史，从而自然过渡到本课的复习主题，同时激起对日军侵华的愤慨。

新颖别致的导课方法能够激起学生的学习兴趣和探究欲望。“课伊始，趣亦生。”这一环节处理的巧妙：课前播放的《大刀进行曲》，气势高昂，使抗日英雄的形象活生生地展现在学生面前，让学生产生共鸣，在激昂的气氛中于心灵深处受到爱国主义情感的感染，很好地烘托了课堂氛围。时事新闻的播放，资料新颖，与本课复习主题密切相连，缩短了历史与现实的距离。万事贵乎始，课堂导入是教学活动的开始，关系到课堂教学顺利进行的效果。因而，在教学设计的过程中我们要对这一环节给予充分地重视。从完成教学任务的角度去设计，导入要具有目的性、启发性、提示性的功能；从调动学生学习积极性的角度设计，导入要具有直观性、感染性、趣味性。

（2）打破陈规，创新教学

五环节教学模式关注的是实现的是“以生为本”的教学转变，在课堂上学生成为了名副其实的主人，自主地参与到学习中去。在教师的指导学练中，通过小组的讨论辨疑和教师的精讲深化，完成了知识与技能、过程与方法和情感态度与价值观等三维目标。孙老师的课在自主学习和合作探究两个方面实现了较大突破：

①自主学习

现代教育理论提倡以学生为中心，强调学生“学”的主动性，提倡学生自主学习，让学生在学习知识的同时，锻炼学习能力，为终生学习奠定基础。在这一环节，孙老师通过表格引导学生进行自主学习，自行建构完善的认知体系；利用复习导航、表格归纳将九一八事变、卢沟桥事变、八一三事变相关知识加以整合；运用表格整合了抗日战争期间中国进行的三次著名战役。以此表格为指引，让学生自主学习、记忆，同时让学生同桌之间相互检查自学成果，达到了学与练的融合，完成了对知识的落实。

传统的教学模式强调教师的主导作用，教师满堂灌、填鸭式教学，结果教师苦口婆心，学生学习兴趣不高，教学效率低下。教师和学生是构成教学的主要因素。在课堂中，学生是学习的主人，教师是学生学习的组织者、促进者和指导者。课堂教学中我们要以学生为中心，充分发挥学生的主动性、积极性和创造性，从而使学生最有效地进行学习，达到最优的教学效果。自主学习方式强调学生学习的独立性、主动性和自觉性，与被动学习相对，是一种高效的学习方式。在明确学习目标的前提下，引导学生自学解决较为基础的知识，既能调动学生学习的积极性，又锻炼了学生独立解决问题的能力。自主学习应成为我们课堂教学中推动学生成长的重要方式。

②合作探究

小组合作学习是一种高效的合作性学习方式。在这一环节，孙老师进行了这样的设计：西安事变后，共产党不仅主张不杀蒋介石，反而主张和平解决，释放他。这是为什么？西安事变和平解决给我们带来哪些启示？小组交流讨论，教师适当点拨，引导学生从历史现象中挖掘出事件的本质。

新课程标准指出，教师在教学中应设计探究式的学习活动，让学生通过自己的努力、同伴间的交流及师生交流主动获取知识，并运用知识。新课程倡导合作探究的学习方式。合作学习的过程中，不仅能够培养学生的合作精神、团队意识和集体观念，还可以最大限度地调动学生课堂的参与度。然而，并不是采用了小组交流就是合作学习了，那种表面热闹，只“合”不“作”，无所获的交流是假的合作学习。这种合作学习仅流于形式，大多数学生并未参与到小组的交流之中。因而，我们要重视小组合作学习的实效性，真正使小组合作学习行之有效地开展起来。在课堂教学中，我们除了优化小组组合外，还要分工到位，明确每一个小组成员的角色，让人人有事做。当然，教师激励性的评价是不可缺少的，教师的评价要具有针对性、鼓励性、全面性、指导性，采用科学多样的评价方式推动小组展开合作。相信，只要我们正确运用、合理调整，小组合作的学习方式会成为一种有效可行的学习方式。

（3）巩固训练，提高效率

课堂练习是课堂教学的一个重要的有机组成部分，是学生学习过程中不可缺少的重要环节，是学生掌握知识、形成技能、发展智力的重要手段。在这一环节，孙老师进行了巧妙设计，将练习题分散在各大板块教学中。此种设计分散了知识点，便于学生掌握，能让学生在比较轻松的状态下巩固知识，逐步完成教学目标。采用中考题中的典型试题，试题精简，复习针对性强。

课堂训练是教师掌握学生学习情况、调整教学方法的重要手段。通过课堂的当堂训练，教师可以了解学生哪些地方掌握得好，哪些知识还需进一步强化，同时将听课过程中未暴露的问题显现出来。精设练习，可以让学生体验到学会知识的成功之感，激发学生的兴趣，也可以让学生明确自己的不足之处。然而，我们在课堂教学的过程中，有时因课堂时间紧而遗漏了这一环节，有时则对试题不加选择而使学生陷入题海之中。所以，我们在进行这一环节的设计时，要紧扣本课的学习重点和难点，精选试题。试题的选择要有层次性，难易结合，循序渐进。在选择试题的时候，还要注意题型的多样性，样式的趣味性，让学生在练习的过程中也能体验历史之美。

（4）拓展延伸，提升能力

拓展延伸是我们教学设计中常用到的一个环节。在第四篇章，孙老师设计了“珍爱和平——忘记历史，就意味着背叛”这一内容，向学生展示一组组图片，在老师的层层引导下，让学生谈谈日本侵华的历史和当今日本政府及右翼势力的所作所为，给了我们哪些启示。历史与现实的结合，由过去谈到今天，延伸了课堂。展示胡锦涛在纪念抗日战争胜利60周年大会上讲话的图片和资料，通过学习的高声朗读，课堂情绪高涨，对学生的情感价值观的教育得以潜移默化的进行。

《新课程标准》指出，教材要有开放性和弹性。教材的开放性表现在教材要和生活实践相结合，要课内外结合，要学用结合。这就需要我们在课堂教学时适当进行知识的拓展、情感的延伸。我们常用的方法主要有两种：一种是与教学内容有联系的历史事件、历史人物、历史知识的拓展，让学生对此有个全面的认知；一种是历史与现实拓展，将相关的现实引入课堂。在拓展延伸时，我们不应为了延伸课堂而盲目选择那些与课堂无内在联系、学生难以理解感悟的事件。拓展延伸课堂也是一门技巧，在教学设计的时候，我们要进行大胆尝试，不断创新，加强历史之间、历史与现实之间的联系，丰富课堂教学。

课堂教学也是一门遗憾的艺术，没有最好，只有更好。教学有遗憾，需要我们进行反思。无论是新授课还是历史复习课，五环节教学法都可以得到适当地运用；无论是什么课型，历史教学都需要用心、耐心，纵观全局、把握细节，精雕细琢方能呈现异样的光彩。

第二节　学案导学教学模式

一、概念解读

（一）学案导学的定义

“学案导学”教学法是一种新型的教学模式，它旨在通过学生的自主学习，培养学生的自学能力，提高教学效益。所谓“学案导学”是指以学案为载体，以导学为方法，教师的指导为主导，学生的自主学习为主体，通过教师引导、学生的自主学习学案的过程，培养学生自学能力的一种教学模式。这种教学模式一改过去老师单纯讲，学生被动听的“满堂灌”教学模式，充分体现了教师的主导作用和学生的主体作用，使主导作用和主体作用和谐统一，发挥最大效益。

（二）学案导学的特点

学案导学具有预设性，在一定程度上能够代替老师的教学组织，能够使学生在课堂上有充足的自主学习的时间；学案导学具有个性化，与设计学案的老师对学情分析、学习目标及学习重难点的把握有关，如果预设、学情、学习目标、重难点等把握得不当，仍然会影响学生的学习效果。

学案导学根据学习目标创设情境、设置台阶，层层深入地引导学生独立看书、自学、思考、探究，为学生自主学习、合作学习、探究性学习提供条件和明确的学习任务，使每个学生的学习时间、学习次数、思考深度得到加强，具有目标明确、方法优秀、易操作、效果好的特点。以学案为载体，合理地和其他问题、案例等导学模式相结合，落实“先学后教，以学定教，达标训练”的教学模式，是实现教师教学方式和学习方式根本转变的有效途径。

1. 学案导学改变学生的学习方式

实行学案导学以后，学生明确了本节课的学习目标和内容要求，变被动学习为主动学习。老师按照学案设计的内容有重点地讲解，学生有重点地听，教学的指向性更加明确。

以学案为载体，以问题为中心，学生主动参与，积极思考，进行自主、合作、探究式的学习，实现了师生互动和对话交流，改善了传统的教学关系。教学问题和当堂训练题的设计符合课程标准、考试要求和学生的实际，有利于培养学生思考问题和动手解题的能力，学习兴趣被激活。对于学案中的重点内容，学生在课后还可以对照学案继续思考、消化和研究，有助于学生进一步巩固和落实。

2. 学案导学改变教师的教学方式

学案的学习目标、预习要求、学习过程和达标检测题是教师依据课程标准、教学内容和学生实际而设计的，教师依据学案开展教学，提高了课堂教学的科学性和针对性。学生主体地位的确立使教师由知识的传播者转变为学生学习的组织者、引导者、共同的学习者和研究者。

传统的教师中心被代之以师生平等对话、教学互动和相互交流。简单的知识传授转变为知识与能力、过程与方法、情感态度与价值观的培养。以精讲点拨、启发引导、学习指导为主的授课方式，使“填鸭式”教学模式转变为符合新课程理念的教学模式。

3. 学案导学提高课堂效率和效果

学案导学增强了学生学习的目标性，减少了学生学习的盲目性。以学案引导学生自读课本，探求新知，做常识性题目，及时反馈信息，便于掌握学情，提高课堂教学的针对性。学案的使用，增加了学生的思考、交流的时间。预设的内容和问题以及当堂训练题重点突出，教师精讲点拨，提高了课堂容量，课堂密度增大。

问题导学是以优质的问题作为学生学习的纽带，通过教师精心创设的情境，引导学生自主地解决问题，是学生在活动中掌握一定的方法和技能，提升思维能力，培养学生提出问题、分析问题、解决问题的能力的一种课堂导学模式。“问题导学”课堂是以“问题”发现、生成和解决为主线的小组合作学习。它的特点是：有合作学习的性质，学生以问题为主线自主学习、在发现生成问题的基础上和老师合作探究学习，长期坚持有助于创新思维品质。案例导学是通过把以达成明确的教学目标且基于一定的事实而编写的故事用于课堂讨论和分析，来提高学生分析问题和解决问题的能力的一种导学模式。其特点是：整堂课主题突出，可以围绕一个中心进行深入讨论学习，同时需要提出适当的问题进行引导，与学生的认知结构和老师的导向性问题有很大的关系。

综上所述，这种学习方式，激发了学生积极参与、乐于探究的学习兴趣，有助于培养学生学会学习、学会分析和解决问题的能力。学案给学生留下了可供思考、复习的材料，便于教学积累。学案导学模式大大提高了课堂教学的效率和效果。

（三）学案导学的目的

①破除以教师为中心的教育观念，建立现代教育思想指导下的以学习者为中心、学生自主探究、主动学习和教师有效指导相结合的教学过程。传统权威式的师生关系让位于平等、互相尊重、相互负责的交往方式，学生的人格和权利得到充分的尊重和保护。

②变更以知识为本位的教育观念，树立以人的发展为目标的教育思想。重视学生的亲身经历和生活经验，在教学中广泛采用探究式学习、体验学习等多种活动方式，让学生经历知识形成的全过程，从多方面满足学生的发展需要。

③改变以传授和灌输为主要方式的课堂教学模式，实现以学生主体实践活动为基础的课堂教学。使课堂成为师生共同的、生动的、真实的生活。让学生在自由自在、丰富多彩而又充满挑战性的活动中得到发展。

④着眼于学生整体素质的全面提高，使他们成为具有主体意识和自主学习能力、创造性人格和创造性思维、合作精神和社会交往能力，具有丰富的知识、健康的情感、独特的个性和良好行为习惯的一代新人，在未来社会中自尊、自信、自强，敢于迎接社会的挑战。

⑤培养一批具有现代教育观念、掌握先进教学方法、具备教育科研能力的新型教师，能够将教学作为创造性的事业，从教学过程中体会到教学生涯的快乐，在与学生的交往中不断充实和完善自己，与学生同提高共发展。

二、内涵解读

学案导学，是以发挥学生在学习中的主体作用为根本目的，以教师指导下的学生自己探索、提炼、练习、巩固、归纳、系统为主要途径的教学方法。学案导学，就是把教师的教与学生的学紧密结合起来，学生多多参与，教师巧妙点拨、指导。学案导学法的提出也使我们对教师在教学过程中的主导地位和学生在学习过程中的主体地位的认识更加深入。

长期以来，我们对学生主体性的理解一般是从师生关系的角度来进行的，或者笼统地理解教师的主导作用和学生的主体地位，造成在实际教学过程中教师的主导地位一直在挤压着学生的主体性，过多地干预和介入学生自己的学习活动，所以这种理解不足以保证学生在学习过程中真正获得主体地位。学案的提出可以在很大程度上弥补这些缺陷，使主体性和自主性的培养得到教学过程结构的保证，也使教师的教学主导作用得到了有效而且有形的体现。

在这种模式中，学生根据教师设计的学案，认真阅读教材，了解教材内容，然后根据学案要求完成相关内容，学生可提出自己的观点或见解，师生共同研究学习。这种教学模式一方面满足了中学生思维发展的需要，另一方面又能满足中学生自我意识发展需要，对学生的自我发展和自我价值的体现有十分积极的作用。而教师则不仅仅是知识的传授者，更重要的任务是培养学生的自学能力、自学习惯，教会他们怎样学习、怎样思考，提高学生分析问题、解决问题的能力。

学案导学教学模式一般分为以下几个环节：

1. 编写导学学案

教师在编写学案前应做两手准备：一方面，要结合新课程标准、教学大纲和教参资料，研究和分析教材；另一方面，要了解学情，包括学生的知识基础、认知能力、认知水平等。

第一，要突出学习重点和难点。学案应该具备明确的学习目标，并与教师的教学目标相对应，从整体上体现教材的知识结构和知识间的内在联系，使知识能条理化、系统化和整体化，尽量一课时一个学案，以便控制学习总量，使学生明确目标，最大限度地提高课堂教学效益。

第二，梳理知识结构体系。学案应使学生能够明确意识到新旧知识之间的相互联系，提供相关知识介绍和实践应用情况的介绍，促进学生从多方面、多角度进行知识体系的主动建构，促使学生认识到所学知识本身的价值；或者通过创设一种特定的学习和问题情境，使学生意识到所学知识在解决具体问题时的作用和价值。

第三，提供适当的学习方法和学习策略指导，促发学生的自主学习意识和能力。对教材中学生难以理解的内容有的应作适当的提示，配以一定数量的思考题，引导学生自主学习，在一个个问题的解决中培养学生的能力，激发学生的求知欲。同时，要防止对学生思维的不当约束，促进学生问题意识和创新意识的发展。问题设计应有层次性、梯度性，应根据学生对问题的认识逐渐加深，做到循序渐进，使学生意识到，要解决教师设计的问题不看书不行，看书不看详细也不行，光看书不思考不行，思考不深不透也不行。引导学生的主动探索和积极思考，这样学生就能真正从教师设计的问题中找到解决问题的方法。

第四，提供检测学习效果的适当材料，为学生的学习活动提供及时的反馈和评价。学案应能满足不同层次学生的需求，要使优秀生从学案的设计中感到挑战，一般学生受到激励，学习困难的学生也能尝到成功的喜悦，让每个学生都学有所得，最大限度地调动学生的学习积极性，进一步明确在整个学习过程中的目的，提高学生学习的自信心。

第五，强调学案与一般教案和讲义的区别，也应注意不能把学案写成类似学习辅导用书的模式。为此，我们不仅要求应该明确课程标准和教材知识的结构体系，而且还要求教师学习必要的教育和心理学理论，特别是有关认知心理学学习理论和教学设计理论、建构主义学习和教学理论，使教师在编写学案的过程中具备先进的教育教学理论的指导，增强学案的针对性和实用性。

2. 学生依案自学

课前发放学生自学教材，完成导学案中的基础部分的有关问题。一般要求提前一天把学案发给学生，让学生有充分的时间通过自学课本、查阅资料和与同学探讨等方式把教师设计的学习目标和知识结构进行一番思考和探究，对照学案进行预习，完成“自我测试”环节的基础知识，找出本节课要解决的问题和存在的疑问。这样可培养学生的自学习惯、探索精神和自学能力，切实做到“先学后教，问题教学”。久而久之，使学生由“学会”到“会学”，也能使学生在学习中找到乐趣，更加乐于学习。

另外对于课前自学，教师要提出明确的预习目标，学生带着问题对课文进行预习。布置预习要注意：①基础知识把握；②整体内容感知；③疑点初探。学生根据老师布置的预习任务对课文进行预习并能根据自己的理解和探索提出些问题。

老师出示的目标要包括：①基础知识目标；②迁移训练目标；③能力提高目标。

重点难点提示要包括：①提示易错处；②提示易混处。让学生明确学习的重点、难点、疑点。

总之，课前学生的自主学习是“学案导学”教学模式的重要环节，其实施的好坏，直接关系到教学目标的能否实现。因此，教师必须高度重视。

3. 课堂交流

教师在课前把学生预习过的学案收集起来，进行查阅，深入了解学生预习所达到的程度以及存在的问题，以便把握讲课的方向和重点。课堂导学时，教师参照教案，按照学案授课。一般来说，可以根据不同的教学内容，选择不同的教学方法，如诱导式（提问、讨论、归纳、练习，可用于新授课），开放式（质疑、探索、小结、练习，可用于复习课），技能式（示范、实践、评估、作业，可用于习题课）等。

对导学案中的内容处理要恰当，简单、易懂的要一带而过，而重点、难点的问题则应引导学生展开分组讨论交流，形成共识。

教师当好导演的角色。在这一环节中，教师要创设民主、和谐、平等、自由的情境和氛围，通过个体发言、相互探讨、小组讨论等多种讨论方式，引导学生大胆质疑、各抒己见。对学生讨论交流过程中提出的具有独创性的问题给予表扬，而学生在讨论中不能解决或存在的共性问题，教师应及时汇总，以便在精讲释疑时帮助学生解决。值得注意的是，在学生讨论交流过程中，教师应积极引导学生紧扣教材、学案，针对学案中的问题展开讨论交流，学法指导应该结合学生喜欢“规律化”的思维记忆习惯，把握和突出知识结构的内在联系；问题探究应该由浅入深，有指导性和启发性，避免草草了事或形式主义，最大限度地提高课堂教学效率。

布鲁纳说：“知识的获得是一个主动的过程，学习者不应是语言信息的被动接受者，而应该是知识获得过程的主动参与者。”学生在自行的探究过程中，在积极的思维中，进入思考和创造的王国。因此，教学不应是简单的灌输，单一的传授。教师应当鼓励学生独立思考、积极探索，提出独到的见解，敢于大胆质疑，敢于向权威挑战；让他们充分发挥主观能动性，积极动手做、动脑思、动耳听、动口说，精力集中地去接受和加工信息，成为认识客观规律的主体，不断改造自我并获得发展自我的主体。

4. 精讲释疑

精讲释疑就是在学生自学和讨论交流的基础上，教师结合教学重点、难点，就学生遇到的共性问题进行讲解。教师在精讲过程中，力争做到以下几点：首先，精讲的语言、内容要精。其次，精讲应具有针对性，切忌面面俱到，应根据学生自学、讨论交流过程中反馈的信息展开。最后，精讲应具有启发性，要最大限度地激发学生的思维，培养学生的思维能力。

5. 达标练习

在学生解决疑难问题、理清知识点后，教师应设计一定的达标练习。达标是指紧扣本节课的教学内容和能力培养的目标设计练习题，习题的设计既要侧重于基础，又要有一定的思维含量，能使学生由未知到有知、由浅入深、由表入里、由此入彼地掌握知识，增强学习能力。让学生当堂训练，当堂完成，检验学生对所学知识掌握的熟练程度及综合运用知识的能力，起到查漏补缺的作用。为使不同层次的学生都能体验到成功，可以采取分层达标测试，一般学生应侧重基础知识的掌握，而高层次学生应把侧重点放在能力的培养上。讲评时，应把重点放在学生学习的难点上，根据练习情况及时调整教学目标、教学进度、教学方法，做到有的放矢。

6. 总结反思

总结是指学生对从课前预习到达标练习的整个学习过程进行反思、自评和初省，是一个整理、提高的过程。因此，教师在设计学案时，每节课上要留有 3～5 分钟时间，指导学生对本课的学习内容、学习活动进行总结反思和归纳，包括本堂课学习了哪些内容、主要探究了哪些问题、运用了哪些探究方法、通过本节课学习所得到的启示、还有哪些疑问，等等。同时，还可以适当补充相关的课外知识，一方面迁移形成技能，另一方面可以拓展学生的思维。

学案导学中的一些误区：

1. 认为“学案导学”就是教学内容习题化

有教师认为，“学案导学”不过是教学内容的习题化。所以，他们在设计“学案”时没有经过认真研究，只是把教材内容简单地编制成一个个的习题，甚至机械照搬课本内容，连编排顺序都完全一样，认为这就是“学案”。教师按这样的“学案”进行教学，结果成了学生去抄课本、死记硬背教学内容，简单机械地寻找答案，根本无法实现“学案导学”教学的优势。其实，“学案导学”的优势在于有高质量的“学案”。只能通过设计出高质量的问题情境和最优化的教学和学习过程，实现教师的再创造，才能引导学生主动思维，深刻理解知识的内涵外延。

2. “学案导学”变成了“穿新鞋，走老路”

有些教师教学观念落后，教学方法陈旧，重教轻学，包办代替养成习惯，所以实行“学案导学”时习惯于走老路。例如，对那些应由学生解决的内容仍以讲为主，并且仍是注重讲深、讲细、讲透，认为“学案”中安排的让学生自我探索、独立思考、相互讲解、提出问题等太耽误时间，总觉得不如自己讲效果好。其实，“学案导学”的最大优势应在于相信学生的学习潜力，想方设法把学生从被动的观众席推向积极主动的导演台，成为学习的真正主人。如果仍对学生的学不放心，还是老一套，把学案导学，变为学案导教，如何能发挥它的优势?

3. “学案导学”是为了减轻老师的教学负担

有些教师把“学案导学”看作是教师省力的好方法，认为“学案”中很多内容是安排学生自学，可代替教师的讲，这回可该轻松一下。于是，课堂上多数时间采取了“放羊式”，该讲的也不讲，该引导的也放给学生去“死啃”，其结果不光效率低，更重要的是出现了很多知识漏洞，学生不会的还是不会，“生米做成了夹生饭”。殊不知，“学案导学”并非是为了让教师教学省力的，恰恰相反，教师要比常规教学花费更大的精力，付出更多的劳动，课堂上要保持高度的精力集中，时时掌握学生的学习状况、思维障碍，把握点拨的时机，只有这样才有可能取得理想的效果，体现出“学案导学”的优势。由此可见，“学案导学”不是为了使教师轻松，而是为了转变学生的学习方式，教师负担更重了。

4. “导学”方面薄弱，不善于启发学生的思维

有些教师不能很好地进行“导学”，不善于启发学生，主要存在：一是不会利用学案中的现成条件启发引导学生思维，更不会创设条件去启发。二是面向全体学生提问题，让学生齐声回答："是不是""对不对""好不好"等，以为这就是启发引导。其实，这种仅仅让学生对是非做简单判断，根本引不起学生的积极思维。三是启发目的不明确，引导不利。四是启而不发，例如，提出的问题模棱两可，学生无法回答；或者提出的问题过难，即使学习优秀的学生都回答不出来，结果是启而不发，引而无果。

三、实施策略

怎样在历史教学中运用学案导学？怎样才能使学案导学在历史教学中发挥更大的作用呢？为有效推行学案导学，可经过研究、探讨，基本形成较为适合在校学生使用的初中历史学案框架。学案导学的总体思路是：以学案为载体，学案与教材相结合，学生自主学习与教师讲解诱导相结合，落实学生的主体地位，培养学生的自学能力和自学习惯，使学生学会学习、学会思考、学会创新。

（一）编制导学案

设计和编制符合要求的学案是使用学案导学法的重要环节，学案编制的前提是有效的集体备课。集体备课的第一步是个人研究。同一年级的教师个人根据课程标准和教学内容，阅读教材，查阅资料，深入钻研教材，挖掘教材，研究教法、学法，写出教案或教学思路，提出初步教学方案。一般要提前一个星期准备下周学案。第二步是集体研讨。在集体研课时，对个人的教学方案进行交流，相互取长补短，集中制订出一个科学、实用的学习方案，包括确定出学习目标、学习重点、学习过程以及相关的教学措施和方法，以及如何引导学生独立思考，实现掌握知识（学会）与发展能力（会学）的统一，并力图能给学生提供更多的自学、自问、自做、自练的方法和机会，使学生真正成为学习的主人，增强对学习的兴趣。第三步，每个教师再根据本班学生的情况，把确定的学案适当地增加或减少部分内容，做到求同存异，更有针对性。此外，在适当的时候可以让学生参与学案的编写，这样既调动学生的学习积极性，又提高教学的针对性。

历史学案的内容应该包括认知目标、技能目标、情感目标、重点难点、学法指导、知识网络梳理、问题探究、当堂练习和达标测试、课堂质疑、课后小结等。

1. "学习目标""学习重、难点"这两项的设置，改变了以往学生在预习新课时不了解学习目标，只是泛泛的看看书就行了，而是让学生在课前预习、课堂探究时做到有的放矢，明确这节课自己应该掌握的内容，及时与教师进行交流、反馈。

2.“学法指导”是学案编写比较重要的一部分，主要是根据所教学生的能力，通过设置一系列适合他们的问题、活动，达到使其掌握某项知识的指导。因此，在语言的使用上要尽量贴近学生，便于他们理解教师在课堂中设置的每一个问题，都是要训练他们哪些方面的能力，进而在课堂活动中积极与教师配合，达到预期的效果。

例如，培养学生正确阅读历史课文的习惯，大体分三步走。第一步：把本课要求学生掌握的知识点编成问题，写在学案上，由学生阅读课文找出答案。第二步：由学生列出读书提纲，然后教师出示读书提纲，让学生进行查漏补缺。第三步：由学生自己根据课文内容提出问题，然后教师再把学案发下去，学生对比一下自己提出问题的广度和深度，找出答案。学生通过教师设疑，学生回答、学生自学、学生自己设疑并回答三步骤就逐步掌握了阅读方法。通过教师针对性的训练，学生不仅掌握了大量史实，而且提高了历史分析、综合、比较、概括等能力。

3.“知识网络梳理”这一部分对初中历史教学来说非常重要，包括基本史实概念和观点、各节基本结构线索、单元或章的知识结构，它是学科知识的基本框架。通过知识结构、线索分析，使学生对学习的知识有一个整体的宏观认识。学生在课前预习时，利用学案中的“知识网络”提前对本课内容进行简单梳理，使其能基本掌握本课的知识脉络，为课堂教学中深入分析一些问题打下基础。基本史实概念的识记、理解和掌握是学好历史的基础。根据每一节教学内容和要求，设计自学指导，通常从三个方面着手：一是事件起因，包括背景、条件、原因、目的等；二是事件内容，包括时间、地点、人物、事项、过程、标志、特点等；三是事件的影响，包括性质、作用或影响、意义、经验、教训等。

学生的知识能力水平现状决定了他们不容易做到自主地对知识体系、线索进行较完整的概括，一般先由老师拟定一个知识系统框架，将这些要素分点列出，后面预留空格，作为学生自学的笔记。学生借此指导自学，在理解的基础上，将教材相关内容加工浓缩，整理记录在“学案”相关条目上，巩固掌握知识的效果。以后再根据学生能力水平提高程度，逐步增加学生概括的分量。以“鸦片战争”为例，背景原因：

（1）国内：①经济：

②政治：

③思想：

（2）国际：①工业革命：

②殖民扩张：

（3）直接原因：①鸦片走私：

②禁烟：

由此通过课前对内容的梳理，一些简单问题完全可以由学生自学完成，而在课堂上则把更多的时间留给学生们围绕事物的内在联系去分析、探究。

4.“课堂合作探究”是在“知识网络梳理”基础上的拔高，主要是针对一些重、难点问题所设置的。其目的是让学生在合作探讨的过程中，深入分析历史事件的本质，训练他们透过现象看本质的能力。导学思考题应注意角度的新颖，难度适宜，由小到大、由浅入深，有指导性和启发性。如“中国共产党风雨历程”这一专题。

思考题：能代表共产党风雨历程的典型历史事件：“开天辟地”“星火燎原”“生死攸关”“当家做主”“伟大转折”“重回世界”“洗雪国耻”。

学生展示探究成果：

“开天辟地”——中国共产党诞生（或中共“一大”）。

“星火燎原”——井冈山革命根据地的建立。

“生死攸关”——遵义会议。

“当家做主”——中华人民共和国成立（或新中国成立，开国大典）。

“伟大转折”——中共十一届三中全会。

“重回世界”——中国恢复在联合国的合法席位。

“洗雪国耻”——香港、澳门回归。

中国共产党探索的成果。学生展示探究答案：

①中国共产党成功开辟的两条符合中国国情的道路：

时　　期	符合中国国情的正确道路	开创者	成　　就
新民主主义革命时期	农村包围城市、武装夺取政权	毛泽东	建立了新中国，走上了社会主义道路
社会主义现代化建设时期	改革开放，建设有中国特色的社会主义	邓小平	中国综合国力增强（或社会主义现代化建设取得巨大成就）

②中国共产党两次成功的伟大转折：

第一次：遵义会议——生死攸关的转折点。

第二次：十一届三中全会——新中国成立以来的伟大转折。

③中国共产党把马克思主义的普遍原理同中国革命具体实际相结合形成的两大理论成果：毛泽东思想；邓小平理论。

④中国共产党所做的惊天动地的三件大事：

第一件：新民主主义革命胜利，建立新中国。

第二件：完成“三大改造”，确立社会主义制度。

第三件：改革开放。

5.“达标测试”“课堂质疑”两项的设置是考查学生对本节课内容的掌握情况，及时反馈学习效果。练习设置时应注重分层训练，题目分为A、B、C三个等级。A级是基础题，提问时主要针对班里的学困生，这样有利于调动他们的学习积极性。B级是综合题，做题时需要教师对学生进行必要的指导，帮助他们分析完成。C级是课外拓展题，有的是课外资料阅读，有的是小小的社会调查或动手制作，这部分不做强制要求，只是为了开拓学生的视野，锻炼他们课外阅读、动手的能力设置的，目的是使学生认识到历史其实就鲜活地发生在我们身边，进而提高学生通过多渠道学习历史的能力。

学后质疑：学生每自学完一课，教师都鼓励他们提出问题，或展开比赛，看谁提的问题多，谁提的问题好。在发现问题的过程中，一方面培养学生的创造思维，另一方面激起他们的求知欲，强化其学习的内驱力。

6.“课后小结”主要是让学生把学习中的点点滴滴及时地记录下来。他们可以记录在本节课学习时的收获或不足，也可以记录对教师的要求，做到师生共勉。例如，“学完本课，你对老师有何意见？你有没有更好的教学方法？”让学生给教师提建议，从而使教与学相得益彰。

综上所述，一个优秀的学案应该起到这些作用：①引发动机，激发想象；②紧扣课标，开阔眼界；③重视学法，培养能力；④面向全体，层次多样；⑤结构合理，操作容易。

7.“导学案”的使用原则，对学生的要求：①课前对学生是预习提纲。所有学生根据“导学案”内容认真进行课本预习，必须自行解决“导学案”中填空部分，学有余力的同学可按学案思路深入思考，提出问题。每节课上课前各学习小组组长负责检查并做好记录。②课堂上对学生是学习笔记。要及时思考并做好记录，养成做笔记的习惯。③课后对学生是积累本。学生应将"导学案"进行归类整理，装订成复习资料，并对学习中遇到的东西进行反思积累。

对教师的要求：①上课前一天发导学案，指导学生预习。课前检查导学案，了解预习情况。②课堂教学时首先引入内容，然后提出问题，学生思考讨论展示，教师精讲点评。③课堂上要求教师以学定教、灵活使用。课堂上要随时把握学情，灵活进行调控，努力做到学生自己能解决的问题坚决不讲，教师只讲学生的疑点，引导学生总结规律、提炼方法，最大限度地减少多余的讲解和不必要的指导，确保学生有足够的学习和训练时间。

（二）"学案导学"课堂教学的基本环节

1. 基础知识的检查

强调把学生的自主学习同教师的辅助指导有机结合起来，做到教与学契合互动。首先，可根据不同情况，适当给学生一部分时间，自学预习中没完成的内容。同时，要求教师交代读书的方法和应注意的问题，如注意重点，突破难点等。学生学习过程中，教师要巡回辅导，组织教学，及时发现问题。接着，采用提问等方式，让一些学生根据自学所得，对本课各部分知识进行简单概述，并阐述自己的学习方法和体会。教师一方面可以了解学生的知识掌握及学习能力状况，及时纠正学生学习中的偏差；另一方面，还可发现一些学生独特高效的学习方法和技巧，从而加以启导和推广。例如，"大革命失败的原因及教训"，学生概括为：①主观上，中共不成熟；②客观上，国民党背信；③教训上，领导权——武装。这是一种很简便高效的学习技巧。

2. 质疑归纳，释疑点拨

先让一些同学解答"学案"中的思考训练题，再让另一些同学加以补充或评价。教师要注意充分发挥教学的民主性，在一些问题上引导学生提出各自不同的观点和论据，分组合作探究，鼓励学生之间、师生之间平等交流、辩论，互相促进。大家各抒己见，努力得出准确完整的答案，实在不能解决的问题，教师对疑问重新设置台阶或点拨引导，诱导学生积极思维。同时，注意教师要适当进行点评总结，在传授解题方法技巧的同时，鼓励学生自主总结经验，把学生积极的开拓性思维引入正确轨道。

例如，学习《西安事变》一课，很多学生自学后提出疑问：30 年代初，国民政府围剿红军，日本入侵中国后又实行不抵抗政策，这次张、杨扣押蒋介石后，他们为什么不利用这千载难逢的机会杀掉蒋介石，以谢国人？由于学生知识的局限，矫正他们的思维偏差有一定难度。为此，我利用归谬反证法启发诱导学生，假如张学良、杨虎城杀了蒋介石，那么国民党内部以何应钦为首、握有重兵的亲日派将会怎样？在此民族危机深重民族矛盾上升的危急关头杀掉蒋介石将会导致什么样的政治前途？毫无疑问，杀掉蒋介石只会引起新的内战，削弱全国抗日力量，日本帝国主义就会大举侵华。这种结果不正与中共确定的“建立抗日民族统一战线”的方针相违背吗？通过学生参与归谬反证法过程，既拨开了他们心头上的那团“迷雾”，又达到培养“析史识理”能力的目的。

3. 课堂质疑，反馈精讲

为培养创新和研究能力，指导学生以本课学习的内容为中心，提出自己的问题，这些问题可以是课前在“学案”中准备好的，也可以是课堂教学过程中灵感发现、设计的。学生提出问题后，教师不要急于解答，可先反问学生：如何想到这个问题？思路或目的是什么？接着，让班级其他同学讨论、回答，再由设题学生说明，到适当的程度，教师才介入讨论或指导、点评。对学生提问题，要从创新、求异、实用方向加以引导，给予正面鼓励。一些复杂性问题在课堂没能完成的，可留到课后继续讨论，有的还可作为研究性学习课题，指导学生课余钻研，参考相关资料或进行实地调查。

例如，在学习美国内战部分，学生提出：美国是最早实行“一国两制”的国家。问：“为何得出这一结论？”学生指出内战前美国南北两种不同制度矛盾的史实。老师再鼓励其他同学发表意见参与讨论。在讨论中，老师还可适时提示：从背景、形式、内容、影响各方面来分析，中美的“一国两制”有何异同点？这一问题要完全弄清，需要深入研究，就以“中美‘一国两制’之比较”为题或学生自己命题，作为研究性课题，指导学生课后查阅资料研究，进行竞赛评比。

4. 达标训练，反思领悟

教师根据教学内容和学生的身心发展规律，精心设计一定数量的题目，让学生限时完成，以检查学生对目标的掌握程度。学生在训练过程中找出自己的薄弱环节，重新审视教材、学案，并进一步完善、归纳，对出现的问题进行分析、领悟，最终达到巩固掌握的目的。

（三）“学案导学”下教学模式

1. 诱导式：提问—讨论—归纳—练习

诱导式教学模式一般用于新授课的教学，就是在学生预习的基础上，通过提问和讨论，解决学生普遍存在的问题，无须教师做全面的讲解，以避免课堂中过于沉闷的教学气氛；同时，也可使教师有时间解决个别学生存在的问题。归纳环节是在讨论的基础上做出的，要求学生能够在教师的帮助下自己得出规律性的结论。因此，在这种教学模式中，我们一般要求由学生自己来阐述最后的结论。

实际上，学生在学案的指导下已经初步形成了自己的认识，这种教学环节的设计实质上是为了进一步巩固和加深认识，完善和纠正各种错误的观念和观点。这种课型是目前使用最多的一种。

2. 开放式：质疑—探究—小结—应用

开放式教学模式一般用于单元复习课，目的是为了形成完整的知识体系和学会如何将知识应用于解决具体的问题，带有研究性和实验性。这种课型的学案所涉及的知识往往是一些高级知识，学案中设计的问题也往往具有开放性，甚至没有唯一正确答案。这就要求为学生介绍一些适当的科学研究方法，以利于他们充分发挥创造性和想象力，并培养批判的精神。在教学指导上，通常采用合作学习和交互教学方式，即教师一般扮演帮助者、启发者和指导者的角色。教师要充分为学生提供一个能够不受限制地发表自己的观点和见解的环境和机会（质疑），提供必要的探究条件和手段，让学生通过自己实践或实验验证所学的知识和所提出的解决问题方案。开放性学案导学教学不限于一个课时，也不一定全部在课内完成。

3. 技能式：示范—尝试—评价—作业

上述两种教学模式各有自己的特色和价值，而从学生的学习过程来说，教师的教学活动实际上都是为了学生提供一种促进知识学习和运用的环境和条件，帮助学生形成良好的知识结构和体系，促进学生学习策略的形成和自主性的发挥。各个环节的设计还具有防止教师过多地干预学生的学习和思维过程的作用，有利于学生思维的创造性。

学案导学法让学生运用多种方法来探索历史，在各种尝试中，让学生亲身感受到学习历史的乐趣，激发学生学习历史的兴趣，提高了他们自主合作学习的能力，能更好地体现“先学后教”教学理念。

（四）几点思考

1. 学案不等于题案

学案作为教师将学习理论、教学理论与自己的教育教学实践相结合的产物，其设计与编制，应有利于学生的学习。但在实践过程中，发现有些教师将学案设计成了题案，即将学生所学内容编制成一道道的题目让学生去完成。这样的学案，不仅不利于学生的学习，反而会加重学生的负担，让学生苦不堪言，这样的教学又走向了另一个极端。

2. 学案应有利于学生的质疑、探究、创新

爱因斯坦曾经说过："提出一个问题，往往比解决一个问题更重要。"学案在问题设置、素材提供时，不能满足于解决了多少问题，而应关注引起了学生多少新问题，并以此来检验学案的成败。教师要引导、鼓励学生积极质疑、问难。可以让学生揣摩出题用意或意图，以激起学生的疑问；也可以将课本同生活相联系，鼓励学生用课内所学的知识去解决生活中的实际问题，引导学生进行探究；也可以将所学内容打乱顺序进行重新编排，激起学生创新的意识。方法是多种多样的，关键是教师要转变观念，并将这种观念贯穿在学案编制的过程中。

3. 学案设计要体现分层教学原则，适应学生个性发展的要求

不同的学生有不一样的学习兴趣和要求，所表现的学习的兴趣点也不相同。分层教学在中学教学中喊了很多年，但一直得不到有效的贯彻和实施，因而学案导学的教学模式应该可以很好地体现分层教学的原则。教师在编制学案时，要考虑到不同学生的特殊要求，可以通过必做题、选做题的方法让学生根据自己的实际需要进行选择；也可以提供学习的辅助材料，给有需要的同学以适当的帮助。虽然说这样的做法会给教师的工作带来很多的不便，但事实证明这样做的效果是明显的，这样的课堂也才是适应不同学生的真正有效的课堂。

总之，学案教学作为一种新的教学方式，值得我们每一位教师去认真探索，做到知难而进，不断总结出更有助于提高学生自主学习能力的教学方式，去培养能适应新时代需要的创新型人才。

参考文献

1. 张允军：《关于学案教学实效性的几点思考》，载《教学与管理》，2004年22期。

2. 崔光秀：《"学案"导学模式在历史教学中的应用》，载《教学与管理》，1999年12期。

3. 覃伟合：《关于学案设计的几点思考》，载《江西教育科研：普教研究》，2001年第6期。

四、学案导学课堂实录及点评

【片段一】　《俄国向何处去》（北师大版九年级下册第1课）

学案设计	教案设计	点评
自主先学 1. 结合课文第一段小字，了解二月革命。 2. ____年____月（俄历____月），____亲自领导起义。起义军攻克____，彼得格勒武装起义取得胜利。列宁领导的苏维埃政府____成立，世界上第一个____诞生。 3. 简述：彼得格勒武装起义过程。（注意三个地点：斯莫尔尼宫、“阿芙乐尔号”、冬宫） 4. 十月革命的历史意义是什么？ 5. 自己的疑问 合作探究 十月革命的背景 1. 第一次世界大战前的俄国 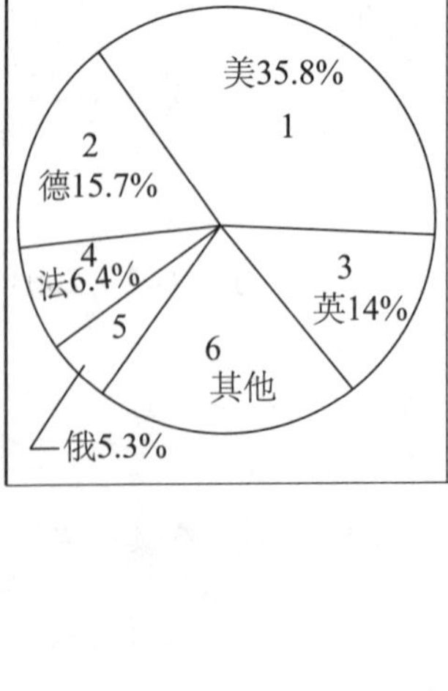 	本课学习将从以下三个板块进行。① 第一，危机四伏唤革命； 第二，一声炮响惊世界； 第三，政策革新卫政权。 结合学案，课堂新授 **一、危机四伏唤革命** 1. 结合学案，出示资料。 战前材料：这则材料反映战前俄国怎样的经济状况？（俄国经济落后）② 战中材料：俄国在一战时又出现了什么状况？（第一次世界大战加剧了国内矛盾） 2. 二月革命：② 俄国人民将所有的愤怒和不满全部集中到沙皇腐朽的专制统治。他们认为只有推翻沙皇的统治，才能获得生活的基本所需：面包、土地、和平。二月革命就这样爆发了。 革命运动推翻了沙皇统治，但出现了两个政权并存的局面。人们依然没有得到面包、土地、和平。俄国向何处去？在革命局势迷茫之时，列宁及时回国，指明革命的方向，那就是社会主义革命。③ 俄国的无产阶级政党——	①采用板块教学模式，以“探索”一词为中心，以俄国革命的探索、建设社会主义的探索为内容，将本课分为三个板块，教学设计理念新颖、教材挖掘深入细致。结合学案教学环环相扣，引导学生探究主题。 ②精美课件的演示，例如：“饼状图对比”演示第一次世界大战前俄国经济落后；动态演示说明“二月革命”推翻沙皇统治，建立起两个政权并立的局面。列宁及时回国指明社会主义革命的道路，学生清楚、直观地了解了“十月革命”爆发。 ③选择讲述法很快地将“第一次世界大战对俄国的影响”“二月革命”“两政权并立”“列宁回国指明方向”这些知识点，准确、快速地讲给学生。对课本小字部分处理巧妙、得当。

续表

学案设计	教案设计	点评
2. 第一次世界大战中的俄国 因为参加第一次世界大战，在 1917 年，农村男劳动力减少 47.4%，粮食收获量减少 1/4。参战造成 300 万难民无家可归。因为饥荒，仅 1916 年罢工有 1500 起，参加人数超过 100 万。 小组讨论：通过上述两则材料，你能得出什么结论？ 拓展延伸 1. 你对列宁了解多少？（收集与列宁有关的资料） 2. 十月革命影响了世界上哪些国家纷纷走上社会主义道路？ 课堂小结	布尔什维克党，开始把武装起义提上日程。“阿芙乐尔号”的一声炮响震惊了世界。 **二、一声炮响惊世界** 1. 播放视频，完成以下填空题。④ 2. ____年____月（俄历____月），____亲自领导起义。起义军攻克____，彼得格勒武装起义取得胜利。列宁领导的苏维埃政府______成立，世界上第一个______诞生。 对照学案，更正答案。再将知识点标注在书上。 3. 强调学习方法。简述起义过程。 关于学习革命我们平时都注意哪些知识点呢？（时间地点人物）都学们再来注意一下，老师给你强调一下三个地点。下面请同学们结合这幅地图，来简述起义过程。⑤ 4. 在整个过程中有一位伟人起到了关键的作用，他就是无产阶级革命先驱列宁，关于列宁你了解多少？⑥ 5. 诠释意义。（结合课件，逐句出示十月革命的历史意义）⑦ 6. 学生齐读十月革命的历史意义。	④多种学法指导，“润物无声”。对基础知识的讲授中，针对学生看视频完成关于十月革命基本知识点的填空以后，引导学生：当我们在学习历史，遇到关键知识点时应该做笔记或者在书上标注出来。 ⑤简述十月革命经过这一环节时，先引导学生回忆，关于学习革命平时都注意哪些知识点？（时间、地点、人物）然后老师强调三个地点。请同学们结合地图，来简述起义过程，学生既可以运用已经掌握的学习方法来学习这节课的新知，又可在老师的点拨下很快抓住这个新的知识要点，提高了课堂效率。在以后的学习中，学生只要遇到类似的问题，在掌握革命或者战争过程中，都会在掌握时间、地点、人物等基本知识点的同时，留意一下代表性的地点名称。 ⑥俄国在革命和维护新生政权抉择时期，离不开一位伟人的指引——列宁。对伟人追忆和学习。本环节也是对学生在课前利用学案进行预习先学的一个检验。 ⑦讲授十月革命历史意义当中，设计与众不同。选择了讲述法加上课件演示，逐字逐句结合材料讲解呈现在学生面前，将十月革命的历史意义娓娓道来。与学案当中单纯回答，相辅相成，加深了学生的理解。

【片段二】　《俄国向何处去》(北师大版九年级下册第1课)

<table>
<tr><th>学案设计</th><th>导案设计</th><th>点评</th></tr>
<tr>
<td>自主先学
1. 十月革命后，由于国内外反革命势力的联合反扑，苏俄政府被迫实行“________”政策。随着国内战争的结束，1921年，苏俄政府开始实行________政策。到________年，苏联国民经济恢复工作基本完成。
2. 结合课文第五页上面第一段小字，了解新经济政策。
3. 新经济政策的意义是什么？
4. 自己的疑问。

合作探究
1. 有人这样认为：新经济政策在一定范围内发展了资本主义，这是“倒退到了资本主义”。你认为这种观点对吗？(课本标题为什么说新经济政策是“退一步，进两步”?)</td>
<td>三、政策革新卫政权
1. 了解“战时共产主义”政策。阅读课本第4～5页正文，俄国在探索建设社会主义道路中有哪些重要举措？
2. 生回答：“战时共产主义政策”“新经济政策”。(见学案)
3. 从字面上看，你认为什么是“‘战时共产主义’政策”？
4. “战时”？第一次世界大战结束了哪来的战争？(生在课本上找到：由于国内外反革命势力的联合反扑)
5. 出示政策内容。我们以余粮收集制为例，进一步了解这个政策。解释余粮收集制。
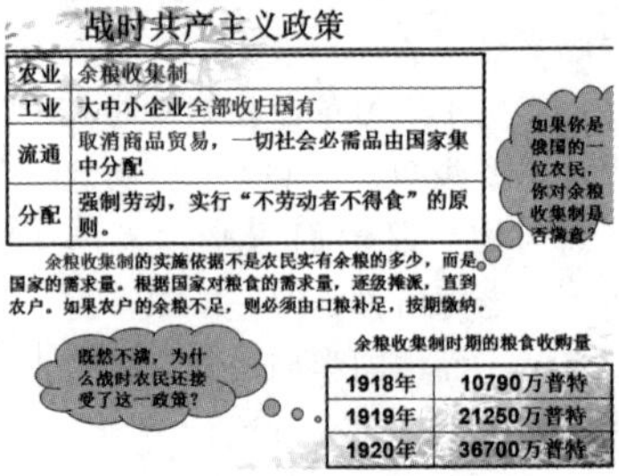

想一想：如果你是俄国农民，你对余粮收集制是否满意？
想一想：可是收购量逐年上升。既然不满，为什么战时农民还接受了这一政策？①
6. 在这种政策下人民群众的生活状况是怎么样的呢？
出示材料：
材料一：俄国1920年的粮食产量只有1913年的一半，1921年的播种面积比1920年减少了690万公顷。农民中反苏维埃的情绪日益严重。
材料二：一度曾是肥沃的伏尔加河流域的乡村，即使当时有学校，也没有一个农民的孩子能够上学。
材料三：1920年，苏俄农民中流传着这种说法：“土地属于我们，面包却属于你们……森林属于我们，木材却属于你们。”</td>
<td>①对于本课教学重点新经济政策，通过出示材料，在了解“战时共产主义”后，让学生设身处地地思考历史问题。</td>
</tr>
</table>

续表

<table>
<tr><th>学案设计</th><th>导案设计</th><th>点评</th></tr>
<tr>
<td>2. 列出本节课的知识框架。

拓展延伸
“战时共产主义”政策的主要内容有哪些？
课堂小结</td>
<td>材料反映了当时苏俄人民在“战时共产主义”政策下生活状况是怎样的？
7. 生回答：生活、内心：不满，甚至怀疑列宁的能力。
8. 合作交流。面对这种不满，假如你是列宁的助手，你将提供什么建议改革这项措施？②
9. 小组合作交流，教师落实每位组员的任务。
10. 教师总结。③
农业：实行粮食税。进行自由买卖这就需要市场。这样承认了在社会主义制度下市场的作用。
工业：让国内外资本经营，这就让社会主义和资本主义结合在一起。
商品：商品货币关系，这个关系只有在资本主义下才会出现，这就承认了商品货币关系在社会主义国家中依然存在的事实。
11. 这些措施把社会主义同市场、商品货币关系和资本主义直接联系起来。是列宁将马克思主义与俄国实际相结合，探索发展社会主义的产物。这些措施与原有措施截然不同，所以它统称为新经济政策。
12. 合作探究。
有人这样认为：新经济政策在一定范围内发展了资本主义，这是“倒退到了资本主义”。你认为这种观点对吗？
学生根据小组讨论的结果，简单记录在学案上。④
13. 总结：这种所谓的“退一步”是为了更好的进步，新经济政策的实行，促进经济的恢复和发展，重新赢得人民群众的支持。公有制经济和资本主义私有制经济进行公平市场竞争，最后公有制战胜私</td>
<td>②辛涛老师先通过一组材料让学生感知“战时共产主义”政策下俄国农民生活的艰难，然后让学生合作探究，自己准备怎样改革这一政策。
③教师再根据小组汇报交流成果，通过表格形式对两大政策进行对比，通过语言上的解释引导，学生很自然地得出对新经济政策特点的评价。即把社会主义同市场、商品货币关系和资本主义直接联系起来，巧妙地攻克了教学上的难点，学生理解起来也比较容易、知识点掌握也比较深刻。
<table>
<tr><th>政策
类别　内容</th><th>“战时共产主义”政策</th><th>新经济政策</th><th>在社会主义制度下</th></tr>
<tr><td>农业</td><td>余粮收集制度</td><td>实行粮食税
余粮可以自由买卖</td><td>承认市场</td></tr>
<tr><td>工业</td><td>普遍实行
工业国有化</td><td>退还一部分收归国有的企业，让国内外资本经营</td><td>与资本主义相结合</td></tr>
<tr><td>商品贸易</td><td>取消自由贸易
实行配给制度</td><td>允许商品生产，恢复商品货币关系</td><td>存在商品货币关系</td></tr>
</table>
④结合学案，联系本节课所学，围绕教学难点，采用小组合作探究学习方法，使学生积极主动参与课堂活动，在把空间留给了学生，把机会留给了学生，把时间留给了学生，把思考留给了学生。
纵观本节课学习中的每一个环节，都是教师设置问题情境，由学生归纳、总结，教师最后提升。学生探究学习与合作学习得到较好体现，让学生通过探索、发现，从而增进了思考力，发展了历史思维，值得老师们借鉴。</td>
</tr>
</table>

续表

学案设计	导案设计	点评
	有制，完成向社会主义的过渡。这就是列宁说的“退一步，进两步”。 14. 新经济政策推行以后取得了显著的成就。 15. 在看到这些成就的同时，我们也感受到了以列宁为首的苏维埃政府，在革命时期，在社会主义建设时期探索的成功。列宁的丰功伟绩让无数人民缅怀至今。⑤ 四、小结 1. 过渡：在缅怀列宁的同时我们这节课也接近尾声。同学们这堂课的表现也让我感受到，在座的同学们确实有自己比较好的学习方法。 2. 出示：粗心同学的笔记。这位同学只是简单地罗列知识点，它们之间的先后顺序，知识点之间的联系都没有很好地反映出来。 3. 自主学习。下面请同学们用自己的方法，总结本课知识点，写在学案上面。 4. 老师也用了一种方法来总结本课知识点。⑥ 一战前后陷贫荒，二月革命倒沙皇， 列宁回国定方向，十月革命筑理想。 政策变换展新颜，风起云涌慨而慷。 立足实际善求索，人间正道是沧桑。 希望同学们在自己的学习、人生道路上，发扬求索精神，走出自己的辉煌人生。	⑤在追忆列宁时，将感情升华，列宁带领着俄国人民走向胜利，同学们也要发扬求索精神，谱写生命的美丽篇章。 ⑥亲身示范，展示了自己是怎样总结本课知识点的，用一首短诗将知识点涵盖当中，并在诗句最后升华主题，希望学生发扬求索精神，不断勇攀人生高峰。把自己想教给学生的方法、思想、价值观等巧妙融入教材。

【案例一】

《国共两党的合作与斗争》

巧妙设计，复习课也会精彩纷呈
——《国共两党的合作与斗争》课堂实录与点评

2013 年 3 月 28 日，济宁市历史中考研讨会在济宁学院附中进行。会议期间，济宁市第十五中学的金梅老师执教的专题复习课《国共两党的合作与斗争》，受到了听课老师的一致好评。金梅，2002年毕业于济南大学历史教育系。任教十余年来，曾多次在区、市、省执教历史公开课，是山东省历史优质课一等奖获得者。

<table>
<tr><th>教学流程</th><th>点评</th></tr>
<tr><td>
《国共两党的合作与斗争》课堂实录与点评
导入：[1]
师：开始上课，我们先来看几张图片。
出示五个时期典型图片。
师：这几张图片，历史时期不同，内容不同，但是反映了一个共同的主题。你能看出他们反应的是什么主题吗？
生：国共关系。
师：国共两党恩恩怨怨八十载，两度分离三次握手解恩仇。今天就由我和大家一起追溯历史上的国共关系。
新授：
板块一：纵观国共关系
师：纵观国共关系主要体现在四个时期，你能用最简练的语言概括出它们的特点吗？
出示数轴，学生生分析。[2]
《线索点击》：结合学案上的数轴，明确四个时期，填写在学案上。[3]
生：在大革命时期两党是合作的关系，土地革命时期是斗争的关系，抗日战争时期再次合作，解放战争时期再次斗争。
师：我们可以看出，国共两党在历史上有两次合作、两次斗争。接下来我们将细解国共关系。
板块二：细解国共关系[4]
师：为了推翻北洋军阀的统治，1924年国民党一大的召开，标志着第一次国共合作的开始。
出示对联。
师问：这副对联是哪个学校的办学宗旨？
生：黄埔军校。
出示黄埔军校的图，出示问题，生个别答，同位互提，同位展示。
出示“北伐战争形势图”。
师问：这张图片反应的是什么历史事件？
生：北伐战争。
师：通过复习黄埔军校，你认为关于北伐战争我们重点掌握哪些知识点？（让学生随意说）关于北伐战争我们重点掌握它
</td><td>
①这个导入能在第一时间让学生回顾知识点，梳理历史发展线索，对于毕业班的学生是一种能力的培养。同时，开门见山，直击主题，先声夺人。只是语言有些平淡，如果能更加慷慨激昂一些，课堂气氛会有很大的改变。
②运用时间数轴分析国共两党在历史上的关系，简单清晰，与上面的四幅图片相呼应，设计巧妙。
③我们大多采用的是内容板块，也就是根据教学内容设计的板块。而金老师大胆地进行尝试，选用了学法板块出乎我的意料。通过三种不同的学习形式，三种不同的学习方法，从三个不同的角度来学习国共关系，能由浅入深，由表及里地引导学生认识历史事件。这个创意很好，打破了原来的旧模式，对板块教学又有了新突破。
④第二板块的内容太多，能否把每个时期的国共关系列为几个小板块？大革命时期就可以设计成“团结合作，共奏胜利曲”。
</td></tr>
</table>

续表

教学流程	点评
的目的、主要对象、主要战场、主要战役、成果。 《要点梳理》：结合材料，完成学案中的问题 师：哪位同学愿意上来写一写？ 生：上台书写。 师：大家仔细读一读，看看有没有不妥的地方？ 生：老师，这位同学“吴佩孚”的“孚”写错了。 师：哦，是呀，你能上来写出正确的吗？ 生：上台改正。 师：谁还有新的发现？ 生：老师，主要战役还有一个，武昌战役。 师：这位同学很用心，发现了一个漏缺的知识点。同学们，当我们书写知识点的时候一定要注意错别字，把字写工整。另外，有多个知识点的时候，最好能用序号列举，这样会使你的答案更加清晰，大家看，这位同学就做得非常好。 师：从刚才大家的表现中，我能感受到大家的基础知识掌握得非常扎实，下面我给大家准备了几道题，看看大家的“实战能力”如何！ 《实战演练》：学案出示历年相关中考题，练习巩固，学法指导。[5]	⑤采取图文并茂，读、说、写、记、问、改等多种学习方法同时并用的方式，一个知识点通过多种不同形式的练习，这样的复习才是真正的高效。
师：1924—1927年，国共两党实现了第一次合作，建立了革命统一战线。他们建军校，斗军阀，将大革命推向高潮。此时的中国正可谓：四海翻腾云水怒，五洲震荡风雷激。就在北伐战争胜利进军时，国民党右派突然叛变革命，大革命失败，国共两党由合作转为斗争，进入十年对峙时期。[6]	⑥“四海翻腾云水怒，五洲震荡风雷激。”诗词运用得很好，非常有气势。也反映了教师的文学底蕴，如果能点出诗句的出处就更加严谨了。
出示“南昌起义图”。 师：这反映的是什么历史事件？ 生：南昌起义。 师：谁还记得起义的时间？ 生：1927年8月1日。 结合板书，师生谈话式复习。 师：南昌起义打响了武装反抗国民党反动统治的第一枪，接着，他们又进行了哪次起义？ 生：秋收起义。 师：秋收起义中决定向农村进军，建立第一个农村革命根据地是哪里？[7] 生：井冈山革命根据地。	⑦土地革命时期的板块能不能试试“艰苦卓绝，三军尽开颜”？

续表

教学流程	点评
师：此后，中国革命如燎原之势迅速发展起来，国民党对革命根据地进行了五次反革命围剿，国共两党进行了十年内战。由于第五次反围剿的失败，共产党带领红军被迫进行了长征。⑧ 出示七律《长征》(师生齐读)⑨ 师：从这首诗词中，你能得到哪些关于长征的信息？ 生：可以看出长征中红军巧渡金沙江、飞夺泸定桥。 生：还可以看出红军在长征中表现出的艰苦奋斗、大无畏的革命英雄主义精神。 出示“长征示意图”。 《要点梳理》：结合图片，完成学案中的问题，学生思考回答 (1) 长征开始的地点、时间。 (2) 长征途中哪次会议成为党历史上生死攸关的转折点？这次会议确定了以谁为核心的党中央的正确领导？这次会议有何重要意义？ (3) 红军长征胜利结束的标志是什么？	⑧师生谈话式的交流，气氛融洽，学习轻松，师生之间的距离也拉近了。 ⑨诗词、地图，多种形式的史料呈现在教学过程中，充分体现出史料教学的理念。师生齐读时，教师的语气要先表现出来，这样才能感染学生呀。
过渡语：长征的胜利粉碎了国民党反动派消灭红军的企图，保存了党和红军的基干力量，使中国革命转危为安。正如毛泽东所说“风云突变，军阀重开战，洒向人间都是怨，一枕黄粱再现。”⑩蒋介石独裁统治全国的梦想破灭了，但是国共之间的斗争却给日本的侵略提供了可乘之机。在中华民族面临生死关头，国共两党再次走向合作，领导全民族抗战，赢得了抗日战争的胜利。⑪	⑩“风云突变，军阀重开战，洒向人间都是怨，一枕黄粱再现。”巧妙运用了毛泽东诗词，把这一时期的历史进行了总结，真是“一句诗词胜千言”。 ⑪“同仇敌忾，洗雪百年耻”这个可以当做抗日战争时期的板块设计。大家再想想有没有更贴切的板块？
师：关于抗日战争时期，我们可以利用123三个数字来掌握，1即一条统一战线，2即两个重要事件，3即三次主要战役。一条统一战线指的是什么？⑫ 学案 生：抗日民族统一战线。 师：它是怎样形成的？ 师生共同完成。 师：两个重要事件指的是西安事变和七七事变。三次主要战役谁还记得？ 生：平型关大捷、台儿庄战役、百团大战。 《实战演练》学案出示历年相关中考题，练习巩固，学法指导 过渡语：抗日战争的胜利告诉我们当中华民族面临生死存	⑫利用123三个数字来概括抗日战争的历史知识很用心。当学生听到123时，顿时眼前一亮，学习兴趣马上提上来了，也使枯燥的历史知识变得鲜活起来。但是，落实方面不如前面的效果明显，可以再调整一下。

续表

教学流程	点评
亡的危急关头，是国共两党不计前嫌、再度携手、共赴国难，正如《诗经》中所说："兄弟阋于墙，外御其侮。"兄弟们虽然在家里争吵，但能一致抵御外人的欺侮。但是抗日战争胜利后，国共两党之间的矛盾再次成为国内的主要矛盾，重庆谈判就是他们在谈判桌上的斗争。⑬ 出示重庆谈判的材料。 师：蒋介石邀请毛泽东进行重庆谈判的目的是什么？ 生：为了进一步准备内战的时间，也为了欺骗人民。 师：毛泽东赴重庆谈判的目的又是什么？ 生：为了尽一切可能争取国内和平，也为了戳穿蒋介石假和平的阴谋。	⑬"兄弟阋于墙，外御其侮"一句诗词既承前又启后，精彩的过渡。但是，能不能还是选用毛泽东的诗词？这个可以回去再查查有没有更合适的。
师：双方有没有达成共识？ 生：签订了《双十协定》。 师：一次谈判，一张协议真的能换来永久的和平？ 生：不能。 师：1946年，解放战争爆发。⑭ 《要点梳理》结合学案，完成相关问题⑮ 全面内战爆发的标志？——________ 人民解放军转入战略进攻的标志——________ 战略决战三大战役——________ 显示"三大战役地图"： （学生回答—学生指图回答—师生共答） 三大战役中最先进行的战役——________ 歼敌人数最多的战役——________ 平津战役中——________和平解放 渡江战役后——________解放，南京国民政府垮台。 实战演练： 《实战演练》学案出示历年相关中考题，练习巩固，学法指导	⑭解放战争时期用什么板块名称呢？"战略决战，红旗高飘扬"这是我临时想到的，大家再斟酌一下。 ⑮这部分的复习形式显然不如前面，可以试试小组合作的形式，这节课还没有看到小组合作。
过渡语：南京解放，标志着统治中国22年的国民党政权垮台。正如毛泽东诗词中所写："钟山风雨起苍黄，百万雄师过大江。虎踞龙盘今胜昔，天翻地覆慨而慷。"解放战争后，国民党败退台湾，从而造成了台湾与祖国大陆的长期分离。改革开放后，为实现海峡两岸的经济繁荣，国共两党共同努力，共创中华民族的伟大复兴梦。⑯ 板块三：展望国共关系	⑯"钟山风雨起苍黄，百万雄师过大江。虎踞龙盘今胜昔，天翻地覆慨而慷。"可以讲这四句诗词的运用，我最欣赏，学生熟悉，也非常贴题。

续表

教学流程	点评
师：同学们，回顾过去，国共两党恩恩怨怨，两度携手，两度分离，曾挽救民族于危难之际，也曾置人民于水深火热之中。历史证明，国共合则民族兴，国共分则民族衰。 再看今天，海峡两岸风风雨雨，既有分歧，也有共识，在交流中相互促进，共同发展，开创了海峡两岸交往的新局面。正如鲁迅先生所说："渡尽劫波兄弟在，相逢一笑泯恩仇。"我们坚信海峡两岸必定有一个美好的明天。⑰ 学考感悟与直击中考 《学考感悟》通过讲解相关中考题，归纳答题技巧。 师：中考的题型一般有两种，一种是选择题，一种是非选择题，我们在做题的时候要注意一下几点：⑱ 选择题： 1. 认真读题，找出题目的关键词。 2. 读完全部选项，再选出最佳答案。 非选题： 1. 读导言，明确题目主题。 2. 仔细审题，明确核心问题和限制条件。 3. 答题格式要规范。 美好祝愿： 师：最后让我们用李克强的一句话为祖国送上美好的祝福："两岸同属一个中国，居住在两岸的是骨肉同胞。……大陆和台湾是我们共同的家园，把它一道维护好、建设好，使其花团锦簇，我想花好总有月圆时。"⑲	⑰这里又冒出一句鲁迅的话，虽然意思贴近主题，但是总觉得诗词运用得有些杂乱。 ⑱让学生先去体验，然后再点拨答题方法，这种方式是我们经常使用的指导方式，我建议可以边点拨，边做中考题。也就是说，每个建议后面练一个题，这样的指导目标更明确，效果更突出。 ⑲这段材料应该是上周刚刚发表的，表达我们对海峡两岸的美好祝愿，虽然没有慷慨激昂的语言，但是此时无声胜有声，留给学生无限的遐想。

总评

作为教师，我们都能体会到，上好复习课不容易。如果没有精心的设计，往往会造成学生没有兴趣，内容多而杂，复习方式单一，课堂枯燥乏味。但是在这节课中，我们可以看到教师不仅引导学生构建了一个完整的历史体系，从整体上了解历史，而且还运用各种要素，调动学生复习的积极性，恰到好处地使用学案，抓好了知识点的落实，是一节高效的课堂。同时，巧妙运用板块教学和史料教学，让历史复习课也加入了华丽的因素，所以也是一节精彩的课。我认为，只要是精心设计，巧妙构思，复习课同样会精彩纷呈。

另外，在板块的设计上还需进一步推敲，能不能更加简练概括？或者是否可以把选用的诗词与板块结合起来？

第三节　合作探究教学模式

一、构建基础

（一）合作探究教学模式的定义

合作是指两个或两个以上的学生，为了达到共同目标而在行动上相互配合的过程。合作学习是指学生在小组或团体中为了完成共同的任务，有明确的责任分工的互动性学习。

合作是与竞争相对应的，竞争中不是你赢就是我赢。而合作讲究的是双赢，大家一起赢，利人又利己。合作学习有助于培养学生的合作精神、团队意识、社会技能和民主价值观。学校仅仅把合作学习当作提高成绩、提高学习能力的一种手段，这绝非合作学习的真正目的。合作学习既要完成一定的学习任务，更要学会如何合作。“学会合作”对一个人的一生会产生深远影响。事实证明，要提高一个学生的学习成绩，更有效的办法是促进他的情感和社会意识方面的发育，而不是单纯集中力量猛抓他的学习。合作探究教学是在承认班级授课教学组织形式的前提下，采取学生异质小组为基本形式，以小组成员合作探究活动为主体，小组目标达成为标准，小组总体成绩为评价和奖励依据的教学模式。

小组合作探究教学作为一种富有创意的教学模式，它力图通过学生之间的交流、合作促进全体学生在认知、情感和适应性等方面有差异的发展。

为保证合作学习的顺利进行，以下因素最重要：

①积极地相互依赖：学生要有同舟共济的信念，关心小组成员彼此的学习；

②面对面地交往：学生之间要有充分的言语和非言语的交互作用；

③个体责任：每个学生必须对自己的学习负责；

④社会技能：学生必须具备适当的领导、交流、信任和解决矛盾的技能；

⑤小组加工：小组必须定期地自我评价开展合作学习的情况，并探讨如何能做得更好。合作学习的重点是完成一定的学习任务，学会合作，人际交往，团队建设。

合作学习包括五个基本要素，缺少了哪一个，都不是真正意义的合作学习。

1. 混合编组

混合编组要考虑这样几个因素，保证同一合作学习小组内的学生有好、中、差三类，保证将那些具有不同能力优势的学生组合在一起，保证既有男同学也有女同学，因为不同性别的个体认知风格、能力、性格等方面都存在差异。同一小组内的学生的家庭背景是不一样的，因为学生的行为习惯、思维方式和性格特点等往往带有家庭的烙印，而学生的家庭可能属于许多不同的社会群体或阶层，在真实的社会生活中，与来自不同家庭背景的同学合作的经验将有助于学生应对真实的社会生活。

2. 积极互赖

积极互赖代表了小组成员之间一种积极的相互关系，同舟共济、荣辱与共。帮助学生建立积极互赖的方法，主要有目标积极互赖、奖励积极互赖、角色积极互赖、资料积极互赖、身份积极互赖等。

目标积极互赖，全组有一个或多个共同的目标，如共同完成一份答题单，小组成员共同承担责任，组内没有竞争压力，有利于调动所有成员的积极参与。

奖励积极互赖，小组成绩取决于小组内每一成员的成绩，奖励是奖励小组，而非奖励个人，如果奖励给了个人，就不是真正意义的合作。奖励积极互赖打破了由好学生包揽一切或各自为政的局面，可以推动小组成员互相帮助，共同进步。

角色积极互赖，小组成员分别承担互补的、有内在关联的角色。

资料积极互赖，每个成员只占有完成任务所需的一部分信息或资料，要想成功必须分享、共享。

身份积极互赖，小组成员有一个共同的身份或标志，如火箭组、蓝天组、科技组等。共同的身份有助于激发大家对所在小组的归属感，增强凝聚力。

3. 个人责任

个人责任是指小组中每一个成员都必须承担一定的任务，通过制定小组活动规则明确个人责任。

4. 社交技能

这一点很重要，既是合作学习的结果，又是合作学习的前提。导致合作学习不能顺利进行的最主要因素是小组成员不会合作，为什么不会合作？学生缺乏合作的方法——社交技能。教师在传授专业知识的同时，要求学生掌握必要的社交技能，这些技能包括：怎样向他人打招呼、问候，怎样进行自我介绍和介绍别人，注意听他人讲话（学会聆听），如何表达自己的意见，别人提出不同意见时，如何阐述自己的观点，如何有礼貌地表示不赞成，等等。可以说，合作学习就是合作技能、技巧的培养过程。

5. 小组自评

小组自评，又叫“团体反思”，合作小组必须定期评价小组成员共同活动的情况，对共同活动的成效进行评估。比如，总结小组活动中有益的经验、总结存在的问题及原因、明确小组今后的发展方向和目标，等等。而在实际教学中，由于时间紧迫，教师很容易忽视小组自评这个环节。

（二）合作探究教学模式的特点

①小组合作探究学习教学是以小组活动为主体而进行的一种教学活动，它的所有环节都必须以此为核心。小组的组建是为小组活动提供活动的形式与空间，教师的精讲是为了提供活动的知识背景，小组奖励的实施为活动能提供取之不竭的动力源泉。

②小组合作探究学习是同伴间的互助合作活动。它通过创设“组间同质、组内异质”的小组形式来改变教学结构，其目的就在于促进小组成员之间的互助与合作，并以此作为教学活动的动力。

③小组合作探究学习，以小组目标的总体成绩作为评价和奖励的依据。它改变了传统班级教学中以学生个人为奖励对象的做法，从而改变了班级教学中学生成员间以竞争为主的交往方式，促进了组内成员的互助与合作，有利于培养学生的合作意识。

（三）合作探究教学模式的目的

我认为合作探究既是一种学习方式，也是一种学习途径，还是一种学习过程。“自主—合作—探究”科学地反映了学生由易到难、由简单到复杂、由具体到抽象地获取知识和能力的流程。合作探究教学模式就是要转移教学的中心，由过去教师的教转向现在以学生的自主学习为主，从而明确了学生才是教学活动的积极参与者和自主知识的建构者。让学生在发现、探究等自主学习活动中凸显出来，使学习过程更多地成为学生合作发现问题、合作分析问题、合作解决问题的过程。我们实施合作探究教学模式的目的有以下几点：

1. 营造平等的学习情境，给学生一个宽松的环境

在课堂上只有让学生感到民主、宽松、融洽、自由、坦然、愉悦，没有任何形式的压抑和强制，学生才能主动介入学习过程，自由地思考、探究，无所顾虑地发表自己的见解，大胆果断而自主地决策和实践。营造民主的、自由的学习情境，关键是教师要学会尊重学生、欣赏学生，“沉下去”看学生，把学生看作是活生生发展中的人，相信学习是学生个体生命生存与发展的本能，使课堂形成强大的情感磁力场。

在课堂中，我们首先要当学生的朋友、听众、合作者、指导者，不再是自上而下的给予，而是共同探索分享。放弃教师的绝对权威和严格控制，让学生自主决策，拥有学习目标的确定权、学习内容的选择权、学习方式的自主权、学习效果的评价权。其次，全面放手学生。放开大脑，自由思考；解放双手，自由操练；解放眼睛，自由观察；解放嘴巴，自由表达；解放时间，自由支配；解放空间，自由活动，让学生的个性获得自由和舒展。最后，多元评价激励学生。坚持正面诱导，运用多种方式激励学生发展、竞争、挑战、合作，允许多元思维并存；全力维护学生的自尊和继续学习的热情，让每位学生主动地、平等地、多感官地、愉悦地参与学习。

2. 倡导探究的学习方式就要以自主学习、合作学习和探究学习为主要特征，创造一种全新的个性化的学习方式

①让学生在自主学习中，强化个体的体验。自主学习，即主动地学习，主动地在历史实践中丰富人文素养，提高能力。“兴趣是最好的老师。”历史教学应当开发学生的动机资源，激发学生的学习需求和兴趣，给学生以足够自主的空间和活动的机会，使学生“自主”地进入学习的过程中去。孔子说：“知之者不如好之者，好之者不如乐之者。”[①] 老师就要做到乐教、善教，要让学生乐学，从而营造良好的课堂气氛，引起学生学习与探求的兴趣，激发他们去自学、去设疑，然后用查资料、探讨等方法去自行解决问题，逐步培养学生“自主学习”的习惯，最终到求知的最佳境界。

---

① 张燕婴译注：《论语·雍也第六》，79页，北京，中华书局，2007。

(2) 让学生在分工合作中快乐学习，追求群体与个体的共同提高与发展。合作学习包括学生之间的合作和师生之间的合作。生生合作，按一定标准组成学习小组，让学生在课堂和课外的学习活动中以小组为群体，积极进行探讨、交流与综合实践，在参与中获得收获。师生之间的合作指的是教学过程中，教师首先要是一个组织者、协调者，而后必须是一个参与者，与学生处于交流和对话的平台。教师参与其中，做到“弯下身子与学生对话”，一方面，融洽了课堂气氛，拉近了师生心灵的距离；另一方面，教师的现身说法也为学习功底差、表达能力弱的学生作了示范，使他们敢说、愿说，进而达到全面交流。

(3) 探究性学习，体现出了自主的思考，创造出了个性的生命要促使学生养成探究学习的习惯，老师特别不能注重标准答案，要特别注意倾听不同的声音，鼓励学生的异向思维。在教学实践中，引导学生提出一些不理解的问题，强调所提的问题必须是自己的问题，是自己经过思考仍不能解决的问题，而不是到课外教辅读物上去抄一些“问题”来“显示”自己。对于理解层次低的同学，只要是自己提出的问题，哪怕肤浅，在小组中当众提出来并得到解决，就是进步，就是有所得，就有了意义。对于理解能力高一些的同学则要求他们提出的问题尽量深化，体现出自己的思考，要有个性。

3. 合作探究教学活动不是可有可无的教学点缀，而是学生获得充分、生动发展的必需

学生只有在自主的学习活动中，才能有助于更有效地获取鲜活的知识，掌握学习的方法，形成相应的技能；才能有助于激发其探究的欲望，培养其创新精神和实践能力。因此，我们积极倡导学科教学的活动化，即用活动教育的思想来指导学科教学。这就要求教师充分挖掘和利用教材的活动因素，精心地设计和组织学习活动，努力拓展活动的时空，丰富活动的方式，促使学生多感官参与学习，积极地动脑、动口、动眼、动手、动心，把紧张的学习过程变为引人入胜的愉悦的学习活动，形成多渠道、多方位、多形式的综合性、立体化的大课堂。让学生通过活动促进内化，通过内化推动发展；让学生在竞争中合作，在竞争中发展；让学生在争辩中，获得思维的多向交汇，获得更多思考、表达、交流、倾听的机会，你的认识、我的感受、他的想法相互碰撞、补充、融合，促进共同发展；让学生在活动中亲历知识形成的过程，在能动的活动中，主动思考，加深体验，经历训练，获得发展；让学生灵活地扮演角色进行主体的替换，加强学习与生活的联系。

合作探究模式，从根本上凸显了学生学习和发展的主人地位。它不仅转化了教师和学生的课堂角色，而且学生个体及学生小组之间伴随着思维逐步深入对话碰撞，从而帮助他们养成良好的心理素质和学习品质，学会学习、学会做人、学会生存，尤其是培养创新人格和创新学习的课堂教学模式。

二、内涵解读

合作探究教学模式以新课标教育理念为指导，依据学生实际知识水平和能力，以主题知识为中心，从学生已有经验出发，开展合作探究，并注意营造积极和谐的氛围，引导学生积极主动参与问题，让学生在学习中学会主动发展，通过基于案例、基于问题、基于情景的设计，通过一个个探究活动，引领学生体验、感悟、获取学科知识及其意义，以求达到“学习内容活动化，探究活动内容化”的境界，努力实现“三维教学目标”。

开展合作学习，要给学生群体一个共同的任务，让每一个学生在这个任务中积极地承担个人责任，学生在合作中相互支持，相互配合，遇到问题能协商解决，能通过有效地沟通解决群体内的冲突，对个人分担的任务进行群体加工，对活动的成效进行共同评估，通过合作，提高学习效率，培养合作精神。

（一）合作探究教学模式建构的理论依据

1. 在哲学中，人的活动，即主体活动，是个体自觉地与客体（活动对象）发生相互作用的过程。人只有通过主体活动，才能对客观世界发生作用，才能主动地去认识改造客观现实，并在这一过程中，改进、发展和完善人本身。可以这样说，活动是个体智慧发展的决定性因素，因为活动既是知识力实现的摇篮，也是获得直接知识的基础。

2. 建构主义理论认为，知识不是被动接受的，而是由认知主体积极建构的。建构是通过新旧经验的互动实现的。学生有特定的自然禀赋，在特定的自然社会和家庭环境中生活，接受不同的文化熏陶，产生不同的生活体验、知识积累、思维习惯和认知结构。教师应重视学习者先前所建构的知识和经验，并将学习者已有的知识作为新知识的生长点。

3. 从布鲁纳发现学习理念找到支持。布鲁纳认为建立认知结构是一种能动的活动。在教学上，他重视学生主动学习，强调学生自己思索探究和发现事物，把学习知识的过程和探索知识的过程统一起来，把教学目标以人的本性为出发点，以发展创造能力为核心。

4. 现代具有影响的教学流派：

①邱学华的尝试教学法，观点是学生能尝试，尝试能成功。

②魏书生的“六步教学法”核心是培养学生的自学能力和自育能力。

③刘京海的成功教育，他的着眼点是，使所有学生都能获得成功，提出“自主成功”“尝试成功”的教学模式。

④卢仲衡的自学辅导法，让学生自学、自练、自改作业，充分让学生在不断尝试中学习。

⑤江苏“洋思经验”，以三流的师资、硬件、生源，却培养出一流的学生，成为教育上的奇迹。

（二）合作探究教学模式遵循的原则

实施合作探究教学模式的实质是：以学生发展为本，让学生真正成为学习的主人。在教学实践中，努力体现以下几个原则：

1. 主体性原则

在课堂教学中，要充分创设民主愉悦的学习氛围，积极有效地促进学生主动参与教学的全过程，充分发挥学生的主动性和能动性，问题让学生自己揭示，知识让学生自己探索，规律让学生自己发现。

2. 合作性原则

教学是一种信息交流的过程，是一种人际交流。在课堂教学中，强化师生、生生之间的人际关系，实现教学中的多维互动。师生之间的平等交往或角色互换，既能发挥教师的指导、示范作用，又能提高学生的参与度与责任心。

3. 探索性原则

要求教师的教学活动富有探索性，能提出适合全体学生知识水平和认知结构特点的探索性问题，善于为学生创设问题解决的情境，能够和学生一起为解决问题进行探索式学习。

4. 创造性原则

以学生的观察和实验为主，发扬创新精神，独立思考，大胆质疑，帮助学生形成创新本领，使学生学会创造性学习，对同一问题能从不同角度用不同方法进行全方位地思考和揭示，倡导“思维无禁区”。

（三）合作探究教学的实质

在教学实践中，许多教师常常认为合作学习就是把学生按一定标准编成小组，然后要求一个小组解决一个问题或完成一项任务。但事实上，简单地把学生安排在一起并不是合作学习，真正的合作学习必须具备一定的要素。国外著名的合作学习研究专家认为，任何一种形式的合作学习，有五个要素是不可缺少的：①混合编组；②积极互赖；③个人责任；④社交技能；⑤小组自评。

在这些要素中，有两个要素是关键的：积极互赖和个人责任。不同的学习者之间，或两人或一个小组或一个集体，只要存在着积极互赖的心理倾向，并且每个成员的个体责任都能得到实现，就可以开展合作学习；反之，如果缺少这两个关键要素，任何形式的学习都不能称为合作学习。

初中历史教学中的合作探究教学模式科学地反映了学生由易到难、由简单到复杂、由具体到抽象地获取知识和能力的流程。因此，学生获取知识的学习活动可以分为以下三个阶段：一是自主学习阶段，即对简单易懂的内容，采用自学的方式，通过自主学习的途径去获得。二是合作学习阶段，即对有一定难度的内容，采用恰当的合作方式，通过合作学习的途径去获得。三是探究学习阶段，即对难度很大的内容，仅凭学生的确难以解决，则采用探究学习的方式，通过师生之间、生生之间的共同探究的途径去获得。

（四）合作探究教学模式中合作学习的形式

1. 同伴互助合作学习

在课堂上同伴互助合作学习的典型形式就是同桌之间的合作学习。同桌关系从时间和空间上来讲，都是同学关系中最为密切的。《礼记》中有“相观而善之谓摩”[①] 的观点。作为同桌的同学，两个人经常在一起，彼此十分熟悉，交流与交往又十分便利，应该是最好的“相观而善”者和合作学习者。在以同桌为主要形式的同伴互助合作学习活动中，教师的意识与能力起着十分重要的作用。教师要意识到同桌合作学习的必要性与意义所在，允许同桌之间开展合作学习；同伴互助合作学习的关键在于同桌之间积极互赖关系的建立与个人责任意识的培养，只有这样，才会形成平等互助的同桌关系，才会使不同发展水平、不同个性、不同学习风格的学生在合作学习中共同成长，教师要善于抓住这一关键。

2. 小组合作学习

在大班教学中，开展合作学习确实是一件较困难的事，但教师总有解决这

---

① 《礼记·学记》，见胡平生、陈美兰译注：《礼记·孝经》，120页，北京，中华书局，2007。

一难题的方法，其中在班级中适当开展小组合作的学习活动就是最好的方式之一。在新课程的学习方式变革中，教师目前使用最多的合作学习方式就是在小组中开展合作学习，它一般是以前后两对同桌为一组，作为课堂教学中较稳定的合作对象。当教师提出问题需要讨论或提出任务需要完成时，给学生一定的时间，小组合作学习活动便发生了。在小组合作学习中，关键是如何使每一个小组能有组织、有秩序、有效率地完成小组任务，使小组中的每一个成员都积极参与。比如，如何确定小组长并发挥小组长的作用；如何对小组成员进行角色分工并使他们各自承担个人责任；如何处理小组活动中出现的意外问题与突发事件；教师在各小组合作学习的过程中如何发挥主导作用，等等。而这些规则与方法又通过日常的课堂教学自然而然地教给了学生，使之成为他们学习习惯中的一部分。

3. 全员合作教学

全员合作教学是指在教师与全班同学之间形成一种良好的合作关系中开展教学活动，它以教学班的全员为合作对象，强调师生合作、生生合作、师师合作，形成了课堂全员参与并合作的教学过程。“合作教学论”认为：“整个教学系统中的动态因素都是教学活动不可或缺的人力资源，强调所有动态因素之间的互动合作，即师生互动合作、师师互动合作和生生互动合作，由此在课堂信息交流网络上体现出纵横交错的三维立体特征。”[①]

总之，不管哪一种形式的合作学习，其实质都包括学习方式的形式与学习方式的方法两个方面，只有形式而没有方法或者只有方法而没有形式，都不能称为完整意义上的合作学习。

（五）合作学习的问题反思

从当前中学课堂所采用的合作学习方式来看，还存在着理解与执行上的一些普遍性问题，这些问题造成一些教师误认为新课程改革中课堂秩序混乱是由于新的学习方式引起的，进而抵触与否定新的学习方式。通过课堂学习方式的研究，反思学习方式转变过程中存在的问题，不论对教师的观念与意识，还是对课堂学习方式的变革，都有着十分重要的意义。

1. 合作学习只重形式而轻视方法的问题

合作学习的实质告诉我们，任何一种层次的合作学习，作为一种学习方

---

① 李翠华：《合作教学中的师师互动研究》，山东师范大学硕士学位论文，2007。

式，都包括相互依存的两个方面：其一，有没有合作学习这种形式，即课堂教学中学生的学习方式是个体的，还是团体的。传统的教学只重视个体的学习形式，不鼓励也不提倡学生之间的合作互助学习，而是以竞争、比赛的方式进行淘汰式教学。现在讲学习方式的变革，其中一层的含义就是要打破个体单一的学习形式，把合作互助的学习形式与方法引入教学之中。从课程改革实验区的教学情况来看，这一点基本上都引入了合作学习的形式，使传统的单一的个体学习方式正在发生着变化。其二，有了合作的形式之后，又没有合作的方法。仅仅有了合作学习的形式，如果没有真正的合作学习的方法，那么这种合作学习的形式就成了低效或无效的教学的点缀，而并非新课程所提倡的学习方式的变革。在合作学习中，如何合作的方法才是最为重要的。但凡在课堂中采用了合作学习的方式而没有很好地钻研其方法的教学，大都是不成功的。合作学习中的学习方法，对学生来说，不是他们生来就会的，而是在日常的教学过程中需要教师来培养的。

2. 合作学习只重学生而轻视教师的问题

在教学过程中，这种现象表现在只要求学生之间开展合作学习，似乎合作学习就是学生的事，教师只要允许学生进行小组合作学习就行了。至于如何开展合作学习、如何组织学生学习、合作学习的方法与要求有哪些等问题，教师则不太关注。事实上，在学习方式的变革过程中，不是通过学生的变来带动教师的变，而是通过教师教学方式的变革来引起学生学习方式的变革。教师的教学方式如何变，除了在教学方式上引入新的形式之外，关键还在于教师在教学过程中不断地钻研适应新的教学方式与学生学习方式的新方法。对教师来说，这是一种挑战，并且这种挑战远远大于来自教学内容的挑战。所以，在合作学习活动中，如果只重学生而轻视教师的工作，就会出现大多数课堂中出现的混乱局面。这就要求一方面在教师的培训中，培训者要重视对教师专业技能的提高与培训；另一方面教师自身在校本教研的过程中，要不断探索适合教育对象的、灵活多样的、切实可行的新型教学方法。教师只有在教学中积累了大量的教学经验，形成并掌握了合作学习的方式与方法要领，才能有效地组织学生在合作活动中学习和学会学习，学生才能在合作学习的过程中提高自己的学习能力，形成富有个性的学习风格。

3. 合作学习只重小组学习而轻视其他学习方式的问题

几乎当前绝大多数课堂教学中所采用的合作学习方式都是小组合作学习，这种基本的、有着特殊效果的小组合作学习经过课堂教学的观摩活动和教师培训方式，被推广到了基础教育的所有课堂教学之中，广大教师也因此而认为所谓合作学习就是把学生分成小组完成教学任务。这是一种对合作学习的简单化与单一化的理解。一方面，学生分了组并非就是小组合作学习；另一方面，除了小组合作学习，还有其他多种形式的合作学习。合作学习中重视哪一种方式，要根据教学的实际需要来灵活运用，如果机械照搬只会弄巧成拙。作为教学方式变革主导者的教师，在这一点上不仅要有明确的意识，了解合作学习的形式与实质，而且还要不断探索与解决合作学习过程中产生的各种问题，尤其是要探索各种层次中合作学习的方法问题。

4. 合作学习只重教学而轻研究的问题

合作学习对广大中小学教师而言是一件新事物，它不同于以前教师习惯与熟悉的个体学习形式下的教学活动。从学习方式变革的实质来看，它不仅是一种学习形式上的变化，更是学习方法、教学方法的变化。“教学有法，教无定法。”这就要求教师一方面应继承已经成熟的、基本的有关合作学习的一些形式与方法在教学中使用；另一方面还有许多相关的问题需要教师在实践中不断研究探索。

三、实施策略

（一）合作探究教学模式实施方法与途径

1. 确立适合的合作探究教学策略

①创设民主、平等、和谐的学习氛围，让学生消除恐惧心理，具有心理安全感，创造有利于学生自主探索学习的人文环境。

②改变传统的“传授——接受”模式为“探索——发现”的学习方式，在学习诸多的知识中，都尽量让学生用自己的方法去学习，去感悟。凡是学生能发现的知识，教师绝不代替；凡是学生能独立解决的问题，教师决不暗示。

③在教学活动中，教师要努力成为学生学习的组织者、引导者与合作者，坚持师生间、生生间多维互动原则，充分调动学生学习的积极性，使学生学会主动学习、自主学习和创造性学习，促进学生的主体性发展。

④要给学生自由探究的时间和空间。要鼓励学生大胆猜想、质疑问难、发表不同意见，不要急于得到圆满的答案。

⑤要给学生以思考性的指导，特别是学生的见解出现错误或偏颇时，要引导学生自己发现问题，自我矫正。

⑥提供多样化的学习方式，特别关注学生独立思考、自主探索、合作交流、探究创新，充分信任学生，相信每个学生都有创新的学习潜能。

2. 构建合作探究课堂教学模式

该教学模式包括“创设情境自学置疑”—“多维互动合作交流”—“教师精讲解析”—“生成观点”—“测试反馈”五大模块，涵盖了教师的“教”与学生的“学”两个方面。

（1）创设情境自学置疑

正如苏霍姆林斯基所说：“让学生通过自己的努力去理解的东西，才能成为他自己的东西，才是他真正地掌握的东西。”① 学生自学是合作探究的基础环节。新课伊始，教师三言两语，或用投影显示，准确地揭示学习目标（注意不是教学目标）。之后，提出明确的自学要求，即自学什么内容，用多长时间，注意什么问题，并要求学生积极迅速提出问题。教师要通过各种手段，创设各种情境鼓励学生大胆地提出自己在预习以及自学中存在的问题，并及时板书学生提出的问题，但不予以解答，继续让学生思考。

在这一环节，创设情境是关键，确立目标是目的。它主要通过创设生动、感人的情境，引发学生的自主学习动机，激发自主探索欲望。

本环节主要是培养学生提出问题的能力。美国学者哈罗德·布鲁姆（Harold Bloom）说：“最精湛的教学艺术遵循的最高准则就是让学生自己提出问题。”②能够发现问题，提出质疑，既反映了一个人的洞察力和思维能力，也体现出一个人善于思考、积极探索、敢于创新的个性品质。学起于思，思源于疑。质疑问难，本身就蕴含思维的火花，只有善于发现问题和提出问题，才能够在此基础上思考和寻求解决问题的方法。因此，在自学置疑的过程中教师要有意识地引导学生敢于怀疑、敢于批判；要善于鼓励敢于动手、敢于大胆设想、敢于标新立异的同学。

（2）多维互动合作探究

学生在进行了充分的自学后，提出了自己的问题，教师把学生提出的问题和教师补充的问题板书在黑板上。教师针对学生的差异，通过互相交流、探

---

① ［苏］瓦·阿·苏霍姆林斯基：《给教师的建议》，杜殿坤编译，224页，北京，教育科学出版社，1984。

② ［美］布鲁姆：《西方教育的历史发展》，见《教育学文集教学》（中册），421页，北京，人民教育出版社，1988。

讨，通过师生、生生多维互动，扩充学生的理解范畴，激励启发学生进行讨论，合作探究，互通各自的看法，互相取长补短，共同解决。

采取的主要方式有“学生讨论单个回答”“学生讨论集体回答”“师生共同回答”等。通过上述方式提高学生的合作意识，培养学生团队合作精神和竞争意识。合作讨论的基本模式有：

竞争式合作讨论模式。两个或多个学习者针对同一学习内容或学习情景，进行竞争性学习，看谁能够首先达到教育目标。在创设情境教学中，根据学生自学置疑过程中的问题。首先，教师提出一个问题，并提供解决问题的相关信息，或由学生自由选择竞争者，或由教师指点竞争对手。然后，学生开始独立解决问题，同时也可以随时监看对手的问题解决情况。教师鼓动学生继续进行竞争，并对优胜者给予表扬，对失败者进行指导。

协同式协作学习模式。多个学习者共同完成某个学习任务，在共同完成任务的过程中，学习者发挥各自的认知特点，相互争论、互相帮助、相互提示或是进行分工合作。通过学生之间的沟通互动，他们会看到各种不同的理解和思路。在此过程中，学生要学会理清和表达自己的见解，学会聆听、理解他人的想法，学会相互接纳、赞赏、争辩、互助，他们要不断对自己和别人的看法进行反思和评判。通过这种合作和沟通，学生可以看到问题的不同侧面和解决途径，从而对知识产生新的洞察。

伙伴式协作学习模式。在本环节中，学生有许多可供选择的学习伙伴。学生根据自己在自学过程中发现的问题寻找存在类似问题的学习者，选择其中之一经双方同意结为学习伙伴。当其中一方遇到问题时，双方便相互讨论，从不同角度交换对同一问题的看法，相互帮助和提醒，直到问题解决。

角色扮演式协作学习模式。让不同的学生分别扮演学习者和指导者的角色，学习者负责解答问题，而指导者帮助学习者解决疑难，在学习过程中，双方角色可以互换。

角色扮演模式。在教师指导下，学生（或由教师指定或由学生自由选择）分别扮演“教师”与“学生”的角色。“教师”向“学生”提出与本题有关的问题，并负责随时解答“学生”提出的问题，对“学生”的学习进行指导。

（3）教师精讲解析

经过充分的自学和讨论，学生对本节内容、重难点及解决方法有了进一步的认识和理解，并具备了一定的应用本节知识解决问题的能力，但对本节知识点的内涵、外延，本节知识与前后知识的联系，以及本节知识的进一步应用还不能达到本节的学习目标。这就需要教师用精练的语言进行进一步的阐述和强调，使学生对本节知识形成清晰的网络，能熟练地应用本节知识解决有关问题。但是讲解不可过多，仅仅针对学生提出的普遍性的、教师认为比较重要的、应用比较广泛的问题进行讲析和强调。

教师精讲解析这一环节是本教学模式的画龙点睛之举，是课堂教学内容进一步深化、知识点进一步纵横联系、知识深度应用的关键环节。我们必须迅速且及时发现学生在学习过程中存在的问题以及显示出来的知识水平，随时调整自己的教学思路和课堂安排。

（4）生成观点

在自主学习合作探究中达成知识目标，形成科学认识。教师通过精讲解疑释疑，帮助学生深入理解并掌握重点与难点知识，帮助学生树立正确的价值观、人生观、世界观。通过教师必要的讲解，纠正学生的错误认识，补充不足，形成正确的认识及知识体系，对学生已有知识进行提升。

（5）测试反馈

测试反馈是合作探究的实践环节。练习是学生巩固知识的必要环节，也是检测学习完成质量的有效手段。教师利用同步训练课堂练习部分或其他习题，及时地设计好适量、多层次、灵活多样的练习题，及时有效巩固、消化本节课的知识，检验学生对知识的掌握情况，及时纠正错误。在学生自练完成的基础上，让其互评、互议、互批、互改，教师讲解关键点、重要点。这样，学习有了良性循环，从另一个角度巩固了学习内容。

（二）合作探究教学模式存在的问题分析与解决策略

合作探究教学模式强调变“单一、被动、他主”的学习方式为“自主、合作、探究”的学习方式，这是新时代发展的需要，也是“以生为本”的体现。但在具体教学实施过程中，亦存在不尽如人意之处，我们有必要进行冷静思考。

问题一：随意探究，虚假自主

自主学习，是指学习主体有明确的学习目标，对学习内容和学习过程具有自觉的意识和反应的学习方式。自主学习应建立在明确的学习目标和学生的自觉意识上，倘若学生没有自我学习和自主思考的习惯和能力，这样的课堂只会是一盘散沙，对学生无疑是一种极不负责的行为。

在实际教学中，不少教师难以把握好自主与他主的关系，在扶与放中不知所措。于是产生了两种比较突出的现象：一是学生整堂课都是在教师组织的活动中“忙碌”，如交流、汇报、表演、操作，很难看见学生静静地进行个体思考，“他主”迹象明显。二是有的课堂教学教师角色弱化，一切让学生说了算，成了“满堂乱”“放羊式”的自主学习。

对策：自主学习应充分，包括：学习活动的时间应充分，精力要有保障；学习形式的趣味性应充分，增强学生的内驱力；教学评价的激励性应充分，调动学生的积极性；学生选择学习伙伴、内容、方式的权利应充分，真正实现自主学习。

问题二：只重形式，无效合作

新课标提倡自主、合作、探究的学习方式，其中以小组合作为代表的合作学习被教师们广泛采用。那种人人参与，组织互动，竞争合作常常有思维碰撞、火花闪现的课堂，切实能给人以享受和启迪。但少数教师僵化地理解合作学习，浅白地追求小组学习的形式，因而在课堂教学中往往存在注重形式、忽视实质、缺乏实效的现象。主要表现在：

①时机不当。少数教师为了追求学习方式的多样化，不根据教学内容的特点和学习实际，盲目采用小组合作学习的方式。例如，有的老师在教学内容过易或过难的地方设计小组讨论，有的教师在适于学生自主探索或动手实践的地方安排小组交流，有的教师在适合安排教学或教师引导的地方组织小组合作讨论，有的教师一节安排多次小组讨论，等等，其结果最终因时机不当而收效甚微。

②分组不科学。目前课堂教学中常见的合作学习形式是按前后座位自然分成四人小组，座位编排多按高矮次序和性别搭配编成。这种合作小组成员的构成不合理，不利于让不同特质、不同层次的学生进行优化组合，优势互补，相互促进。

③规则不明。课堂上教师提出一个问题后立即让学生讨论，教室立即出现热烈讨论的场面。这种热闹是表面上的假热闹，实际活而无序。小组内同学抢着发言，你说你的，我说我的，谁也不听谁的；有的小组始终只一两个发言，其他人陪听；有的小组成员互相推辞，都不发言；有的小组借此闲聊，边说边笑甚至干别的事。究其原因，主要是缺乏小组合作学习的规则。

④时间不足。在小组合作学习时，往往是教师呈现出问题后未留足学生思考的时间就宣布合作学习开始，不到两三分钟就叫停。此时，有的小组未真正进入合作学习主题，有的小组才刚开始。这样的合作学习不但达不到目的，反而会挫伤学生合作学习的热情，养成敷衍了事的坏习惯。

⑤评价不会。开展小组活动后经常要以小组为单位进行组际的汇报交流。

但发言人的回答方式往往是“我认为……”“我觉得……”“依我之见……”，并不是代表本组意见，仅是个人意见。教师对小组汇报的评价也常常是“你说得真好!”“你的见解真不错”。显然，教师评价的主要问题表现在：偏重于对学生个体的评价，忽略了对学生所在小组集体的评价；偏重于小组学习结果的评价，忽略了学习过程和方法的评价。而对小组成员的学习态度、学习习惯、参与程度、实践能力、创新意识，很少涉及，尤其是很少关注性格内向、少言寡语和基础较差的弱势群体。这种不公正、不全面的评价极易挫伤学生参与合作的积极性、主动性，不能发挥以评价促发展的功能。

对策：①选择适当的合作学习时机。一般而言，较简单的学习内容，只需个人独立学习，而较复杂、综合性的学习内容，则可采取小组合作学习的方式。教师要根据教学内容精心设计合作的“问题”，可以在教学的重点、难点处设计探究性、发展性的问题，也可在学生质疑问题中主动提出问题，但一节课不宜过分地安排小组合作学习的次数和时间，防止随意性与形式化。

②构建合理的合作小组。一是人数要合理，以 4～6 人为宜；二是分组应遵循“组间同质、组内异质，优势互补”的原则；三是小组成员应是动态的，可是男女互换或流动，可以是组间某些角色互换或轮换，还可按活动的需要让学生自由组合。

③建立有序的合作常现。一是合理分工，明确职责。各小组应设组长、记录员、汇报员各一名，大家相互配合，发挥团队精神，有效地完成任务；二是培养良好的学习习惯，如独立思考的习惯、积极参与踊跃发言的习惯、认真倾听的习惯、遵守纪律和合作规则的习惯等。

④营造宽松的合作环境。教师要为小组合作创设民主、和谐、宽松、自由的学习氛围，尊重和保护学生的参与热情，提供充裕的合作学习时间，让学生充分享受合作学习的乐趣。

⑤采用多样的评价方式。教师对合作学习的评价要有针对性、鼓励性、指导性、全面性。采取个体评价与集体评价相结合，重视学习过程评价与学习效果评价，评价中要充分关注学生合作的态度、作答条件、参与程度、倾听交流、协作的表现，以评价促进学生主动全面发展。

四、课堂实录与案例点评

案例一　《国民党政权的崩溃》

该课题是北师大版初中历史八年级上册的 24 课。这是盛岩岩老师 2012 年秋冬为兖州区“名师送教 同课异构”准备的公开课。盛岩岩，2003 年曲阜师范大学历史系毕业，现为济宁市第十五中学历史教师，济宁市历史教学能手，济宁市历史教学基本功比赛一等奖获得者。

一、初次听课

<table>
<tr><th>教学流程</th><th>随机点评</th></tr>
<tr><td>

【导入】
播放《军民团结一家亲》歌曲，配 PPT 演示。①
（展示课题，明确学习目标）
一、两年奋战转格局
二、三大战役定乾坤
三、渡江战役安天下
第一篇章：两年奋战转格局
看表格谈到 1948 年秋国共实力对比。②
出示两组图片，提问学生分别发现了什么？
解放区：雄厚的兵员，得到人民的支持。
国统区：危机四伏。③
过渡：由此可以看出，经过两年的苦战，扭转了整个战争的格局。到 1948 年秋，在人民解放军的沉重打击下，国民党的主要兵力被分割在西北、中原、华北、华东、华东、东北五个战场上，失去了完整的防御体系。主力决战的时机成熟了，三大战役拉开了序幕。④
第二篇章：三大战役定乾坤
1. 辽沈战役
大声朗读课文前三段黑体字部分，然后完成大屏幕上的习题思考：为什么首先发起辽沈战役？
出示材料，引导学生分析材料得到问题的答案。
材料一：⑤⑥
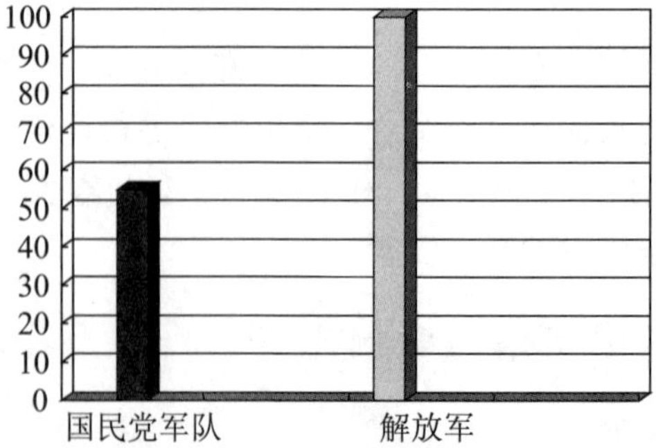

国共两党在东北战场上的兵力对比

</td><td>

①歌曲配 PPT 演示很好。但必须从歌曲和配图结合起来，精心设计导语。
②用对比的方法值得提倡。
③去掉图片部分环节，直接出示表格讲授，放慢语速让学生有欣赏和体味的时间。
④语言很好，有高度但与课件不符。
⑤课件第 11 张和第 12 张可调整一下位置，与下面的分析相对应。
⑥图表运用得很好。

</td></tr>
</table>

续表

教学流程	随机点评
材料二：东北地区是中国重工业最发达的地区和最大的产粮区。人民解放军在东北建立了广阔的根据地。经过解放区的土地改革，人民群众踊跃参军支援前线。	
材料三：东北国民党军队被分割压缩在沈阳、长春、锦州三个互不相连的地区内。由于部分北宁铁路为人民解放军所控制，长春、沈阳通向山海关内的陆上交通已被切断，补给全靠空运，物资供应匮乏。[7]	⑦材料三的内容学生不了解，但是可以作为教师的语言自然流露，避免课件上文字稿过多。
出示“辽沈战役形势图”。 师：演示示意图。攻下锦州，封闭了国民党进出东北的大门，形成关门打狗之势。长春的敌人一部分投降，一部分起义。沈阳之地也顺势攻下。	
过渡：辽沈战役后，国共双方兵力对比发生了明显的变化，人民解放军对国民党军第一次取得了数量上的优势，也为淮海战役的顺利进行奠定了基础。 2. 淮海战役 看视频（提示：注意时间、指挥者、参战部队、战役中心、解放地区，还要注意战略方针）。 落实基础知识（让学生动手写写战役指挥者）。[8] 让学生介绍战略方针。	⑧让学生动手写写相关人物的做法值得肯定，这对巩固基础知识大有益处。
出示材料：斯大林的图片、陈毅评价、淮海战役人民支前统计表。 这些材料说明了什么？ 过渡：在淮海战役进行的同时，东北解放军挥师入关，开赴华北战场同华北解放军合力进行了平津战役。	⑨这样处理显得有些草率，内容也单薄，应再丰满些。
3. 平津战役 师：解放军以神速把敌人分割包围在张家口、北平、天津，先攻克张家口、天津等地。对北平形成瓮中捉鳖之势。 拿下北平一定要用武力吗？还有其他方式吗？[9]	⑩这就是教学方法的指导。什么样的知识最重要？方法的知识最重要。
师：学完三大战役，老师认为表格是个不错的方法，提示做表格的方法。[10]小组合作制作表格（把全班同学根据“组间同质，组内异质”的原则分成八个学习小组，每组六人。每组设组长一人，每人都有明确的分工。最后根据小组合作学习的过程和结果对每个小组给予科学合理的评价，对于表现突出的小组提出表扬，需要努力的小组提出合理建议。） 教师演示表格，生填表格。[11]	⑪学法指导：是否让学生尝试多种整理知识的方法，把主动权还给学生。

续表

教学流程	随机点评
过渡：三大战役后，国民党在长江以北的力量全线崩溃。国民党再次提出和谈，要求国共两党“划江而治”。我们该不该答应？ 生：略。（答应，结果国家领土分裂，不利于国家的安宁；不答应，只有打过长江才能保卫祖国领土主权的独立和完整，只有国家的统一，领土的完整才有国家的安宁，才能实现国家的富强、民族的复兴。） 第三篇章：渡江战役安天下 师：为保卫祖国领土主权的独立和完整，毛泽东和朱德向全体人民解放军下达渡江作战的命令： 生：读命令。 看视频感受渡江战役那波澜壮阔的场面。 生：（谈感受） 师：你有没有看到白发苍苍的老人也加入了这场战争，这说明人民群众对解放战争的巨大支持。也正是由于人民的支持，我们越过长江天险，打进南京；南京解放了，青天白日旗降下来，国民党统治随之土崩瓦解。让我们铭记：这一天就是1949年的4月23日。 师：毛泽东挥笔写下这样一首词《七律·百万雄师过大江》。 生：齐声朗诵。 师总结。 师：回顾整个解放战争，出示表格：“解放战争开始时力量对比”。 小组合作探究：三年内人民解放军由弱变强，打败国民党的原因？（把全班同学根据“组间同质，组内异质”的原则分成八个学习小组，每组六人。每组设组长一人，每人都有明确的分工。最后根据小组合作学习的过程和结果对每个小组给予科学合理的评价，对于表现突出的小组提出表扬，需要努力的小组提出合理建议。） 师：正是由于这些原因，我们赢得了辽沈战役的胜利、淮海战役的胜利、平津战役的胜利、渡江战役的胜利。⑫ 生：小结。 结束语：略。⑬	⑫是否可以改为正是这些原因，我们才能够赢得解放战争的胜利，最终建立新中国。 ⑬结束语需再推敲。

二、总评

（一）从教学理念上看

1. 能史论结合，论从史出，但要精心筛选、合理取舍史料。例如，第一篇章：两年奋战转格局，表格与图片内容重复，可以去掉图片，引导学生通过阅读材料，从不同的角度学会分析，从而得出结论。

2. 能关注学生的主体地位，但方式、方法单一。应采用多种方式和手段调动学生积极参与到历史学习过程中来，特别是对学习方法的指导。教师只倚重表格法，对识图法、比较法、古诗引用法等重视不够，对学生的过程性的评价及课堂生成处理不够机智。

（二）从教学设计上看

1. 教学环节设计还需适当调整，时间分配不够科学，课堂教学效率不高。例如，当学生充分掌握了辽沈战役的基础知识后，对淮海战役、平津战役基础知识的掌握就完全可以放给学生去完成，提供给学生充分的展示平台，教师只需完成教学难点、课堂延伸的引导分析即可。要适当机智地调整授课内容，做到收放自如。

2. 小组合作的实效性较好但仍有待提高。教师对于怎么分组、怎么合作、讨论什么要求比较明确。是否应该根据问题难易度的具体情况提出明确的要求？如对“北平解放方式”这个问题，是让学生自己看书想想？是同座之间相互交流？还是小组讨论？

3. 板块设计严谨性与科学性不足。设计板块应该是对教材的一种整合，只有将教科书内外的相关内容有机地重构，才有可能更好地利用教材去教。我认为，三个板块名称略显直白，尽量文雅一些，押韵一些，对仗一些，所以历史课堂要精雕细琢。

（三）从教师教学基本功上看

“天机云锦用在我，剪裁妙处非刀尺。”教师教态自然，有较强的亲和力，但有时语速稍快。如能语速再放慢些，给学生思考的暗示，再带有一定的感情色彩会更好。

（四）从教学辅助手段看

影视材料的运用不够恰当。影视材料是历史教学中的资源之一，本课选用了两段影视材料，最后直接把电影剧照定格在三大战役的部分指挥者，教师没有任何说明、解释，这就是给学生一个错误的信息。因此，教师应该给学生明确地指出来：影视作品反映了历史的场景，但不能等同于历史。课件制作较好，还可以再美化些。

（五）从课堂细节上看

缺乏过渡语，语言显得贫乏、苍白，没有文采、诗意。当学生的答案与老师的预设不一样时，老师没有灵活处理、适当引导，评价缺乏个性。

（六）从教学效果上看

当我看到讲述解放战争胜利的历史意义时，台上的老师讲得慷慨激昂，台下的学生却无动于衷，显得情感态度与价值观过度“政治化”。情感态度与价值观的教育应该随着课堂教学的进度循序渐进的、润物细无声的，是能够沉淀到学生意志品质中去的教育，融化到学生生命中的教育，如果一味地拔高，历史教学的政治化只能带给学生假、空的东西，从而冲淡历史课的“历史味”。

总之，盛老师的课有优点，也有一些不足。本着直言不讳的原则，为了向农村兄弟学校输送高效优质历史课，我少讲优点，多提不足，希望下次听课有更大的进步。

三、再次听课

教学流程
【导入】 播放《军民团结一家亲》歌曲，配合 PPT 演示。 师：结合歌曲及图片谈谈你的感受。 生：略。 师：解放战争时期，人民子弟兵与广大人民群众是鱼和水的关系，正是人民的支持让我们赢得了这场战争的胜利，国民党政权的崩溃指日可待。这节课我们就一起学习“第 24 课　国民党政权的崩溃”。 （展示课题，明确学习板块） 一、两年奋战转格局 二、三大战役定乾坤 三、渡江战役安天下 **第一篇章：两年奋战转格局** 师：经过两年艰苦卓绝的奋战，到 1948 年秋，国共双方的实力对比是这样的：看表格谈国共实力对比 生：（略） （虽然在兵力上看国民党稍占优势，但在战斗力和后方上确大不如人民解放军） 出示主力决战前五大战场的形式地图。 过渡：由此可以看出，经过两年的苦战，扭转了整个战争的格局。到 1948 年秋，在人民解放军的沉重打击下，国民党的主要兵力被分割在西北、中原、华北、华东、东北五个战场上，失去了完整的防御体系。主力决战的时机成熟了，三大战役拉开了序幕。 **第二篇章：三大战役定乾坤** 1. 辽沈战役 大声朗读课文前三段黑体字完成大屏幕上的习题。

续表

教学流程
思考：为什么首先发起辽沈战役？ 出示材料，引导学生分析材料得到问题的答案。 材料一：国共两党在东北战场上的兵力对比 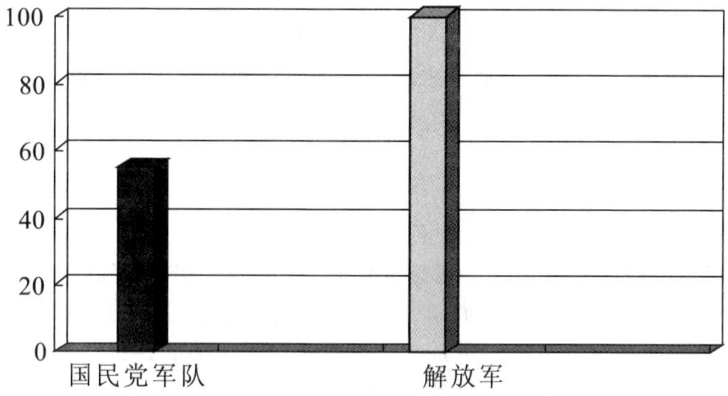 材料二：东北地区是中国重工业最发达的地区和最大的产粮区。人民解放军在东北建立了广阔的根据地。经过解放区的土地改革，人民群众踊跃参军支援前线。 出示“辽沈战役形势图”。 师：演示示意图。攻下锦州封闭了国民党进出东北的大门，形成关门打狗之势。长春的敌人一部分投降，一部分起义。沈阳之地也顺势攻下。 过渡：辽沈战役后，国共双方兵力对比发生了明显的变化，人民解放军对国民党军第一次取得了数量上的优势，也为淮海战役的顺利进行创造了条件。 2. 淮海战役 看视频（提示：注意时间、指挥者、参战部队、战役中心、解放地区。还要注意战略方针）。 落实基础知识（让学生动手写写战役指挥者）。 让学生介绍战略方针。 教师点拨：影视作品反映了历史的场景，但不完全等同于历史，同学们要注意两者的区别。 出示材料：斯大林的图片、陈毅评价、淮海战役人民支前统计表。 这些材料说明了什么？ 过渡：在淮海战役进行的同时，东北解放军挥师入关，开赴华北战场同华北解放军合力进行了平津战役。 3. 平津战役 师：解放军以神速把敌人分割包围在张家口、北平、天津，先攻克张家口、天津等地，对北平形成瓮中捉鳖之势。 拿下北平一定要用武力吗？还有其他方式吗？

续表

教学流程
生：略。 师：经过我方努力争取和一系列谈判最终做通了谁的工作? 生：略。 合作讨论：为什么要争取用和平的方式解放北平? 生：北平的和平解放，使北平这座千年古城特别是故宫这座皇家园林建筑得以完整保存，也使北平地区的人民免遭战争之苦，得民心，顺民意，是大势所趋，民心所向。这进一步说明，中国共产党即使在战争时期也把人民的利益放在第一位，这真是一个热爱人民的政党。 师：学完三大战役，你认为可以用什么方式对这块内容总结比较好? 小组合作用喜欢的方式总结三大战役。(把全班同学根据“组间同质，组内异质”的原则分成八个学习小组，每组六人。每组设组长一人，每人都有明确的分工) 生：各个小组总结、展示自己的学习成果(大括号、表格、历史年代轴等方法。最后根据小组合作学习的过程和结果对每个小组给予科学合理的评价，对于表现突出的小组提出表扬，需要努力的小组提出合理建议)。 教师点评并展示教师制作的表格和学生一起完成。 过渡：三大战役后，国民党在长江以北力量全线崩溃，国民党再次提出和谈要求国共两党“划江而治”，我们该不该答应? 生：略(答应，结果国家领土分裂，不利于国家的安宁；不答应，只有打过长江才能保卫祖国领土主权的独立和完整，只有国家的统一，领土的完整才有国家的安宁，才能实现国家的富强、民族的复兴)。 **第三篇章：渡江战役安天下** 师：为保卫祖国领土主权的独立和完整，毛泽东和朱德向全体人民解放军下达渡江作战的命令： 生：读命令。 看视频感受渡江战役那波澜壮阔的场面。 生：(谈感受) 师点评 师：你有没有看到白发苍苍的老人也加入了这场战争，这说明人民群众对解放战争的巨大支持。也正是由于人民的支持，我们越过长江天险，打进南京；南京解放了，青天白日旗降下来，国民党统治随之土崩瓦解。让我们铭记：这一天就是1949年的4月23日。 师：毛泽东挥笔写下这样一首词《七律·百万雄师过大江》。 生：齐声朗诵。 师：回顾整个解放战争，出示表格：“解放战争开始时力量对比”。 小组合作探究：三年内人民解放军由弱变强，打败国民党的原因?(把全班同学根据“组间同质，组内异质”的原则分成八个学习小组，每组六人。每组设组长一人，每人都

续表

教学流程
有明确的分工。最后根据小组合作学习的过程和结果对每个小组给予科学合理的评价，对于表现突出的小组提出表扬，需要努力的小组提出合理建议。） 师：正是由于这些原因我们才能够赢得解放战争的胜利，最终建立新中国。 生讨论：解放战争胜利的意义（小组合作同上）。 结束语：回顾中国革命的历程，新民主主义革命时期，正是人民的支持我们才找到了一条农村包围城市的革命道路；抗日战争时期，正是人民的支持我们才取得了抗日战争的胜利；解放战争更是一场人民的战争。由此我们可见，得民心者得天下！

四、感想

再次听盛老师的课，和第一次相比有很大改进。这节课总体来说比较成功，可以用六个字来概括：新、趣、活、实、巧、美。

新——理念更新，开发了新思路；趣——知识储备，引发学生兴趣；活——教法灵活，发动学生学活；实——评价真实，触发学生积极性；巧——过渡巧妙，生发课堂浑然一体；美——教态优美，感染、带动学生。

但是听后总感觉还有一些遗憾。这一课还可以上得再大气些，要有大气磅礴的感觉。在这一点上，盛老师做得还有些欠缺，也请在座的各位老师认真思考，哪种课型适合哪种风格，把历史课打造成真正的精品课、高效课、魅力课。

《内战烽火》教学片断一、二

教学流程	随机点评
导入：播放重庆和延安人民欢庆抗日战争胜利的视频。 八年抗战今日终，国人昂扬挺直胸。1945 年 8 月 15 日，日本宣布无条件投降，中国人民经过 8 年艰苦卓绝的抗战终于取得胜利。它是中国人民同仇敌忾。打败日本帝国主义的胜利日，也是中国人民以及遭受日本帝国主义侵略国家扬眉吐气的日子。抗战胜利后，中国人民渴望和平、民主，但美蒋联合，阴谋发动内战，消灭共产党，内战的阴云依然笼罩，中国面临两种命运、两个前途的决战。① （展示课题，明确学习板块） 一、谈判桌上谋和平 二、走上战场为和平 三、百年沧桑话和平 **教学片断一：谈判桌上谋和平** （一）自主学习 师：1945 年 8 月 14 日、20 日、23 日蒋介石三次发电报邀请毛泽东	①利用抗战胜利的视频，创设历史情境，引起学生的共鸣，激发学生的学习兴趣。

续表

教学流程	随机点评
来重庆参加谈判，还把每次的电报在全国的报刊中大肆宣扬。蒋介石真是用心良苦、“诚恳”至极呀！重庆谈判的过程怎样？ 投影：朗读课文的第 102～103 页的三段大字内容，说说你所了解的重庆谈判。 建议：学习一次重大的历史事件，我们可以从以下几个方面了解?② 目的、经过（时间、地点、人物）、结果、影响 生：朗读课文，标出知识点。 同位交流，解答疑问。 学生汇报，调理答案，学生复述，整理答案。 （二）合作探究：（把全班同学根据“组间同质，组内异质”的原则分成八个学习小组，每组六人。每组设组长一人，每人都有明确的分工。最后根据小组合作学习的过程和结果对每个小组给予科学合理的评价，对于表现突出的小组提出表扬，需要努力的小组提出合理建议。） 1. 人民纷纷感慨蒋介石的和平诚意，蒋介石的谋士陶希圣冷静地对自己的部下说： 投影：“国内有厌战情绪，国际形势也不允许中国打内战，一打起来我们更被动，利用谈判拖一拖也好，共产党拒绝谈判，我们更有文章可做。”③ 通过材料你能发现什么问题？ 小组合作探究：蒋介石不直接发动内战的原因。 (1)（国内有厌战情绪　国际形势不允许）4500 万条生命和 6500 亿美元的经济损失，让所有的中国人最渴望的就是能过上真正的和平的日子，蒋介石不能冒天下之大不韪，立即发动内战。 (2)（拖一拖）抗战后期蒋介石执行消极抗日的策略，把他的几百万的军队撤退到相对安全的大西南、大西北，即使有美国飞机的帮忙也是需要时间来布防的。（投影：“美国运送国民党士兵”） (3)（文章）把发动内战的责任加在共产党的身上。 2. 师：蒋介石处心积虑设下的圈套可谓是阴险至极，不去重庆就要承担内战的责任。去，又会存在怎样的问题？ 学生回答。 明知危险还要坚持去重庆，这反映了毛泽东领导下的中国共产党一种怎样的精神？ 学生回答。 投影：“毛泽东到重庆”。 师：当这位曾经指挥千军万马令日军胆战心惊的中共领袖到达重庆	②学法的指导。 ③材料运用很好，为小组合作探究搭建了一个台阶。同时，培养了学生分析史料的能力。

续表

教学流程	随机点评
后，山城轰动了，人们争相前往，意图领略这位充满传奇色彩的中共领袖风采；全国震惊了，震惊于他“一身系天下安危”的弥天大勇，震惊于他以民族利益为重的高风亮节。④ 3. 投影：“蒋介石与毛泽东合影”。 师：筵席后的谈判注定是艰难的。国共两党的斗争由军事对决转变为政治的较量，经过43天的谈判斗争，两党签订了《双十协定》，迫使蒋介石承认了和平团结的方针，使我们党在政治上获得了极大的主动。 4. 在重庆期间，毛泽东将《沁园春·雪》一词赠给柳亚子先生，重庆各方广为传抄，大有“洛阳纸贵”之势，就连被称为“国民党内一支笔”的陈布雷也称赞道：“气度不凡，有气吞山河如虎之感，是诗词中难得的精品。” 投影：《沁园春·雪》，学生齐读。⑤ 师：秦皇汉武、唐宗宋祖、成吉思汗都不再是诗人心中完美的英雄了，谁才是当今的英雄？豪迈的气势，不正是这位伟人博大胸怀、远大志向的写照吗？ 投影：“美国对国民党的援助”“《剿匪手本》”。 过渡：然而所有的努力都是徒劳的，既定的政策不会因为一纸协定而改变。当中国共产党为了给人民争取更多权利，在桂园与国民党的代表唇枪舌剑的时候，美国加紧了对蒋介石的援助；当全国人民欢庆《双十协定》签订、认为期盼已久的和平已经到来的时候，国民党士兵拿到的是蒋介石亲自撰写的《剿匪手本》。 蒋介石想干什么？（发动内战） **教学片断二：走上战场为和平** 1. 战略防御——转战陕北（略） 2. 战略进攻——挺进大别山 （1）先播放《大转折之挺进大别山》视频片段，落实先关基础知识，感受人民解放军挺进大别山的壮举，理解挺进大别山的战略意义。 （2）合作探究：（小组合作要求同上）通过“看图讨论回答”的方式，探究领会。 问题1. 刘邓大军为什么选择大别山作为战略进攻的突破口？⑥ 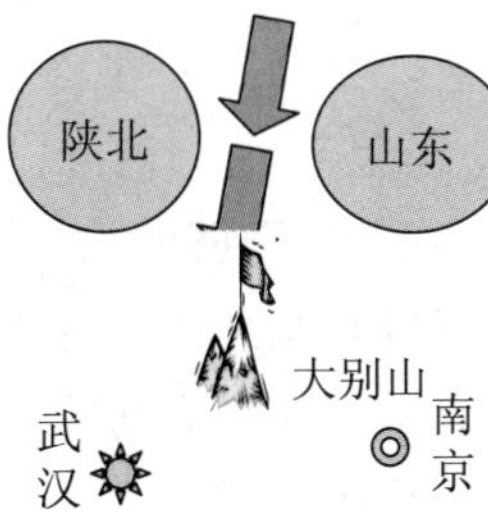 	④语言很好，有高度。 ⑤通过《沁园春·雪》进一步领略伟人博大胸怀、远大志向。 ⑥图运用得好。

续表

教学流程	随机点评
通过“阅读材料—讨论回答”的方式，探究领会。 问题 2. 为什么说刘邓大军挺进大别山是人民解放军战略进攻的开始？ 探究活动拓展：查找刘邓大军强渡黄河及鲁西南战役的图片及资料，感受刘邓大军挺进大别山的艰辛。 过渡语：狭路相逢勇者胜。刘邓大军挺进大别山是靠的是坚强的意志和不怕牺牲的勇气。挺进大别山成为解放战争由战略防御到战略进攻的大转折。中国人民很快将取得解放战争的伟大胜利，迎来真正的和平与民主。 **教学片断三：百年沧桑话和平（略）**	

第四节　思维导图教学模式

一、构建基础

思维导图（Mind Map）是英国著名学者东尼·博赞（Tony Buzan）在 19 世纪 70 年代初期创立的一种新型笔记方法。它以放射性思考为基础，是一个简单、高效、放射性、形象化的思维工具，能够全面调动左脑的逻辑、顺序、条例、文字、数字以及右脑的图像、想象、颜色、空间、整体思维，使大脑潜能得到最充分的开发，从而极大地激发人们的创造性思维能力。

思维导图运用图文并重的技巧，把各级主题的关系用相互隶属与相关的层级图表现出来，把主题关键词与图像、颜色等建立记忆链接，充分运用左右脑的机能，利用记忆、阅读、思维的规律，协助人们在科学与艺术、逻辑与想象之间平衡发展，从而开启人类大脑的无限潜能。它可以让复杂的问题变得简单，简单到在一张纸上画出来，让你一下子看到问题的全部。它的另一个巨大优势是随着问题的发展，你可以几乎不费吹灰之力地在原有的基础上对问题加以延伸。因此，思维导图具有推动人类思维的强大功能。

思维导图是一种将放射性思维具体化的方法。人类从一出生即开始累积这些庞大而复杂的数据库，大脑惊人的储存能力使我们累积了大量的资料，经由思维导图的放射性思考方法，除了加速资料的累积量外，更多的是将数据依据彼此间的关联性分层分类管理，使资料的储存、管理及应用更加系统化或者更有条理性，从而极大地提高了大脑运作的效率。

现在全球已经有大约2.5亿人使用思维导图。在教育、医学、农业、工业、气象、管理等各个领域，思维导图都发挥过巨大的作用。美国《时代》周刊曾评价托尼·巴赞“对头脑的贡献就像霍金对宇宙的贡献那么大”。美国波音公司使用思维导图制作飞机维修工作手册，原本需要一年才可以消化的数据只用了短短的几周。

经过近几年的教育教学研究与实践，教育研究者发现，思维导图是一种非常有效的教学工具，并在教学方面做了一些有益的尝试。

思维导图作为一种新的思维模式和教学工具，正逐渐受到广大教育者的重视。结合历史学科的特点，通过介绍构建历史课堂“思维导图”教学模式的理论基础、操作程序、运用条件、教学案例及运用说明等相关问题，展示思维导图在历史课堂教学中的探索运用和实践成果。

思维导图是一种基于大脑自然的思维方式，因此，它赋予人的思维以最大的开放性和灵活性，而无论是传统的线性思维还是现代的非线性思维都是被包容的，特别是为表达现代非线性思维方式提供了最佳的途径。“思维导图”的理论基础包括可视化理论、建构主义理论和教学支架理论等。它是一种思维可视化的表征形式，即它以可视化的方式反映学习者的知识结构以及对某一主题的理解，能够提高思考的技巧，增强记忆力、组织力和创造力。由于“思维导图”能够用直观形象的方式表达知识结构，体现学习者的思考过程，帮助学习者建构新知识，进行有意义的学习，因此“思维导图”目前已成为国内外教育研究的热点。本课题的研究对转变学生的学习方式，提高历史教学的有效性有较高的实践价值。

二、内涵解读

(一) 定义

思维导图是对发散性思维的表达，因此也是人类思维的自然功能。这是一种非常有用的图形技术，是打开大脑潜能力的万能钥匙。思维导图可以应用于生活的各个方面，其改进后的学习能力和清晰的思维方式会改善人的行为表现。

从这里可以看出，思维导图可以引导人们围绕主题不断地深入思考，辐射到与主题相关的各个方面，最大可能地发掘人的隐性知识，完善个体知识结构。

（二）理论基础

首先，思维导图是建立在脑科学发展的基础上的。根据脑科学理论，人的左脑对逻辑、顺序、条例的记忆分析能力占优势，而右脑的对图像、想象、整体感知能力更强。思维导图就是抽象的文字数字信息变成可视的、色彩缤纷的、有组织的、有顺序层析的图形。学习者在绘制的过程中左右脑配合，绘制出的图形恰如对人脑的模拟，使用思维导图极大地提高了学习效率。

其次，思维导图有心理学理论作为支撑。如奥苏贝尔（戴维·保罗·奥苏贝尔，David Pawl Ausubel）的有意义学习，学习者在学习的过程中需要将新知识与已有知识联系起来，进行意义学习。思维导图恰可以从已知延伸到未知，促进学习者不断向主题的纵深进行挖掘。与思维导图相关的心理学理论基础还有图式理论、层级记忆理论、联想记忆理论和格式塔派的“完形”理论。

（三）基本特征

托尼·巴赞在《思维导图》一书中，对思维导图的基本特征有明确的表述：“第一，注意的焦点清晰地集中在中央图形上；第二，主题的主干作为分枝从中央图形向四周放射；第三，分支由一个关键的图形或者写在产生联想的线条上面的关键词构成。比较不重要的话题也以分枝形式表现出来，附在较高层次的分枝上；第四，各分枝形成一个连接的节点结构。”① 因此，思维导图在表现形式上是树状结构。

（四）应用价值

1. 反映思维的动态过程

思维导图是以一个关键词作为主题，从主题辐射延伸，用不同颜色的模块、粗浅不一的线条来表示延伸内容与主题的远近关系，最终形成一个有序的树形结构图。它不仅反映静态的概念间的联系，更重要的，它能反映思维的动态过程——如何从主概念扩展延伸到此概念。对这种动态过程的反思，更有利

---

① ［英］托尼·巴赞：《思维导图——放射性思维》，李斯译，56页，北京，作家出版社，1999。

于学习者把握思维规律，理清纷繁复杂的思路；也有利于学习者发现思维空白，激发不断学习的兴趣。

2. 挖掘隐性知识

思维导图在对学习者的隐性知识发掘上有积极作用。一个人的知识根据外显程度的不同，可以分为显性知识和隐性知识。前者就是通常意义上所说的知识，即用言语、书面文字、图表等人为方式表面出来的知识，所以又称为“严明的知识”；后者与前者相辅相成，共同构成一个人的知识主体，但它是“高度个人化的知识”。因此，思维导图将隐性知识显性化，有助于学习者不断完善知识体系。

3. 培养发散思维能力

1967年，美国心理学家吉尔福德（J. P. Guilford）提出了“智力三维结构”，发散思维是创造性思维的第二维度，他指的是智力的操作，包括认知、记忆、发散思维、聚合思维和评价等五种。这恰恰与思维导图的绘制过程是一致的。

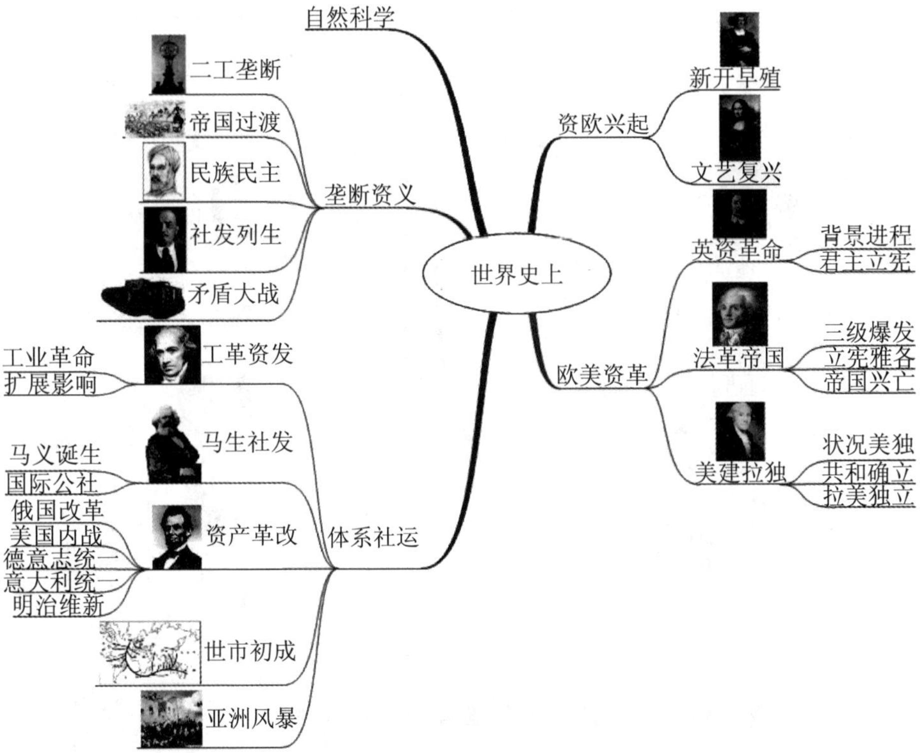

4. 发展创新思维

思维导图特别适用于发展学习者的思维。这是由于思维导图的绘制需要学习者不断联想和想象，不停地深挖大脑深处一切可以利用的知识概念，并且将之画于眼前。在这个过程上，大脑得到了充分的锻炼，知识得以充分的利用，学习者将多元素多维度的概念同时思考构建，这对于发展创新思维有着重要的影响。

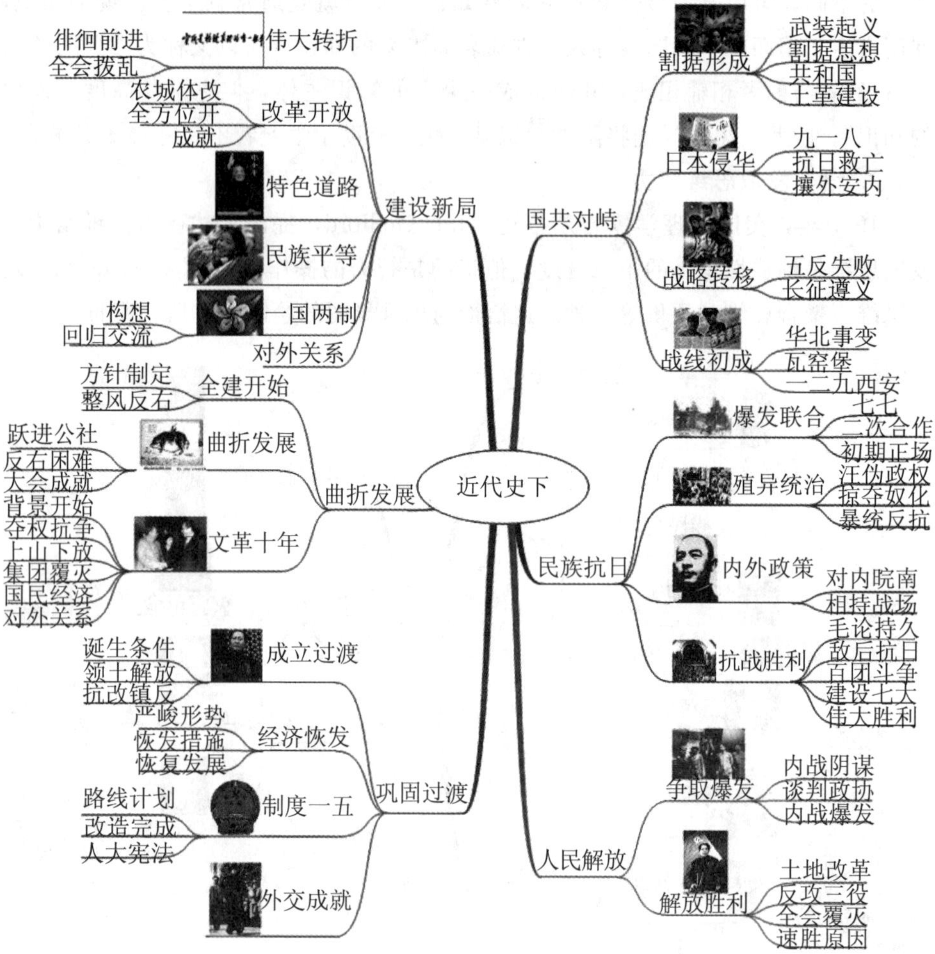

三、实施策略

（一）历史学科的特点及引入思维导图的可能性

从中学教学的角度来看，历史学科主要研究的是人类社会产生发展的过程，探讨人类社会发展的普遍规律和特殊性。历史学科具有以下特点：

1. 历史学科的既定性

历史学科研究的是以往的人类活动，在中学历史教学中，历史知识具有既定性。学生不能参与实践也不能脱离基本史实，主要是对史实的识记理解，对原因的探讨分析，对规律的发现总结，对史料的辨析整理。学生既要掌握一定的客观史实，又要懂得辨别一些主观史实。这就意味着，学生既要有较好的记忆力，又把有较高的辨别力。绘制思维导图正好可以对学生的思维能力提供一种训练方式，不仅帮助他们更好地记忆史实，更可以在联想与想象的过程中提高发散思维能力、创新思维能力，为他们辨析史料奠定坚实的基础。

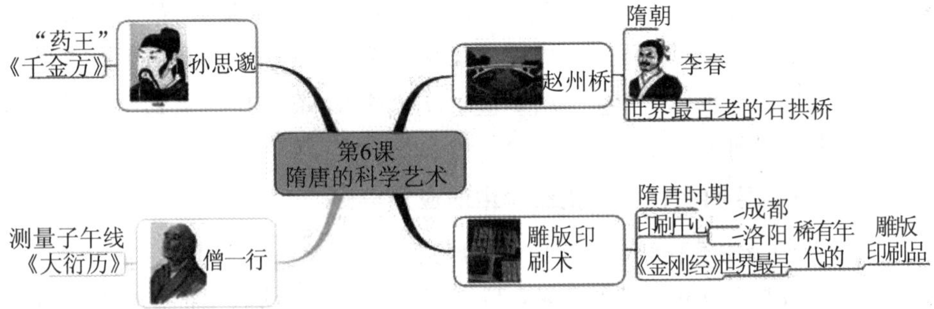

2. 历史学科的前瞻性

学习历史的目的决定了历史学科的前瞻性。对以往的规律的总结，恰恰是为了对将来的历史提供借鉴。历史教育是为了个人素养的提升，更是为了民族繁荣、社会发展。英国学者李彼得（P. J. Lee）说过："历史的有用是在于改变我们看待世界的眼光，改变我们对现实、对于人类是什么及可以是什么的看法，因而使我们更能够有去改变想法达成的结果的机会。"[①] 因此，学习历史的真正意义是从历史中获得一种读史和探究新时代的方法，培养一种"求通"和"求真"的思维素养。这就给思维导图引入历史教学提供了可能。

3. 历史学科的人文性

历史学科是研究人类社会的学科，它提供给学生的不仅是一些基本史实，还有一个个鲜活的生命。它培养学生的人格品质、公民意识的有力载体。历史学科的人文性唤起了人们的反省意识，在不断地思考，个体生命得到了升华。历史思维总是在反思，因为反思就是在思维着思维的行动。

---

① 转引自陈冠华：《英国中学历史教育改革》，101页，台北，龙腾文化事业股份有限公司，2001。

4. 历史学科的科学性

英国史学家沃尔什（Willian H. Walsh）说道："历史学乃是一种科学研究，这在它是按照自己的方法和技术所从事的一种研究这种意义上说，大概是不好加以否认的。历史学家所寻求确立的结论，是通过对一种明确确定的题材——即人类过去的行为和遭遇——的考察，按照一代又一代的探究者使之不断精确的规则而实现的。"① 但史学研究与自然研究还不能等同起来，其研究结论不能像自然科学那样可以用实验的方法来验证。而思维导图却是可以尽可能地还原思维的过程，使其更具有科学性。

历史学科的特点决定了历史教学应积极寻求探究，教学的目的就着眼于学生思维能力的提高。思维导图不仅可以有效地帮助学生记忆复杂烦琐的历史史实，更重要的是它可以培养学生的思维能力。因此，在初中历史教学中引入思维导图有其积极价值。

（二）思维导图在初中历史教学中的应用原则

1. 以教师为主导，结合学生实际的原则

教学是教与学互相促进的结果，脱离了任何一方去谈教学都是空洞无意义的。思维导图在初中历史教学中的应用，要以教师为主导，以学生为主体来开展教学活动，彻底改变传统教学中以教师为中心，随意摆布学生的状况。第一，教师要熟悉思维导图的使用原则与制作方法，在学生使用思维导图进行历史信息时，要能给予必要的引导支持，成为学生学习的促进者、组织者、指导者，平等地参与到学生的学习中去。第二，要充分考虑学生的身心特点、思维特质、兴趣爱好。在教学中，就要充分利用思维导图训练思维品质的特点，择取符合的课型和教学内容，最大限度地激发学生的学习兴趣和热情。第三，教师要关注学生在使用思维导图中的情感态度的变化，从心理上鼓励他们接受新事物。习惯于传统学习方式的学生能做相应的引导，鼓励学生尝试不同的学习方式和学习手段，以期产生良好的学习效果。在自身教学实践中调查发现，成绩较好的学生初期接受思维导图的心理障碍较大，反倒是成绩中等或偏下的学生很愿意尝试思维导图，但使用一段时间之后成绩较好的学生使用思维导图的频率更多、效果更好，并从中受益。

---

① ［英］沃尔什：《历史哲学——导论》，何兆武、张文杰译，31页，南宁，广西师范大学出版社，2001。

2. 以教材为基点，加强探究活动的原则

教材是教学的依据，是教学活动的载体。其一，教师要熟练掌握教材内容，这是一个教师上好课的根本。如果教师自己对所教学科内容不能胸有成竹，又怎能教会学生建立知识体系，培养学生的技能及情感态度与价值观。其二，要横向上进行广度扩展。知识是有联系的，学科不是孤立存在的。特别是随着广大新科学技术的出现，信息量不断增加，教师需要不断学习，以学科为主辐射向相邻学科。其三，要不受限知识本身，能从知识升华中培养学生探究历史本质的能力，这与思维导图在思维深度与广度上不断延伸的特性是相吻合的。其四，使用思维导图重组教材，加强探究活动。传统历史教材以时间为序组织教学内容，现行历史教材又是主题方式重编。这就说明教学内容可以按照角度标准的不同重新整合的。思维导图的绘制也具有同样的特点，同样的知识点，可因主题不同，而出现在不同的图形中。教师在教学中，可以训练学生按不同的主题绘制思维导图，这对提升学生的思维能力是很有帮助的。其五，既然教材是教学活动的依据，那么所有的教学活动都不能脱离教材进行。使用思维导图时，要结合现行的教材进行，不能随心所欲，毫无章法。当然，在不违背教学目的的情况下，还应尽量增加一些与教材相关而且有利于提升学生思维能力的活动。

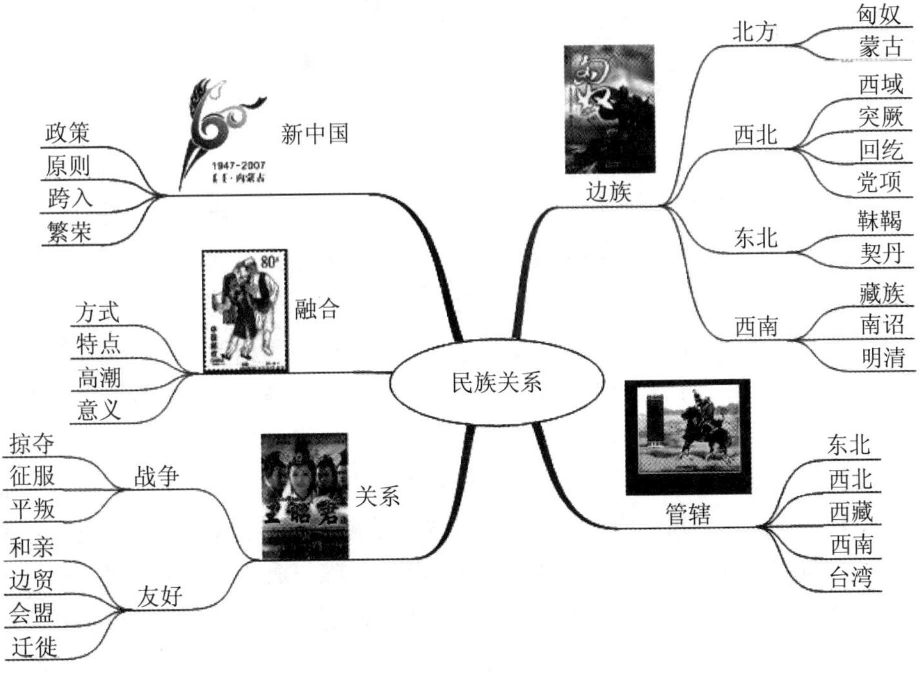

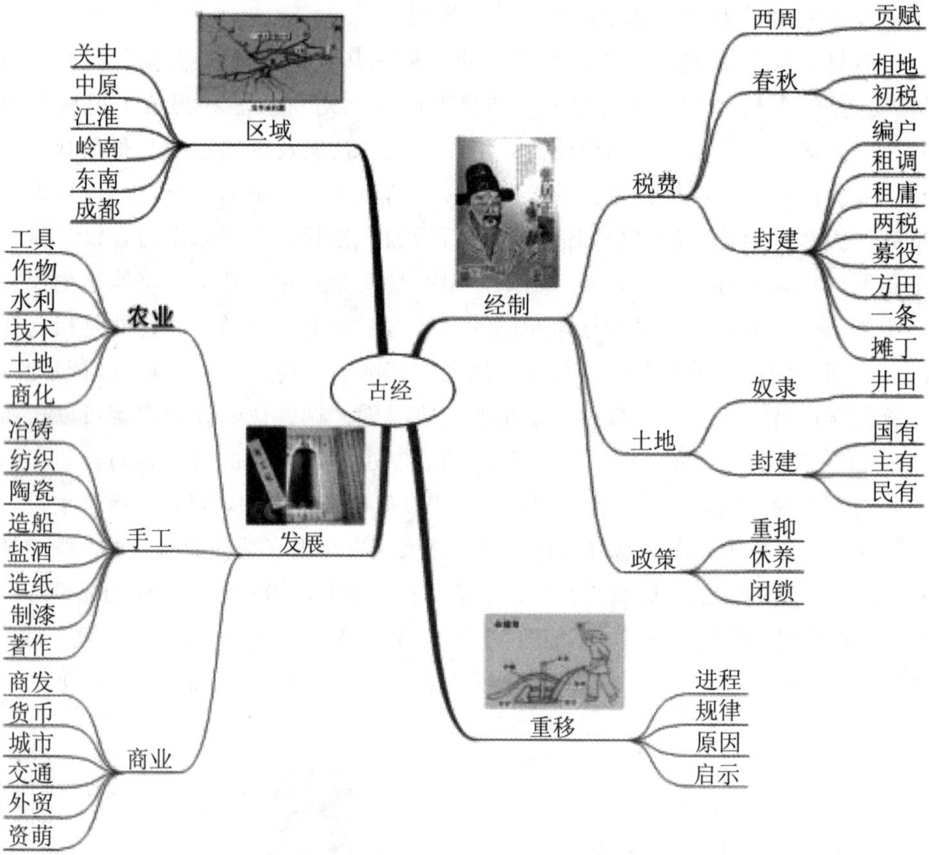

3. 以开放为准绳，自由选择契机的原则

何时使用思维导图，哪种课更适合使用思维导图是教师能否把握时机，较好利用思维导图提高教学质量的关键。教师可以以开放性为原则，自由选择引入思维导图，具体体现在以下四个方面：一是可以在课堂笔记中使用。思维导图产生之初就是一种记笔记的工具。引导学生使用思维导图绘制笔记，可以充分运用各种有助记忆及想象的视觉元素，使用学生的注意力，提高记笔记的效率，帮助学生更有效的学习和思考；二是可在专题复习中使用思维导图建构知识体系和记录及梳理知识体系的思维方式及过程。历史知识琐碎复杂，即使学生的知识基础很扎实，但缺少综合运用的能力，其解决实际问题的能力也会大打折扣。使用思维导图，可将知识由点到线，由线到面，联结构建，编织成网络体系，帮助学生建构知识体系，站在更高的更新的角度上理解思考问题。三是可在新课讲授时使用思维导图。思维导图在深度的延伸性可以帮助学生从已知到未知。四是可在小组探究中使用思维导图，新课程强调对学生“交流、合作、探究”能力的培养。不管是在课堂上的分组讨论，还是在课后的兴趣小组的深入探讨，总有部分表达能力较差的学生，或是只是底蕴较浅的学生被有意无意地忽略在热烈讨论之外，将思维导图引入到讨论中，大大提高了学生参与讨论的人数；简明扼要，有利于调动学生思考的积极性，也拓展了他们思考的广度和深度。

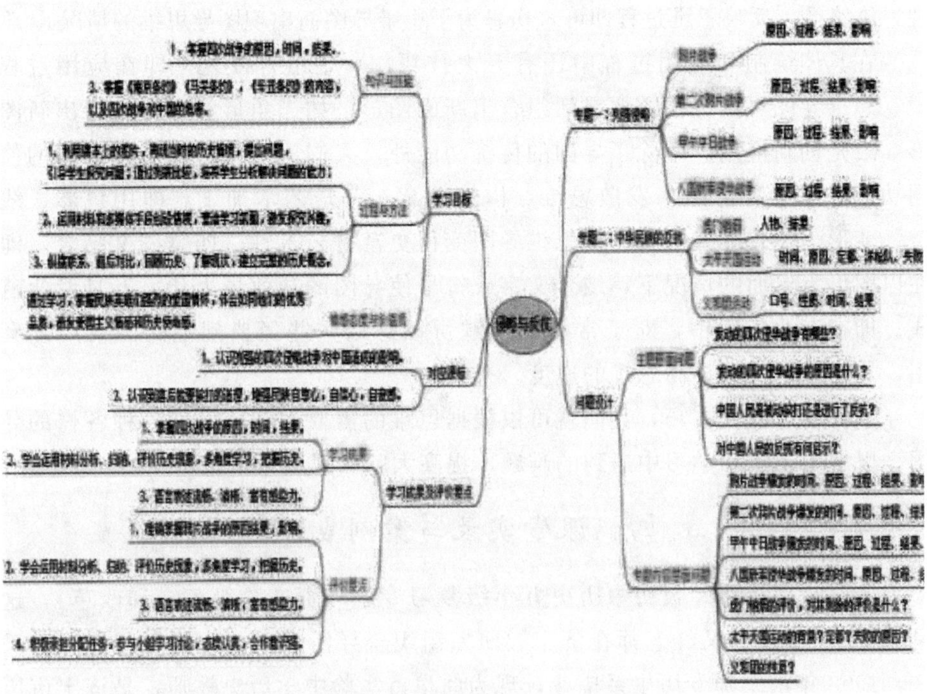

（三）初中历史思维导图的绘制方法

对思维导图绘制方法的确立，来自对思维导图理论基础及其特点的把握。首先，它是一个图。它实现了文字与图形的转换，有明确主题，绘制过程挑战思维，强化记忆；其次，它的目的在于培养思维品质，在绘制的过程中要特别注重对大脑的开发利用。总结起来，有以下五点需要注意：

一是突出重点。以简明扼要的描述确定中心主题词，并将其置于中央位置。以此为中心，不断向外延伸辐射，最终形成以主题为中心的一个树状结构图。纷杂琐碎的知识点统统归于一个主题之下，明确醒目，强化记忆。

二是注重联想。在绘制的过程中，充分调动想象力，联想越丰富，思维导图的知识容量就越大。而且，通过反复刺激大脑皮层，有利于培养创造性思维。

三是善于图色。在整理分支内容标注它们与主题关系时，要善于运用不同的色彩不同线条模块进行勾画，以求能清晰明了地显示各层级之间的关系。

四是留出空白。留出适当空白，不仅方便日后对思维导图进行修改和补充，也为反思整个过程提供记录空间。

五是自成风格。大量色块线条的运用，使得同一主题的思维导图因绘制者的思维过程和思维方式及审美观不同，而呈现不同的风格。不能力求面面俱到，体现思维路径，反映思维过程即可，切忌为了思维导图而出现图导思维的情况。

在具体绘制和应用过程中还有五大技巧：一是组合变化。即在应用过程中，思维导图可以根据需要灵活组合出新的图形。如三角形和圆形组合出新图形。二是创新应用。即除了导图的传统功能外，人们可以自由赋予图形新的使用功能。如用表格图来发散思维，构想创意。三是艺术加工。即用色彩、线条、变形、美化等方法技巧使思维导图变得更富有艺术性。四是图文结合。即在以图形为界面的情况下，结合文字或符号使导图的功效最大化。五是专业范式。即在专业应用中，对于常见的问题可以总结一些经典规范的图式反复套用，这样可以大大提高思维的速度。

掌握了这五大技巧，我们就可以根据思维的需要，灵活设计各种各样的导图，以解决工作和学习中遇到的难题，提高大脑的思维效率。

四、课堂实录与案例点评

该课题是北师大版初中历史九年级复习专题《资产阶级革命和改革》，这是 2013 年 4 月曹汉红老师在济宁教研室组织督导听课讲的常规复习课。曹汉红，1990 年济宁师专历史系毕业，现为曲阜市实验中学历史教师，是济宁市历史教学能手。

复习专题《资产阶级革命和改革》课堂实录与点评

教学流程	点评
课前：投影九班刚刚参加的《论语》诵读活动的全班合影及九班班歌。① **一、导入新课** 教师：上节课专题《思想解放运动》复习了文艺复兴、启蒙运动为欧洲资本主义的产生奠定了思想文化基础，而新航路开辟使世界开始连成一个整体，促进了资本主义的产生和发展。那么，资本主义制度的建立是我们本节课复习的内容。②	①使学生很快安静下来并能集中注意力。 ②课堂导入简洁、自然，利用人物图像引起学生注意力。问题设计不是简单的一问一答而是有梯度，需要学生思考分析归纳，从而明确本节课复习内容。

续表

教学流程	点评
幻灯片 1：图片四幅分别是克伦威尔、华盛顿、罗伯斯庇尔和林肯 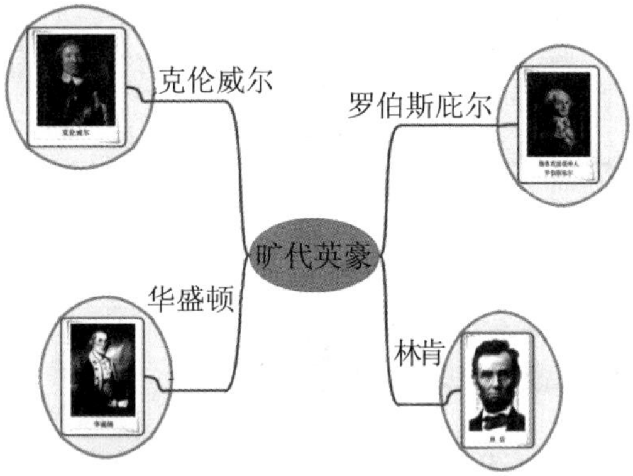 教师：先考考大家，屏幕上四幅图分别是谁？  孙中山 学生：克伦威尔、华盛顿、罗伯斯庇尔和林肯。 教师：为什么把他们的图像放在一起？ 学生：因为他们是资产阶级革命领导人。 教师：中国历史上还有谁的图像可以放在这里？ 学生：领导辛亥革命的孙中山。 点击出示图片五孙中山。 教师指出这是本节课复习的资本主义制度建立的途径一，第一板块复习资产阶级革命。③ **★幻灯片 2：图片两幅分别是亚历山大二世、明治天皇**  教师：再考考大家，屏幕上这两位是谁？ 学生：亚历山大二世、明治天皇。 教师：为什么把他们的图像放在一起？ 学生：因为他们是资产阶级改革的领导人。 教师：中国历史上有哪些人物的图像可以放在这里？ 学生：戊戌变法中的康有为、梁启超、谭嗣同和光绪皇帝。 教师：指导学生“戊戌”写法。④	③使学生整体上把握中产阶级和改革的时期和阶段。板块式教学既是对教学内容的整合，又是体现教师指导学生学习的一个过程。只有将教科书内外的相关内容有机地重构，才有可能更好地利用教材去教。板块名称要求文雅、含蓄、对仗。第一个板块的名字“革命风暴”建议改为“革命风暴，风起云涌”，更加贴切复习的内容并提升了内涵。 ④指导学生让学生动手写易错字的做法值得肯定，这对巩固基础知识大有益处。

续表

教学流程	点评

点击出示三幅图片康有为、梁启超、光绪皇帝，教师指出这是本节课复习的资本主义制度建立的途径二，第二板块资产阶级改革。
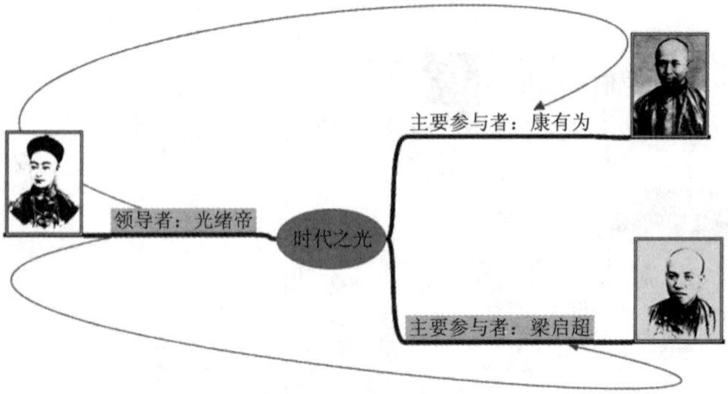
 	
二、明确目标：展示课题，明确复习板块及内容
教师：请同学们看屏幕，我们共同明确本课复习内容：资本主义制度建立的两种方式，有哪些资产阶级革命和改革，区分它们的时期。（见下图幻灯片）
★幻灯片 3
资本主义制度的确立
- 资产阶级革命
  - 英国资产阶级革命、美国独立战争、法国大革命——17—18 世纪
  - 美国南北战争（19 世纪 60 年代）
  - 辛亥革命（20 世纪初）
- 资产阶级改革
  - 俄国 1861 年农奴制改革（19 世纪 60 年代）
  - 日本明治维新（19 世纪 60 年代）
  - 戊戌变法（19 世纪 90 年代）
★幻灯片 4：
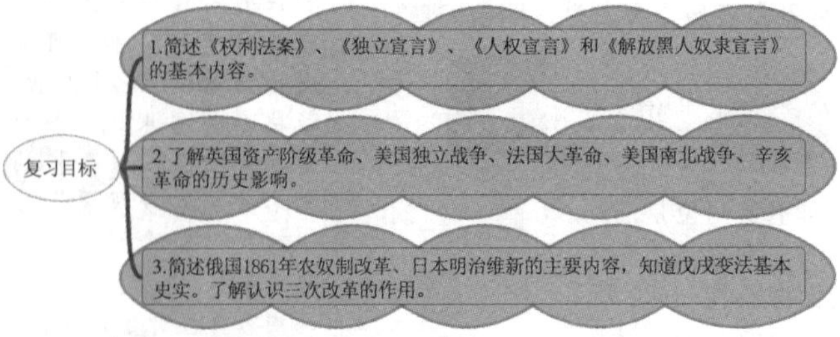
 	
三、第一板块复习：革命风暴
（一）知识点梳理[⑤]
★幻灯片 5
教师出示资产阶级革命简表（根本原因、时间、标志、文
	⑤教师采取调查学生情况的方式，给了每个学生足够的复习空间和时间。课堂教学中注重了对学法的指导，学生用巧妙的方法记忆时间，用分析的方法理解记忆意义、作用。

续表

<table>
<tr><th>教学流程</th><th>点评</th></tr>
<tr><td>
件、重大事件和意义）。学生提出最难记忆的知识点是时间和意义。

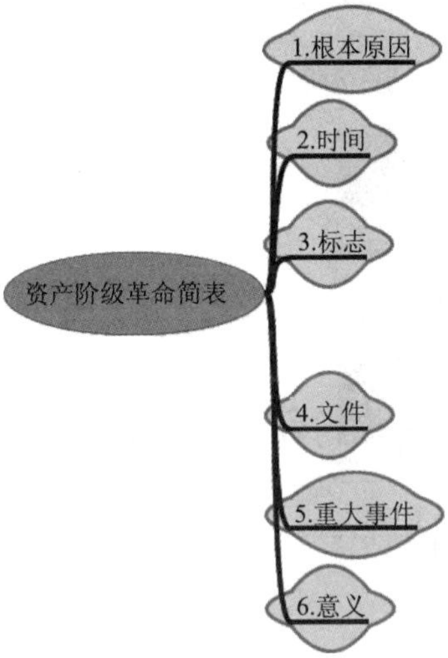

（二）学法指导[⑥]

如何记忆革命的时间，师生共同总结，对于意义要根据革命和改革的背景、过程、特点、结果来理解记忆。

（三）巩固记忆

根据表格、课本、笔记先背诵记忆，同位之间再提问检查。

（四）图片检查所学知识

★幻灯片6：（1）看图说出以下图片的大事。[⑦]

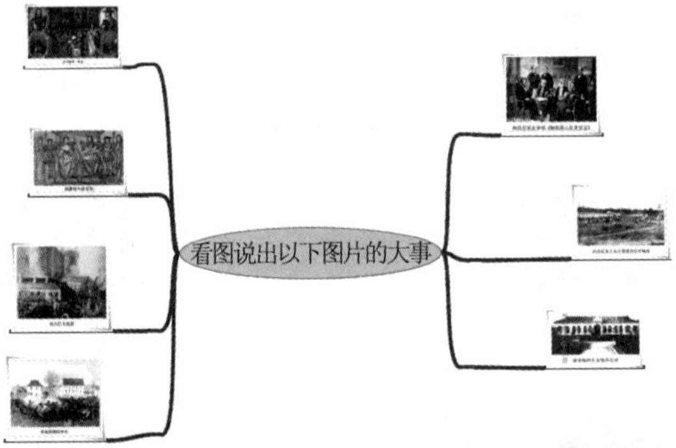

</td><td>
⑥在单元复习中，将同一种类型的知识进行归纳比较，或将中外历史上发生的历史事件进行横向联系比较，这是在学生已掌握基本的历史知识的基础上，进行专题拓展延伸复习，能够提高学生综合分析、比较问题的能力。

⑦利用课本丰富的图片资料，直观形象。对图片的选择不是简单罗列而是分类展示，既有重要事件又有重要文献，不仅突出了重点，又便于检查巩固，而且检查照顾到全班学生，学习气氛浓厚。
</td></tr>
<tr><td>
★幻灯片7：（2）看图说出以下图片文件名称及作用。

教师：指导学生《权利法案》“利”的写法。对学生回答不准确辛亥革命的时间和中华民国建立的时间进行强调，并回顾民国纪年法与公元纪年法的换算。[⑧]
</td><td>
⑧课堂上对学生出现错误较多的地方及时纠正，并重点强调，引起重视。
</td></tr>
</table>

续表

<table>
<tr><th>教学流程</th><th>点评</th></tr>
<tr><td>
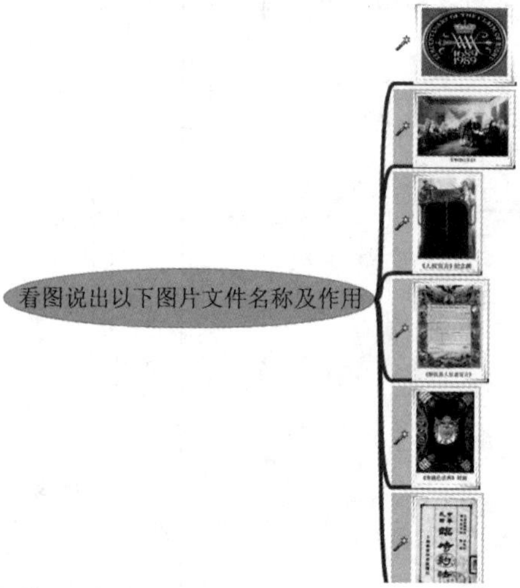

★幻灯片 8：
（五）合作探究，拓展提高
1. 比较英国资产阶级革命、美国独立战争、法国大革命的异同点（提示：可以从原因、性质、建立的政治制度、作用、影响等方面分析）。
学生合作讨论总结，教师点拨补充共同总结为：⑨

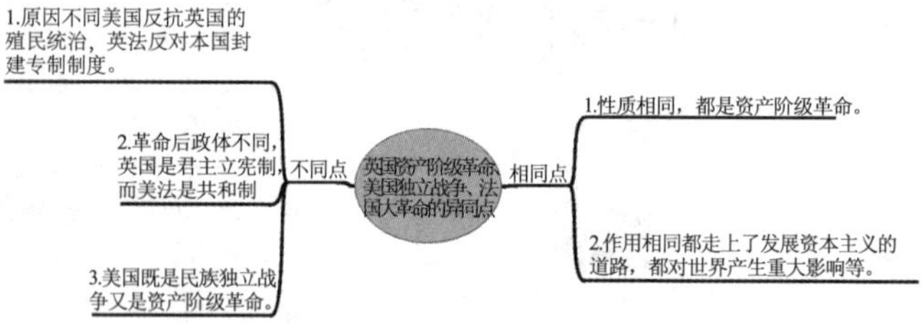

2. 美国发展史上的两次革命：美国独立战争和美国内战异同点（提示：可以从原因、性质、作用、特点等方面分析）。
学生合作讨论总结，教师点拨补充共同总结为⑩：

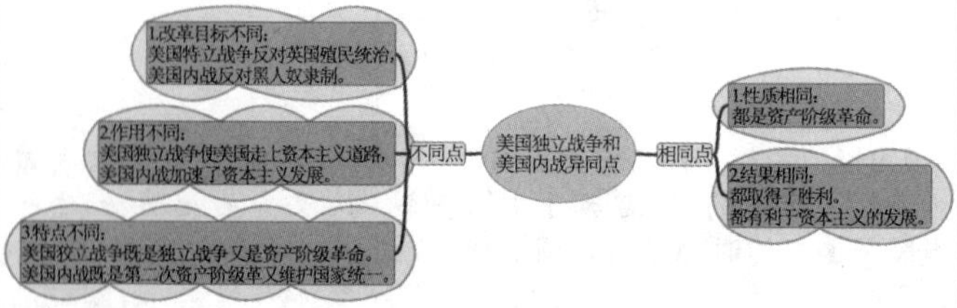

</td><td>
⑨情感态度与价值观的教育应该随着课堂教学的进度循序渐进地、润物细无声地，让学生真正体会到“论从史出”“学史明智”的道理。学生学会学习、享受学习、感悟学习，并在此过程中提升学生个人的情感素养。

⑩通过资产阶级革命异同的分析比较，突破了难点，加深了对英、美、法资产阶级革命理解。
</td></tr>
</table>

续表

<table>
<tr><th>教学流程</th><th>点评</th></tr>
<tr><td>

四、第二板块复习：改革浪潮⑪

（一）知识点梳理

★幻灯片 9：教师出示资产阶级改革简表（改革的根本原因、时间、人物、内容、作用）。学生提出最难记忆的知识点是时间及改革内容。

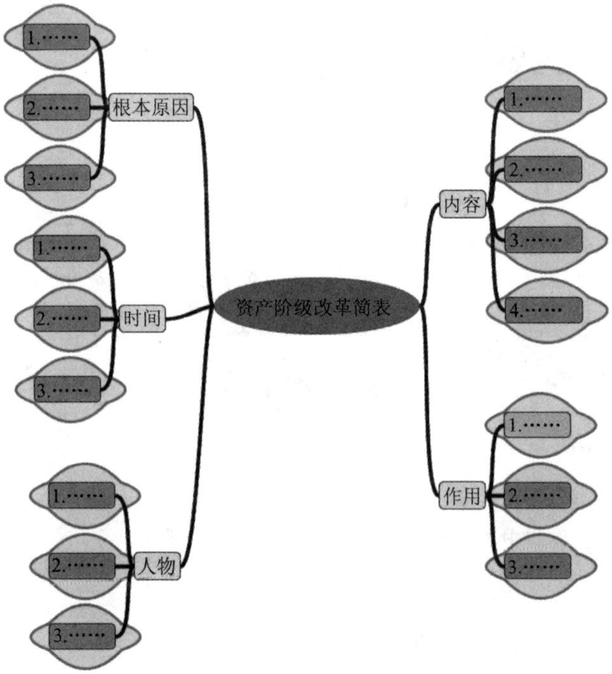

（二）学法指导

如何记忆改革的时间师生共同总结；对改革内容根据背景、抓关键词、分方面理解记忆；对于意义要根据改革的背景、内容、特点来理解记忆。⑫

（三）巩固记忆

根据表格、课本、笔记先背诵记忆同位之间再提问检查。

（四）借助图片检查所学知识

★幻灯片 10：

看图说出以下图片的反映的事件。

教师指导学生写“谭嗣同”纠正“嗣”的写法。⑬

★幻灯片 11：

（五）合作探究，拓展提高

比较俄国农奴制改革、日本明治维新的异同点（提示：可以从改革背景、性质、建立的政治制度、作用、影响等方面分析）。

</td><td>

⑪板块名改为“改革浪潮，强国之梦”更为贴切。

⑫以知识树的形式总结资本主义制度建立，形象结构化的知识便于理解掌握。

⑬学生动手写易错字，这对巩固基础知识大有益处。

</td></tr>
</table>

续表

<table>
<tr><th>教学流程</th><th>点评</th></tr>
<tr><td>

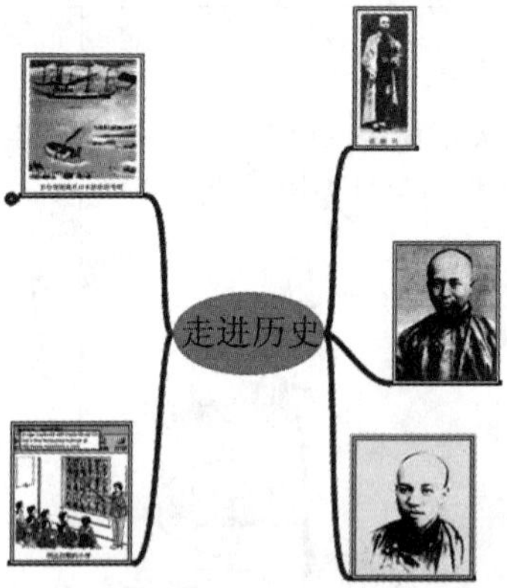

学生合作讨论总结，教师点拨补充共同总结为：[14]

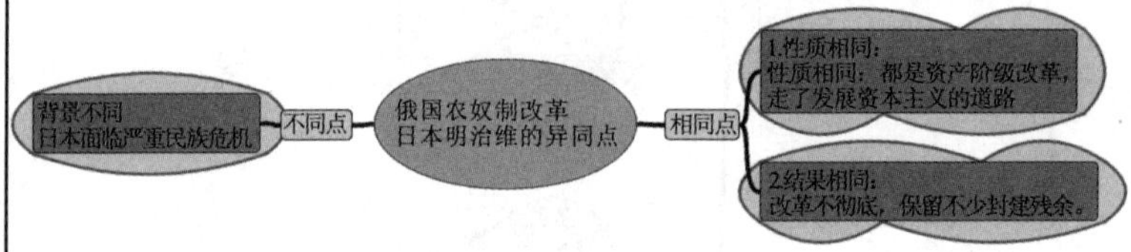

五、第三板块：感悟历史，改革创新。

★幻灯片 12：

（一）纵横联系

请列举古今中外的改革（世界和中国古代史、近代史、现代史上学过的改革）：

学生同桌之间探讨总结，教师点拨补充总结为：

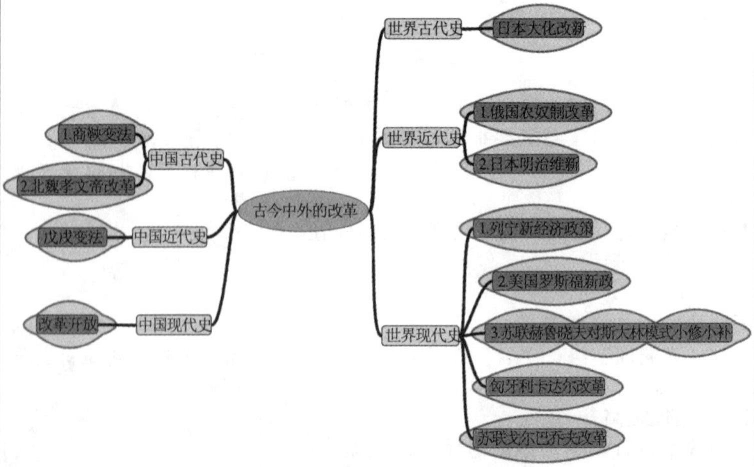

（二）合作探究，拓展提高

以上改革经验教训对我国社会主义现代化建设有何启示？[1]

</td><td>

⑭通过资产阶级改革异同的分析比较，突破了难点，深化了对俄、日两国改革的理解。

</td></tr>
</table>

续表

教学流程	点评
学生合作讨论总结，教师点拨补充共同总结为： 顺应历史发展潮流，勇于改革，改革是强国之路；社会主义改革必须与本国实际相结合，实事求是；国家要加强对经济的宏观调控；要提高人民生活水平，关心民生；要善于学习先进文化等。 **六、课堂小结** 以知识树的形式师生共同小结本课复习内容。 **★幻灯片 13：**  **七、达标反馈** （略）	

第五节　板块式教学模式

新课程改革以来，广大历史教师依据新课程标准，不断更新教育理念、创新教学模式，使得新的课堂教学模式如“雨后春笋”般涌现出来，形成了“百家争鸣”“百花齐放”的良好态势。在这种形势下，以培养学生学习兴趣和思维能力为宗旨，以挖掘教师潜能和创造力为手段的课堂教学模式——“板块式教学”应运而生。

板块式教学呈现出巨大的生命力和强大的吸引力：一方面，板块式教学吸引了越来越多的教师在其面前“竞折腰”，使历史教学有了鲜明的个性和独特的魅力；另一方面，板块式教学调动了学生的积极性和主动性，使学生在师生互动、生生互动的过程中“亲其师，信其道”。

一、构建基础

余映潮老师最早提出了“板块式教学”模式的设计思路：“板块式思路所表现出来的外部特征是教学结构清晰，所表现出来的内部特征是教学内容优化”，这种模式充分体现了强化课型创新、优化教材处理、简化教学思路、细化课中活动、美化教学手段、诗化教学语言的教学理念。

“板块”（plate）这一名称，最早起源于地理学科的“板块构造学说”所提出来的概念。板块构造学说认为，岩石圈并非整体一块，而是分裂成许多块，这些大块岩石称为板块，“板块之中还有次一级的小板块”。

板块式教学应用在学科教学中，板块就是指具有共性的教学内容的集合，也可以说是为完成某一教学任务或目标所需要的一类教学内容，它既是一个独立的教学环节，又是一个大的课堂教学整体的一部分。其理论基础有以下五个方面。

第一，建构主义学习理论。对板块式教学影响重大的是建构主义学习理论。建构主义认为学习是一个积极主动的建构过程，学习者不是被动地接收外在信息，而是根据先前认知结构主动地和有选择地建构当前事物的意义。知识是个人经验的合理化，个人知识的形成不是取决于客观世界的统一性，而是取决于个人通过与他人的交流和合作而形成的理解。学习者的建构是多元化的，由于事物存在复杂多样性，对事物意义的建构将是不同的。因此，建构主义教学就是努力创造一个适宜的学习环境，使学习者能积极主动地构建他们的知识，更注重在教与学的过程中实现新旧知识的有机结合，培养学生分析问题、解决问题和创造性思维的能力。

第二，多元智力理论。哈佛大学霍华德·加德纳（Howard Gardner）多元智力理论认为，智力“是在某种社会和文化环境的价值标准下，个体用以解决自己遇到的真正难题或生产及创造出某种产品所需要的能力”。同时，他认为人的智力是一组智力而不是一种能力，至少包括 7 种智力：言语——语言智力；音乐——节奏智力；逻辑——数理智力；视觉——空间智力；身体——动觉智力；自知——自省智力；交往——交流智力。由于学生智力表现形式的多样性和复杂性，就要求教学要成为一种“对症下药”、因材施教的活动。板块式教学打破了教材作为教学的唯一载体，使教学的过程更多元化，具有综合性，从而使每个学生都有发挥自己长处的机会，也促进了学生间的合作而不单纯是竞争的关系。由于不同的智力领域使用不同的符号系统并有着独特的发展过程，因此教师的教学方法和手段应该根据不同的教学内容而有所不同，对不同学生的不同智力特点、学习类型和发展方向也要有相应的针对性的指导。由于板块式教学中小组活动的形式，学生有着不同的分工和自己的选择，老师在交流和指导的过程中就会有更具体的建议，更多元的评价标准，学生也就有了更多的发展和成功机会。

第三，人本主义心理学理论。人本主义心理学尊重人的价值，尊重理性，认为人是主动的、理性的、追求有价值目标的、有其积极生命和生长态度的。人本主义思想的核心是人性化，认为人具有先天的优良潜能，教育的作用在于使人的先天潜能得到实现。以罗杰斯（Carl R. Rogers）为代表的人本主义教育学家提出以"学习者为中心"的教育观点，认为教育的根本目的是发展学生个性，实现其潜能。教育应把自我实现的抉择权留给学生，以学生自主探究，自我发展为目标。教学要尊重"四性"，即参与性、自主性、情感性、独创性，培养学生的自我概念，并提出了学生的主动性与教师的主导性相结合的原则，高度重视学生的个性培养和个人价值观。这正是实施板块式教学的前提。

第四，新课程改革理念。新课程改革倡导学生主动参与、勤于动手、乐于探究，培养学生获取新知识的能力、分析和解决问题的能力以及交流与合作的能力，从而改革以往过于强调接受学习、死记硬背、机械训练的传统现象，倡导新的学习方式，即自主学习、合作学习、探究学习。板块式教学以学生的学习活动为主，以自主、合作、探究为形式，以问题为载体，依据每个板块的学习内容设计学生的学习活动，留给学生独立思考的时间和空间，创设合作学习的机会和氛围，将课堂还给学生，让学生成为学习的主人。

第五，新课程标准要求。新课标强调，鼓励自主、合作、探究式学习，倡导教师教学方式和教学评价方式的创新，使全体学生都得到发展。板块式教学在每一个学习板块中力主调动学生的主动性与积极性，或互助合作完成，或小组研讨完成，充分体现了自助、合作、探究式学习的要求，教师的主导作用得到充分的发挥。

二、内涵解读

所谓"板块式教学"，就是以培养学生的主动性、研究性及合作性学习为灵魂，教师创造性地将一节课的教学内容、教学方式、教学评价及教学过程进行科学整合，使整节课呈"板块"状分布，每个板块既自成一体，又密切关联，由一条清晰的教学主线贯穿始终，在循序渐进中层层深入，教师充分展现自己的教学水平、创新意识及综合素质，学生主动性、积极性、学习能力、合作能力得到全方位的提升，从而构建规范化、科学化、人性化的教学体系，使教学精细化、高效化、个性化、充满魅力的教学模式。

1. 板块确立的依据

板块确立的依据主要有两个方面：一是教学内容。板块结构作为一种课堂教学的形式，它首先要为教学内容服务。因此，依据教学内容来设计板块是板块确立的主要依据。二是教学特点和规律。为了使板块式教学不流于形式，能达到预期的教学效果，还必须根据教学特点和规律确定“块”的量和序，并明确“块”与“块”之间的逻辑联系。

2. 板块组合的方式

板块组合的方式主要有外在组合方式和内在组合方式。外在组合方式，表现出来的主要特征为清晰的外部教学结构，即明确的板块数量、清晰的教学内容、教学过程等。内在组合方式，表现出来的主要是内在的教学内容优化。每一板块的设计和组合，都是通过教师深思熟虑、推敲斟酌的智慧结晶，不仅仅体现板块设计本身，更是对教学内容的加工与优化。

3. 板块式教学的特点

板块式教学模式注重过程、尊重多元、强调效率，与传统的课堂教学相比，具有其鲜明特点：

①有一定的外在呈现形式。教学过程分为若干个教学环节，以“板块”状鲜明地分布，“板块”因授课教师对课的理解、把握与认知程度不同而有差异，不同教师会选择不同的板块开展教学，但外在呈现形式都是“板块”。

②有一定的逻辑顺序。“板块”并非孤立存在，而是呈现出一定的逻辑顺序，既相对独立，又层层推进、相互渗透、环环相扣，共同将一节课建构成一个整体，常见的有并列式、递进式等。

③有一定的数量要求。每个板块在处理时，根据实际需要而详略得当、重点突出，因此“板块”有一定的数量要求，以三至五个为宜，过犹不及。

④有一定的教学时间限制。“板块”或略讲，或精讲，根据教学需要不同而相应地占有一定的教学时间，体现教学重、难点的板块需要花大气力来突破，因此合理分配教学时间对不同板块有一定的时间限制与要求。

⑤有一定的任务目标要求。每个“板块”有与之相对应的教学任务与目标，成为检验板块是否有效的评判依据，从而有力地提高教师处理教材、设计板块的水平。

⑥有一定的教学主线贯穿。教学过程有一条清晰的主线贯穿，即“主线贯穿，板块整合”，或是一种线条分明的教学思路，或是一种有章可循的学习思路，充分体现出教学的有序性，教学过程清晰地循序渐进地向前推进，板块在“一步一步”落实的过程中连缀起来，使整节课衔接为一个整体。

⑦有一定的诗意美要求。板块名称选用充满着诗意美，有韵味，有嚼头，充分体现着教师的文化底蕴与驾驭能力。

（四）板块式教学的优势

1. 更有利于学生自主学习

教学模式是否有价值，学生最有发言权。板块式教学的核心就是学生主体理念得到全方位落实，在板块式教学中以教师预设为基础、以学生自学为主线，按照学生的认知规律来设计学习过程，这样就有效地解决了教学过程中预设与生成的矛盾，科学合理地处理了教师的“教”与学生的“学”之间的关系，也就贯彻了新课程改革的核心理念——“以学生为本”，因此博得了学生的喜爱。

板块式教学是灵活的，教师可根据文本进行设计，也可以根据自己的需要对教学内容进行有机整合，每个训练板块的内容根据学情而定，以学生的学习活动为主。从心理学的角度说，听课者会感到每个环节目标明确、手段清楚，能够清楚学什么、为什么学、怎样学，便于学生在轻松的学习活动中培养学习兴趣，从而使听课不再枯燥，成为一个充满期待的求知旅程。一个个精心设计的板块，在循序渐进之中把学习过程变成一种不断学习、不断收获的过程，从而提升学习效果。

2. 更有利于助推教师专业发展

教师专业发展是教师个体专业不断发展的历程，是教师不断接受新知识、增长专业技能的过程，是一个教师的职业理想、职业道德、职业情感、社会责任感不断成熟、不断提升、不断创新的过程。首先，板块式教学促使教师主动反思。美国心理学家波斯纳（Michalel l. Posner）提出了一个公式：教师成长＝经验＋反思。教师在对板块进行不断推敲、修改、完善的过程中，一个个彰显智慧的板块被设计出来，在秀出自己的板块、品鉴别人板块的同时，教师也在反思与交流中获得成长。其次，板块式教学彰显平等的师生关系。板块式教学要求教师站在学生的角度进行板块设计，要符合学生的认知特点与规律，也就体现了新课程所强调的平等师生关系，师生互动、共同成长。再次，板块式教学推动课题研究。板块式教学已成为各个学校以学科组、年级组、教研组为单位开展研究的共同课题，课题组老师共同探讨、交流与分享，克服了以往课题的盲目性、随意性，既来源于教学，又服务于教学。最后，板块式教学强化了案例研究。“板块设计＋教学实录＋教学反思＋二次设计＋同课异构”是板块式教学研究的基本思路，这种思路始终让教师以研究的眼光审视、反思、分析和解决自己在教学实践中的问题，改进教学设计，形成自己的教学风格。

3. 更有利于深入开展教研活动

以往的教研，大多数老师们聚在一起学习一下课标，商谈一下教学重难点的处理方式，交流一下课堂管理经验。而自从进行板块式教学后，老师们聚在一起时，必谈板块设计，交流介绍剖析设计理念，教育智慧一次次地碰撞、一次次地交融，“教研必研板块”已然成为一种习惯。甚至在听课时，当授课教师呈现出第一个板块设计时，老师们就会不由自主地在预测第二个板块的设计，听课的过程也变得充满期待。

4. 更有利于在教学中推广使用

很多教师说，起初自己并不使用板块式教学，但在听课或者教研时看到同伴的板块设计后，被一次次地触动、一次次地震撼、一次次地折服：“原来，历史课也可以这样上”，“原来，历史课也可以如此丰富多彩”。俗话说：“一千个读者就有一千个哈姆莱特。”而我们可以说，一千位教师，就会有一千种教学风格，就会有一千种板块设计。当自己尝试使用板块设计并进行教学实践后，就会发现，这已不再仅仅是一种尝试，而是转化成为对板块教学的迷恋，甚至这种迷恋已经一发不可收拾了。在此之后，一节又一节的历史课，一个又一个新颖的板块设计，给平淡无奇的教育教学生活增添了乐趣，仿佛每一个备课的过程，就是在体验做大师的感觉，看着自己设计的教学板块，亲切得如同自己的孩子一般，板块就是自己的成果，就是自己智慧与汗水的结晶，板块，让教学更值得回味！有时，在对板块进行不断推敲、修改、完善的过程中，虽绞尽脑汁，但当一个个彰显智慧的板块被设计出来，教学不再枯燥乏味，一个教师一种风格。

（五）板块式教学解决的问题

“板块式教学”模式是以教师预设为基础、以学生自学为主线，按照学生的认知规律来设计学习过程的，这样就有效地处理了教学过程中预设与生成的矛盾。主要解决了以下两个问题。

1. 解决"怎么教"的问题

板块式教学不排斥教师的主导作用，而是对教师的要求更高了。教师面临着一场严峻的挑战，既要有广博的知识储备，在学习过程中对学生的思维、表达、合作等及时引导点拨提升；又要有精湛的教学艺术，在学生创造性学习中发挥主导作用，以减少学生学习过程中的盲目性，实现自主发展。板块式教学，我们要改变传统的教学方式，重组教学内容，优选教学资源，搭建求知平台，促进教师教学观念的更新和教学方式的优化，最大限度地激发教师的创造性和学生的积极性，使教学真正成为师生互动的过程。

2. 解决"怎么学"的问题

"板块式教学"考虑得更多的是学生的学习和需要，即"以学定教"，把工夫花在备教材、备学生上。要想把握教材的精髓和难点，必须认真研读教材，只有加强预设，才能从容不迫地面对学生，才能在教学过程时给学生自主自由思维的空间。板块式教学模式要求我们要解决历史课堂的有效性问题，提高课堂效率，优化学习过程。我们要改变传统的机械记忆方式，把学习过程中的发现、探究、研究等认知活动凸显出来，使学习过程更多地成为学生发现问题、提出问题、讨论问题、解决问题的过程，不断丰富和生成新的内容，师生一起体验对课程的理解过程，共同分享学习的快乐，让历史课堂充满魅力。

三、实施策略

新课改主张以人为本，以学促教，教学相长，共同发展，追求教学的整体效应和最大价值。板块式教学就是在科学、精准的教学目标的引领下，教师将一节课的教学内容及教学过程分为几个明显的而彼此之间又有密切关联的教学"板块"，即教学的过程、教学的内容呈"板块"状并列而又一步一步地逐层深入。每个主题"板块"体现一个完整的内容，而几个主题"板块"之间存在着潜在的必然联系，以整体优化教学设计和教学过程，在实践过程中体现着教师的智慧与课堂的魅力。

（一）准备要素

首先，要树立备课新理念。教师要树立体现促进学生发展的理念、体现预设与生成相统一的理念、体现尊重差异性的理念、体现历史生活化的理念、体现教学方式和学习方式转变的等相关理念，确保现今理念的支持和护航。其次，要掌握充分的资源。一是备教材——吃透教材。深挖教材的教学价值必须反复研读教材；按“整体—部分—整体”的规律去解剖教材；明了教材中有什么和缺什么。在教材简略处求扩展，省略处求补充，概括处求具体，暗含处求明朗，空白处求生成。一是备学生——了解学生。从实际出发分析具体学情。心理学认为，儿童在各个年龄段的身心发展有着不同的特点，在不同的年龄段具有不同的认知水平，我们在设计教案时要认真研究儿童认知的阶段性特点，合理确定教学内容的广度和深度，确切把握各学段的具体要求，做到不超前、不滞后，以保证课堂教学效率。

关于准备要素，一般要求教师做到：分析学生对教材的反应；分析每个学生的个体差异，尽量做到实施分层设计，分析学生已有的学习水平。

（二）命名策略

“板块”的命名与设计是板块式教学的主要特征，也最能体现教师教学设计能力和教学思想。如何科学有效地划分板块，是板块式教学的核心问题。对于一节好课而言，选用科学、恰当的板块名称，也就成功了一半。板块的划分需要教师认真研读、整合重组教材内容。成功的课堂教学必定有一条清晰的教学主线，使一堂课有条有理、环环相扣。准确把握教学主线是基础。在采用板块方式进行教学设计时，首先要准确把握教学主线，设计一条清晰明朗的学习线索。教师要认真研读教材，弄清教材的主旨和整体布局，提炼出反映历史规律、历史本质的历史线索。在此基础上，教师创造性地优化、整合教学内容，提炼出可供教学的内容板块，突破教材的重点和难点，有的放矢，高效提炼，“炼”就简明的教学目标、简约的教学内容、简化的教学环节。

下面我们将以新授课和复习课两种课型为例进行分析。

1. 新授课板块命名

在初中历史板块式教学研究和实践中，新授课的“板块”的命名一般可遵循以下规律。

①认知规律式的板块命名。符合认知规律的板块命名更加符合学生的学习规律，在学生学习过程中易于学生接受和学习。例如，在《大一统的汉朝》一课中，对于汉武帝的学习，采取“初识汉武帝”“聚焦汉武帝”“品评汉武帝”三个板块的设计，就很好地遵循了学生的认识规律。

②以教学目的、教学方法采取的命名。按照教学目的、教学方法作为板块的设计，可以让整节课更好的凸显教师的设计意图，让学生的学习更有针对性和目的性。例如，在《列强的入侵和中国人民的抗争》一课中，老师采取“感

知基础，把握要点”“及时巩固，快速提升”“快乐学习，参与游戏”几个环节，教师的重点明确，巩固和学习方法明确，学生学习轻松。

③地点迁移性的板块命名。以地点的变化和迁移作为板块的命名，让学生身临其境，更好地跟随着教师的引导完成不同板块的学习。例如，在《内战烽火》一课中，老师将板块命名为“战前前奏——重庆厅”“战略防御——延安厅”“战略转折——大别山厅”。在《战略大决战》一课中，设计“辽沈厅——关门打狗”“淮海厅——中间突破”“南京厅——风卷残云”或“辽沈厅——截断退路，关门打狗”“淮海厅——中间突破，分段歼敌”“平津厅——先打两头、后取中间”“南京厅——雄师渡江、风卷残云”。

④线索式板块命名。以教学线索为命名的方法，可以让学生在学习的过程中更加清晰学习线索，有利于教育教学的展开。例如，在《疯狂的战车》中，设计为“战争逼近——臭名昭著的阴谋”“战争爆发——歇斯底里的狂暴”“战争扩大——振奋人心的抗击”“战争最大化——东洋恶魔的黑手”。在《抗日战争》的新授课中将板块设计为“胜利准备——中共七大”“帝国末日——日本投降”“弃儿回家——台湾光复”。

⑤内容特点式板块命名。这类板块的命名以教学内容反映出的不同的特点给予恰当的命名。例如，《抗日战争的胜利》一课中，“团结大会明方向”“百年耻辱一朝雪”“甲午之别今又归”将中共七大召开、日本投降，以及台湾回归三大内容串联起来。在《大一统的汉朝》一课中，用“休养生息奠基础”“雄韬伟略创世纪”来体现汉初文景之治和汉武帝的大一统，紧密围绕内容特点展开。

⑥类别式板块的命名方式。按照教学内容的不同，顺其自然地将所授内容命名为不同的版块名，这是在板块命名中较普遍的也是使用较广的一种方法。例如，将板块命名为战争篇、探索篇、人物篇、抗争篇、经济篇等。这种命名比较通俗简单，在教学中经常遇到，也是一种初级的板块命名方式。

2. 复习课板块命名

初中历史教学中的复习课，板块式教学中板块命名与设计同样精彩。

(1)“山外青山楼外楼”，板块名称有嚼头

板块课例 1——《侵略与反抗》

本单元作为近代史的第一个学习单元，从鸦片战争、第二次鸦片战争、甲午中日战争到八国联军侵华战争，中华民族危机不断加剧，与外国列强的矛盾日趋激烈，中国人民在国势日益沉沦中顽强抗争。对这个单元的复习板块，有

老师是这样设计的：

A. 磨难篇、抗争篇、感悟篇

这一板块设计，将本单元分为三个板块，由列强的侵略到民族的抗争，再到战争的启示，层层深入、思路清晰。但板块命名稍显简单化，背离了“设计板块就是为了优化教学行为，引发学生兴趣、加深学生印象、提升教学效果”的初衷，仅仅停留在知识层面。再来看一下修改后的板块设计：

B. 磨难篇——血海深仇、抗争篇——血铸中华、感悟篇——血的教训

这次的设计，采用主、副标题搭配的形式，对每一个板块的命名进行了修饰，可记忆度高，相比第一次设计要完善许多。再来看一下另一位老师的设计：

C. 往事惊心泪欲潸、民族忠魂风中立、前事不忘后事师

七字板块，读起来朗朗上口，凸显了教师的文学功底，在该老师的努力下，对板块设计进行了再次优化：

D. 往事惊心泪欲潸、铮铮铁骨意志坚、前事不忘后事师、民族忠魂天地间

“泪欲潸——意志坚——后事师——天地间”，构成了七言绝句式板块，设计比前面的板块要增色许多，相信学生的印象会更加深刻。这种“七言绝句式”的板块设计，很多老师都喜欢用，一堂课、一首诗，提升了课堂品味，也抓住了学生的“心”。板块的设计，需要老师们下大功夫、下大气力，通过“完美的板块”展开教学、展示自我。

(2)“千淘万漉虽辛苦”，板块名称需雕琢

在设计板块名称时，要注意教学主线是否清晰、突出。

板块课例 2——“中国梦”专题复习

A. 梦回汉唐——近代梦碎——艰难追梦——梦现今朝——梦想感悟

五个板块由古至今，按时序排列，但对仗不工整、不严谨。在进行了几次修改后，得出的板块设计是：

B. 梦回汉唐——梦碎近代——梦现今朝——梦再远航

这次的设计以“梦”为主线，板块衔接更为紧密，四个专题有机结合成一个整体，板块设计更大气、更精彩。

(三) 特有要求

郑金洲老师将评价“好课”的标准概括为“十化”：课堂教学的生活化、

学生学习的主动化、师生互动的有效化、学科教学的整合化、教学过程的动态化、教学资源的优质化、教学内容的结构化、教学策略的综合化、教学对象的个别化、教学评价的多元化。板块式教学在课堂实施环节为成为“好课”，还有特有要求。

首先，每个板块都丰富。在设定的每一个板块中，教师可以严格按照课标、教学重难点、自身特色等选择丰富的图片资料、视频资料、史料等，可以采用读、写、听等各种形式，可以采用自学、讨论、练习等多种环节，灵活而不失特色。其次，各个板块都联系。每一个板块不是独立的，板块的设置和处理不仅是完成一项教学任务，更是让学生对下一板块的期待，每个板块不仅仅是名称上的关联，更是教学内容的联系，从学习知识到能力再到情感的层层深化。

（四）必备要素

1. 不要为分块而分块

在板块式教学过程中，按课程内容分块时容易出现为分块而分块的现象。每门课程都有其独立的知识体系，有其他课程所不具备的特点。在教学过程中如何分块，分几块，没有固定的模式，要根据课程内容的特征、性质、容量、知识体系及相关知识，具体问题具体分析，不要搞教条主义、形式主义，不能生搬硬套的分多少块，要以保证知识体系的完整性、科学性、系统性为前提，便于学生自主学习为目标，提高学生的学习效果及学习能力为宗旨。

2. 避免简单地按自然章节分块

每门课程都有其独特的科学体系，各章节的内容都是相互关联、相互依存的，既存在着严密的逻辑关系，又各有其独立性。绝大多数的课程内容都是按其章节的自然顺序由浅入深、由表及里、由古至今循序渐进的。但在板块式教学模式中，对个别课程的教学内容分块和安排教学进度时，可以不完全按文字教材的章节自然顺序进行。但要力争做到教学内容分块以后知识不分散，不零乱；块与块之间的教学内容不交叉，总体内容无遗漏；学生学起来感到方便、自然、合理、简洁、紧凑，节省时间，效率高，有助于提高学生的学习能力，从而达到板块式教学的目的。

3. 注意板块与板块之间的联系

单元板块式教学，把课程内容分为几个板块。教师分块单独讲解，学生分块学习，然后学生分单元完成作业，教师讲评作业，单元总结，这样就完成了这一单元的学习任务。如此教与学容易造成把完整的课程内容按所划分的板块分割开来的现象，学生学完全部课程内容后，获得的是一些零散、不连贯、互相不衔接的知识，没有串成线，连成片。所学知识不系统、不完整，没有掌握联系的方法，不能用前一块的知识内容与学习方法指导后一段学习，学习能力没有得到提高。

4. 给学生自学提供更多的支持服务

新课改以来，要求要以学生的自主学习为中心，学生以自主学习为主，以提高学生学习能力为宗旨。因此，我们的一切教学活动都要紧紧围绕这一宗旨展开。板块的划分，便于讲解是一方面，便于学习是另一方面，也是更重要的方面。文字教材，还是其他多媒体教材都是按章、按节的自然顺序进行讲述的。教师在分块时就要多动脑筋、多分析，不要与学生自学发生矛盾，给学生自学带来不便。分块的结果要使学生学起来自然、顺畅、层次分明，连贯、紧凑、环环相扣，而且由浅入深、先易后难，不断激发学生的学习兴趣，越学越爱学，给学生以更多的支持服务，使学生在获得知识的同时学习能力也在螺旋式上升。

（五）长远规划

在实施板块式教学中，由于教学中的每一个板块都着眼于解决教学内容的某一角度、某一侧面的问题，于是每个板块就是一种半独立的“小课”或者“微型课”，它要求教师精心地研读教材，优化、整合课文内容，也需要教师不断学习和改进。为了更好地实施板块式教学，需要做到：

1. 注重经验积累

板块式教学的实施，教师需要一定的时间来适应、了解、深入，积累教学经验，学生也需要一定的时间来适应、熟悉板块式教学的特点、规律、要求。在实际教学过程中，需要教师坚持使用板块式教学，时间久了，积累的经验会发生“化学反应”，让教师更加全面、透彻、清晰地把握板块式教学，这是因人而异的，每个人都会有自己的感受。此外，“学生最有发言权”，每节课之后，主动听取学生的点评，加大师生交流力度，进而指导和调整今后的教学，是教师板块式教学水平提高的捷径。

2. 注重充分预设

如果说板块式教学是对课堂教学的整体规划，那么多方案精心预设就是对每一个板块的精雕细琢。课堂是“活”的，不同的班级不同的学生对待同一个问题的反应也会不同。因此，在每个板块的操作过程中，预设几种不同的方案，为实际教学准备足够的应对措施，为教师主导课堂提供支撑，为实现教学目标提供坚实的保障。

3. 注重教育机智

再好的预设与实际课堂生成之间必定会存在差距，这就需要教师在实际教学过程中，从心理上认识到课堂灵活应对的重要性，板块式教学不是死板的教学，离不开教师结合自身经验做出的相应调整。板块式教学的最佳状态是学生的主体地位得以体现，教师的主导作用得以发挥，各个板块得以灵活运用，教学目标得以实现。

4. 注重问题设计

问题是引发兴趣、思考、积极性的重要因素，每个板块中教学问题的设计，既要注重深度，也要注重广度，要让每一个学生都参与进来，要给学生留出足够的思考时间与空间，并补充有助于学生思考的史料、图片、视频，辅助学生的思考。既要准备针对大多数学生的共性问题，也要准备有一定高度、难度的个性问题，给优秀学生展示自我，引领全班整体进步的机会。

5. 注重小组合作

小组合作学习是板块式教学所推崇的，是充分体现学生的主体性地位和教师的主导性作用的一种高效的合作性学习方式。板块式教学过程中，既有学生易于思考、解决的板块，又有需要学生小组合作、共同突破教学重难点的板块，这样既能培养学生独立认真思考、参与课堂的能力，又能培养学生积极合作、互帮互助的合作意识。通过学生间的合作学习，相互启发，思想相互碰撞，从而产生创新的火花，促进学生的发展。当然，交给小组合作的问题要有一定的探究性，能够调动学生探究的兴趣。

6. 注重多维评价

从不吝惜表扬的教师才是一位好教师，而且表扬要有理有度。在每个教学板块中，注重给不同层次的学生以发言机会，捕捉学生的闪光点，给予及时、恰当的肯定与激励，让不同层次的学生积极参与到课堂中来，获得良好的情感体验。需要强调的是，对学生的评价，既要关注学生回答问题的准确度，更要关注他们在学习过程中的变化和发展，帮助学生认识自我、提升自我，尤其是激励性评价，教师从不同的角度对学生给予肯定，能够拉近师生之间的情感距离，学生敢说、敢想、敢问，参与课堂的积极性大大增加，形成“教”与“学”的良性循环。

7. 注重集备合力

充分发挥集体的优势，教研组集体使用板块式教学，并在各自经验积累的基础上不断探讨、交流与研究，是板块式教学成长的土壤。板块式教学追求“和而不同”，允许不同的设计思路、不同的设计方案、不同的实施手段，在求同存异中鼓励个性发展，在相互包容中集体成长。

四、案例评析

【案例一】《板块式教学为学生创设魅力求知课堂》

板块式教学为学生创设魅力求知课堂

——兼谈对安波老师执教《红军不怕远征难》一课的备课指导与点评

2011 年 11 月，山东省初中历史教学能手的评选活动在德州市举行。我推荐安波老师参加了这次教学能手的评选活动，并参与了备课的过程。虽然准备时间短，但这节课教学设计理念新颖、教材挖掘深入细致、教学环节处理恰当、教学亮点呈现多元，特别是板块式教学的设计和使用，让全体听课者受益匪浅，取得了较为理想的成绩。

安波老师抽签的课题是人教版《中国历史》八年级上册第 13 课《红军不怕远征难》。本课主要讲述党中央和中央红军的战略转移，即举世闻名的二万五千里长征。教材围绕“红军不怕远征难”这一主题与“红军长征和遵义会议”这一主线展开。长征在国共十年对峙的历史进程中具有承前启后、继往开来的特殊地位，长征精神直到现在仍具有很强的时代意义。通过本课的学习，有利于培养学生积极进取、艰苦奋斗、团结合作精神，有利于增强承受挫折、适应生存环境的能力。因此，本课也是我们对学生进行爱国主义和革命传统教育的重要素材。回顾整个备课过程，我们充分发挥团队精神，认真研读教材，查阅大量资料，广泛搜集信息，先备学情、再备教法学法，为学生创设了一个求知的课堂。

一、板块式教学体现最新理念，注重理念引领

建构主义教育理论强调学习者的认知主体作用，又不忽视教师的指导作用，教师是意义建构的帮助者、促进者，而不是知识的传授者、灌输者。历史教学离不开学生生活的现实世界，也离不开他们的现实生活经验和缤纷的社会背景。教师本人的经历和知识，学生的经历和知识，影视作品、文学作品、网络资源、图片、文物、遗址等，都是教学资源。我们可以利用这些资源引导学生多途径、多角度、多层次进行学习探究，选择板块式教学，能够很好地体现和融合各种理念和资源，激发他们的学习兴趣，使学生印象更加深刻。

安波老师在备课时，我特别强调要注重发挥新课标理念的引领作用：一节成功的好课前提是要“开放性、创造性”进行备课；要在“新”“精”“活”“效”“神”等方面下足功夫；要“用”教材教，而不是“教”教材；要善于依据学生的情况，时时对教材作选择性调整，多增加一些有用的内容。只要能把自己想教给学生的方法、思想、价值观等巧妙融入教材，就是好的课堂。这些理念充分体现了“以学为主”的历史教学观。为此，我们在备课、上课过程中注意思考了以下问题：①教学目标在何时采用何种教学方式呈现，才能最大限度地激发学生的学习动机；②教学线索是否清晰，板块设计是否合理，教学重点是否突出；③教学情境怎样创设，如何通过教学环节的设计使学生有意识地从认知结构中提取相关的知识，并激活思维能力；④教学内容怎样通过简明、准确、生动的语言系统加以呈现；⑤教学形式是否多样化，是否组织了丰富多彩的教学活动，是否充分开发和利用了课程的教育资源；⑥教学效果是否通过设计多种形式的练习，加强了知识的应用与迁移；⑦教学时间的安排是否合理，课堂结构布局是否严谨。

二、板块式教学让高潮迭起，优化方法过程

新课标强调，学生的学习是在教师的指导下认识事物的过程，学生是认知的主体，其主体性发挥得愈充分，学习的主动性和创造性就愈强，学习的效果也就愈佳。教师在教学过程中所起的主导作用应表现为强化学生在学习过程中的主体地位，提高学生的自主性，促使其积极主动地学习。因此，教师要教给学生自主学习、合作学习的方法。本节课教学设计、教学过程的亮点在于：

1. 创新“板块教学”设计法

著名心理学家布鲁纳指出：结构就是事物是怎样关联的。只有我们把知识建构在学生那棵“知识树”上时，教材上的知识才能在学生身上生根、发芽、开花和结果。因此，我们对教材内容认真研究后提取了纲要信息，然后架构在学生的知识体系上。对本课教学板块的构思，我们得益于纪念红军长征胜利展览时的八个主题，从中选择了和教材紧密结合的四个主题。通过以下四幅画卷，一起走进那段难忘的岁月。

画卷一：战略转移　开始长征

画卷二：遵义会议　伟大转折

画卷三：艰苦卓绝　理想胜天

画卷四：长征精神　光耀千秋

2. 首创“求知法”学习模式

板块式教学不仅没有束缚教师的创新精神，而是能够更好地将创新融入板块式教学中来。“为学习而设计教学”是把学习和学习者作为焦点，以教导学，以教促学。教师在备课中要始终把握自己备课的目的是为学生的学习而准备，不是为自己的好教而备，学生才是真正的主人。本课在学习模式上大胆进行了创新，在遵循“感性认识—实践应用—理性认知”认知规律的前提下，通过“自学求知—表格求知—审图求知—合作求知—视频求知—诵读求知—感悟求知—练习求知”的教学模式融入四个板块即四幅画卷中，有利于学生对知识的理解和掌握，也使得每个板块更加的丰富和多样。使用这一模式，使课堂教学实现了由重“讲”到重“学”的转变，注重了学生学习历史知识的过程和方法，体现了新课标指引下以学生为主体的教学理念。

3. 优化多维情景教学法

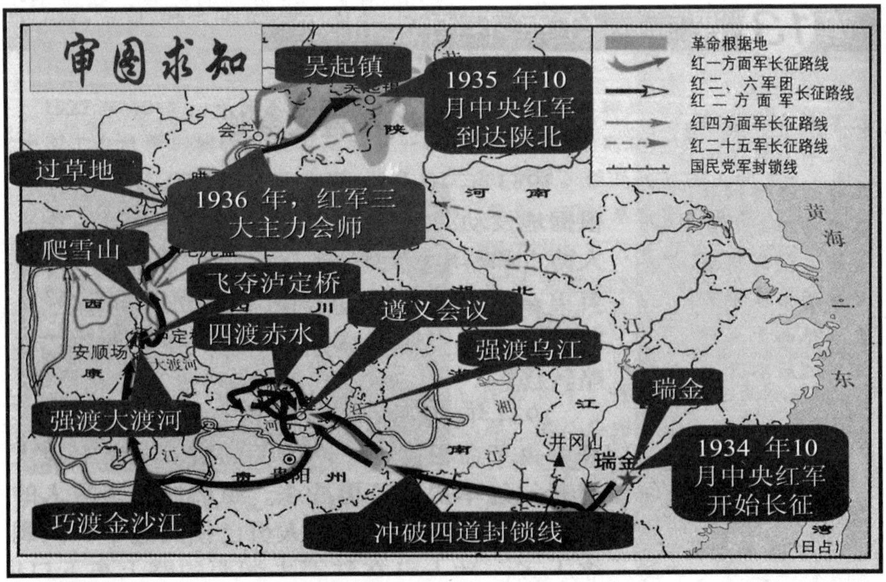

由于历史具有不可再现性，今天的文化环境与我们探求的历史事件间有一

个时空差，所以学生很难置身于当时的历史环境去思考问题。板块式教学的设计和使用时能将大量的情境创设融入各板块中，丰富教师在处理问题时的方法和形式。安老师在讲述长征经过时，设置了丰富多彩的历史情景，带领学生穿越历史时空，置身于历史环境之中。具体教学设计环节如下：

在“画卷三：艰苦卓绝　理想胜天”板块中，安老师使用了：

【审图求知】

演示“红军长征示意图”，教师讲解中央红军长征的经过。请同学们找一找：红军在长征中经过了哪些省份？渡过哪几条重要的江、河？

【视频求知】

了解长征的经过，我们不禁想到：红军长征途中，除了敌人的围追堵截外，还遇到哪些艰难险阻？(学生看视频后进行总结)

【讲述求知】

你们还知道哪些有关长征的故事？长征的胜利有哪些重要历史意义呢？

【诵读求知】

长征胜利后，毛泽东写下了《七律·长征》，让我们共同来朗读，感受红军长征磅礴的气势。

在板块“画卷四：长征精神　光耀千秋”中使用了：

【问题求知】

这首诗中概括了长征的艰难，诗中提到了哪些地区？它还高度赞扬了红军什么精神？

【合作求知】

我们应该怎样继承和发扬红军的长征精神？请同学们谈一谈你所理解的长征精神。

事实证明，在四大板块中使用的这一系列的教学设计是非常精彩的。巧妙的环节设计，常常会收到一石激起千层浪的效果。教师的教学是从学生的兴趣方面来设计问题，只有让教材内容更切合学生的心理特点，才能激发他们的联想和创意。一个个的“求知”，让课堂活力四射。

4. 贯彻“史料分析论证法”

历史是一门科学，坚持“论从史出，史论结合”是历史教学一种最基本的方法。2008 年 10 月，在西安召开的全国历史教研会的主题再次强调了史料教学的重要性。因而，本课始终贯彻的一个基本教学理念就是注重史料教学，就是要培养学生分析问题的能力和一种求真、求实的精神。我们注意到，安老师在四大板块的学习中凡是讲到历史观点、结论时，都用史料佐证，通过对“史料”分析后，引导学生得出历史结论。例如，在讲述红军长征的艰难历程时，本课是这样设计的：红军跋山涉水，历尽艰辛，途经 11 个省市，跨越大半个中国，行程两万五千里。还有哪些数字能够说明红军长征的艰难历程？教师展示了一段引自《数字长征》的史料。再如：长征胜利结束后，分析长征胜利的历史意义时，本课又引用了毛泽东和美国作家哈里森·索尔兹伯里（Harrison Salisbury）的论断。我们既要对教材中的观点、结论、评价等用史料“注解”“证明”，又要让学生从“史料”中提炼出史学结论。

三、板块式教学做到润物无声，升华情感态度价值观

历史教学应注重拓宽历史课程的情感教育功能，在进行知识传授和培养能力的同时，更应充分挖掘课程内容的思想情感教育内涵，对学生的情感态度与价值观进行潜移默化地熏陶。本课学习后，应该培养学生什么样的价值追求呢？我认为教师应该通过本课的教学，引导学生发扬红军战胜艰难困苦、勇往直前的革命英雄主义精神，培养学生热爱中国共产党、热爱人民军队、热爱祖国的感情，珍惜今天的幸福生活。这就是本课的情感态度与价值观培养目标，板块式教学设计将这一目标很好的处理。

例如，在本课“长征精神　光耀千秋”第四个学习板块的教学环节设计中，安老师寻找到了较好的切入点，使学生情感升华。

【拓展求知】

今天，我们提倡重走长征路，就是要缅怀革命先烈，继承革命遗志，弘扬长征精神。（展示有关长征的纪念地、遗址图片，配音乐）

【感悟求知】

长征是伟大的历史壮举，是永不磨灭的丰碑。请以“我的长征”为主题，

写出长征精神对自己学习和生活的影响。

为了使学生更好地感悟长征精神，教师在这里播放了学生制作的日记视频。视频是以学生的身份在学习了长征历史后，写的一篇关于长征精神有感的日记，通过视频形式向大家介绍了长征的艰难历程和作为学生应如何在新时期弘扬长征精神，自然而然地拉近了与同学们的距离，同学们在观看后情感和价值观得到了较好的升华。

【升华求知】

本课的结束部分是利用媒体课件再现了一组革命和建设时代的英雄人物弘扬长征精神场景的油画，教师配以深沉、激昂的朗诵，从而达到师生心灵上的共鸣，在情感升华中结束了本课的学习。结束语是这样设计的：

“红军不怕远征难，万水千山只等闲。”二万五千里长征路，二万五千里血与火的洗礼。长征的胜利向全世界庄严的宣告：一个民族、一个国家、一个政党、一个军队，只要有艰苦奋斗、一往无前的革命精神，就能够战胜前进道路上的任何艰难险阻。长征精神是我们党勇往直前的力量源泉，是全国人民发展进步的精神动力，是中华民族实现伟大复兴的坚强堡垒。通过本课的学习，我相信长征精神一定会根植在我们心底的最深处。长征精神，过去是、现在是、今后仍将是我们中华民族乃至全世界最宝贵的精神财富，让我们继承和发扬长征精神，在建设有中国特色的社会主义的新长征道路上，勇敢地去迎接时代的挑战和历史的考验！

这节课，给我最大的感触是板块式教学的无穷魅力，真正意义的一堂好课要为学生创设一个“求知”的课堂，让学生学会学习、享受学习、感悟学习，让学生真正体会到历史学习的兴趣、明白了“论从史出”“学史明智”的道理，并在此过程中提升学生个人的情感素养。学生和课堂带给我们的却是一种感动、一种启示，甚至是一种震撼。课后我及时与安老师、听课教师、学生进行了交流和沟通，反思了本课的教学设计。例如，对遵义会议这一难点的处理，略显单薄，大部分学生难于理解遵义会议的意义；师生互动和情感升华环节较多；设计的问题应该更明确，有梯度等。当然，教学艺术是一门遗憾的艺术，完美永远不存在。有遗憾的课才是最本真和最有价值的课，也是值得学习和讨论的课，所以同样也是最美丽的课。在板块设计和上课的过程中难免有这样那样的疏忽和遗漏，要使自己少些遗憾，少些漏洞，就得不断学习，不断反思。在学习中反思，在反思中成长。

【案例二】《初中历史板块教学模式的构建》

初中历史板块教学模式的构建

初中历史教学效率不高的问题，已引起了历史教学工作者的忧思。究其根源，就是历史教学还是停留在教师对文本的阐释解读和让学生对文本的读读背背上，而教师对文本的处理缺乏系统的理论构建和高效的实践探索。如果不构建一种新的教学模式，就很难让广大教师走出情节问答式的教学误区，而高效率的教学也就无从谈起。因此，构建以培养学生创新精神和实践能力为核心的课堂教学模式——“板块式教学”应运而生。

初中历史“板块式教学”，是指教师创造性地将一节课的教学内容、教学方式、教学评价及教学过程进行科学整合，使整节课呈“板块”状分布，每个板块既自成一体，又密切关联，由一条清晰的教学主线贯穿始终，在循序渐进中层层深入。在这样的板块式教学中，教师充分展现自己的教学水平、创新意识及综合素质，从而构建规范化、科学化、人性化的教学体系，使教学精细化、高效化、个性化。本文结合初中历史教学的实践，就板块教学模式的板块名称命名及常见板块类型，谈一下粗浅的认识。

一、怎样结合文本内容构建教学板块

运用板块式教学，最根本的问题是如何根据文本内容构建教学板块。首先，要研读课标，把课标的规定、要求吃透把准。其次，要深入钻研教材，有效提炼文本，将文本内容变“薄”成“点”。最后，整合、串联教学“点”的内容，结合自己的历史素养、文化功底和学生的实际，构建教学板块。具体做法是：

1. 研读文本，内容归“点”，确定板块

教材内容是固定的，但教师教学是灵动的。在教学过程中，教师可以结合教学实际，对教学内容进行整合，使之更符合教师的教和学生学的特点。例如，以北师大版《三国鼎立局面的形成》为例，本课的课程标准是“了解三国鼎立的史实”，本课的基本内容是“曹操统一北方、三国鼎立”。此外，还涉及的内容有“如何评价历史人物和西晋统一”。仔细研读本课的文本，我认为本课的重点是“官渡之战、赤壁之战和三国建立”，难点是“曹操统一北方的原因”，疑点是“三国鼎立局面的形成”是历史的进步还是历史的倒退？此外，既是重点又是难点的是怎样正确评价这一时期出现的众多历史人物。通过这样分析，本课内容可以概括为“战役、三国、英雄”三大知识点。因此，本节课

可以设计成如下三个板块："群雄逐鹿说战争""三分天下话三国""浪花淘尽论英雄"。这样，通过说战争，掌握本课重点，提高学生复述重大历史事件的能力，培养学生学习的主动性和参与意识。通过话三国，教给学生制作三国鼎立局面示意图，培养学生的动手能力和创新能力；通过论英雄，对学生能力进行拓展提升，培养学生用唯物史观正确评价历史人物的能力及方法，把推动社会进步和生产力的发展作为评价历史人物的第一标准。这样，运用说战争、话三国、论英雄使三个板块既相辅相成、不可分割，又层层递进、不断提升。

2. 整合文本，重新布局，确定板块

教师处理教材时，往往按教材惯性思维，遵循教材的顺序设计教学程序，从常识来讲，这是比较正确的选择。但有的课，如果做些适当整合，重新布局，既便于教学，也便于确定教学板块。例如，以北师大版《秦汉开拓西域和丝绸之路》一课为例，设计成如下三个板块："千古绝唱通西域""和战有时皆有缘""丝绸之路贯古今"。本课的内容顺序是"中原王朝与匈奴的和战""张骞通西域"和"丝绸之路"三部分内容。由于学生知识面较窄，前面只学习了秦汉的大一统和秦皇汉武为巩固统一所采取的措施，而教材一开始就介绍了秦汉时期与匈奴的和与战，这时，如果直接由秦汉时期与匈奴的和与战进入新课，学生理解起来有一定困难。再加上学生对"西域"的概念理解较模糊，教师教学的难度会更大。如果教师在讲述时，适当调整一下教材顺序，先通过地图让学生明白西域的范围，再讲述张骞通西域，然后再处理秦汉与匈奴的和与战及开通丝绸之路，整个教学就会非常顺畅。通过深入研读文本，我们把本课的教学内容依次调整并概括为"张骞通西域""汉匈和战""丝绸之路"的顺序，这样，教师在划分板块时既注意到每一个板块的知识内容的严密性、逻辑性，同时又注意到各板块之间的相关性和独立性，更有利于学生接受新知识，化繁为简，化难为易。

3. 紧扣文本，步步前走，确定板块

在有些情况下，教材本身内容清晰，结构合理，便于讲授，已给大家很明显地划分好了板块，只是板块名称有待加工。例如，北师大版《明清抗击外国侵略的英勇斗争》一课，此课主要讲述了明清时期戚继光抗倭、郑成功收复台湾、雅克萨反击战三大历史事件。教师可以紧扣文本内容的次序和历史发展的顺序，为本课的三大事件"配上"恰当的修饰词，达到确定板块名称、步步前行、完成教学任务的目的。因此，教学板块名称可以设计成"威震海疆抗倭寇""驱除荷虏收台湾""千古一帝退沙俄"。这样的教学板块设计，既不需要整合教材，从而降低了教与学的难度，又可以直接按历史事件的时间、地点、人物及相关事件的起因、经过、结果等，自然成序，水到渠成，真正便于教与学的展开。

4. 结合文本，创设情境，确定板块

板块式教学模式由传统的接受式学习方式，转变成发挥学生主体性的学习方式，而最能体现这种方式转变的莫过于课程目标中“过程与方法”的设置了。例如，北师大版《思想的活跃与百家争鸣》一课，主要让学生掌握先秦时期著名思想家的成就和他们的思想主张。教师可以先组织一个辩论会：如何处理孔融的哥哥偷摘他人的梨子。针对这个问题，学生的答案肯定五花八门。可以让学生尽情地去设计处理方法，然后让学生结合战国时期各个学派的思想主张，再提出处理方法。最后，教师依据学生讨论引导学生运用人物主张设计出教学板块：“仁德教化礼治国”“无为而治崇和谐”“非攻兼爱助人乐”“君主集权法治国”。这样的教学板块设计，既能把教学内容和学生的生活联系起来，又能使学生从活动中理解知识，从而达到以史为鉴、明辨是非的目的。

二、常见板块类型

常见的板块类型主要有以下几个方面。

线索式板块。例如，《疯狂的战车》一课，可以设计为“战争逼近——臭名昭著的阴谋”“战争爆发——歇斯底里的狂暴”“战争扩大——振奋人心的抗击”“战争最大化——东洋恶魔的黑手”四个板块。按历史发展的时间顺序设计教学板块，可以组合丰富、灵活多姿、循序渐进，体现了教师教学设计的创新意识与审美意识。

类别式板块。例如，《社会主义道路的探索》一课，可将内容划分为“探索篇”“成就篇”“教训篇”三大板块。这样，通过对本课内容的系统分析，既对学习内容进行了知识要点梳理，又培养了学生分析能力、归纳能力和概括能力。

认知规律性板块。例如，《汉武帝的大一统》一课，可以设计为“初识汉武帝”“聚焦汉武帝”“评价汉武帝”三个板块，教学过程层层推进，学生能力步步提升。

目的方法式板块。例如，《列强的入侵和中国人民的抗争》一课，教师可依据教学目标和学情将本课分为“感知基础 把握要点”“及时巩固 快速提升”“快乐学习 参与游戏”三大板块。让学生的学习形成一个“梳理基础—拓展迁移—巩固运用”的学习过程。这种设计符合学生由易到难、由感知到运用的学习规律。在学习与游戏相结合的同时，较好地培养了学生的学习兴趣，极大调动了学生的学习积极性。

地点迁移性板块。例如，《战略大决战》一课，可以设计为“辽沈厅——截断退路，关门打狗”“淮海厅——中间突破，分段歼敌”“平津厅——先打两头，后取中间”“南京厅——雄师渡江，风卷残云”。这样，按时间发展与地点变换的先后顺序，将作战地点与战略方针紧密结合，既通俗易懂、条理清晰，又巧妙解决了教材的重点难点。

内容提炼式板块。例如，《“冷战”与“热战”》一课，可以设计为“渡尽劫波却反目”“冷酷相峙展威风”“武力相向显魔力”。按文本内容设计教学板块，能够体现文本特征，使教学顺理成章、布局完美、内容厚实。

三、板块教学的作用

1. 有利于彰显教学特色

“板块式教学”其外部特征是教学结构清晰，内部特征是教学内容优化。在教学时，可以避免教师教学过程的盲目无序，给学生留有充足的自主探究空间。将全课的教学板块连缀起来看，呈现出一种知识整合、学法创造、能力提升的层进式的教学造型。

2. 有利于学生的历史思维发展

新课程特别强调要培养学生的能力，而学生的能力必须通过学生的历史活动才能获得。那种单一维度的“讲—听”模式和二维的“问—答”式的线型结构，都不能真正培养学生的历史思维能力。“板块教学”合理地处理了教师的教与学生的学的关系，注重语言训练，教学过程成“块”出现；教师除在指导和评价中占有少量时间外，大部分时间可由学生自己支配，真正把时间和空间还给学生；学生掌握了学习的主动权，积极去发现历史、感悟历史、探索历史，在获取知识的过程中，既培养了能力，又发展了思维智力。

3. 有利于学生的“自主学习与合作探究”

布鲁纳认为，知识是学生在求知和探究动机驱使下，通过主动选择和发现得来的。板块式教学特别注意整合教学资源与安排课堂活动，优化教学内容，注意重要问题的设计与提炼，课堂上有几个板块，每个板块干什么，要解决什么问题，达到什么目标，清清楚楚，避免了教学内容的杂乱无章。这样，能给学生充分的时间结合每一板块内容自主学习和探究，使学生的自主管理能力得到有效提高，鼓励学生在问题解决中学习、在问题解决中探索，激发他们的好奇心，引发他们对问题解决的深层理解，从而在问题解决过程中使学生逐步建构起知识网络模型，成为解决问题的主人。

总之，这种教学模式让艺术的教学设计走进千万个普通历史教师的课堂，为打造中学历史智慧课堂增添艳丽的一笔。

【案例三】《同课板块异　细琢见高低》

同课板块异　细琢见高低

——以《三国鼎立局面的形成》一课为例

2013年11月底，济宁市教科院组织了“同课异构”活动。在这次活动中，历史学科选择了北师大版七年级上册的《三国鼎立局面的形成》作为同课异构的内容，来自不同区县的五位教师均采用了板块教学这一新的教学模式，但又根据对教材的不同理解设计了不同的板块。五种板块名称各有千秋，又都有值得商榷之处。本文结合《三国鼎立局面的形成》一课，就初中历史板块的设计技巧、原则及注意的问题，做一些粗浅探讨。

初中历史“板块式教学”，就是在科学、精准的教学目标的引领下，将一节课的教学内容及教学过程分为几个明显的、彼此又有密切关联的教学“板块”，使教学过程、教学内容呈“板块”状而又一步一步地逐层深入的教学系统。

《三国鼎立局面的形成》这节课，主要介绍了被历朝历代的社会各阶层津津乐道的三国的历史。在这段历史中，各路英雄在东汉帝国瓦解的废墟上问鼎逐鹿，致力于新的统一。本课内容从教材编排上来讲，主要是了解并评价一个人物——曹操；讲述并分析两场战争——官渡之战与赤壁之战；知道并识记三个国家——魏、蜀、吴；了解西晋的统一概况。但本课要实现初中生历史学习过程与方法、情感态度与价值观等教学目标，只了解“一个人物、两场战争、三个国家和西晋的统一概况”是远远不够的。因此，在本课的设计中，除了落实教材的基础知识外，还需通过《三国演义》与《三国志》的对比培养学生分析辨别历史真相的能力，并从中感悟三国的历史智慧与传统文化对后世的影响，这是本课的重点和难点之所在。

（一）简洁清晰便于记，益粗益简求深度

案例一：“战争篇”“人物篇”“鼎立篇”

案例二：“群雄逐鹿说战争”“三分天下话三国”“浪花淘尽论英雄”

这两个案例中教学板块的设计大致相同，都是将教学内容分为三大块：战

争——官渡之战和赤壁之战；人物——评论曹操；三国——三国鼎立局面的形成。板块简洁明了，清晰易记，有异曲同工之处。但案例一的板块名称层次单一，缺少新意，不能很好地还原风云变幻的三国历史。同时，“战争篇”“人物篇”的拟定，针对性不强，放在类似的课都可适用，也不能很好地体现出深层次的备课因素。案例二的板块则打破了教材编排，见证历史说战争、话三国，然后回归现实论英雄。至于板块名称，在“说战争”“话三国”前各自加了一个状语——“群雄逐鹿”“三分天下”，反映了东汉末年割据纷争的战争背景和魏、蜀、吴三足鼎立的时代特点，体现了备课的深度。“论英雄”前加上了“浪花淘尽”一词，表明那段惊心动魄的历史已经远去，我们要站在历史的角度去评说人物，体现了备课的高度。

（二）用词巧妙对仗工，高度概括主题明

案例三：“乱世枭雄起——曹操统一北方”“三足鼎立成——魏蜀吴三分天下”“英雄尽归去——西晋统一全国”

案例三的板块名称对仗工整，巧妙地运用了三个动词“起”“成”“去”，恰当地反映了教材的内容线索，体现了教材的主题，具有高度的概括性。尽管如此，案例三的板块名称也有值得商榷之处。“枭雄”在词典中的解释为“强横而有野心的人物；智勇杰出的人物；魁首”。板块一中的“枭雄”是特指曹操还是泛指当时的各派军阀？这里存在歧义。如果是后者，那他们是否都可称得上“枭雄”？另外，每一板块名称的后半部分在语言上可以再精炼些，如改为“乱世枭雄起——曹操统北方”“三足鼎立成——魏蜀吴分天下”“英雄尽归去——西晋统全国”。虽然只是少了一个字，但说起来感觉更加朗朗上口，显得更加有力度。

（三）字斟句酌出新意，前后连贯脉络清

案例四：“国之分争——群雄并起争天下”“国之鼎立——豪杰抗争分天下”“国之发展——三国竞相强天下”“国之统一——回归主流天下合”

这一案例的板块名称凸显了历史的发展脉络：从东汉末年的群雄并起纷争不断，到魏、蜀、吴的三足鼎立，再到鼎立之势形成后各国竞相发展经济图谋天下，最后到西晋灭吴实现统一，紧扣课文内容，线索清晰，“争”“分”“强”“合”四个字更是体现了不同阶段的历史特点。但在这些板块中提到的“国”却前后不一。“国之分争”“国之统一”中的“国”，当指古代中国，“国之鼎立”“国之发展”中的“国”，则指的是魏、蜀、吴三个政权，“国”的含义在四个板块中不同，缺少前后的一致性。针对这个问题，有教师将板块名称重新设计为："汉末纷乱——群雄并起争天下""三足鼎立——豪杰抗争分天下""优势发展——三国竞相强天下""历史大势——回归主流天下合""今朝风流——浪花淘尽话英雄"。

纵观这一设计，既解决了"国"字含义不统一的问题，又体现了历史的发展线索。"回归主流天下合"可改为"回归主流合天下"，这样，"争天下""分天下""强天下""合天下"对仗工整，前后连贯，一气呵成。最后一个板块的增加，虽能更好地体现对三国人物的重视，但过分强调了"四字一贯"，"话英雄"的力度也不够。可改为"数风流人物——浪花淘尽论英雄"。这样，打破字数的局限，灵活运用诗词名句，更显机动、生动，"论英雄"的力度也呈现出来了。

（四）紧扣教材兼并蓄，趣味盎然显特色

案例五："群雄逐鹿汉末乱""夜袭乌巢战官渡""诈降火攻鏖赤壁""鼎立之势话三国""烟消云散晋一统"

案例五属于内容概括式板块，"群雄逐鹿汉末乱"概括了战争的历史背景。"夜袭乌巢战官渡"和"诈降火攻鏖赤壁"概括了两次重要战役及其战术特点。"鼎足之势话三国""烟消云散晋一统"这两大板块，概括了三国鼎立及西晋结束分裂实现统一的历史，同时板块划分紧扣教材内容。板块名称语言简练，极具历史味，对学生来说具有吸引力，能够激起他们的学习兴趣。但整体来看，内容过于细致。"夜袭乌巢战官渡"和"诈降火攻鏖赤壁"可以合二为一另立板块名称，把它们作为子板块题目。

以上几个案例，除案例一外，板块名称的拟定对教学内容都进行了个性化整合，内容层次分明、教学结构比较清晰，板块名称设计饱满，抓住人物这条暗线，展示了三国鼎立局面形成过程的气势恢宏，开合有度，兼收并蓄，让学生在和谐而高品位的课堂中认识自我、相信自我、表现自我、欣赏自我，使课堂教学充满了教育魅力与生命的活力。

在历史课程标准的引领下，如何将这些"不同"与板块教学融合，科学地设计板块名称，避免"千课一面"的现象，使各课的教学思路有各自的特色与风采，成了板块教学至关重要的一环。为此，我们必须遵循以下四条基本原则。

1. 教学目标是导向

"板块式"教学之板块的设定，一定是因课文特点、因年段、因具体学情科学设定的，每一个板块的设定必然指向历史教学的本真，指向学生历史教育功能的达成，且每一个板块都必须包含学生的读、记、议、辨、写等主要学习活动。

教学目标是教学的依据，所有的板块都必须始终围绕目标展开。每一个板块可以完成一个目标，也可以在一个板块内完成两个目标，还可以用几个板块完成一个目标。教学目标要根据教学内容和学生实际进行设置和调整。

2. 精研教材是基础

精心设计和构思，充分体现了授课者清晰的思路和对教材的重构能力，这有赖于教师的独立钻研和群体的智慧分享。板块名称的确定必须统筹全局，站在一定的高度审视教材，精心研读教材，优化、整合课文内容，瞄准重点、难点，有的放矢，高效提炼，“炼”就简明的教学目标、简约的教学内容，既调动了学生的学习兴趣，又落实了基础知识，既培养了历史学习的方法和能力，又注重情感教育的有机结合。

3. 过程清晰是主线

板块式教学过程清晰地表现为“一步一步地向前走”的格局，即比较理性地向前推进的状态。其文本的内容“提炼”构成完整的教学板块，即“一块一块地来落实”。将一堂课的教学板块整体来看，纵向是文本知识体系，横向是文本知识要点和特定，最终以板块层进式的艺术造型呈现出来，既统揽全课，又美观大气，更显过程清晰。一般一课3～4个板块，不宜过多。

4. 提升效益是目的

设计科学的板块名称，使学生在较短的时间内提高学习兴趣，必须实现学生意识、创新意识和审美意识的三者统一，进而提升课堂效益。教师可以充分地展示自己的调控技巧，使课堂教学呈现出内容丰富、形式多样、思维深刻的教学局面，只有这样，板块教学才能彰显出持久的高效性。

综上所述，板块式教学不是一种僵化的教学模式，而是借助于对它的研究与实践，揭示、提炼出历史教学的一般规律，一改课堂教学“无序”的状态。它是一种理念，一种设计，一种主张。初中历史板块式教学设计根源于教学文本内容、着眼于学生实际、着力于课堂教学方法的优化。它既是对传统历史教学的一次革新，又是对课堂教学艺术的提升。既实用又艺术，既简洁又丰满，既条理又清晰，既有广度又有深度，既朴实又科学，既有较强的操作性又有独特的鲜明个性，因此，这种教学模式必将有其长久的生命力。

第四章　魅力历史课堂交流与展望

长期以来，由于受升学压力和就业压力的影响，用考试分数来评价学生的发展，用升学率来衡量学校的教学质量和办学水平的现象仍较为普遍，其结果只能是教学的功利价值和社会价值凸显，而忽视了学生作为人的自然价值、生态价值和本位价值。正是这种现状，使原本丰富精彩、魅力无穷的历史课堂，变成了讲经式地解读几本枯燥的教材、演练无尽的习题，失去了历史博大精深的内涵。那一篇篇动人的乐章，被肢解为几个单调的音符，学生在被动中记忆历史片段，使历史教学失去了鲜活的一面，没有了生命的灵光，导致学生厌学。面对这种尴尬的局面，改变课堂教学无“人”的状况，提高历史课堂教学艺术，打造魅力历史课堂，正成为越来越多的历史教育者的共识，也只有这样才能更好地激发学生学习的热情，突出生命教育、彰显人生的价值。

一、交流促进发展

新课改十多年来，山东省在历史教学改革方面做了有益的探索。作为历史教学改革的参与者之一，我不仅多次参加了“五四制”教材的编修工作，还多次参加全省地方教材的编写、观摩山东省历史优质课和能手课的同台竞技，同时还多次参加“六省（区）初中教学研究合作发展联盟活动”，两次参加了陕西师范大学出版社组织“高效论坛”交流，对济宁市初中历史教师在上述各项活动中进行的新探索、取得的新成就，感到十分欣慰。

通过各种活动，涌现出了一大批名校长，如安波、黄淑真、黄兴良、张大蔚、张昭军、李明、刘海军、孔祥瑞、王庆华、朱伟、张敬安、任宪法、隋同梅等，他们从历史课堂走来，又时刻回归课堂指导教学；还涌现出了一大批名师，如刘建全、李军、刘国静、孔超、肖桂勋、孙致朋、王红华、韩宗顶、蔡辉、于颜东、刘川川、金梅、姚坦、张建、盛岩岩、陈兢、王红云、马晓春、周达、黄尽英、丛红娟、李梅香、孙辉、王广成、吴庆宁等，他们创新性的教学和课例，赢得了市内外广泛好评。在回归历史学科本真、打造魅力课堂方面，形成了济宁市历史教育的鲜明特色和亮点。

1. 史料教学精彩纷呈，课堂更具“历史味”

英国历史教育专家汤普森在《理解历史》一文中指出：“学校的历史学习，不是把焦点集中在历史本身发生了什么上，而是要集中在我们如何具有对历史的认识。最重要的是接触和反映探究的过程，获得知识的方法。其次才是涉及历史探究的结果：历史的实际情境及其发展。要达到这样，最好是由学生运用史料作为证据，而这种运用是广泛的、有指导的、思考性的和逐步要求的。”（转引自周孟玲《英国近二十年中学历史教育状况及研究成果》）这就是我们常说的“史论结合、论从史出”的史学原则。我们的课堂教学研究活动，都要求教师遵循这一原则，精心筛选史料，学生通过对史料的分析辨别，运用已有经验理解新信息、建构新知识，从而提高对历史现象的理解能力和判断能力。例如，有位教师执教《内战烽火》一课，在讲述重庆谈判的背景时，选取了四则材料：

材料一：中国的老百姓，足足有三十多年没有享受过和平的日子，一面受敌人的侵略，一面不断内战……我们对于战后和平的期望，就像饥饿的人等饭吃那样的急迫……

——1945 年 8 月《新华日报》读者信

材料二：我们这次大会是关系全中国 4.5 亿人民命运的一次大会，我们的任务就是应当用全力去争取光明的前途和光明的命运，反对另一种黑暗的前途和命运。

——毛泽东在中共七大开幕式中的讲话

材料三：今天的中心工作在于消灭共产党，日本是我们外部的敌人，中共是我们国内的敌人，只有再消灭中共才能完成我们的任务！

——蒋介石 1945 年在国民党六大上的讲话

材料四：（美国）在中国所追求的长远目标是推动建立一个稳定、统一的亲美政府，而短期目标首先是“阻止共产党完全控制中国”。

——1945 年《美国外交文集》

教师通过引导学生自主阅读思考、组内探索交流、展示学习成果，首先归纳概括四则材料的大意：抗战胜利后，老百姓的愿望、共产党的基本主张、国民党的政治主张和美国政府的主张。然后在此基础上得出结论：中国共产党努力争取实现光明的前途，而国民党则阴谋发动内战。

2. 板块设计，严谨独特、浑然一体

建构主义认为，学生的学习活动应是在一定的情境下，借助其他人的帮助即通过人际间的协作活动而实现的意义建构过程。因此建构主义学习理论认为，“情境”“合作”“对话”和“意义建构”是学生学习活动的四大要素或四大属性。山东省历史优质课、能手课评选中的“板块式”教学设计充分体现了这四种属性。90％的教师都注重整合教材，构建思路，优选教学资源，精心设计板块主题。他们有的以学生学习过程为主线，有的以创设不同的学习情境为主线，有的以教材的内在线索为主线，通过学生的自主学习、合作探究等方式优化学习过程，提高了课堂效率。

例如：《匈奴的兴起及与汉朝的和战》一课，三位教师从不同角度进行的设计：

①兴起篇——草原雄鹰羽翼丰；

和战篇——干戈玉帛兼有之；

感悟篇——以史为镜鉴古今。

②和——长风几万里，吹度玉门关；

战——三面黄金甲，匈奴破胆还；

和——何如一曲琵琶好，鸣镝无声五十年。

③揭秘一：匈奴族源自何方

揭秘二：一封塞外来信

揭秘三：一封中原战书

揭秘四：一片匈奴瓦当

①②的设计主题简明扼要，层次清晰条理，兼具诗情画意，体现了历史学科的科学性、知识性，彰显了历史课堂的文化品位和教育功能。③的设计以学生学习情境为主线，体现了历史学科的趣味性、故事性，富有新意。

再如《内战烽火》一课，三位教师又从不同角度进行的设计：

①重庆厅　　延安厅　　大别山厅

②争取实现光明的前途

打得赢就打，打不赢就跑

夺取中原，插入敌人的心脏

③苍茫大地，谁主沉浮

和谈交锋，斗智斗勇

兵戎相见，相煎何急

设计①以网络展厅的形式设计，简单明了；设计②直接引用毛泽东的话，历史味浓厚；设计③主题突出，层次分明。

3. 预设与生成，巧妙精彩、相得益彰

课堂教学是一个动态的生成过程，而不是静态的展示教学预设的过程。没有预设，课堂就是杂乱的、无序的；没有生成，课堂就是苍白的、低效的。将预设和生成结合起来不仅是一种教育的科学，更是一种教育的艺术。预设的精彩不如生成的精彩，只有精心预设与相机生成处理得相得益彰，才是魅力的课堂。

（1）精心预设

古人云："凡事预则立，不预则废。"教学是有目标、有计划、有组织的活动。要想取得好的教学效果，提高教学质量，教师必须进行充分的预设。能被评选优质课、公开课或教学能手，不仅教学效果显著、教学目标落实得好，主要是进行了充分的预设。这样的课，教师往往十分关注学生的主体地位，结合学生的学习状况和年龄特征及心理需求，用各种方法让学生积极参与到教学的全过程之中，整个课堂始终充满着生机与活力，使得教与学相得益彰。

（2）相机生成

课堂教学是一个动态生成的过程，再精心的预设也无法预知整个课堂的全部细节。学生是最大的课程资源。课堂上，通过师生、生生互动，能激荡出很多有价值的思维火花，尤其是学生发表的很多精彩的观点。在实际的课堂教学中，难免会发生诸多的意外，并给正常教学带来一定的"麻烦"，若处理得当，它就会成为一大"亮点"。例如，《血肉筑长城》一课，在讨论抗日战争胜利的原因时，一名学生回答：抗日战争胜利的主要原因是国民党在正面战场的作战，不少学生表示不同意这一观点，也有一部分学生赞成这一观点。教师并没有马上直接给出正确结论，而是相机诱导，把这一问题变成了一个小型辩论会。结果是，学生们的发言精彩连连、高潮迭起，这种"未曾预约的精彩"赢得了现场听课老师们的热烈掌声。接着，教师在合适的时机引用了国防大学徐焰的一段话："正面战场与敌后战场相互配合，缺一不可。如果没有正面战场，日军集中力量于后方战场，敌后解放区战场也很难坚持；但同样的，没有敌后战场的对日军的牵制，正面战场也很难长期坚持下去。"最后师生共同得出结论：抗日战争是以国共合作为基础的、在抗日民族统一战线领导下的全民族抗战。有了这样精彩的课堂生成，我们的课堂才是动态性的、真实的和富有朝气的。

观赏精彩的课是一种享受，研究精彩的课是一种提升。“常态化教学”下实现魅力历史课堂，需要做到“八需八不可”：

①历史教学需要“深耕细琢”，不可粗枝大叶；

②历史教学需要“画龙点睛”，不可画蛇添足；

③历史教学需要“精气深情”，不可缺精少神；

④历史教学需要“图文并茂”，不可缺图少表；

⑤历史教学需要“随机应变”，不可任意随便；

⑥历史教学需要“与时俱进”，不可故步自封；

⑦历史教学需要“品读设疑”，不可只划不读；

⑧历史教学需要“匠心独具”，不可见风跟风。

模式也好，方法也罢，都是多年来教学和教研经验的总结。教无定法，作为一个老师要善于甄选，灵活使用适合自己的模式和方法，适当吸收一些新的理念加以完善和创新。但是，不能见风跟风，乱了分寸！

各种大型活动的课，往往课课有新意，堂堂都精彩，可谓艺术的享受。但教育教学的发展没有终点，课堂教学实践的改进同样没有终点。面对课程改革的进一步深化，面对学生发展的更高要求，在日常的教科研实践中，我们要努力做一个有学力感、勤于思考、有改革创新精神、有不断追求的历史教师，为实现魅力历史课堂，进而提升到智慧历史课堂，做出不懈的努力。

二、展望充满信心

回顾过去，催人奋进；展望未来，充满信心。“老牛自知黄昏晚，不用扬鞭自奋蹄。”作为教研员，创造优良的教研环境和带出一支优秀的历史教师队伍，是我最大的心愿。

1. 扩大辐射，突出特色：做教研环境的构建者

教研员不是一个人在战斗，是一群人在行动，必定要有带领一群人的实力、魅力和能力。不同环境的教研员都要在自己的岗位上通过开展富有特色的教学教研活动，扩大辐射力，从而达到团队共同进步的目的。

针对我市中学历史教师队伍普遍年轻、学历高、初中高职称结构分布呈梯度、最早参与新课改等情况，我们搭建了促进中学历史教师专业发展的四级教研平台——市级教研、区域教研、校本教研、个人教研。市级教研以网络教研、活动教研为主，注重引领；区域教研以县（市区）域为中心带动学校联动、送教进校为主，强调连片互动互助；校本教研以课例研究为载体，重在合作；个人教研，以日常备课为主，突出反思。我们充分利用全市的公开课、优质课、基本功比赛、教学能手评选和“城乡联谊同课异构”等活动，遴选优秀教师组成骨干教师和专家团队，发挥其辐射带头作用，促进了教师综合素质的提升；并且凝聚了一批有理想、有朝气的初中历史教师，他们在课例研究、课堂观察等领域展开了广泛的研究。

2. 凝聚团队，深入研究：促进教师专业化成长

教研员，自从踏上这个平台后，就不只是普通教师这么简单了——他不但是教学骨干，而且要做教学研究专家；不但是青年教师的师傅，而且应该是青年教师的精神导师。

（1）团队的合作：“反思＋行动”的课例研究教研模式

美国学者唐纳德·舍恩说，教师的工作具有很强的专业性，其不确定性、复杂性、不稳定性、唯一性等特点决定了教师在教学中将遇到各种挑战。20多年来，我坚持深入教学一线听课、研讨、座谈，足迹遍及济宁市城乡初中学校。尤其针对新秀教师，帮助他们制定切实可行的专业发展规划，采取“菜单式跟进指导”方式，每年举办全市历史教学研讨会、教师培训会和“城乡联谊同课异构”。利用济宁教研网，引导广大教师成立专家工作室、名师工作室和教师工作室，推动青年教师专业成长。

我与教研员团队，带领青年教师通过一系列的历史课例研究与“磨课”活动，实践了“反思＋行动”的教研活动模式，从“寻觅独特的问题情境——发现问题”到“重新框定问题——梳理问题”，再到“评鉴、行动、再评鉴——在行动中解决问题”，教师零散的反思变得系统化，教师的学习从依靠外力或者个人低水平重复思考，发展到有步骤、有目的、有行动的专业成长过程中来，从而为教师规划自己未来的专业成长、有步骤地改进教学提供了很大的帮助。

（2）团队的成长：形成各具特色的历史学科教研组

近些年来，在济宁市中学历史教学界——

有一种教学理念渐入人心——板块式教学 史料教学　魅力课堂

有一种课堂观念备受重视——学生怎样看待这堂课

有一种教研氛围日渐形成——课例研究

有一个成长话题备受欢迎——你读了什么书

有一批优秀教师悄然成长——上更好的课

打造魅力历史课堂，作为一线教师，要充分发扬四种精神：

黄牛爬坡的精神——要坚持不懈、持之以恒；
燕子垒窝的精神——要注重细节、从小事做起；
蜜蜂采蜜的精神——要勤奋刻苦、兢兢业业；
春笋冒尖的精神——要敢于争先、勇于创新。

附记 打造中学历史智慧课堂

著名历史学家李文海说："不要拒绝历史，因为历史给我们以智慧。"我们想说：我们因历史教学而快乐，我们因历史教学而充实！历史课堂，本身就应该是师生共同营造的一方天地。历史教学是充满灵动的智慧之学，更是一件充满智慧的事。

浙江大学教育学院盛群力认为，衡量课堂教学的标准有四个：一是教学有价值，即课堂教学满足了学生学习的需要；二是教学有效果，即课堂教学达成了学生所要实现的目标；三是教学有效率，即学生用最少的时间、精力投入而达成目标；四是教学有魅力，即课堂教学能吸引学生继续学习、乐于学习。由此可以看出，课堂教学可以分为三个层次：即有效课堂、高效课堂、魅力课堂，我认为初中历史课堂应该还有智慧课堂。

那么，什么是智慧课堂呢？智慧课堂是基于生命发展、基于唤醒智慧、基于培养合格公民的课堂。智慧课堂应该是学生得到智慧的课堂，是教师智慧成长的课堂；是学生智慧地学，教师智慧地教，师生在其中教学相长的课堂；是体现生命的张扬，充分反映学习活动中的生成性，师生智慧在生成中得到成长的课堂。"智慧课堂"是国家课程的个性化创造性处理。它是着重于施教者本身智慧发展和智慧地从事教学活动，以培养学生的智慧为核心的一种课堂教学形态，是师生教学活动系统生成整合的充满教学智慧的课堂实践过程。从课堂深层看，是以学生为基础的针对性教学；从课堂目标看，是培养富有个性、崇尚智慧的灵动学生；从课堂结果看，是差异发展的，是在化解难题和成果展示中激发智慧和潜能的。

智慧课堂具有三个突出特征：

一、课堂是一个"生活场"，它应当让师生在活动中体验，在体验中使生命得到不断成长；

二、课堂是一个"思维场"，它应当有利于师生高智慧的形成与发展；

三、课堂是一个"情感场"，它应当有利于师生的情感世界在一种自由、和谐的氛围中不断得以陶冶与美化，成为合格公民。

与“智慧课堂”对立的是“知识课堂”“应试课堂”。所谓“知识课堂”“应试课堂”，主要特质在于，其教学的最高目的是以对“课本知识”的单向习得为中心，教师是课堂的垄断者，课本是毋庸置疑的“权威”，而学生的学习方式则是以知识被动接受、死记硬背和纸笔机械训练考试为主。

那么，如何打造历史智慧课堂呢？打造智慧课堂就须明了历史教育的本意。有些教师至今还在纠结于那些点点滴滴纷繁的历史知识点的教学，结果使本来生动有趣的历史课变得很无趣。漫长的人类历史中，有那么多可以给我们启迪、让我们从中发现自己发展自己的资源，历史教师的使命就是要于浪沙淘尽中甄选优质历史教育资源为学生服务。历史教育最终极的追求应当是公民教育和人格养成，它旨在服务人生、引领人生。

仅仅掌握一些教学技巧和管理方法是绝对上不出一堂有智慧的课的，智慧的课堂需要教师有深厚的学科修养，需要教师对教育、对课堂有深刻的理解。而浓厚的学科需要积淀，深刻的课堂理解需要批判思维。把教材还给教师，把学习还给学生，让学生在最短的时间内收益最大，快乐学习，快乐成长。教师必须努力提升自己的专业素养，必须放下架子和学生真诚交流，在以促进学生的终身发展为课堂教学追求的前提下，尽可能调动更多的教学方式与手段，优化教学设计，丰富课堂教学内容，为学生打开一幅凝重而不窒息、古典而又不失浪漫、声情并茂的历史画卷，让学生真心高呼：历史课堂，魅力无限；历史课堂，精神家园。

智慧课堂是课堂教学艺术的最高境界，也是我们一线教师长期追求的目标。但是，要想写好智慧课堂这篇大文章绝非易事。不管怎样，作为教师，无论如何都不应该也不能放弃追求智慧课堂的权利。让智慧唤醒课堂，让智慧引领教师专业成长，这是时代的呼唤，是学生与教师成长的需要，是课堂教学焕发生机与活力的契机，更是新时期教育教学改革的重大使命。因为智慧的课堂担负着民族的希望，国家的未来，人类的明天。

关注智慧课堂，研究智慧课堂，践行智慧课堂，应当成为我们的自觉追求。让我们以有效课堂、高效课堂为基础，努力打造魅力历史课堂，追求和实现智慧课堂。让我们在智慧课堂的天地中，绽放生命之花，张扬生命之帆，唱响生命之歌。